Der Verlust der Tugend

»Theorie und Gesellschaft«
Herausgegeben von
Axel Honneth, Hans Joas und Claus Offe
Band 5

Alasdair MacIntyre

Der Verlust der Tugend

Zur moralischen Krise der Gegenwart

Campus Verlag
Frankfurt/New York

Die Originalausgabe erschien unter dem Titel
»After Virtue. A Study in Moral Theory« 1981
(2. Aufl. 1984) bei University of Notre Dame Press,
Notre Dame, Indiana.

Aus dem Englischen von Wolfgang Rhiel
Redaktion Peter Wanner

CIP-Kurztitelaufnahme der Deutschen Bibliothek

MacIntyre, Alasdair:
Der Verlust der Tugend: zur moralischen Krise
d. Gegenwart/Alasdair MacIntyre.
Aus d. Engl. von Wolfgang Rhiel-Frankfurt am Main;
New York: Campus Verlag, 1987
(Theorie und Gesellschaft, Bd. 5)
Einheitssacht: After Virtue ‹dt.›
ISBN 3-593-33672-3

Umschlaggestaltung: Atelier Warminski, Büdingen
Satz: Bruno Leingärtner, Nabburg/Neusath
Druck und Bindung: Fuldaer Verlagsanstalt, Fulda
Printed in Germany

Meinem Vater,
seinen Schwestern und Brüdern

Gus am bris an la

Inhalt

Vorwort

Dieses Buch ist aus der intensiven Reflexion über die Unzulänglichkeiten meiner eigenen früheren Arbeit über die Moralphilosophie sowie der zunehmenden Unzufriedenheit mit der Vorstellung der »Moralphilosophie« als einem eigenständigen und isolierbaren Forschungsgebiet erwachsen. Ein zentrales Thema eines Großteils dieser früheren Arbeiten (*A Short History of Ethics,* 1966; *Secularisation and Moral Change,* 1967; *Against the Self-Images of the Age,* 1971) war, daß wir von der Geschichte und der Anthropologie die Vielfalt der moralischen Bräuche, Überzeugungen und Begriffssysteme lernen müssen. Der Gedanke, der Moralphilosoph könne *die* Moralbegriffe, in Oxford im Ohrensessel sitzend, durch bloßes Betrachten dessen studieren, was er oder sie und die Menschen um ihn oder sie herum sagen und tun, ist abwegig. Ich habe noch keinen stichhaltigen Grund gegen *diese* Überzeugung gefunden, und die Auswanderung in die Vereinigten Staaten hat mich gelehrt, daß es auch dann nicht besser ist, wenn der Ohrensessel in Cambridge, Massachusetts, oder Princeton, New Jersey, steht. Doch noch während ich die Vielfalt und Verschiedenartigkeit der moralischen Überzeugungen, Bräuche und Begriffe betonte, wurde mir klar, daß ich mich selbst der Bewertung aufgrund verschiedenartiger, spezieller Überzeugungen, Bräuche und Begriffe bediente. Ich stellte beispielsweise das Aufkommen und den Niedergang unterschiedlicher Moralsysteme dar, oder versuchte es jedenfalls; und es war anderen so klar, wie es auch mir hätte sein sollen, daß meine geschichtlichen und soziologischen Darstellungen notwendigerweise von einem spezifischen, wertenden Standpunkt geprägt waren. Insbesondere schien ich zu behaupten, das Wesen der moralischen Gemeinschaft und des moralischen Urteils in eindeutig modernen Gesellschaften sei, daß man nicht länger an moralische Kriterien appellieren könne, wie das zu anderen Zeiten und an anderen Orten möglich gewesen war – *und* daß dies ein moralisches Verhängnis sei! Aber *woran* konnte ich appellieren, wenn meine Analyse zutraf?

Gleichzeitig beschäftigte ich mich mit der Frage nach der Grundlage für die moralische Ablehnung des Stalinismus, und zwar seit ich das Privileg hatte, beim *The New Reasoner,* jener äußerst bemerkenswerten Zeitschrift, mitarbeiten zu dürfen. Viele, die den Stalinismus verwarfen, taten das, indem sie sich erneut auf die Prinzipien jenes Liberalismus beriefen, dessen Kritik der Marxismus doch entsprungen war. Da ich weiterhin wesentliche Punkte dieser Kritik akzeptierte und noch immer akzeptiere, war diese Lösung kein Weg für mich. »Man kann«, so schrieb ich in Erwiderung auf die Positionen, die Leszek Kolakowski damals vertrat, »den moralischen Gehalt des Marxismus nicht dadurch wiederbeleben, daß man einfach eine stalinistische Sichtweise der geschichtlichen Entwicklung annimmt und ihr eine liberale Moral hinzufügt« (*New Reasoner* 7, S. 100). Darüber hinaus begriff ich allmählich, daß der Marxismus selbst unter schwerer, leidbringender moralischer Verarmung gelitten hat: sowohl aufgrund dessen, was er vom liberalen Individualismus übernommen hat, wie aufgrund seiner Abkehr vom Liberalismus.

Die Schlußfolgerung, zu der ich gekommen bin, und die in diesem Buch enthalten ist – wenngleich der Marxismus nur am Rande behandelt wird –, lautet, daß die moralischen Mängel und Versäumnisse des Marxismus sich daraus ergeben, daß er, wie der liberale Individualismus, das *Ethos* der eindeutig modernen und sich modernisierenden Welt verkörpert, und daß nichts weniger als eine Ablehnung eines großen Teils jenes Ethos uns einen rational und moralisch vertretbaren Standpunkt liefert, von dem aus man urteilen und handeln kann – und aufgrund dessen man mehrere rivalisierende und verschiedenartige Moralsysteme, die um unsere Gefolgschaft wetteifern, zu bewerten in der Lage ist. Diese drastische Schlußfolgerung soll, wie ich wohl kaum betonen muß, nicht denen zugeschrieben werden, deren großzügiger und gerechter Kritik an meiner früheren Arbeit ich verdanke, daß ich vieles von dem verstehe, was falsch daran ist, wenn vielleicht auch noch nicht alles: Eric John, J.M. Cameron und Alan Ryan. Und auch den Freunden und Kollegen ist diese Schlußfolgerung nicht anzulasten, deren Einfluß seit einer Reihe von Jahren besteht und denen ich ganz besonders verpflichtet bin: Heinz Lubasz und Marx Wartofsky.

Zwei meiner Kollegen an der Boston University lasen große Teile meines Manuskripts und gaben viele hilfreiche und erhellende Anregungen – ich schulde Thomas McCarthy und Elizabeth Rapaport großen Dank. Andere Kollegen, denen ich auf verschiedene Art für ähnliche Anregungen verpflichtet bin, sind Marjorie Grene und Richard Rorty. Für die zweifache Reinschrift des Manuskripts bin ich Julie Keith Conley zutiefst dankbar, und für vielfältige Hilfe bei seiner Erstellung habe ich Rosalie Carlson und Zara Chapin zu danken. In großer Schuld stehe ich auch bei den Mitarbeitern der Boston Athenaeum und der London Library.

Teile dieses Buches sind verschiedenen Gruppen vorgetragen worden, deren sehr kritische Reaktionen mir viel geholfen haben. Insbesondere muß ich die Gruppe nennen, die drei Jahre mit Unterstützung eines Stipendiums der National Endowment for the Humanities (N.E.H.) am Hastings Center gemeinsam die Grundlagen der Ethik studiert hat – kurze Passagen aus Papers, die dieser Gruppe in den Bänden III und IV der Reihe über *The Foundations of Ethics and its Relationship to the Sciences* (1978 und 1980) vorgelegt wurden, tauchen noch einmal in den Kapiteln 9 und 14 dieses Buches auf, und ich bin dem Hastings Institute of Society, Ethics and the Life Sciences dankbar für die Erlaubnis, sie abzudrucken. Mit großer Dankbarkeit muß ich auch zwei andere Gruppen nennen: die Fakultätsmitglieder und Doktoranden des Fachbereichs Philosophie der University of Notre Dame, deren Einladungen zur Teilnahme an ihrer »Vorlesungsreihe Perspektiven« mir einige der wichtigsten Gelegenheiten boten, die Gedanken dieses Buches zu entwickeln, und die Mitglieder meines N.E.H.-Seminars des Sommersemesters 1978 an der Boston University, deren kollegiale Kritik an meiner Arbeit über die Tugenden eine sehr wichtige Rolle in meinem Bildungsprozeß gespielt hat. Ich muß daher auch noch einmal der National Endowment for the Humanities selbst danken.

Die Widmung dieses Buches bringt eine Schuld grundsätzlicherer Art zum Ausdruck: hätte ich ihren grundsätzlichen Charakter nur eher erkannt, hätte der Weg zu den Schlußfolgerungen dieses Buches um einiges weniger quälend sein können. Aber vielleicht wäre ich nie in der Lage gewesen, es so zu erkennen, daß es mir bei diesen Schlußfolgerungen geholfen hätte, wäre da nicht das, was ich meiner Frau Lynn Sumida Joy verdanke – in diesem wie in vielem anderen *sine qua non*.

Watertown, Massachusetts A.M.

Kapitel 1
Ein beunruhigendes Gedankenexperiment

Stellen wir uns vor, die Naturwissenschaften würden das Opfer der Auswirkungen einer Katastrophe. Die Öffentlichkeit lastet den Wissenschaftlern mehrere verheerende Umweltpannen an. Es kommt verbreitet zu Unruhen, Labors werden niedergebrannt, Physiker gelyncht, Bücher und Geräte vernichtet. Schließlich übernimmt eine politische Bewegung des Nichts-Wissens die Macht und schafft mit Erfolg den naturwissenschaftlichen Unterricht an Schulen und Universitäten ab, indem sie die noch lebenden Wissenschaftler ins Gefängnis wirft und liquidiert. Später setzt eine Gegenströmung gegen diese zerstörerische Bewegung ein, und einige aufgeklärte Menschen versuchen, die Wissenschaften wiederzubeleben, wenngleich sie weitgehend vergessen haben, was das einmal war. Sie besitzen nur noch einige Bruchstücke: ein Wissen um Experimente ohne Kenntnis des theoretischen Zusammenhangs, der diesen Experimenten erst ihre Bedeutung verlieh; Teile von Theorien, die entweder zu den anderen Theoriefragmenten, die noch bekannt sind, oder zu den Experimenten keinen Bezug haben; Geräte, deren Verwendungszweck man vergessen hat; halbe Kapitel aus Büchern, einzelne Seiten von Artikeln, die nicht immer ganz lesbar sind, weil sie zerrissen wurden oder angekohlt sind. Trotzdem werden all diese Bruchstücke in einen Rahmen von Betätigungen eingeordnet, die wieder die alten Bezeichnungen Physik, Chemie und Biologie erhalten. Erwachsene streiten miteinander über die jeweiligen Verdienste der Relativitäts-, der Evolutions- und der Phlogiston-Theorie, obwohl sie nur ein sehr bruchstückhaftes Wissen von ihnen besitzen. Kinder lernen die übriggebliebenen Teile der Tabelle des periodischen Systems auswendig und rezitieren wie Zauberformeln einige Euklidische Lehrsätze. Niemand, oder fast niemand, erkennt, daß das, was hier gemacht wird, überhaupt nichts mit Naturwissenschaft in irgendeinem vernünftigen Sinn zu tun hat. Denn alles, was sie tun und sagen, entspricht bestimmten Regeln der Konsistenz und Kohärenz, und jene Zusammenhänge, die notwendig wären, damit das, was gemacht wird, einen Sinn ergibt, sind vielleicht unwiederbringlich verloren.

In einer solchen Kultur würden die Menschen Begriffe wie »Neutrino«, »Masse«, »spezifisches Gewicht« oder »Atomgewicht« systematisch und häufig miteinander verknüpft gebrauchen, was mehr oder weniger dem ähneln würde, wie derartige Begriffe in früheren Zeiten gebraucht worden waren, bevor die wissenschaftlichen Erkenntnisse in so hohem Maße verlorengingen. Doch viele der Ansichten, die dem Gebrauch dieser Begriffe zugrunde lagen, wären verlorengegangen, und ihrer Anwendung würde jetzt ein Element von Willkür und sogar Beliebigkeit anhaften, das uns als sehr überraschend erschiene. Es würde wimmeln von scheinbar rivalisierenden Prämissen, für die sich kein weiteres Argument anführen ließe. Subjektivistische Wissenschaftstheorien würden aufkommen und von denen kritisiert werden, die behaupteten, daß der Begriff der Wahrheit, der in ihrer Vorstellung von Wissenschaft enthalten sei, unvereinbar mit Subjektivismus wäre.

Diese imaginäre, denkbare Welt ähnelt einer Welt, wie sie von manchen Science-fiction-Autoren geschildert wird. Es handelt sich um eine Welt, in der die Sprache der Naturwissenschaft, zumindest aber Teile davon, weiterhin verwendet wird, sich aber in einem Zustand erheblicher Verwahrlosung befindet. Wir können festhalten, daß die analytische Philosophie, sollte sie in dieser imaginären Welt je zur Blüte kommen, niemals die Tatsache dieser Verwahrlosung aufdecken könnte. Denn die Methoden der analytischen Philosophie sind im wesentlichen deskriptiv, deskriptiv auch im Hinblick auf die Gegenwartssprache. Der analytische Philosoph wäre lediglich in der Lage, die begrifflichen Strukturen dessen zu erhellen, was als wissenschaftliches und logisches Denken gelten würde, und zwar genau in der Art, in der er die begrifflichen Strukturen der heutigen Naturwissenschaft erhellt.

Auch die Phänomenologie oder der Existentialismus könnten nichts Falsches entdecken. Alle intentionalen Strukturen wären so wie heute. Die Aufgabe, eine epistemologische Grundlage für dieses Trugbild von Naturwissenschaft zu liefern, würde sich, phänomenologisch ausgedrückt, nicht von der Aufgabe unterscheiden, wie sie gegenwärtig gesehen wird. Ein Husserl oder Merleau-Ponty würde sich ebenso täuschen lassen wie ein Strawson oder Quine.

Was soll die Konstruktion einer solchen imaginären Welt, bevölkert von erfundenen Pseudowissenschaftlern und wirklicher, wahrer Philosophie? Die Hypothese, die ich aufstellen möchte, lautet, daß in der Welt, in der wir heute leben, die Sprache der Moral ebenso verwahrlost ist wie die Sprache der Naturwissenschaft in dieser imaginären Welt. Wenn das zutrifft, besitzen wir heute nur noch Bruchstücke eines Begriffsschemas, Teile ohne Bezug zu jenem Kontext, der ihnen ihre Bedeutung verliehen hat. Wir besitzen in Wahrheit nur Scheinbilder der Moral, und wir gebrauchen weiterhin viele ihrer Schlüsselbegriffe. Aber wir haben zu einem großen Teil, wenn nicht sogar völlig, unser Verständnis, theoretisch wie praktisch, oder unsere Moral verloren.

Aber wie konnte so etwas geschehen? Die Neigung, diese Hypothese rundweg zu verwerfen, wird sicher sehr stark sein. Unsere Fähigkeit, moralisch zu reden, uns von moralischen Überlegungen leiten zu lassen, unseren Umgang mit anderen in moralischen Begriffen zu definieren, ist für unsere Selbsteinschätzung von eminenter Bedeutung. Deshalb verlangt schon der bloße Gedanke an die Möglichkeit, in dieser Beziehung völlig unfähig zu sein, eine Änderung der Sichtweise dessen, was wir sind und tun – was allerdings sehr schwer zu erreichen ist. Aber wir wissen bereits zwei Dinge über diese Hypothese, die zunächst wichtig für uns sind, wenn wir eine solche Änderung der Sichtweise erreichen sollen. Das eine ist, daß eine philosophische Analyse uns nicht weiterhelfen wird. In der wirklichen Welt sind die herrschenden Gegenwartsphilosophien, seien sie analytisch oder phänomenologisch, ebenso machtlos, die Verwahrlosung des moralischen Denkens und Handelns aufzuspüren, wie sie es in der imaginären Welt gegenüber der Verwahrlosung der Naturwissenschaft sind. Doch die Machtlosigkeit dieser Art von Philosophie läßt uns nicht völlig mittellos. Denn eine Vorbedingung für das Verstehen des gestörten Zustandes der imaginären Welt war, ihre Geschichte zu begreifen, eine Geschichte, die in drei deutlich unterscheidbaren Abschnitten geschrieben werden mußte. Der erste Abschnitt war der, in dem die Naturwissenschaften in voller Blüte standen; der zweite der, in dem das Unheil über sie hereinbrach, und der dritte der, in dem sie zwar wiederhergestellt wurden, jedoch auf mangelhafte und verstümmelte Art. Man beachte, daß dieser Geschichte, einer Geschichte des Niedergangs und Verfalls, Wertmaßstäbe zugrunde liegen. Es ist keine wertneutrale Chronik. Die Erzählform und die Unterteilung in Zeitabschnitte setzen Normen für Leistung und Versagen, für Ordnung und gestörte Ordnung voraus. Es ist das, was Hegel philosophische Geschichte nannte, und was nach Collingwood jede erfolgreiche Geschichtsschreibung sein müßte. Wir werden also auf der Suche nach Belegen für die Hypothese über den Zustand der Moral in unserer Zeit, wie ich sie dargestellt habe, so fremdartig und unwahrscheinlich dies einem jetzt auch vorkommen mag, uns fragen müssen, ob wir in der Art von Philosophie und Geschichte, wie sie so unterschiedliche Autoren wie Hegel und Collingwood vorgetragen haben, Belege finden, die wir in der analytischen oder phänomenologischen Philosophie nicht finden können.

Allerdings läßt dieser Gedanke sofort eine entscheidende Schwierigkeit für meine Hypothese erkennen. Denn ein Einwand gegen die Sicht jener von mir konstruierten imaginären Welt, ganz zu schweigen von meiner Sicht der wirklichen Welt, besteht darin, daß die Bewohner jener Welt in eine Situation geraten waren, in der sie das Wesen der Katastrophe, die ihnen widerfahren war, gar nicht mehr bemerkten. Ist es überhaupt vorstellbar, daß ein Ereignis mit so auffälligen weltgeschichtlichen Folgen einfach aus der Erinnerung getilgt wird und auch in der historischen Überlieferung nicht auffindbar ist? Und was in jener fiktiven Welt schon sehr fraglich erscheint, gilt das nicht in noch größerem Maß in unserer wirklichen Welt? Wenn sich eine Katastrophe ereignet hätte, die die Sprache und Gewohnheiten der Moral in eine heillose Unordnung stürzen könnte, wüßten wir bestimmt alle davon. Sie wäre sicher eines der zentralen Themen unserer Geschichte. Doch unsere Geschichte liegt offen da, so wird es heißen, und es findet sich keine Aufzeichnung einer solchen Katastrophe. Demnach müßte meine Hypothese ganz einfach verworfen werden.

An dieser Stelle muß ich zumindest einräumen, daß sie zu erweitern ist, unglücklicherweise gleich am Anfang und derart, daß sie, wenn das überhaupt noch möglich ist, zunächst für noch unglaublicher gehalten wird. Denn es muß sich um eine Katastrophe gehandelt haben, die – ausgenommen für einige wenige vielleicht – nicht als Katastrophe erkennbar war und erkannt wurde. Wir werden nicht nach einschneidenden, ins Auge springenden Ereignissen Ausschau halten müssen, sondern nach einem sich länger hinziehenden, sehr viel komplexeren und schwerer erkennbaren Prozeß, der wahrscheinlich auch aufgrund seiner Eigenart unterschiedliche Deutungen zuläßt. Doch wird die Unwahrscheinlichkeit dieses Teils meiner Hypothese vielleicht ein wenig abgeschwächt durch eine andere Annahme.

Geschichte bedeutet heute in unserer Kultur akademische Geschichtsschreibung, und die ist noch keine zweihundert Jahre alt. Nehmen wir an, besagte Katastrophe habe sich vor (oder weitgehend vor) der Begründung der akademischen Geschichtsschreibung ereignet, so daß deren moralische und andere Wertvorstellungen den Formen jener Unordnung entsprangen, die die Katastrophe hervorgerufen hat. Nehmen wir weiter an, daß zum Standpunkt der akademischen Geschichtsschreibung gehört, daß aus ihrer wertneutralen Sicht moralische Unordnung im wesentlichen unsichtbar bleiben muß. Alles, was man dem Historiker – und was für den Historiker gilt, gilt bezeichnenderweise auch für den Sozialwissenschaftler – erlaubt, anhand der Grundsätze und Kategorien seiner Disziplin wahrzunehmen, wird sein, daß eine Moral auf die andere folgt: der Puritanismus des siebzehnten Jahrhunderts, der Hedonismus des achtzehnten, die viktorianische Arbeitsethik und so fort; aber die wahre Sprache von Ordnung und Unordnung wird ihm nicht zur Verfügung stehen. Wenn dem so wäre, würde es wenigstens erklären, warum das, was ich für die wirkliche Welt und ihr Schicksal halte, vom akademischen Lehrplan unbemerkt geblieben ist. Denn die Formen des akademischen Lehrplans gehörten, wie sich herausstellen würde, selbst zu den Symptomen des Unglücks, dessen Vorkommen der Lehrplan nicht erkennt. Die akademische Geschichtsschreibung und Soziologie – die Geschichte eines Namier oder Hofstadter, die Soziologie eines Merton oder Lipset – sind letztlich ebensoweit von Hegels oder Collingwoods Geschichtsauffassung entfernt wie der überwiegende Teil der akademischen Philosophie von deren philosophischer Perspektive.

Während ich meine Ausgangshypothese entwickelt habe, mag es manchem Leser so vorgekommen sein, als hätte ich Schritt für Schritt fast alle möglichen sie stützenden Argumente aufgegeben. Aber wird nicht gerade das von meiner Hypothese vorausgesetzt? Denn wenn sie richtig ist, muß sie unplausibel erscheinen, weil ein Weg, einen Teil der Hypothese zu belegen, genau darin besteht zu erklären, daß wir uns in einem Zustand befinden, den fast niemand klar erkennt, und den vielleicht auch niemand ganz klar erkennen kann. Würde meine Hypothese von Anfang an einleuchten, wäre sie sicher falsch. Und wenn das Festhalten an ihr mich letztlich sogar in eine entgegengesetzte Position bringt, so unterscheidet sich diese doch beispielsweise sehr von der des modernen Radikalismus. Denn der moderne Radikale ist vom moralischen Ausdruck seiner Haltung und damit dem daraus folgenden Gebrauch der Rhetorik der Moral ebenso überzeugt, wie jeder Konservative es je gewesen ist. Was immer er in unserer Kultur anprangert, er ist sicher, daß sie noch die moralischen Mittel besitzt, die er braucht, um sie zu brandmarken. Alles andere mag in seinen Augen in Unordnung sein, doch die Sprache der Moral ist, so wie sie ist, in Ordnung. Daß auch er durch eben diese Sprache getäuscht wird, ist ein Gedanke, der ihm nicht kommt. Es ist das Ziel dieses Buches, diesen Gedanken Radikalen, Liberalen und Konservativen gleichermaßen zugänglich zu machen. Ich kann allerdings nicht damit rechnen, ihn auch schmackhaft zu machen, denn wenn er richtig ist, befinden wir uns alle bereits in einem so verhängnisvollen Zustand, daß es keine großen Mittel mehr dagegen gibt.

Man erwarte jedoch nicht, daß ich Verzweiflung für die darauf angemessene Reaktion halte. »Angst« ist eine Empfindung, die immer wieder in Mode kommt, und die falsche Auslegung einiger existentialistischer Texte hat die Verzweiflung selbst zu einer Art psychologischem Allheilmittel gemacht. Aber falls wir uns tatsächlich schon in einem so schlimmen Zustand befinden, wie ich meine, erweist sich auch der Pessimismus als ein weiterer kultureller Luxus, dessen wir uns entledigen müssen, um in dieser schweren Zeit überleben zu können.

Ich kann selbstverständlich nicht abstreiten, und meine These beinhaltet das ja auch, daß die Sprache und das Erscheinungsbild der Moral weiterhin existieren, auch wenn der Grundgehalt der Moral in erheblichem Umfang aufgebrochen und teilweise zerstört worden ist. Deshalb bildet es keinen Widerspruch, wenn ich kurz die gegenwärtigen moralischen Verhaltensweisen und Argumente ansprechen werde. Ich erweise der Gegenwart lediglich die Reverenz, ihr eigenes Vokabular zu benutzen, wenn ich über sie spreche.

Kapitel 2
Das Wesen moralischer Meinungsunterschiede heute und die Thesen des Emotivismus

Das erstaunlichste an moralischen Äußerungen heute ist, daß sie oft dazu benutzt werden, Meinungsunterschiede auszudrücken; und das erstaunlichste an den Debatten, bei denen diese unterschiedlichen Auffassungen zum Ausdruck kommen, ist, daß sie endlos sind. Ich meine damit nicht nur, daß diese Debatten dauern und dauern – das tun sie auch –, sondern daß sie offenbar zu keinem Endergebnis kommen können. In unserer Kultur scheint es keinen vernünftigen Weg zu geben, eine moralische Übereinstimmung zu erzielen. Betrachten wir drei Beispiele derartiger moralischer Debatten von heute, die mit Begriffen aus charakteristischen und wohlbekannten miteinander rivalisierenden moralischen Argumenten geführt werden.

1 (a) Ein gerechter Krieg ist ein Krieg, in dem das angestrebte Gute das mit einem Kriege verbundene Schlechte aufwiegt, und in dem klar getrennt werden kann zwischen Kämpfenden, deren Leben auf dem Spiel steht, und den unschuldigen Nichtkämpfenden. Aber in einem modernen Krieg läßt sich die drohende Eskalation niemals verläßlich abschätzen, und eine praktisch anwendbare Trennung von Kombattanten und Nichtkombattanten ist nicht möglich. Daher kann kein moderner Krieg ein gerechter Krieg sein, und wir alle sollten heute eigentlich Pazifisten sein.

(b) Wenn du den Frieden willst, rüste für den Krieg. Die einzige Möglichkeit der Friedenssicherung besteht darin, potentielle Angreifer abzuschrecken. Deshalb muß man aufrüsten und klarmachen, daß die eigene Politik einen Krieg in jedwedem Ausmaß nicht unbedingt ausschließt. *Das* klarzumachen beinhaltet zwangsläufig, darauf vorbereitet zu sein, sowohl begrenzte Kriege zu führen wie auch bei ganz bestimmten Konflikten bis an die nukleare Schwelle zu gehen, ja sogar darüber hinaus. Sonst wird man Krieg nicht vermeiden *und* besiegt werden.

(c) Kriege zwischen den Großmächten sind reine Vernichtungskriege; aber Kriege, die zur Befreiung unterdrückter Gruppen vor allem in der Dritten Welt geführt werden, sind ein notwendiges und daher gerechtfertigtes Mittel zur Bekämpfung jener ausbeuterischen Herrschaft, die sich zwischen die Menschheit und das Glück stellt.

2 (a) Jeder Mensch hat bestimmte Rechte hinsichtlich der eigenen Person und des eigenen Körpers. Aus dem Wesen dieser Rechte folgt, daß in der Phase, in der der Embryo wesentlicher Bestandteil des Körpers der Mutter ist, diese ein Recht darauf hat, frei zu entscheiden, ob sie abtreiben lassen will oder nicht. Die Abtreibung ist somit moralisch zulässig und sollte gesetzlich gestattet sein.

(b) Ich kann nicht wollen, daß meine Mutter abgetrieben hätte, als sie mit mir schwanger war, ausgenommen vielleicht, wenn sicher gewesen wäre, daß der Embryo tot oder schwer geschädigt ist. Aber wenn ich das in meinem eigenen Fall nicht wollen kann, wie kann ich dann anderen das Recht auf Leben abstreiten, das ich für mich selbst beanspruche? Ich würde gegen die Goldene Regel handeln, würde ich einer Mutter ein generelles Recht auf Abtreibung zugestehen. Ich bin dadurch selbstverständlich nicht zu der Ansicht verpflichtet, daß Abtreiben gesetzlich verboten werden sollte.

(c) Mord ist Unrecht. Mord tötet unschuldiges Leben. Ein Embryo ist ein bestimmbares Individuum, das sich von einem Neugeborenen nur dadurch unterscheidet, daß es sich in einer früheren Phase des langen Weges zu den Fähigkeiten eines Erwachsenen befindet; wenn überhaupt ein Leben unschuldig ist, dann das eines Embryos. Wenn Kindestötung Mord ist, was der Fall ist, dann ist Abtreibung Mord. Abtreiben ist damit nicht nur moralisch verwerflich, sondern sollte auch gesetzlich verboten werden.

3 (a) Die Gerechtigkeit verlangt, daß jeder Bürger, soweit das möglich ist, die gleichen Chancen haben sollte, seine Talente und anderen Fähigkeiten zu entfalten. Aber zu den Voraussetzungen einer solchen Chancengleichheit gehört der gleiche Zugang für jeden zu Ausbildung und gesundheitlicher Versorgung. Die Gerechtigkeit verlangt daher die staatliche Gewährung von Gesundheitsdiensten und Ausbildung, die aus Steuermitteln bezahlt werden, und sie verlangt auch, daß kein Bürger in der Lage sein sollte, sich einen unbilligen Anteil an diesen Leistungen zu

kaufen. Das verlangt wiederum die Abschaffung von Privatschulen und privater ärztlicher Versorgung.

(b) Jeder hat das Recht, die und nur die Verpflichtungen einzugehen, die er eingehen möchte; jeder ist frei, die, und nur die Verträge abzuschließen, die er abschließen möchte, und seine freie Wahl zu treffen. Der Arzt muß demzufolge die Freiheit haben, zu den Bedingungen zu praktizieren, die ihm genehm sind, und der Patient muß die Freiheit haben, sich seinen Arzt selbst auszusuchen. Der Lehrer muß die Freiheit haben, unter den Bedingungen zu unterrichten, unter denen er möchte, und Schüler und Eltern die Freiheit, die Ausbildung zu wählen, die sie wollen. Die Freiheit verlangt also nicht nur freie Arztpraxen und Privatschulen, sondern auch die Abschaffung jener Behinderungen der privaten Tätigkeit, die durch Vergabe von Genehmigungen und Verordnungen geschaffen werden – von Universitäten, medizinischen Fakultäten, Approbationsausschüssen und vom Staat.

Allein die Nennung dieser Argumente zeigt den großen Einfluß, den sie in unserer Gesellschaft haben. Selbstverständlich haben sie alle ihre ganz bestimmten, sachkundigen Sprecher: Herman Kahn und der Papst, Che Guevara und Milton Friedman gehören zu denen, die diese Gedanken in verschiedenen Versionen vorgebracht haben. Doch es ist ihre Verwendung in Zeitungskommentaren und Hochschuldebatten, in Rundfunkdiskussionen und Briefen an Abgeordnete, in Bars, Baracken und Behördenzimmern, es ist das für sie Typische, das sie hier zu wichtigen Beispielen macht. Welche hervorstechenden Eigenschaften verbinden diese Diskussionen und unterschiedlichen Auffassungen miteinander?

Es gibt drei Arten. Die erste will ich die begriffliche Inkommensurabilität der rivalisierenden Argumente in jedem der drei Diskussionsbeispiele nennen, womit ich einen Begriff aus der Wissenschaftsphilosophie übernehme. Jedes der Argumente ist logisch schlüssig oder kann ohne weiteres so erweitert werden, daß es schlüssig wird; die Schlußfolgerungen ergeben sich tatsächlich aus den Prämissen. Aber die unterschiedlichen Prämissen sind so beschaffen, daß wir keine vernünftige Möglichkeit besitzen, die Behauptungen der einen gegen die der anderen abzuwägen. Denn jede Prämisse enthält ganz andere normative oder wertende Begriffe als die andere, so daß die Forderungen, die damit an uns gestellt werden, ganz unterschiedlicher Art sind. So sind im ersten Beispiel die Prämissen Gerechtigkeit und Unschuld unvereinbar mit Erfolg und Überleben. Im zweiten widersprechen die Prämissen, die Rechte beschwören, denen, die die Allgemeingültigkeit anrufen. Und im dritten Fall steht der Anspruch der Gleichheit gegen den der Freiheit. Gerade weil es in unserer Gesellschaft keine eindeutige Möglichkeit gibt, zwischen diesen Forderungen zu entscheiden, erscheint die moralische Argumentation zwangsläufig endlos. Von den konkurrierenden Schlußfolgerungen aus können wir rückwärts argumentieren bis zu den konkurrierenden Prämissen; aber wenn wir dann bei den Prämissen angelangt sind, ist jedes Argument hinfällig, und das Anführen der einen Prämisse gegen die andere wird zur reinen Behauptung und Gegenbehauptung. Daher vielleicht auch der etwas scharfe Ton bei so vielen moralischen Streitgesprächen.

Aber diese Schärfe kann auch noch einen anderen Grund haben. Denn nicht nur bei Auseinandersetzungen mit anderen verrennen wir uns so schnell in Behauptung und Gegenbehauptung, sondern auch bei Auseinandersetzungen, die wir mit uns selbst führen. Denn wenn sich jemand auf ein öffentliches Streitgespräch einläßt, hat er vermutlich explizit oder implizit für sich schon Stellung bezogen. Aber wenn wir keine unanfechtbaren Kriterien besitzen, keine zwingenden Gründe, mit denen wir unsere Gegner überzeugen können, so ergibt sich daraus, daß uns auch im Verlauf des eigenen Meinungsbildungsprozesses diese Kriterien oder Gründe gefehlt haben. Wenn ich Ihnen gegenüber keine guten Argumente habe, so hat es den Anschein, als hätte ich überhaupt keine guten Argumente. Es scheint somit, daß meiner eigenen Position irgendeine nichtrationale Entscheidung zugrunde liegt. Der Endlosigkeit der öffentlichen Streitgespräche entspricht damit eine beunruhigende persönliche Willkür. Es nimmt daher kaum Wunder, wenn wir bei unserer Verteidigung scharfe Töne anschlagen.

Eine zweite wichtige, aber dem widersprechende Eigenart dieser Argumente ist, daß sie trotz allem vorgeben, *sachliche,* vernünftige Argumente zu sein und als solche im allgemeinen in einer Weise vorgebracht werden, die dieser Sachlichkeit entspricht. Was für eine Weise ist das? Betrachten wir zwei unterschiedliche Möglichkeiten, wie ein Befehl weitergegeben werden kann. Die erste Möglichkeit besteht in der Aufforderung: »Mach das und das!« Die angesprochene Person erwidert: »Warum soll ich das und das machen?« Ich antworte: »Weil ich es will«. Hier habe ich dem Angesprochenen keinen Grund gegeben, das zu tun, was ich befohlen oder erbeten habe, es sei denn, der Betreffende hat besondere Gründe, meinen Wünschen nachzukommen. Wenn ich Ihr Vorgesetzter bin – etwa bei der Polizei oder in der Armee –, oder sonstwie

Macht oder Befehlsgewalt über Sie habe, oder wenn Sie mich lieben oder fürchten oder etwas von mir wollen, dann habe ich *Ihnen* mit meinem »Weil ich es will« tatsächlich einen Grund geliefert, wenn auch vielleicht keinen ausreichenden, das zu tun, was ich aufgetragen habe. Man beachte, daß es in diesem Fall von besonderen Umständen abhängt, die bei Ihnen zu dem Zeitpunkt gegeben sind, in dem Sie die Äußerung hören oder sonstwie von ihr erfahren, ob meine Äußerung Ihnen einen Grund liefert oder nicht. Inwieweit der Befehl es vermag, Gründe zu liefern, hängt bei dieser Möglichkeit vom persönlichen Kontext ab, in dem die Äußerung fällt.

Stellen wir dem die Möglichkeit gegenüber, bei der die Antwort auf die Frage »Warum soll ich das und das machen?« (nachdem jemand gesagt hat: »Mach das und das«), nicht »Weil ich es will« lautet, sondern etwa »Weil das einige Leute freuen würde«, oder »Weil es deine Pflicht ist«. In diesem Fall ist der Grund zum Handeln entweder ein guter Grund, die zur Debatte stehende Handlung auszuführen, oder nicht, unabhängig davon, wer den Grund nennt, oder ob er überhaupt genannt wird. Darüber hinaus bezieht sich dieser Appell auf Umstände, die nichts zu tun haben mit der Beziehung zwischen Befehlsgeber und -empfänger. Seine Verwendung unterstellt das Vorhandensein sachlicher Kriterien – unabhängig von den Vorlieben oder Verhaltensweisen von Befehlsgeber und -empfänger, von Normen wie Gerechtigkeit, Großzügigkeit oder Pflicht. Die spezielle Verbindung zwischen dem Kontext der Äußerung und dem Zwang, einen Grund zu nennen, die im Fall der Äußerung persönlicher Vorlieben oder Wünsche immer besteht, wird im Fall moralischer oder anderer wertender Aussagen aufgelöst.

Diese zweite Eigenschaft heutiger moralischer Äußerungen und Argumente verleiht, wenn man sie mit der ersten kombiniert, den moralischen Meinungsunterschieden von heute einen Anflug von Widersprüchlichkeit. Denn wenn wir uns nur an die erste Eigenschaft hielten, an die Art, in der das, was zuerst wie ein Argument erscheint, so rasch zu nicht begründbaren Meinungsunterschieden führt, könnten wir folgern, daß es sich bei diesen unterschiedlichen Auffassungen von heute um nichts anderes handelt als um das Aufeinandertreffen gegensätzlicher Interessen, wobei jedes Interesse durch willkürlich bestimmte Wahlmöglichkeiten geprägt wird. Doch die zweite Eigenschaft, der Gebrauch von Ausdrücken, deren eindeutige Funktion in unserer Sprache es ist, das zu verkörpern, was angeblich an objektive Normen appelliert, läßt anderes vermuten. Denn selbst wenn das zum Schein vorgebrachte Argument nur Maskerade ist, bleibt doch die Frage, »Warum diese Maskerade?« Was ist so wichtig am rationalen Argument, daß es fast überall von denen angewandt wird, die sich auf einen moralischen Konflikt einlassen? Läßt dies nicht vermuten, daß der Einsatz des moralischen Arguments in unserer Kultur zumindest das Bemühen zum Ausdruck bringt, in diesem Bereich unseres Lebens rational zu sein oder zu werden?

Eine dritte Eigenschaft moralischer Diskussionen hängt aufs engste mit den beiden ersten zusammen. Es ist leicht zu erkennen, daß die verschiedenen, begrifflich inkommensurablen Prämissen der sich widersprechenden Argumente, die bei diesen Diskussionen entwickelt werden, vielfältige geschichtliche Wurzeln haben. Der Begriff der Gerechtigkeit des ersten Arguments im ersten Beispiel geht auf die Darstellung der Tugenden bei Aristoteles zurück; die Ideengeschichte des zweiten Arguments reicht von Bismarck und Clausewitz zurück bis zu Machiavelli; der Begriff der Befreiung im dritten Argument hat einige flache Wurzeln bei Marx, tiefere bei Fichte. In der zweiten Debatte steht ein Begriff des Rechts, der Lockesche Antezedenzien hat, gegen eine Sichtweise der Allgemeingültigkeit, die erkennbar kantisch ist, und eine Anrufung des Sittengesetzes, die thomistisch ist. In der dritten Debatte wetteifert ein Gedanke, der in der Schuld von T. H. Green und Rousseau steht, mit einem, der Adam Smith zum Großvater hat. Diese Aufzählung großer Namen ist vielsagend, doch kann sie in zweifacher Hinsicht irreführen. Das Anführen einzelner Namen verleitet uns unter Umständen dazu, die Komplexität der Geschichte und Herkunft dieser Gedanken zu unterschätzen, und es verleitet uns eventuell dazu, nach dieser Geschichte und Herkunft nur in den Schriften der Philosophen und Theoretiker zu suchen, anstatt in jener komplexen Ansammlung von Theorie und Praxis, die die menschliche Kultur bildet, und deren Lehren von Philosophen und Theoretikern nur bruchstückhaft ausgewählt zum Ausdruck gebracht werden. Andererseits zeigt der Namenskatalog, wie weit und vielgestaltig die Auswahl der moralischen Quellen ist, die wir beerbt haben. Die oberflächliche Sprache unserer Kultur neigt in diesem Zusammenhang dazu, selbstgefällig von moralischem Pluralismus zu reden, doch der Begriff des Pluralismus ist zu ungenau. Denn er kann ebenso einen geordneten Dialog sich überschneidender Standpunkte wie eine uneinheitliche Mischung ungeordneter Bruchstücke bezeichnen. Die Vermutung – und im Moment kann es nur eine Vermutung sein –, daß wir uns mit letzteren auseinanderzusetzen haben, wird durch die Erkenntnis gestützt, daß die unterschiedlichen Begriffe, die der moralischen Auseinandersetzung zugrunde liegen, ursprünglich in größeren Zusammenhängen von Theorie und Praxis zu Hause waren und dort eine Rolle und Funktion hatten, derer sie jetzt beraubt sind. Außerdem haben die Begriffe, die wir benutzen, zumindest in einigen Fällen in den letzten dreihundert Jahren ihr Wesen geändert; die wertenden Ausdrücke, die wir gebrauchen, haben ihre Bedeutung geändert. Bei der Übernahme aus den vielfältigen Zusammenhängen, in denen sie ursprünglich zu Hause waren, in unsere heutige Kultur sind »Tugend«, »Gerechtigkeit«, »Frömmigkeit« und »Pflicht«, ja sogar »sollen« etwas anderes geworden, als sie es früher waren. Wie sollten wir die Geschichte dieser Änderungen schreiben?

Der Versuch, diese Frage zu beantworten, führt dazu, daß der Zusammenhang zwischen den Merkmalen heutiger Moraldebatten und meiner Ausgangshypothese klar wird. Denn wenn ich recht habe mit der Annahme, daß die Sprache der Moral aus einem Zustand der Ordnung in einen Zustand der Unordnung übergegangen ist, wird sich dieser Übergang bestimmt in eben solchen Bedeutungsänderungen spiegeln, ja zum Teil darin bestehen. Wenn ferner die Eigenschaften unserer moralischen Argumente, die ich herausgearbeitet habe – vor allem die Tatsache, daß wir das moralische Argument gleichzeitig und inkonsequent als Übung unserer rationalen Fähigkeiten und lediglich ausdrucksvolle Behauptung behandeln –, die Symptome moralischer Unordnung sind, sollten wir in der Lage sein, jene Geschichte zu schreiben, in der das moralische Argument in einem früheren Stadium von ganz anderer Art war. Können wir das?

Eines der Hindernisse dabei war für uns die hartnäckig unhistorische Behandlung der Moralphilosophie durch zeitgenössische Philosophen – sowohl in ihren Schriften als auch in ihrer Lehre. Noch immer behandeln wir allzuoft die Moralphilosophen der Vergangenheit als Teilnehmer an einem einzigen Streitgespräch mit einem relativ gleichbleibenden Thema, behandeln Plato, Hume und Mill, als wären sie Zeitgenossen von uns und auch untereinander gewesen. Das führt zu einer Abhebung dieser Autoren von der kulturellen und sozialen Umgebung, in der sie lebten und dachten; die Geschichte ihrer Ideen unterstellt eine falsche Unabhängigkeit von der restlichen Kultur. Kant hört auf, Teil der Geschichte Preußens zu sein, Hume ist kein Schotte mehr. Denn vom Standpunkt der Moralphilosophie, wie *wir* sie sehen, sind diese Eigenschaften unerheblich geworden. Die empirische Geschichte ist die eine Sache, die Philosophie eine ganz andere. Aber ist es richtig, die akademischen Disziplinen so voneinander zu trennen, wie wir es herkömmlicherweise tun? Erneut scheint es eine mögliche Beziehung zwischen der Geschichte der moralischen Auseinandersetzung und der des akademischen Lehrplans zu geben.

Doch an dieser Stelle kann mit Recht eingewandt werden: Sie sprechen immer von Möglichkeiten, Vermutungen, Hypothesen. Sie lassen zu, daß das, was Sie anregen, am Ende unwahrscheinlich scheint. Damit haben Sie zumindest recht. Denn all dieses Zufluchtnehmen zu Mutmaßungen über die Geschichte ist unnötig. Die Art, wie Sie das Problem dargestellt haben, ist irreführend. Die heutige moralische Argumentation ist rational endlos, weil *jede* moralische, ja jede wertende Argumentation rational endlos ist und immer sein muß. Moralische Meinungsunterschiede bestimmter Art können heute nicht gelöst werden, weil unterschiedliche moralische Auffassungen dieser Art zu *keiner* Zeit gelöst werden können, sei es in der Vergangenheit, der Gegenwart oder der Zukunft. Was Sie als abhängiges Merkmal unserer Kultur hinstellen, das einer besonderen, vielleicht geschichtlichen Erklärung bedarf, ist ein notwendiges Merkmal aller Kulturen, die eine wertende Darlegung besitzen.

Dies ist ein Einwand, der in diesem frühen Stadium der Argumentation nicht umgangen werden kann. Kann er abgewiesen werden?

Eine philosophische Theorie, der gegenüberzutreten uns dieser Einwand einlädt, ist der Emotivismus. Der Emotivismus lehrt, daß alle wertenden Urteile oder genauer alle moralischen Urteile *nur* Ausdruck von Vorlieben, Einstellungen oder Gefühlen sind, soweit sie ihrem Wesen nach moralisch oder wertend sind. Einzelne Urteile können selbstverständlich moralische und faktische Elemente in sich vereinen. »Da Brandstiftung Eigentum zerstört, ist sie verwerflich« vereint das faktische Urteil, daß Brandstiftung Eigentum zerstört, mit dem moralischen Urteil, daß Brandstiftung verwerflich ist. Aber das moralische Element ist bei einem solchen Urteil stets streng vom faktischen zu trennen. Faktische Urteile sind richtig oder falsch; und im Bereich des Faktischen gibt es rationale Kriterien, mit deren Hilfe wir Übereinstimmung darüber erlangen können, was richtig und was falsch ist. Aber moralische Urteile sind als Ausdruck von Haltungen oder Gefühlen weder richtig noch falsch; und Übereinstimmung bei moralischen Urteilen läßt sich durch keine rationale Methode erreichen, da es keine gibt. Wenn überhaupt, kann Übereinstimmung nur dadurch erreicht werden, daß ein bestimmter nichtrationaler Einfluß auf die Empfindungen oder Haltungen derjenigen ausgeübt wird, deren Urteil abweicht. Wir gebrauchen moralische Urteile nicht nur, um unsere eigenen Gefühle und Haltungen auszudrücken, sondern auch, um solche Wirkungen auch bei anderen hervorzubringen.

Der Emotivismus ist demzufolge eine Theorie, die den Anspruch hat, *alle* Werturteile überhaupt zu erklären. Wenn sie *richtig ist, ist jede* moralische Meinungsverschiedenheit rational endlos; und wenn dies zutrifft, haben bestimmte Merkmale der heutigen moralischen Auseinandersetzung, auf die ich die Aufmerksamkeit weiter oben gelenkt habe, nichts mit dem zu tun, was eigentlich zeitgenössisch ist. Aber ist diese Theorie richtig?

Der Emotivismus ist bis jetzt von seinen erlesensten Vertretern als eine Theorie über die Bedeutung der Sätze vorgestellt worden, die gebraucht werden, um moralische Urteile zu fällen. C.L. Stevenson, der einzige bedeutende Vertreter dieser Theorie, erklärte, daß der Satz »Dies ist gut« in etwa »Ich stimme dem zu; mach es ebenso« bedeutet; durch diese Gleichsetzung will er sowohl die Funktion des moralischen Urteils als Ausdruck der Haltungen des Sprechers, als auch die Funktion des moralischen Urteils als Versuch, die Verhaltensweisen des Hörers zu beeinflussen, verdeutlichen (Stevenson 1945, Kap. 2). Andere Emotivisten meinten, »Dies ist gut« entspräche einem Satz, der in etwa »Es lebe hoch!« bedeute. Aber als Theorie der Bedeutung einer bestimmten Satzart scheitert der Emotivismus aus mindestens drei ganz unterschiedlichen Gründen.

Der erste besteht darin, daß diese Theorie die Bedeutung einer bestimmten Art von Sätzen dadurch erhellen soll, daß sie, sobald diese geäußert werden, deren Funktion, Gefühle oder Haltungen auszudrücken, festhält; in wesentlichen Teilen muß die Theorie deshalb aus Identifikation und Charakterisierung der entsprechenden Gefühle oder Haltungen bestehen. Über dieses Thema schweigen sich die Verfechter der emotiven Theorie im allgemeinen aus, und vielleicht tun sie gut daran. Denn alle bisherigen Versuche, relevante Typen von Gefühlen oder Haltungen zu bestimmen, konnten einen leeren Zirkelschluß nicht vermeiden. »Moralische Urteile drücken Gefühle oder Haltungen aus«, heißt es. »Was für Gefühle oder Haltungen?« fragen wir. »Zustimmende Gefühle oder Haltungen«, lautet die Antwort. »Zustimmung welcher Art?« fragen wir, weil uns vielleicht bewußt wird, daß Zustimmung viele Arten umfaßt. Bei der Antwort auf diese Frage bleibt der Emotivismus jeder Prägung entweder stumm oder wird zirkelhaft, indem er die entsprechende Art der Zustimmung als moralische Zustimmung bezeichnet, das heißt, die Art von Zustimmung, wie sie durch ein moralisches Urteil ausgedrückt wird.

Man begreift leicht, warum die Theorie für diese erste Art von Kritik anfällig ist, wenn wir zwei weitere Ablehnungsgründe betrachten. Der eine ist, daß der Emotivismus als Theorie der Bedeutung einer bestimmten Art von Sätzen sich von Anfang an mit einer unmöglichen Aufgabe befaßt, weil er sich darum bemüht, zwei Ausdrucksarten als in ihrer Bedeutung gleichwertig zu beschreiben, deren besondere Funktion in unserer Sprache, wie wir schon gesehen haben, sich im wesentlichen aus dem Gegensatz und Unterschied zwischen ihnen herleitet. Ich habe schon erklärt, daß es gute Gründe dafür gibt, zwischen, wie ich es genannt habe, Äußerungen persönlicher Präferenzen und wertenden (auch moralischen) Äußerungen zu unterscheiden; die Überzeugungskraft von Äußerungen der ersten Art – die sie vielleicht haben – hängt davon ab, wer sie wem gegenüber macht, während die Überzeugungskraft von Äußerungen der zweiten Art nicht annähernd so abhängig vom Kontext der Äußerung ist. Das scheint ausreichend zu zeigen, daß es einen großen Bedeutungsunterschied zwischen beiden Gruppen von Sätzen gibt; aber die emotive Theorie will sie in ihrer Bedeutung gleichsetzen. Das ist nicht nur ein einfacher Fehler; es ist ein Fehler, der erklärt werden muß. Ein Hinweis darauf, wo eine Erklärung gesucht werden sollte, findet sich in einem dritten Mangel der emotiven Theorie als Theorie der Bedeutung.

Der Emotivismus hat den Anspruch, wie wir gesehen haben, eine Theorie der Bedeutung von Sätzen zu sein. Aber der Ausdruck von Gefühlen oder Haltungen ist bezeichnenderweise keine Funktion der Bedeutung von Sätzen, sondern von deren Gebrauch bei bestimmten Gelegenheiten. Der verärgerte Lehrer macht, um ein Beispiel Gilbert Ryles zu verwenden, seinen Gefühlen vielleicht dadurch Luft, daß er den kleinen Jungen anschreit, der gerade eine falsche Antwort gegeben hat: »Sieben mal sieben ist neunundvierzig!« Aber der Gebrauch dieses Satzes, um Gefühle oder Haltungen auszudrücken, hat absolut nichts mit seiner Bedeutung zu tun. Das legt uns nahe, uns nicht einfach auf diese Einwände zu verlassen, um die emotive Theorie zu verwerfen. Wir sollten vielmehr überlegen, ob sie nicht vielleicht als Theorie des *Gebrauchs* – begriffen als Zweck oder Funktion – von Teilen einer bestimmten Ausdrucksklasse hätte konzipiert werden sollen, und nicht als Theorie der *Bedeutung* – begriffen als das, was Frege unter »Sinn« und »Bedeutung« (*sense* und *reference*) versteht.

Natürlich zeigt die bisherige Argumentation, daß die Äußerung eines moralischen Urteils wie »Dies ist richtig« oder »Dies ist gut« nicht das gleiche bedeutet wie »Ich stimme dem zu; mach es ebenso« oder »Es lebe hoch!« oder wie irgendwelche der anderen Versuche der Gleichsetzung, die emotive Theoretiker angestellt haben; aber selbst wenn die Bedeutung solcher Sätze ganz anders wäre, als emotive Theoretiker erklären, könnte durch eine adäquate Beweisführung einleuchtend behauptet werden, daß der Handelnde beim Gebrauch solcher Sätze, um *das auszusagen,* was sie bedeuten, tatsächlich nichts anderes *tut,* als seine Gefühle oder Haltungen auszudrücken und damit versucht, die Gefühle und Haltungen der anderen zu beeinflussen. Wäre die so ausgelegte emotive Theorie richtig, würde daraus folgen, daß die Bedeutung und der Gebrauch moralischer Ausdrücke sich unvereinbar widersprechen, oder es zumindest inzwischen tun. Bedeutung und Gebrauch wären derart gegensätzlich, daß die Bedeutung dazu neigen würde, den Gebrauch zu verschleiern. Wir könnten nicht mit Sicherheit voraussagen, was jemand, der ein moralisches Urteil äußert, tun würde, wenn wir uns einfach nur anhörten, was er sagt. Darüber hinaus könnte auch der Handelnde selbst zu denen gehören, für die der Gebrauch durch die Bedeutung verschleiert wird. Eben weil er sich der Bedeutung der Worte, die er gebraucht, bewußt ist, könnte er durchaus der festen Meinung sein, daß er sich auf unabhängige, sachliche Kriterien beruft, wo er in Wirklichkeit nichts anderes tut, als anderen gegenüber in manipulativer Weise seine Gefühle zu äußern. Wie kann es zu so einem Phänomen kommen?

Lassen wir im Lichte dieser Überlegungen die Behauptung des Emotivismus über die Universalität seines Anwendungsbereiches einmal außer acht, und betrachten wir statt dessen den Emotivismus als eine Theorie, die unter bestimmten historischen Bedingungen entwickelt wurde. Im achtzehnten Jahrhundert fügte Hume in das große und komplexe System seiner umfassenden Moraltheorie emotive Elemente ein; aber erst in unserem Jahrhundert hat sich der Emotivismus zu einer eigenständigen Theorie entfaltet. Und das war eine Reaktion auf Theorien, die zwischen 1903 und 1939 vor allem in England in Blüte standen. Wir sollten deshalb fragen, ob der Emotivismus als Theorie nicht vielleicht beides war – eine Antwort auf und in allererster Linie eine Erklärung *nicht* der moralischen Sprache an sich, wie ihre Vertreter eigentlich meinten, sondern der moralischen Sprache in England in den Jahren nach 1903, als diese Sprache in Übereinstimmung mit dem theoretischen System gedeutet wurde, zu dessen Widerlegung der Emotivismus hauptsächlich gedacht war. Die fragliche Theorie entlehnte aus dem frühen neunzehnten Jahrhundert den Namen »Intuitionismus«; ihr unmittelbarer Vorfahre war G.E. Moore.

»Am Michaelistag 1902 ging ich nach Cambridge, und am Ende meines ersten Jahres erschienen Moores *Principia Ethica*... es war aufregend, begeisternd, der Beginn einer Renaissance, die Öffnung eines neuen Himmels auf einer neuen Erde.« So schrieb John Maynard Keynes (zit. n. Rosenbaum 1975, S. 52), und auf ähnlich beredte Art schrieben auch Lytton Strachey und Desmond McCarthy und später Virginia Woolf, die sich 1908 Seite für Seite durch die *Principia Ethica* kämpfte, und eine ganze Reihe von Freunden und Bekannten aus Cambridge und London. Was den neuen Himmel öffnete, war Moores ruhige, aber apokalyptische Verkündung aus dem Jahr 1903, daß er nach vielen Jahrhunderten endlich die Probleme der Ethik gelöst habe, denn er sei der erste Philosoph, der sich mit der nötigen Sorgfalt mit dem exakt bestimmbaren Wesen der Fragen beschäftigt habe, die zu beantworten Aufgabe der Ethik sei. Was Moore glaubte gefunden zu haben, als er sich mit dem exakt bestimmbaren Wesen dieser Fragen beschäftigte, waren drei Dinge.

Erstens, daß »gut« die Benennung einer einfachen, nicht definierbaren Eigenschaft ist, eine Eigenschaft, die sich von der unterscheidet, die »angenehm« oder »dem evolutionären Überleben förderlich« genannt wird, oder von jeder anderen natürlichen Eigenschaft. Moore spricht demzufolge von gut als einer nicht-natürlichen Eigenschaft. Feststellungen, die dies oder das für gut erklären, nennt Moore »Intuitionen«; sie taugen weder zur Bestätigung noch zur Widerlegung und sind auch kein Beweis oder eine Begründung, was immer sich zu ihren Gunsten oder Ungunsten anführen ließe. Obwohl Moore den Gebrauch des Wortes »Intuition« ablehnt, das an die Fähigkeit der Intuition im Sinne von Vorstellungskraft erinnern könnte, vergleicht er dennoch gut als Eigenschaft mit gelb als Eigenschaft, um auszudrücken, daß eine bestimmte Sachlage gut oder nicht gut ist, vergleichbar mit den ganz einfachen Urteilen der gewöhnlichen visuellen Wahrnehmung.

Zweitens ist Moore der Meinung, daß eine Handlung richtig genannt wird, wenn sie unter mehreren möglichen Handlungen diejenige ist, die praktisch das meiste Gut erbringt oder erbracht hat. Moore ist also ein Utilitarist; jede Handlung soll ausschließlich nach ihren Folgen bewertet werden, verglichen mit den Folgen anderer möglicher Handlungsabläufe. Und wie bei zumindest einigen anderen Versionen des Utilitarismus folgt daraus, daß keine Handlung jemals richtig oder falsch *an sich* ist. Was auch immer, alles kann unter bestimmten Umständen erlaubt sein.

Drittens stellt sich im sechsten und letzten Kapitel der *Principia Ethica* heraus, daß in »persönlichen Neigungen und ästhetischen Freuden *alle* ganz großen und *bei weitem* die größten Güter liegen, die wir uns vorstellen können...« Das ist »die letzte und grundlegende Wahrheit der Moralphilosophie«. Das Erlangen von Freundschaft und die Betrachtung dessen, was in der Natur oder der Kunst schön ist, werden so fast das einzige und vielleicht das einzig zu rechtfertigende Ziel allen menschlichen Handelns.

Wir sollten hier zwei entscheidende Tatsachen zu Moores Moraltheorie festhalten. Die erste ist, daß seine drei zentralen Positionen logisch unabhängig voneinander sind. Es gäbe keinen Bruch in ihrer Konsistenz, würde man eine der drei bestätigen und die anderen zwei ablehnen. Man kann Intuitionist sein, ohne Utilitarist zu sein; die meisten englischen Intuitionisten kamen zu der Ansicht, daß es ebenso eine nicht-natürliche Eigenschaft »richtig« wie »gut« gäbe, und meinten, daß das Wahrnehmen einer bestimmten Art von Handlung als »richtig« die Erkenntnis bedeute, daß man zumindest *prima facie* die Verpflichtung habe, diese Art von Handlung unabhängig von den Folgen durchzuführen. Desgleichen ist ein Utilitarist nicht notwendig an den Intuitionismus gebunden. Und weder Utilitaristen noch Intuitionisten sind irgendwie notwendig an die Wertvorstellungen aus Moores sechstem Kapitel gebunden. Die zweite wesentliche Tatsache ist rückblickend leicht zu erkennen: der erste Teil dessen, was Moore sagt, ist *völlig* falsch, der zweite und dritte Teil sind zumindest äußerst umstritten. Moores Argumente sind, so muß es heute scheinen, zuweilen *offenkundig* fehlerhaft – er versucht zum Beispiel nachzuweisen, daß »gut« nicht definierbar ist, indem er sich auf eine Definition des Begriffs »Definition« aus einem schlechten Wörterbuch stützt –, und vieles wird einfach behauptet statt bewiesen. Und doch ist es eben diese für uns schlicht falsche, schlecht untermauerte Position, die Keynes als »den Beginn einer Renaissance« feierte, von der Lytton Strachey meinte, sie habe »alle zerschmettert, die über Ethik geschrieben haben, von Aristoteles und Christus bis zu Herbert Spencer und Mr. Bradley«, und die Leonard Woolf beschrieb als »Ersatz für die religiösen und philosophischen Alpträume, Irreführungen und Halluzinationen, in die uns Jehova, Christus und Paulus, Plato, Kant und Hegel verstrickt haben, durch die frische Luft und das reine Licht des gesunden Menschenverstandes« (zit. n. Gadd 1974).

Dahinter steckt natürlich große Einfalt, doch es ist die große Einfalt äußerst intelligenter und scharfsichtiger Menschen. Es lohnt daher zu fragen, ob wir irgendwelche Anhaltspunkte entdecken können, warum sie die naive und selbstgefällige Apokalyptik Moores übernahmen. Einer ergibt sich von selbst. Nämlich der, daß der Kreis, aus dem die Bloomsbury-Gruppe hervorgehen sollte, die Wertvorstellungen aus Moores sechstem Kapitel bereits akzeptiert hatte, sie aber nicht als ganz persönliche Vorlieben ausgeben konnte. Sie hatten das Bedürfnis, eine objektive und sachliche Rechtfertigung dafür zu finden, alle Ansprüche außer denen des persönlichen Umgangs und des Schönen zurückweisen zu können. Was wiesen sie insbesondere zurück? Nicht eigentlich die Lehren Platos oder von Paulus, oder andere große Namen aus Woolfs oder Stracheys Befreiungskatalog, sondern jene Namen, die ein Symbol waren für die Kultur des späten neunzehnten Jahrhunderts. Sidgwick und Leslie Stephen werden ebenso abgeschrieben wie Spencer und Bradley, und die gesamte Vergangenheit wird als Last empfunden, die abzuwerfen Moore ihnen geholfen hatte. Was war an der moralischen Kultur des ausgehenden neunzehnten Jahrhunderts, daß sie als Last empfunden wurde, der man entfliehen wollte? Das ist eine Frage, auf die wir jetzt noch keine Antwort geben sollten, weil sie sich uns im Verlauf unserer Erörterung noch häufiger stellt und wir später besser gerüstet sind, sie zu beantworten. Aber wir sollten festhalten, wie sehr das Thema dieser Ablehnung das Leben und Schreiben der Woolfs, von Lytton Strachey, von Roger Fry beherrschte. Keynes propagierte nicht nur die Ablehnung der Benthamschen Version des Utilitarismus und des Christentums, sondern aller Forderungen im Sinne sozialen Handelns als lohnendem Ziel. Was blieb da noch übrig?

Die Antwort lautet: eine höchst armselige Ansicht darüber, wie »gut« gebraucht werden kann. Keynes führt Beispiele zentraler Inhalte von Diskussionen unter den Anhängern Moores an: »Wenn A in B verliebt war und glaubte, B erwidere seine Gefühle, was B jedoch nicht tat, sondern in C verliebt war, war die Lage sicher nicht so gut, wie sie hätte sein können, wenn A recht gehabt hätte, aber war es besser oder schlechter, als es werden würde, wenn A seinen Irrtum bemerkte?« Oder: »Wenn A in B verliebt war, sich aber über die Eigenschaften von B falsche Vorstellungen machte, war das besser oder schlechter, als wenn A überhaupt nicht verliebt gewesen wäre?« Wie sollte man solche Fragen beantworten? Indem man den Vorschriften Moores ganz genau folgte. Erkennst du das Vorhanden- oder Nichtvorhandensein der nicht-natürlichen Eigenschaft des Guten in größerem oder geringerem Umfang, oder erkennst du es nicht? Und was ist, wenn zwei Beobachter unterschiedlicher Auffassung sind? Dann, so lautete die Antwort Keynes zufolge, stützten sich die beiden auf verschiedene Umstände, ohne das zu erkennen, oder einer machte Wahrnehmungen, die denen des anderen überlegen waren. Aber, wie Keynes uns berichtet, war das, was wirklich passierte, etwas ganz anderes: »In der Praxis gehörte der Sieg denen, die mit dem größten Anschein klarer, zuversichtlicher Überzeugung sprechen konnten und am besten den Tonfall der Unfehlbarkeit trafen«. Und Keynes fährt fort und beschreibt die Wirksamkeit der schweren Seufzer des ungläubigen und kopfschüttelnden Moore, des grimmigen Schweigens Stracheys und des Achselzuckens von Lowes Dickinson.

Hier wird das Auseinanderklaffen sichtbar zwischen Bedeutung und Sinn dessen, was gesagt wurde, und dem Gebrauch, zu dem die Äußerung gemacht wurde, worauf unsere Neuauslegung des Emotivismus aufmerksam machte. Ein scharfer Beobachter jener Zeit und Keynes selbst hätten die Sache rückblickend vielleicht so dargestellt: diese Leute meinen, das Vorhandensein einer nichtnatürlichen Eigenschaft festzustellen, die sie »gut« nennen; aber eine solche Eigenschaft gibt es gar nicht, und sie tun nicht mehr und nichts anderes, als ihre Gefühle und Haltungen auszudrücken und das Ausdrücken von Vorlieben und Marotten durch Interpretation ihrer eigenen Äußerungen und Haltungen zu kaschieren, was dem ganzen eine Objektivität verleiht, die es in Wirklichkeit überhaupt nicht besitzt.

Es ist, so meine ich, kein Zufall, daß die exponiertesten der modernen Begründer des Emotivismus, Philosophen wie F. P. Ramsey (im »Nachwort« zu *The Foundation of Mathematics,* 1931), Austin Duncan-Jones und C.L. Stevenson, Schüler Moores waren; es ist anzunehmen, daß sie moralische Äußerungen in Cambridge und anderen Orten mit einem ähnlichen Erbe nach 1903 mit moralischen Äußerungen schlechthin verwechselten, und daß sie daher das, was im wesentlichen eine korrekte Erklärung ersterer war, als Erklärung letzterer präsentierten. Die Anhänger Moores hatten sich so verhalten, als könnten ihre Meinungsunterschiede über das, was gut ist, durch Berufung auf ein objektives und sachliches Kriterium beigelegt werden; aber in Wirklichkeit setzte sich der stärkere und psychologisch geschicktere Wille durch. Es überrascht nicht, daß Emotivisten scharf zwischen faktischen, einschließlich wahrnehmungsbedingten Meinungsunterschieden und dem unterschieden, was Stevenson »Unterschiede in der Haltung« nannte. Die Ansprüche des Emotivismus wurden eher verstanden als Behauptungen über den Gebrauch moralischer Äußerungen in Cambridge nach 1903 und seine Erben und Nachfolger in London und anderswo denn als Behauptungen über die Bedeutung moralischer Ausdrucksweisen zu allen Zeiten und an allen Orten; wenn diese Ansprüche bemerkenswert zwingend erscheinen, dann, wie sich herausstellt, aus Gründen, die auf den ersten Blick die allgemeingültigen Ansprüche des Emotivismus zu untergraben scheinen, und mit ihnen die scheinbare Bedrohung meiner ursprünglichen These durch den Emotivismus.

Was den Emotivismus als These über eine bestimmte Art moralischer Äußerungen in Cambridge nach 1903 so überzeugend macht, sind gewisse Merkmale, die bezeichnend für diesen geschichtlichen Abschnitt sind. Diejenigen, deren wertende Äußerungen Moores Interpretationen dieser Äußerungen verkörperten, hätten das, was sie selbst zu tun beabsichtigten, aufgrund der Falschheit von Moores These nicht tun können. Aber es scheint daraus offenbar nichts für die moralische Äußerung im allgemeinen zu folgen. Der Emotivismus erweist sich aus diesem Grund als empirische These, oder eher als ein Vorentwurf einer empirischen These, die vermutlich später mit psychologischen, soziologischen und historischen Beobachtungen über diejenigen gefüllt werden soll, die weiterhin moralische und andere wertende Ausdrücke benutzen, als würden sie von objektiven und unpersönlichen Kriterien geleitet, wo doch all diese Kriterien längst nicht mehr greifen. Wir sollten daher damit rechnen, daß emotive Theorien vor allem auf lokaler Ebene als Reaktion auf Theorien und Verfahrensweisen aufkommen, denen bestimmte zentrale Merkmale des Mooreschen Intuitionismus gemein sind. So verstanden erweist sich der Emotivismus eher als eine zwingende Theorie des Gebrauchs denn als eine falsche Theorie der Bedeutung, gebunden an ein bestimmtes Stadium der moralischen Entwicklung oder des moralischen Niedergangs, ein Stadium, in das unsere eigene Kultur zu Beginn des jetzigen Jahrhunderts getreten ist.

Ich habe vorher vom Emotivismus als Darstellung nicht nur moralischer Äußerungen in Cambridge nach 1903, sondern auch moralischer Äußerungen an »anderen Orten mit einem ähnlichen Erbe« gesprochen. Denn es könnte sofort gegen meine These eingewendet werden, daß der Emotivismus schließlich zu verschiedenen Zeiten, an verschiedenen Orten und unter verschiedenen Umständen entwickelt worden sei und daß meine Betonung der Rolle Moores bei der Entwicklung des Emotivismus daher falsch sei. Darauf müßte ich erwidern, daß ich mich nur insoweit für den Emotivismus interessiere, als er eine einleuchtende und vertretbare These war. Carnaps Version des Emotivismus zum Beispiel – in der die Charakterisierung moralischer Äußerungen als Ausdruck von Gefühlen oder Haltungen ein verzweifelter Versuch ist, *irgendeinen* Status für sie zu finden, nachdem seine Theorie der Bedeutung und seine Wissenschaftstheorie sie aus dem Reich des Faktischen und Beschreibbaren vertrieben haben – beruhte auf einer höchst dürftigen Beachtung ihrer besonderen Eigenart. Und zweitens müßte ich entgegnen, daß es eine Oxforder Entwicklung gibt, die mit dem Intuitionismus Prichards beginnt und der Cambridger Entwicklung Moores ähnelt, und daß es sich meistens, wenn etwas ähnliches wie der Emotivismus ensteht, um eine Folgetheorie auf Ansichten handelt, die denen von Moore oder Prichard entsprechen.

Der Entwurf des moralischen Niedergangs, auf dem diese Anmerkungen aufbauen, erfordert, wie ich schon ausgeführt habe, die Unterscheidung von drei verschiedenen Phasen; eine erste, in der wertende und vor allem moralische Theorie und Praxis wirklich objektive und sachliche Normen verkörpern, die eine rationale Rechtfertigung bestimmter Methoden, Handlungen und Urteile liefern, und die ihrerseits rational gerechtfertigt werden können; eine zweite Phase, in der es erfolglose Versuche gibt, die Objektivität und Sachlichkeit der moralischen Urteile zu erhalten, in der jedoch der Versuch rationaler Rechtfertigung durch und von Normen ständig scheitert; und eine dritte Phase, in der sich Theorien emotiver Art eine breite, implizite Annahme verschaffen, weil sich in der Praxis, wenn auch nicht in der expliziten Theorie, die allgemeine implizite Erkenntnis durchsetzt, daß Ansprüche auf Objektivität und Sachlichkeit nicht erfüllt werden können.

Doch schon aufgrund dieser Darlegung kann geschlossen werden, daß die *allgemeinen* Ansprüche des Emotivismus, verstanden als Theorie des Gebrauchs, nicht ohne weiteres ausgeklammert werden können. Denn eine Voraussetzung des Entwicklungsschemas, das ich gerade skizziert habe, besteht darin, daß wirklich objektive und sachliche moralische Normen auf die eine oder andere Art rational gerechtfertigt werden können, auch wenn in manchen Kulturen die Möglichkeit einer solchen rationalen Rechtfertigung in einigen Phasen nicht mehr gegeben ist. Und genau das leugnet der Emotivismus. Was ich als im Großen und Ganzen für unsere Kultur zutreffend erklärt habe – daß in moralischen Argumenten das offene Geltendmachen von Grundsätzen nur als Maske für das Ausdrücken persönlicher Vorlieben dient –, ist das, was der Emotivismus als allgemeingültigen Fall annimmt. Und das tut er im übrigen aus Gründen, die keine allgemeine geschichtliche und soziologische Untersuchung der menschlichen Kulturen erfordern. Denn der Emotivismus sagt im Kern aus, daß es *keine* gültigen rationalen Rechtfertigungen für jede Behauptung, daß objektive und sachliche moralische Normen existieren, gibt oder geben kann, und daß es demnach keine solche Normen gibt. Diese Behauptung ist von der gleichen Art wie die, daß es auf alle Kulturen überhaupt zutrifft, daß es in ihnen keine Hexen gibt. Angebliche Hexen mag es geben, aber echte Hexen kann es nicht gegeben haben, weil es keine gibt. Der Emotivismus meint also, daß es angebliche rationale Rechtfertigungen geben mag, daß es aber keine echten rationalen Rechtfertigungen gegeben haben kann, weil es keine gibt.

Der Emotivismus stützt sich also auf die Behauptung, daß jeder Versuch, vergangen oder gegenwärtig, eine rationale Rechtfertigung für eine objektive Ethik zu liefern, tatsächlich gescheitert ist. Es ist ein Urteil über die gesamte Geschichte der Moralphilosophie und verwischt den Gegensatz zwischen Gegenwart und Vergangenheit, der in meiner Ausgangshypothese enthalten war. Was der Emotivismus jedoch außer acht ließ, ist der Unterschied, der sich für die Ethik ergeben würde, wenn der Emotivismus nicht nur wahr wäre, sondern auch weithin für wahr gehalten würde. Stevenson beispielsweise verstand sehr wohl, daß die Aussage »Ich stimme dem nicht zu; mach es ebenso!« nicht die gleiche Kraft hat wie »Das ist schlecht!« Er merkte an, daß letzterer eine Art Prestige anhaftet, die die erste nicht hat. Was er aber nicht bemerkte – eben weil er im Emotivismus eine Theorie der Bedeutung sah –, ist, daß sich dieses Prestige von der Tatsache herleitet, daß sich der Gebrauch von »Das ist schlecht!« auf eine objektive und sachliche Norm beruft, was »Ich stimme dem nicht zu; mach es ebenso!« nicht tut. Das heißt, wenn und insoweit der Emotivismus recht hat, dann ist die moralische Sprache in höchstem Maße irreführend und dann müßte auch der Gebrauch der traditionellen und ererbten moralischen Sprache eigentlich aufgegeben werden. Diesen Schluß zog keiner der Emotivisten; und es ist auch klar, daß sie, wie Stevenson, versäumten, ihn zu ziehen, weil sie ihre eigene Theorie fälschlicherweise als Theorie der Bedeutung auslegten.

Daran liegt es natürlich auch, daß sich der Emotivismus innerhalb der analytischen Moralphilosophie nicht durchsetzen konnte. Die analytischen Philosophen hatten es als die Hauptaufgabe der Philosophie angesehen, die Bedeutung der Schlüsselbegriffe in der Alltags- wie in der Wissenschaftssprache zu bestimmen; und da der Emotivismus gerade als Theorie der Bedeutung moralischer Ausdrücke versagt, verwarfen die analytischen Philosophen den Emotivismus im großen und ganzen. Doch der Emotivismus ist nicht tot, und es ist wichtig festzuhalten, wie oft in ganz unterschiedlichen, modernen philosophischen Zusammenhängen etwas auftaucht, das der versuchten emotiven Verkürzung der Moral auf persönliche Vorlieben sehr ähnlich ist – auch in den Werken derjenigen, die sich gar nicht für Emotivisten hielten. Die nicht erkannte philosophische Kraft des Emotivismus ist einer der Schlüssel zu seiner kulturellen Wirkung. Innerhalb der analytischen Moralphilosophie erwuchs der Widerstand gegen den Emotivismus aus der Wahrnehmung, daß es sehr wohl moralische Beweisführungen gibt, daß es logische Verbindungen zwischen verschiedenen moralischen Urteilen in einer Art geben kann, die der Emotivismus selbst nicht erlauben konnte (»deshalb« und »wenn... dann...« werden zum Ausdruck von Gefühlen offensichtlich nicht gebraucht). Doch die einflußreichste Erklärung der moralischen Beweisführung, die sich als Antwort auf diese Kritik am Emotivismus ergab, geht davon aus, daß ein Handelnder ein bestimmtes Urteil nur dadurch rechtfertigen kann, daß er sich auf irgendeine allgemeine Regel bezieht, von der es sich logisch ableiten läßt, und diese Regel ihrerseits nur dadurch rechtfertigen kann, daß er sie von einer Regel oder einem Grundsatz allgemeinerer Art ableitet; aber da jede Urteilskette endlich sein muß, muß nach dieser Sicht ein solcher Prozeß rechtfertigender Beweisführung immer mit der Aufstellung einer Regel oder eines Grundsatzes enden, für die kein weiterer Grund genannt werden kann. »Eine vollständige Rechtfertigung einer Entscheidung bestände demnach in einer vollständigen Darlegung ihrer Auswirkungen sowie einer vollständigen Darlegung der Grundsätze, die sie beachtet hat, und der Auswirkung des Beachtens dieser Grundsätze... Wenn der Fragende weiterfragt, Aber warum sollte ich so leben?, dann ist ihm nichts weiter mehr zu antworten, weil wir, *ex hypothesi,* bereits alles gesagt haben, was die weitere Antwort enthalten könnte.« (Hare 1952, S. 69)

Der Begriff der Rechtfertigung ist in dieser Sicht also immer eine nicht weiter zu rechtfertigende Wahl, eine von Kriterien unbeeinflußte Wahl. Jeder einzelne muß sich implizit oder explizit seine grundlegenden Prinzipien durch eine solche Wahl zu eigen machen. Die Äußerung eines allgemeinen Prinzips ist letztlich ein Ausdruck der Präferenzen eines individuellen Willens, und für diesen Willen haben diese Prinzipien nur die Autorität (und können nicht mehr haben), die ihnen dadurch verliehen wird, daß sie übernommen werden. Damit wurde der Emotivismus am Ende doch nicht allzuweit zurückgelassen.

Darauf ließe sich erwidern, daß ich zu diesem Schluß nur dadurch kommen kann, daß ich es unterlasse, die vielfältigen positiven Positionen der analytischen Moralphilosophie zu beachten, die unvereinbar mit dem Emotivismus sind. Solche Schriften haben bezeichnenderweise versucht nachzuweisen, daß der Begriff der Rationalität der Ethik selbst eine Grundlage liefert, die uns hinreichend Gründe bietet, emotivistische und subjektivistische Darstellungen abzulehnen. Man betrachte dazu, so wird es heißen, die vielen Behauptungen, die nicht nur von Hare vorgebracht worden sind, sondern auch von Rawls, Donegan, Gert und Gewirth, um nur ein paar Namen zu nennen. Über die Argumente, die zur Unterstützung solcher Behauptungen angeführt werden, möchte ich zwei Dinge sagen. Erstens, daß keines von ihnen tatsächlich schlagend ist. Ich werde später – in Kapitel 6 – Gewirths Argument als exemplarischen Fall aufgreifen. Er ist der vorerst letzte dieser Autoren und er ist sich sehr wohl und genau der Beiträge anderer analytischer Moralphilosophen zur Debatte bewußt, weshalb uns seine Argumente einen idealen Testfall liefern. Wenn sie nicht zum Ziel führen, ist das ein schlagender Beweis dafür, daß der Entwurf, dessen Bestandteil sie sind, nicht zum Ziel führt. Und sie führen auch nicht zum Ziel, wie ich später noch nachweisen werde.

Zweitens trifft es in starkem Maße zu, daß solche Autoren sich weder auf das einigen können, was die Eigenart einer moralischen Rationalität ausmacht, noch auf das Wesen der Moralität, die auf dieser Rationalität gründen soll. Tatsächlich spiegeln sich die Vielgestaltigkeit zeitgenössischer Moraldebatten und ihre Endlosigkeit in den Kontroversen der analytischen Moralphilosophen. Aber wenn diejenigen, die behaupten, Grundsätze formulieren zu können, auf die sich rational moralisch Handelnde einigen sollten, keine Einigung über die Formulierung dieser Grundsätze mit ihren Kollegen erzielen können, die mit ihnen das eigentliche philosophische Ziel und die Methode teilen, wird erneut *prima facie* offenkundig, daß ihr Entwurf gescheitert ist, noch bevor wir die einzelnen Streitpunkte und Schlußfolgerungen geprüft haben. Jeder von ihnen bezeugt mit seiner Kritik das Scheitern der Gedankengebäude seiner Kollegen.

Wir haben daher keinen Grund zu der Annahme, daß die analytische Philosophie irgendeinen überzeugenden Ausweg aus einem Emotivismus bieten kann, dessen Wesen sie tatsächlich oft einräumt, wenn dieser Emotivismus als Theorie des Gebrauchs und nicht der Bedeutung begriffen wird. Aber das trifft nicht nur auf die analytische Moralphilosophie zu. Es gilt auch für bestimmte, auf den ersten Blick sehr verschiedene Moralphilosophien in Deutschland und Frankreich. Nietzsche und Sartre entwickeln ein philosophisches Vokabular, das der angelsächsischen Philosophie über weite Strecken fremd ist; und in Stil und Rhetorik wie auch im Wortschatz unterscheidet sich jede von der anderen so sehr wie von der analytischen Philosophie. Doch als Nietzsche angeblich objektive moralische Urteile als Maske anzuklagen suchte, die durch den Willen zur Macht derjenigen zur Schau gestellt wird, die zu schwach und unterwürfig sind, um sich mit archaischer und aristokratischer Größe zu behaupten, und als Sartre versuchte, die bürgerliche, nationalistische Moral der Dritten Republik als Anwendung des schlechten Glaubens derjenigen vorzustellen, die die Erkenntis ihrer eigenen Wahl als einzige Quelle moralischen Urteilens nicht ertragen können, erkannten beide das Wesen dessen an, wofür der Emotivismus kämpfte. Beide sahen sich aufgrund ihrer Analyse als Verurteiler der herkömmlichen Moral, während die meisten englischen und amerikanischen Emotivisten glaubten, nichts derartiges zu sein. Beide sahen ihre Aufgabe zum Teil darin, eine neue Moral zu begründen, doch in den Schriften beider wird ihre Rhetorik – so sehr sie sich darin voneinander unterscheiden – an dieser Stelle verschwommen und dunkel, und die metaphorische Bedeutung ersetzt das Argument. Der Übermensch und der Existentialist-cum-Marxist Sartres gehören eher in die Seiten eines philosophischen Bestiariums als in eine ernsthafte Diskussion. Beide sind philosophisch am eindrucksvollsten und zwingendsten im negativen Teil ihrer Kritik.

Das Auftreten des Emotivismus in dieser Vielfalt philosophischer Verkleidungen legt nahe, meine eigene These doch im Sinne einer Auseinandersetzung mit dem Emotivismus zu definieren. Denn eine Möglichkeit, meinen Streitpunkt, daß die Moral nicht mehr das ist, was sie einmal war, zu fassen, besteht darin zu erklären, daß die Menschen heute in erheblichem Umfang so denken, sprechen und handeln, *als wäre* der Emotivismus wahr, gleichgültig was ihr erklärter theoretischer Standpunkt ist. Der Emotivismus ist in unsere Kultur eingegliedert worden. Aber indem ich das sage, behaupte ich nicht nur, daß die Moral nicht mehr das ist, was sie einmal war, sondern auch, und das ist noch wichtiger, daß das, was einmal Moral war, zum großen Teil verschwunden ist – und daß dies eine Rückentwicklung darstellt, einen schweren kulturellen Verlust. Ich bin daher zwei unterschiedlichen, aber verwandten Aufgaben verpflichtet.

Die erste beinhaltet, die verlorene Moral der Vergangenheit zu bestimmen und zu beschreiben und ihre Ansprüche auf Objektivität und Autorität zu beurteilen; das ist eine teils historische, teils philosophische Aufgabe. Die zweite Aufgabe besteht darin, meine Behauptung über den besonderen Charakter der Neuzeit zu beweisen. Denn ich habe erklärt, daß wir in einer besonders emotivistischen Kultur leben, und wenn dem so ist, müßten wir eigentlich entdecken, daß sehr viele unserer Begriffe und Verhaltensweisen – und nicht nur unsere expliziten moralischen Debatten und Urteile – die Wahrheit des Emotivismus voraussetzen, wenn nicht auf der Ebene selbstbewußten Theoretisierens, dann doch wenigstens im täglichen Leben. Aber ist dem so? Dieser letzten Frage werde ich mich umgehend zuwenden.

Kapitel 3
Emotivismus: Sozialer Inhalt und sozialer Kontext

Moralphilosophie – der Emotivismus macht hier keine Ausnahme – setzt bezeichnenderweise eine Soziologie voraus. Denn jede Moralphilosophie liefert explizit oder implizit zumindest teilweise eine Begriffsanalyse der Beziehungen zwischen einem Handelnden und seinen Beweggründen, Motiven, Absichten und Handlungen, und indem sie das tut, setzt sie generell voraus, daß diese Begriffe in die wirkliche soziale Welt eingefügt sind oder zumindest sein können. Sogar Kant, der manchmal das moralische Handeln auf den inneren Bereich des rein verstandesmäßig Erfaßbaren zu beschränken scheint, impliziert in seinen Schriften über Recht, Geschichte und Politik etwas anderes. Es wäre daher grundsätzlich eine entscheidende Widerlegung einer Moralphilosophie zu zeigen, daß moralisches Handeln aufgrund der Sachlage sozial nie verwirklicht werden könnte; und daraus folgt auch, daß wir die Forderungen einer Moralphilosophie erst dann restlos verstanden haben, wenn wir dargelegt haben, was ihre soziale Umsetzung wäre. Einige Moralphilosophen der Vergangenheit, vielleicht die meisten, haben in dieser Darlegung an sich einen Teil der Aufgabe der Moralphilosophie gesehen. So – wie wohl kaum erwähnt werden muß – Plato und Aristoteles, aber auch Hume und Adam Smith; jedoch zumindest seit Moore hat die vorherrschende, enge Vorstellung von Moralphilosophie dafür gesorgt, daß die Moralphilosophen diese Aufgabe übergehen konnten, wie es bemerkenswerterweise die philosophischen Verfechter des Emotivismus tun. Daher müssen wir es für sie übernehmen.

Wo liegt der Schlüssel zum sozialen Inhalt des Emotivismus? Es ist eine Tatsache, daß der Emotivismus das Auslöschen jeder echten Unterscheidung zwischen manipulativen und nicht-manipulativen sozialen Beziehungen zur Folge hat. Man denke nur an den Gegensatz zwischen der Kantschen Ethik und dem Emotivismus in diesem Punkt. Für Kant – und ähnliches ließe sich über einige frühere Moralphilosophen sagen – ist der Unterschied zwischen einer von Moral nicht durchdrungenen und einer von ihr durchdrungenen menschlichen Beziehung der Unterschied zwischen einer Beziehung, in der jeder den anderen vornehmlich als Mittel für die eigenen Ziele benutzt, und einer Beziehung, in der jeder den anderen als Ziel behandelt. Jemanden als Ziel zu behandeln bedeutet, ihm anzubieten, was ich als gute Gründe dafür ansehe, auf eine bestimmte Art und nicht anders zu handeln, es aber ihm zu überlassen, diese Gründe zu bewerten. Es bedeutet, sich zu weigern, einen anderen zu beeinflussen, außer durch Gründe, die dieser andere für gut erachtet. Es bedeutet, sich auf sachliche Kriterien zu berufen, deren Gültigkeit jeder rational Handelnde selbst beurteilen muß. Einen anderen dagegen als Mittel zu behandeln bedeutet, ihn zu einem Werkzeug seiner Zwecke machen zu wollen, indem ich alle Einflüsse oder Überlegungen berücksichtige, die sich bei dieser oder jener Gelegenheit irgendwie auswirken könnten. Ich brauche mich nur von den Verallgemeinerungen der Soziologie und der Psychologie der Überredung leiten zu lassen, nicht von den Maßstäben normativer Vernunft.

Wenn der Emotivismus wahr ist, ist diese Unterscheidung trügerisch. Denn eine wertende Äußerung kann letztlich keinen anderen Sinn oder Nutzen haben als den Ausdruck meiner eigenen Gefühle oder Haltungen und die Veränderung der Gefühle und Haltungen anderer. Ich kann mich nicht wirklich auf sachliche Kriterien berufen, weil es keine sachlichen Kriterien gibt. Ich kann zwar denken, daß ich mich darauf berufe, und andere können denken, daß ich mich darauf berufe, aber dieses Denken wird immer falsch sein. In Wirklichkeit ist eine eindeutig moralische Darlegung einzig der Versuch eines Willens, die Haltungen, Gefühle, Vorlieben und Entscheidungen eines anderen mit den eigenen in Einklang zu bringen. Andere sind immer Mittel, niemals Ziel.

Wie würde dann die soziale Welt *aussehen*, betrachtete man sie mit emotivistischen Augen? Und wie würde die soziale Welt *sein*, wenn der Emotivismus weitgehend als wahr vorausgesetzt würde? Die allgemeine Antwort auf diese Fragen ist jetzt klar, doch das soziale Detail hängt zum Teil von der Art bestimmter sozialer Kontexte ab; es wird einen Unterschied machen, in welchem Milieu und im Dienste welcher bestimmten und spezifischen Interessen die Unterscheidung zwischen manipulativen und nicht-manipulativen sozialen Beziehungen ausgelöst worden ist. William Gass hat erklärt (Gass 1971, S. 181-90), daß es eines der Grundanliegen von Henry James in *The Portrait of a Lady* war, die Folgen der Aufhebung dieser Unterscheidung im Leben reicher Europäer einer bestimmten Art zu untersuchen, so daß sich der Roman nach den Worten von Gass als Untersuchung »dessen, was es bedeutet, ein Konsument von Menschen zu sein, und dessen, was es bedeutet, ein konsumierter Mensch zu sein« erweist. Das Bild vom Konsum ist dem Milieu angemessen; James befaßt sich mit reichen Ästheten, die daran interessiert sind, die Art von Langeweile abzuwehren, die so bezeichnend für den heutigen Müßiggang ist, indem andere zu einem Verhalten veranlaßt werden, das ihren eigenen Wünschen entgegenkommt, ihre übersättigte Lust befriedigt. Diese Wünsche können wohlwollend sein oder auch nicht, doch der Unterschied zwischen Charakteren, die sich dadurch unterhalten, anderen Gutes zu wünschen, und solchen, die nur ihre Wünsche befriedigen wollen und nichts als den eigenen Vorteil im Auge haben – im Roman der Unterschied zwischen Ralph Touchett und Gilbert Osmond –, ist James nicht so wichtig wie der Unterschied zwischen einem ganzen Milieu, in dem die manipulative Art des moralischen Instrumentalismus triumphiert hat, und einem Milieu, auf das dies nicht zutraf, wie das Neuenglands in *The Europeans*. Natürlich war James, zumindest in *The Portrait of a Lady,* nur an einem begrenzten und genau bestimmbaren sozialen Milieu mit einer bestimmten Art von Reichen einer ganz bestimmten Zeit und Gegend interessiert. Aber das verringert keineswegs die Bedeutung seiner Leistung für diese Untersuchung. Es zeigt sich vielmehr, daß *The Portrait of a Lady* einen zentralen Platz in einer langen Tradition moralischer Kritik hat, für die frühere Beispiele Diderots *Le Neveu de Rameau (Rameaus Neffe)* und Kierkegaards *Enten-Eller (Entweder-Oder)* sind. Das verbindende Inanspruchnehmen dieser Tradition sind die Bedingungen derer, die in der sozialen Welt nichts als einen Treffpunkt individueller Willen sehen, von denen jeder seine eigenen Haltungen und Vorlieben hat, und die diese Welt nur als Arena zur Befriedigung ihrer eigenen Wünsche verstehen, die die Wirklichkeit als Abfolge von Gelegenheiten zu ihrer Belustigung betrachten und für die Langeweile der schlimmste Feind ist. Der junge Rameau, Kierkegaards »A« und Ralph Touchett realisieren diese ästhetische Haltung in jeweils ganz unterschiedlicher Umgebung, doch die Haltung ist erkennbar die gleiche, und selbst die Umgebungen haben einiges gemein. Es sind Umgebungen, in denen das Problem sich zu vergnügen im Zusammenhang mit dem Müßiggang entsteht, in denen große Geldsummen einen sozialen Abstand zur Notwendigkeit zu arbeiten geschaffen haben. Ralph

Touchett ist reich, »A« lebt in angenehmen Verhältnissen, Rameau schmarotzt bei seinen wohlhabenden Gönnern und Klienten. Das soll nicht heißen, daß das Reich, das Kierkegaard das ästhetische nannte, auf die Reichen und deren Umkreis beschränkt ist; wir übrigen teilen in der Phantasie und unseren Sehnsüchten oft die Haltungen der Reichen. Und es soll auch nicht heißen, daß die Reichen alle Touchetts, Osmonds oder »A«s sind. Aber es soll nahelegen, daß wir zum völligen Verstehen des sozialen Kontexts der Aufhebung des Unterschieds zwischen manipulativen und nicht-manipulativen sozialen Beziehungen, die der Emotivismus mit sich bringt, auch einige andere soziale Kontexte betrachten sollten.

Ein offensichtlich wichtiger Kontext entsteht durch die Existenz von Organisationen, durch die Existenz jener bürokratischen Gebilde, die, ob in der Form privater Gesellschaften oder staatlicher Behörden, die beruflichen Aufgaben so vieler unserer Zeitgenossen bestimmen. Ein deutlicher Gegensatz zum Leben des ästhetischen Reichen fällt sofort ins Auge. Der reiche Ästhet mit einem Zuviel an Mitteln sucht ruhelos nach Zielen, für die er sie einsetzen kann; die Organisation dagegen beschäftigt sich typischerweise damit, in Konkurrenz mit anderen um knappe Ressourcen zu kämpfen, die in den Dienst eines vorbestimmten Ziels zu stellen sind. Es ist daher eine der Hauptaufgaben der Manager, die verfügbaren menschlichen und materiellen Ressourcen ihrer Organisationen so wirksam wie möglich auf diese Ziele hin zu lenken. Jede bürokratische Organisation verkörpert irgendeine explizite oder implizite Definition von Kosten und Ertrag, aus der sich die Kriterien der Wirtschaftlichkeit ableiten lassen. Die bürokratische Rationalität ist die Rationalität, Mittel und Ziel wirtschaftlich und effizient aufeinander abzustimmen.

Diese vertraute – inzwischen vielleicht schon übervertraute – Einsicht verdanken wir natürlich ursprünglich Max Weber. Und es wird sofort ersichtlich, daß der Gedanke Webers gerade die Spaltungen enthält, die auch der Emotivismus enthält, und gerade jene Unterschiede verwischt, für die der Emotivismus blind sein muß. Fragen nach dem Ziel sind Fragen nach den Werten, und über die Werte schweigt sich die Vernunft aus; ein Konflikt zwischen rivalisierenden Werten läßt sich nicht rational lösen. Man muß statt dessen einfach wählen – zwischen Parteien, Klassen, Nationen, Ursachen, Idealen. *Entscheidung* spielt im Denken Webers die Rolle, die die Wahl der Prinzipien bei Hare oder Sartre spielt. »Werte«, sagt Raymond Aron in seiner Darlegung der Sichtweise Webers, »werden durch Entscheidungen des Menschen geschaffen...«, und wieder schreibt er Weber die Ansicht zu, daß »das Gewissen jedes Menschen unwiderlegbar ist«, und daß Werte auf »einer Wahl, deren Rechtfertigung rein subjektiv ist«, beruhen (Aron 1967, S. 206-10 und S. 192). Es überrascht nicht, daß Webers Wertvorstellung hauptsächlich Nietzsche verpflichtet ist, und daß Donald G. Macrae Weber in seinem Buch über ihn (1974) einen Existentialisten nennt; denn während er die Meinung vertritt, daß ein Handelnder mehr oder weniger rational sein mag, wenn er entsprechend seinen Wertvorstellungen handelt, kann die Wahl irgendeiner bestimmten wertenden Haltung oder Verpflichtung nicht rationaler sein als die irgendeiner anderen. Alle Überzeugungen und Werturteile sind gleichermaßen nicht-rational; alles sind subjektive Anweisungen an Empfindung und Gefühl. Weber ist also im weiteren Sinne, wie ich den Begriff verstanden habe, Emotivist, und sein Porträt der bürokratischen Autorität ist ein emotivistisches Porträt. Die Folge von Webers Emotivismus ist, daß der Gegensatz zwischen Macht und Autorität trotz eines Lippenbekenntnisses in seinem Denken wirksam verwischt wird – ein besonderes Beispiel für die Aufhebung des Gegensatzes zwischen manipulativen und nicht-manipulativen sozialen Beziehungen. Weber ging natürlich von einem Unterschied zwischen Macht und Autorität aus, gerade weil die Autorität Zielen und Überzeugungen dient. Aber wie Philip Rieff sehr treffend bemerkte: »Webers Ziele, die *Ursachen,* denen gedient werden soll, sind Mittel des Handelns; sie können sich dem Dienst an der Macht nicht entziehen«. (Rieff, 1975, S. 22) Denn nach Ansicht Webers kann sich keine Art von Autorität auf rationale Kriterien berufen, um sich zu verteidigen, ausgenommen jene Art bürokratischer Autorität, die sich auf ihre eigene *Wirksamkeit* beruft. Und dieser Appell enthüllt, daß bürokratische Autorität nichts anderes als erfolgreiche Macht ist.

Webers allgemeine Darstellung bürokratischer Organisationen ist oft von Soziologen zwingend kritisiert worden, die den besonderen Charakter tatsächlich bestehender Bürokratien untersucht haben. Es ist daher wichtig festzuhalten, daß es einen Bereich gibt, in dem seine Analyse durch die Erfahrung unterstützt wird, und in dem die Darlegungen vieler Soziologen, die meinen, Webers Analyse verworfen zu haben, diese in Wahrheit wiederholen. Ich beziehe mich hier speziell auf seine Darstellung, *wie Führungsautorität* in Bürokratien *gerechtfertigt wird.* Denn obgleich die modernen Soziologen an vorderster Stelle ihrer Darlegungen über das Managerverhalten Aspekte genannt haben, die Weber übergangen oder nicht genug betont hat – so hat beispielsweise Likert das Bedürfnis der Führungskräfte hervorgehoben, die Beweggründe ihrer Untergebenen zu beeinflussen, und March und Simon haben hingewiesen auf das Bedürfnis der Führungskräfte, sicherzustellen, daß diese Untergebenen von Voraussetzungen ausgehen, die Übereinstimmung mit ihren wichtigsten eigenen Schlüssen erbringen –, sehen sie doch die Aufgabe des Managers darin, Verhalten zu überwachen und Konflikte zu unterdrücken, womit sie Webers Darstellung der Rechtfertigung von Führung eher bestärkt als untergraben haben. Es deutet daher einiges darauf hin, daß Manager heute diese Schlüsselrolle des Weberschen Konzepts der bürokratischen Autorität in ihrem Verhalten verkörpern – ein Konzept, das die Wahrheit des Emotivismus voraussetzt.

Der Ursprung der Figur des Reichen, der sich der ästhetischen Jagd nach Vergnügungen überläßt, so wie er von Henry James dargestellt wurde, war im London und Paris des vergangenen Jahrhunderts zu finden; der Ursprung der Figur der Führungskraft, wie Max Weber sie bezeichnet hat, war im Wilhelminischen Deutschland zu Hause; doch beide sind inzwischen in allen fortschrittlichen Ländern und vor allem in den Vereinigten Staaten heimisch geworden. Diese beiden Rollen können gelegentlich sogar in ein und derselben Person vorkommen, die ihr Leben zwischen beiden aufteilt. Sie sind auch keine Randfiguren auf der sozialen Bühne der Gegenwart. Ich gebrauche dieses Bild mit einigem Ernst. Es gibt bestimmte dramatische Traditionen, die einen Bestand festgelegter Rollen voraussetzen, die das Publikum sofort erkennt – so das japanische No und die mittelalterlichen »Moralitäten« Englands. Diese Rollen bestimmen zum Teil die Möglichkeiten der Fabel und der Handlung. Sie zu kennen ist ein Mittel, um das Verhalten der Schauspieler zu deuten, die diese Rollen spielen, weil ein ähnliches Verständnis die Intention der Schauspieler selbst beseelt; andere Schauspieler bestimmen unter Umständen ihre Rolle in Bezug auf diese Hauptfiguren. So ist es auch mit bestimmten Arten von gesellschaftlichen Rollen, die bestimmten Teilkulturen eigen sind. Sie haben erkennbare Rollen, und die Fähigkeit, sie wiederzuerkennen, ist sozial sehr wichtig, denn die Kenntnis der Rolle ermöglicht es, die Handlungen der Einzelpersonen zu deuten, die die Rolle angenommen haben. Das ist deshalb so, weil diese Einzelpersonen genau das gleiche Wissen benutzt haben, um sich in ihrem Verhalten führen zu lassen und es zu gestalten. Die damit spezifizierten *Charaktere* dürfen nicht mit gesellschaftlichen Rollen allgemein verwechselt werden. Denn es sind soziale Rollen ganz besonderer Art, die der Persönlichkeit derjenigen, die sie innehaben, gewisse moralische Beschränkungen auferlegen, wie es andere soziale Rollen nicht tun. Ich wähle das Wort »Charakter« für sie, weil es dramatische und moralische Assoziationen miteinander verbindet. Viele berufliche Rollen – etwa die eines Zahnarztes oder die eines Straßenkehrers – sind heute keine *Charaktere* wie die Rolle einer bürokratischen Führungskraft; viele Statusrollen – beispielsweise die eines pensionierten Angehörigen der unteren Mittelschicht – sind heute keine *Charaktere* wie die Rolle eines müßigen Reichen von heute. Im *Charakter* verschmelzen Rolle und Persönlichkeit auf eine speziellere Art als im allgemeinen; im *Charakter* sind die Handlungsmöglichkeiten enger definiert als im allgemeinen. Einer der zentralen Unterschiede zwischen Kulturen besteht im Umfang, in dem Rollen *Charaktere* sind; aber was für jede spezifisch Kultur ist, ist zu einem großen und maßgeblichen Teil das, was für ihren Bestand an *Charakteren* spezifisch ist. So wurde die Kultur des Viktorianischen England zum Teil bestimmt durch die *Charaktere* des Privatschuldirektors, des Forschers und des Ingenieurs; und das Wilhelminische Deutschland wurde auf ähnliche Weise durch *Charaktere* wie den preußischen Offizier, den Professor und den Sozialdemokraten bestimmt.

Charaktere haben noch eine andere bemerkenswerte Dimension. Sie sind gewissermaßen die moralischen Vertreter ihrer Kultur, und das sind sie wegen der Art, in der moralische und metaphysische Ideen und Theorien durch sie eine personifizierte Existenz in der sozialen Welt erhalten. *Charaktere* sind die Masken, die von den Moralphilosophien getragen werden. Diese Theorien, diese Philosophien, gelangen natürlich auf sehr viele Arten in das soziale Leben: am offensichtlichsten vielleicht als explizite Ideen in Büchern oder Predigten oder Gesprächen, oder als symbolische Themen in Gemälden oder Stücken oder Träumen. Aber die kennzeichnende Art, wie sie das Leben von *Charakteren* erfüllen, läßt sich daran erläutern, daß *Charaktere* das vereinen, was im allgemeinen dem Individuum und was im allgemeinen den sozialen Rollen zugerechnet wird. Sowohl die Individuen wie die Rollen können, wie die *Charaktere,* moralische Ansichten, Dogmen und Theorien verkörpern, aber beide tun es auf ihre Weise. Und wie *Charaktere* es machen, kann nur durch den Gegensatz zu diesen aufgezeigt werden.

Durch seine Intentionen drückt der einzelne den Gehalt an moralischen Überzeugungen in seinen Handlungen aus. Denn alle Intentionen setzen einen mehr oder weniger komplexen, mehr oder weniger kohärenten, mehr oder weniger expliziten Gehalt an Überzeugungen und manchmal moralischen Überzeugungen voraus. So können selbst kleine Handlungen wie das Verschicken eines Briefs oder das Überreichen eines Flugblatts an einen Passanten Intentionen verkörpern, deren Tragweite sich aus einem großen Vorhaben des einzelnen herleitet, einem Vorhaben, das selbst nur verständlich wird vor dem Hintergrund eines ebenso großen oder noch größeren Systems von Überzeugungen. Durch das Verschicken eines Briefs läßt jemand sich vielleicht auf eine Art unternehmerische Laufbahn ein, deren Spezifizierung den Glauben sowohl an die Lebensfähigkeit wie an die Berechtigung multinationaler Unternehmen erfordert; durch das Verteilen von Flugblättern drückt ein anderer vielleicht seinen Glauben an die Geschichtsphilosophie Lenins aus. Aber die Kette praktischen Denkens, dessen Schlußfolgerungen in solchen Handlungen wie dem Verschicken eines Briefs oder dem Verteilen eines Flugblatts zum Ausdruck kommen, ist in solchen Fällen selbstverständlich eine individuelle; und der Ort jener Gedankenkette, der Zusammenhang, der jeden Schritt zu einem Teil einer verstandesmäßig faßbaren Abfolge macht, ist die Handlungs-, Überzeugungs-, Erfahrungs- und Interaktionsgeschichte dieses einzelnen.

Halten wir dagegen eine völlig andere Möglichkeit, in der ein bestimmter Typ von sozialer Rolle Überzeugungen verkörpern kann, so daß Vorstellungen, Theorien und Dogmen, die durch diese Rolle ausgedrückt und vorausgesetzt werden, zumindest bei einigen Gelegenheiten von anderer Art als die Vorstellungen, Theorien und Dogmen sind, an die der einzelne glaubt, der die Rolle innehat. Ein katholischer Priester zelebriert kraft seiner Rolle die Messe, begeht andere liturgische Feiern und Zeremonien und nimmt an verschiedenen Aktivitäten teil, die implizit oder explizit die Überzeugungen der katholischen Christenheit darstellen oder voraussetzen. Doch ein anderer, der zum Priester geweiht ist und genau das gleiche tut, hat vielleicht seinen Glauben verloren, und seine Überzeugungen sind vielleicht ganz anders und widersprechen denjenigen, die durch seine Handlungen im Rahmen seiner Rolle zum Ausdruck kommen. Die gleiche Unterscheidung zwischen Rolle und Individuum kann in vielen anderen Fällen gemacht werden. Ein Gewerkschaftsvertreter verhandelt kraft seiner Rolle mit Arbeitgebervertretern und wirbt dafür bei den eigenen Leuten in einer Weise, die generell und bezeichnenderweise voraussetzt, daß die Gewerkschaftsziele – höhere Löhne, Verbesserungen der Arbeitsbedingungen und Sicherung der Arbeitsplätze *innerhalb* des bestehenden Wirtschaftssystems

– für die Arbeiterklasse berechtigte Ziele sind, und daß die Gewerkschaft das geeignete Mittel zur Durchsetzung dieser Ziele sind. Doch ein anderer Gewerkschaftsvertreter kann der Meinung sein, die Gewerkschaften seien lediglich Werkzeuge, mit denen die Arbeiterklasse gebändigt und korrumpiert werden soll, indem sie von jeglichem Recht auf Revolution abgelenkt wird. Die Überzeugung, die er in seinem Verstand und seinem Herzen trägt, ist eine Sache; die Überzeugung, die durch seine Rolle ausgedrückt und vorausgesetzt wird, eine ganze andere.

Es gibt demnach viele Fälle, in denen eine gewisse Diskrepanz zwischen Rolle und Individuum besteht, und in denen folglich unterschiedlich abgestuft Zweifel, Kompromiß, Interpretation oder Zynismus das Verhältnis zwischen Individuum und Rolle ausgleichen können. Mit den von mir so genannten *Charakteren* verhält es sich ganz anders; der Unterschied ergibt sich aus der Tatsache, daß die Anforderungen an einen *Charakter* dadurch von außen gestellt werden, daß andere *Charaktere* betrachten und benutzen, um sich selbst zu verstehen und zu beurteilen. Bei anderen Formen von sozialer Rolle kann die Rolle angemessen bestimmt werden, durch Kategorien der Institutionen, zu deren Strukturen sie gehören, und der Beziehung der Individuen, die die Rollen innehaben, zu diesen Institutionen. Für den *Charakter* reicht das nicht aus. Ein *Charakter* ist für die Angehörigen der Kultur allgemein oder für einige ihrer wichtigen Gruppen ein Gegenstand der Beobachtung. Er liefert ihnen ein kulturelles und moralisches Ideal. Der Ausspruch ist damit, daß in diesem Fall Rolle und Persönlichkeit verschmolzen werden. Sozialer und psychologischer Typ sollen zusammenfallen. Der *Charakter* rechtfertigt moralisch eine Art sozialer Existenz.

Es ist, wie ich hoffe, jetzt klar, warum ich das Viktorianische England und das Wilhelminische Deutschland als Beispiele herausgegriffen habe. Der Privatschuldirektor in England und der Professor in Deutschland, um nur zwei Beispiele zu nehmen, waren nicht nur soziale Rollen; sie waren der moralische Mittelpunkt für ein ganzes Bündel von Haltungen und Handlungen. Dieser Funktion konnten sie nachkommen, weil sie moralische und metaphysische Theorien und Ansprüche verkörperten. Darüber hinaus besaßen diese Theorien und Ansprüche ein gewisses Maß an Komplexität, und es gab innerhalb der Gemeinschaft der Privatschuldirektoren und der der Professoren öffentliche Diskussionen über die Bedeutung ihrer Rolle und Funktion: Das Rugby Thomas Arnolds war nicht das Uppingham Edward Thrings, Mommsen und Schmoller vertraten eine ganz andere akademische Haltung als Max Weber. Doch das Äußern unterschiedlicher Auffassungen blieb stets innerhalb des Kontexts jener weitgehenden moralischen Übereinstimmung, die den *Charakter* ausmachte, den jeder einzelne auf seine Weise verkörperte.

In unserer heutigen Zeit wird der Emotivismus durch *Charaktere* verkörpert, die alle die emotivistische Ansicht der Unterscheidung zwischen rationalem und nicht-rationalem Diskurs teilen, die diese Unterscheidung jedoch in sehr unterschiedlichen sozialen Kontexten verkörpern. Zwei von ihnen haben wir bereits erwähnt: den reichen Ästheten und den Manager. Ihnen müssen wir jetzt einen dritten hinzufügen: den Therapeuten. Der Manager vertritt in seinem *Charakter* die Aufhebung des Unterschieds zwischen manipulativen und nicht-manipulativen sozialen Beziehungen; der Therapeut vertritt die gleiche Aufhebung im Bereich des persönlichen Lebens. Der Manager behandelt Ziele als gegeben, als außerhalb seines Horizonts liegend; sein Interesse gilt der Technik, der wirtschaftlichen Umwandlung von Rohstoffen in Endprodukte, von ungelernter in gelernte Arbeit, von Investitionen in Gewinn. Auch der Therapeut behandelt Ziele als gegeben, als außerhalb seines Horizonts liegend; auch sein Interesse gilt der Technik, der wirksamen Umwandlung neurotischer Symptome in gelenkte Energie, fehlangepaßter Individuen in richtig angepaßte. Weder der Manager noch der Therapeut beteiligen sich in ihrer Rolle als Manager beziehungsweise Therapeut an der moralischen Debatte. Sie werden von sich selbst und von denen, die sie praktisch mit den gleichen Augen sehen, als unanfechtbare Figuren betrachtet, die sich angeblich auf die Bereiche beschränken, in denen rationale Übereinstimmung möglich ist – das sind, selbstverständlich aus ihrer Sicht, der Bereich der Tatsachen, der Bereich der Mittel und der Bereich der meßbaren Wirksamkeit.

Es ist natürlich von Bedeutung, daß der Begriff des Therapeutischen in unserer Kultur eine Anwendung weit über das Gebiet der psychologischen Medizin hinaus erfahren hat, wo er offensichtlich seinen legitimen Platz hat. In *The Triumph of the Therapeutic* (1966) und auch in *To My Fellow Teachers* (1975) hat Philip Rieff mit unglaublicher Einsicht festgehalten, wie die Wahrheit als Wert abgelöst und durch psychologische Wirksamkeit ersetzt worden ist. Die Sprache der Therapie ist viel zu erfolgreich in Bereiche wie die Erziehung und die Religion vorgedrungen. Die Theorien, die daran beteiligt sind und angeführt werden, um diese therapeutischen Formen zu rechtfertigen, sind selbstverständlich sehr unterschiedlich; aber die Form selbst ist von viel größerer sozialer Bedeutung als die Theorien, die ihren Hauptfiguren so wichtig sind.

Ich habe von den *Charakteren* allgemein gesagt, daß sie die sozialen Rollen sind, die eine Kultur mit moralischen Definitionen ausstatten; ich muß mit Nachdruck darauf hinweisen, daß ich damit nicht meine, daß die moralischen Überzeugungen, die durch die *Charaktere* einer Teilkultur ausgedrückt und in ihnen verkörpert werden, allgemeine Zustimmung in dieser Kultur finden. Im Gegenteil, gerade weil sie zum Teil Brennpunkte unterschiedlicher Auffassungen sind, sind sie in der Lage, ihre Definitionsaufgabe zu erfüllen. Daher wird der moralisch definierende Charakter der Managerrolle in unserer Kultur durch die Vielfalt der Angriffe auf mangelhafte und manipulative Formen von Theorie und Praxis fast genauso deutlich wie durch das Festhalten an ihnen. Diejenigen, die die Bürokratie ständig angreifen, bekräftigen in Wirklichkeit die Auffassung, daß sich das Selbst unter den Bedingungen seiner Beziehung zur Bürokratie zu definieren hat. Neowebersche Organisationstheoretiker und die Erben der Frankfurter Schule arbeiten, ohne es zu wissen, als Chor im Theater der Gegenwart zusammen.

Ich möchte damit natürlich keinesfalls andeuten, daß dieses Phänomen irgend etwas Besonderes der Gegenwart wäre. Oft und vielleicht immer erhält das Selbst seine soziale Bestimmung durch den Konflikt. Das heißt allerdings nicht, wie einige Theoretiker angenommen haben, daß das Selbst nichts als die sozialen Rollen ist oder wird, die es ererbt. Das Selbst hat, im Gegensatz zu seinen Rollen, eine Geschichte und eine soziale Geschichte, und die des heutigen, emotivistischen Selbst ist nur begreifbar als Endergebnis einer langen und komplexen Reihe von Entwicklungen.

Zum Selbst, wie es der Emotivismus präsentiert, müssen wir sofort festhalten: daß es nicht einfach oder bedingungslos mit *irgendeiner* besonderen moralischen Haltung oder Sichtweise gleichgesetzt werden kann – auch nicht mit der jener *Charaktere,* die den Emotivismus sozial verkörpern –, nur weil seine Urteile letztlich ohne Kriterium sind. Das im eigentlichen modernen Selbst, das Selbst, das ich emotivistisch genannt habe, kennt keine Grenzen für das, worüber es urteilen könnte, denn derartige Grenzen könnten sich nur aus rationalen Berwertungskriterien herleiten, und dem emotivistischen Selbst fehlen, wie wir gesehen haben, alle derartigen Kriterien. Alles kann von jedem Standpunkt aus, den das Selbst eingenommen hat, kritisiert werden, auch die Wahl des Standpunktes, den das Selbst einnimmt. Diese Fähigkeit des Selbst, jede notwendige Identifikation mit irgendeiner bestimmten, möglichen Sachlage zu vermeiden, haben einige moderne Philosophen, Analytiker wie Existentialisten, als das Wesen moralischen Handelns betrachtet.

Moralisch Handelnder zu sein, bedeutet in dieser Sicht, sich von jeder Situation distanzieren zu können, in die man geraten ist, sowie von jeder Eigenschaft, die man eventuell besitzt, und in der Lage zu sein, ein Urteil darüber von einem rein universellen und abstrakten Standpunkt aus zu fällen, vollkommen losgelöst von aller sozialen Besonderheit. Jeder kann demnach ein moralisch Handelnder sein, denn moralisches Handeln muß im Selbst und nicht in sozialen Rollen oder Handlungen liegen. Der Gegensatz zwischen dieser Demokratisierung des moralischen Handelns und dem elitären Beurteilungsmonopol der Manager und Therapeuten könnte nicht krasser sein. Jeder auch nur in Ansätzen rational Handelnde muß als moralisch Handelnder betrachtet werden; aber Manager und Therapeuten erhalten ihren Status durch ihre Stellung in der Rangordnung nach zugeschriebenem Können und Wissen. Im Reich der Tatsachen gibt es Verfahren, Meinungsunterschiede zu beseitigen; im Reich der Ethik wird die Unüberwindbarkeit von Meinungsunterschieden durch den Titel »Pluralismus« geadelt.

Dieses demokratisierte Selbst, das keinen notwendigen sozialen Inhalt und keine notwendige soziale Identität hat, kann jede Rolle annehmen oder jeden Standpunkt beziehen, weil es für sich genommen nichts *ist*. Dieses Verhältnis des modernen Selbst zu seinen Handlungen und Rollen ist von seinen scharfsinnigsten und empfänglichsten Theoretikern auf zwei auf den ersten ganz unterschiedliche und unvereinbare Arten begrifflich gefaßt worden. Sartre – ich spreche jetzt nur vom Sartre der 30er und 40er Jahre – hat das Selbst als völlig getrennt von jeglicher sozialen Rolle dargestellt, die es eventuell annehmen könnte; Erving Goffman dagegen hat das Selbst aufgelöst in sein Rollenspiel und argumentiert, das Selbst sei nur »ein Haken«, an den die Kleidungsstücke der Rolle gehängt werden (Goffman 1959, S. 253). Nach Sartre besteht der Hauptirrtum darin, das Selbst mit seinen Rollen gleichzusetzen, ein Fehler, der sowohl moralische Gewissenlosigkeit wie auch geistige Verwirrung mit sich bringt; nach Goffman liegt der Hauptirrtum in der Annahme, daß es über den komplexen Darstellungen des Rollenspiels und jenseits davon ein substantielles Selbst *gibt*, ein Fehler, der von denen begangen wird, die einen Teil der menschlichen Welt »frei von Soziologie« halten möchten. Doch diese beiden scheinbar gegensätzlichen Ansichten haben sehr viel mehr gemeinsam, als man auf den ersten Blick vermuten würde. In Goffmans anekdotenhaften Schilderungen der sozialen Welt geistert noch das »Ich« herum, der psychologische Haken, dem Goffman substantielles Sein abspricht, das flüchtig von einer Situation mit fester

Rollenverteilung zur anderen huscht; und für Sartre ist die Selbstentdekkung des Selbst durch die Entdeckung gekennzeichnet, daß das Selbst »nichts« ist, kein Wesen, sondern eine Anhäufung ständig offener Möglichkeiten. So stimmen die vordergründig unterschiedlichen Auffassungen von Sartre und Goffman in der Tiefe in gewisser Weise überein; und in nichts stimmen sie mehr überein als darin, daß beide das Selbst gegenüber der sozialen Welt für völlig überbewertet halten. Für Goffman, dem die soziale Welt alles ist, ist das Selbst folglich nichts, es nimmt keinen sozialen Raum ein. Bei Sartre nimmt es sozialen Raum nur zufällig ein, so daß auch er das Selbst in keiner Weise als gegeben betrachtet.

Welche moralischen Möglichkeiten stehen dem so begriffenen Selbst offen? Um diese Frage beantworten zu können, müssen wir uns zunächst die zweite zentrale Eigenschaft des emotivistischen Selbst in Erinnerung rufen – den Verlust aller letzten Kriterien. Mit dieser Charakterisierung greife ich zurück auf das, was wir bereits erwähnt haben: zu welchen Kriterien, Grundsätzen oder bindenden Werten sich das emotivistische Selbst auch bekennen mag, sie müssen als Ausdruck von Haltungen, Vorlieben und einer Wahl beschrieben werden, die selbst nicht durch ein Kriterium, einen Grundsatz oder einen Wert bestimmt werden, denn sie liegen jeder Bindung an Kriterien, Grundsätze oder Werte zugrunde und gehen ihr voraus. Aber daraus folgt, daß das emotivistische Selbst für seine Umwandlungen von einem Zustand moralischer Verpflichtung in einen anderen keine rationale Geschichte haben kann. Innere Konflikte finden für das Selbst notwendigerweise auf der Basis der Gegenüberstellung einer zufälligen Willkürlichkeit mit einer anderen statt. Es ist ein Selbst ohne gegebene Kontinuität, außer der des Körpers, der es trägt, und der Erinnerung, die so gut es geht seine Vergangenheit sammelt. Und wir wissen durch die Ergebnisse der Diskussionen über die persönliche Identität bei Locke, Berkeley, Butler und Hume, daß diese Kontinuitäten weder allein noch gemeinsam ausreichen, um die Identität und Kontinuität näher zu bestimmen, derer sich ein wirkliches Selbst so sicher ist.

Das so begriffene Selbst, das einerseits völlig losgelöst von seinen sozialen Verkörperungen ist, und dem andererseits jede eigene, rationale Geschichte fehlt, hat vielleicht einen gewissen abstrakten und geisterhaften Charakter. Es lohnt daher festzuhalten, daß eine behavioristische Darstellung des auf diese Weise begriffenen Selbst ebensosehr oder ebensowenig einleuchtet wie die eines Selbst, das auf irgendeine andere Art begriffen wird. Das Auftauchen einer abstrakten und geisterhaften Eigenschaft entspringt keinem irgendwie fortbestehenden kartesianischen Dualismus, sondern dem Ausmaß des Gegensatzes, das heißt dem Ausmaß des Verlustes, das ins Blickfeld rückt, wenn wir das emotivistische Selbst mit seinen historischen Vorgängern vergleichen. Denn eine Möglichkeit, das emotivistische Selbst erneut zu untersuchen, besteht in der Betrachtungsweise, es wäre beraubt worden, man hätte ihm Eigenschaften genommen, die einmal als zum Selbst gehörend galten. Das Selbst wird nun so gedacht, daß ihm jede notwendige soziale Identität fehlt, weil die Art sozialer Identität, derer es sich einst erfreute, nicht mehr vorhanden ist; das Selbst gilt jetzt als kriterienlos, weil die Art von *Telos*, nach dessen Kategorien es einst urteilte und handelte, nicht mehr als glaubwürdig gilt. Wie waren diese Identität und dieses *Telos* beschaffen?

In vielen prämodernen, traditionellen Gesellschaften identifiziert sich der einzelne über seine Zugehörigkeit zu einer Reihe gesellschaftlicher Gruppen und wird darüber von anderen identifiziert. Ich bin Bruder, Vetter und Enkel, Mitglied dieses Haushalts, jener Dorfgemeinschaft, dieses Stammes. Das sind keine Eigenschaften, die zufällig zum Menschen gehören, die entfernt werden müßten, um »das wahre Ich« zu entdecken. Sie sind Teil meines Wesens und definieren – zumindest teilweise, manchmal ganz – meine Bindungen und Pflichten. Individuen erben einen bestimmten Raum innerhalb miteinander verknüpfter sozialer Beziehungen; fehlt ihnen dieser Raum, sind sie niemand oder bestenfalls Fremde oder Außenseiter. Sich selbst als ein solches soziales Wesen zu begreifen bedeutet allerdings nicht, daß man damit eine statische, unverrückbare Position einnimmt. Es bedeutet, daß man sich an einem bestimmten Punkt befindet; durch das Leben gehen bedeutet, fortzuschreiten auf ein erklärtes Ziel – oder bei diesem Fortschreiten zu scheitern. Ein abgeschlossenes und erfülltes Leben bedeutet deshalb die Vollendung, und der Tod ist der Punkt, an dem jemand als glücklich oder unglücklich beurteilt werden kann. Deshalb auch das alte griechische Sprichwort: »Nenne niemanden glücklich, bevor er tot ist.«

Diese Vorstellung vom ganzen Menschenleben als Grundlage objektiver und sachlicher Bewertung – eine Bewertung, nach der die einzelnen Handlungen und Vorhaben eines bestimmten Individuums beurteilt werden können – hört an irgendeinem Punkt des Fortschritts – wenn wir das so nennen können – zur und in die Moderne auf, allgemein verfügbar zu sein. Die Vorstellung verliert sich einigermaßen unbemerkt, denn sie wird historisch meist nicht als Verlust gefeiert, sondern als sich selbst gratulierender Gewinn, als das Erscheinen des Individuums, das einerseits befreit ist von den sozialen Fesseln jener einengenden Hierarchien, die die moderne Welt bei ihrer Geburt abstreifte, und andererseits von dem, was die Moderne für den Aberglauben der Teleologie hält. Das zu sagen bedeutet natürlich, etwas zu schnell über mein gegenwärtiges Argument hinwegzugehen; doch es ist anzumerken, daß das eigentlich moderne Selbst, das emotivistische Selbst, mit der Souveränität in seinem eigenen Reich seine traditionellen Grenzen verlor, die durch die soziale Identität und die Sichtweise des einem bestimmten Ziel zugeordneten menschlichen Lebens gezogen worden waren.

Dennoch hat das emotivistische Selbst, wie ich schon angedeutet habe, seine eigene soziale Definition. Es gehört zu und ist integraler Bestandteil der besonderen Art sozialer Ordnung, in der wir uns in den sogenannten fortgeschrittenen Ländern gegenwärtig befinden. Seine Definition ist das Gegenstück zur Definition jener *Charaktere,* die die beherrschenden sozialen Rollen innehaben und vertreten. Die Zweiteilung der gegenwärtigen sozialen Welt in einen Bereich des Organisatorischen, in dem Ziele als gegeben angenommen werden und einer rationalen Überprüfung nicht zugänglich sind, und einen Bereich des Persönlichen, in dem Urteil und Diskussion über Werte zentrale Punkte sind, ohne daß es rationale soziale Lösungen von Problemen geben kann, findet ihre innere Entsprechung im Verhältnis des individuellen Selbst zu den Rollen und den *Charakteren* des sozialen Lebens.

Diese Zweiteilung ist selbst ein wichtiger Hinweis auf die wesentlichen Eigenschaften moderner Gesellschaften, und darüber hinaus noch einer, der uns vielleicht in die Lage versetzt, uns nicht durch interne politische Debatten täuschen zu lassen. Solche Debatten werden oft im Sinne eines vermeintlichen Gegensatzes zwischen Individualismus und Kollektivismus geführt, die beide in einer Vielzahl doktrinärer Formen auftreten. Auf der einen Seite erscheinen die selbsternannten Vorkämpfer der individuellen Freiheit, auf der anderen die selbsternannten Vorkämpfer der Planung und Regulierung der Güter, die durch bürokratische Organisation verfügbar sind. Aber tatsächlich entscheidend ist das, worin sich die miteinander streitenden Parteien einig sind, daß uns nämlich nur zwei alternative Formen sozialen Lebens zur Verfügung stehen: eine, in der die freien und unwillkürlichen Wahlmöglichkeiten des einzelnen souverän sind, und eine, in der die Bürokratie so souverän ist, daß sie die freien und willkürlichen Wahlmöglichkeiten des einzelnen einschränken kann. Diese weitgehende kulturelle Übereinstimmung vorausgesetzt überrascht es nicht, daß sich Politik in den heutigen Gesellschaften zwischen einer Freiheit bewegt, die nichts als ein Mangel an Regelungen für individuelles Verhalten ist, und Formen einer kollektivistischen Überwachung, die nur dazu da ist, die Anarchie der Eigeninteressen zu begrenzen. Die Folgen eines Sieges der einen oder anderen Seite sind häufig von größter unmittelbarer Bedeutung; aber wie Solschenizyn treffend erkannt hat, sind beide Lebensweisen auf die Dauer untragbar. So ist die Gesellschaft, in der wir leben, eine Gesellschaft, in der Bürokratie und Individualismus sowohl Partner als auch Gegner sind. Und im kulturellen Klima dieses bürokratischen Individualismus ist das emotivistische Selbst ganz selbstverständlich zu Hause.

Die Parallele zwischen meiner Darlegung dessen, was ich das emotivistische Selbst genannt habe, und meiner Darlegung der emotivistischen Theorien über das moralische Urteil – ob von Stevenson, Nietzsche oder Sartre – wird jetzt, wie ich hoffe, deutlich. In beiden Fällen habe ich argumentiert, daß wir mit etwas konfrontiert sind, was nur als das Endprodukt einer historischen Veränderung verständlich ist; in beiden Fällen habe ich theoretische Positionen einander gegenüber gestellt, deren Protagonisten behaupten, daß das, was ich für historisch entstandene Eigenschaften des eigentlich Modernen halte, in Wirklichkeit die zu allen Zeiten notwendigen Eigenschaften aller moralischen Urteile, aller Eigenpersönlichkeit sind. Wenn meine Argumentation richtig ist, sind wir nicht, auch wenn viele von uns es geworden sind oder zum Teil werden, was wir nach Sartres und Goffmans Worten sind, eben weil wir die – bis jetzt – letzten Erben eines Prozesses historischer Wandlung sind.

Diese Wandlung des Selbst und seiner Beziehung zu seinen Rollen von eher traditionellen Seinsweisen in heutige emotivistische Formen hätte selbstverständlich nicht erfolgen können, wenn nicht gleichzeitig auch die Formen des moralischen Diskurses, die Sprache der Moral, umgewandelt worden wären. Es ist in der Tat falsch, die Geschichte des Selbst und seiner Rollen von der der Sprache zu trennen, die das Selbst näher bestimmt und durch die den Rollen Ausdruck verliehen wird. Was wir entdecken, ist eine einzige Geschichte, nicht zwei parallel laufende. Ich erwähnte am Anfang zwei zentrale Faktoren der heutigen moralischen Ausdrucksweise. Der eine war die Vielfältigkeit und anscheinende Unvereinbarkeit der Begriffe, auf die man sich berief. Der andere war der nachdrückliche Gebrauch letzter Prinzipien, um moralische Debatten zu beenden. Es liegt daher auf der Hand festzustellen, woher diese Merkmale des moralischen Diskurses kommen, und wie und warum sie gestaltet wurden. Dieser Aufgabe will ich mich nun zuwenden.

Kapitel 4
Die Kultur unserer Vorgänger und das Projekt der Aufklärung zur Rechtfertigung der Moral

Ich möchte hier zu bedenken geben, daß die wichtigsten Ereignisse der Sozialgeschichte, die die Moral wandelten, zerschlugen und, wenn meine extreme Ansicht richtig ist, im wesentlichen ersetzten – und damit das emotivistische Selbst mit seinen bezeichnenden Beziehungen und Äußerungen möglich machten –, Ereignisse der Geschichte der Philosophie waren; nur im Lichte *dieser* Geschichte können wir verstehen, wie die Eigenarten des alltäglichen moralischen Diskurses von heute entstanden und wie das emotivistische Selbst Ausdrucksmittel finden konnte. Doch wie kann dies zutreffen? In unserer eigenen Kultur ist die akademische Philosophie eine hochspezialisierte Beschäftigung am Rande. Professoren der Philosophie versuchen von Zeit zu Zeit, in das Gewand der Zweckdienlichkeit zu schlüpfen, und Teile der akademisch gebildeten Öffentlichkeit werden von vagen, karikaturistischen Erinnerungen an Philosophievorlesungen verfolgt. Aber beide fänden es erstaunlich, und die breite Öffentlichkeit sicher noch erstaunlicher, wenn, wie jetzt von mir, erklärt würde, daß die Wurzeln einiger Probleme, die heute das Fachinteresse der Philosophieprofessoren auf sich ziehen, und die Wurzeln einiger Probleme, die in unserem sozialen Alltag im Vordergrund stehen, ein und dieselben sind. Dem Erstaunen würde nur Ungläubigkeit folgen, wenn weiter erklärt würde, daß wir keinen dieser Problembereiche verstehen, geschweige denn lösen könnten, ohne den anderen zu verstehen.

Doch dies wäre vielleicht einleuchtender, wenn diese These in historische Form gebracht würde. Denn sowohl unsere allgemeine Kultur als auch die akademische Philosophie sind in wesentlichen Teilen Nachkommen einer Kultur, in der die Philosophie eine grundlegende Form sozialen Handels darstellte, so daß ihre Rolle und Funktion ganz anders waren als sie es heute bei uns sind. Ich werde weiterhin argumentieren, daß das Scheitern jener Kultur, ihre praktischen und gleichzeitig philosophischen Probleme zu lösen, *einer* und vielleicht *der* entscheidende Umstand war, der die Form unserer philosophischen wie auch praktischen sozialen Probleme bestimmt. Was war das für eine Kultur? Eine der unseren so nahe, daß es uns nicht immer leichtfällt, ihre Besonderheit und ihre Unterschiedlichkeit zu unserer zu verstehen, und damit fällt es auch nicht leicht, ihre Einheit und ihren Zusammenhalt zu begreifen. Dafür gibt es auch noch andere, zufälligere Gründe.

Einer dieser Gründe, warum wir die Einheit und den Zusammenhalt der Epoche der Aufklärung des 18. Jahrhunderts manchmal nur schwer fassen können, ist der, daß wir sie zu oft in erster Linie als einen Abschnitt der *französischen* Kulturgeschichte ansehen. Tatsächlich ist Frankreich vom Standpunkt dieser Kultur aus betrachtet der rückständigste der aufgeklärten Staaten. Die Franzosen hatten zugegebenermaßen oft englische Vorbilder, und England wurde seinerseits von den Leistungen der schottischen Aufklärung beeinflußt. Die bedeutendsten Gestalten überhaupt waren Deutsche: Kant und Mozart. Doch was die geistige Vielfalt und intellektuelle Reichweite angeht, überbieten nicht einmal die Deutschen David Hume, Adam Smith, Adam Ferguson, John Millar, Lord Kames und Lord Monboddo.

Den Franzosen fehlten drei Dinge: ein säkularisierter protestantischer Hintergrund, eine gebildete Schicht, die die Staatsdiener, den Klerus und die Laiendenker zu einer einzigen lesenden Öffentlichkeit verband, und ein neuer Universitätstyp, wie er im Osten durch Königsberg und im Westen durch Edinburgh und Glasgow verkörpert wurde. Die französischen Intellektuellen des 18. Jahrhunderts bilden eine Intelligenzlerschicht, die gleichzeitig gebildet und entfremdet ist; dagegen sind die schottischen, englischen, holländischen, dänischen und preußischen Intellektuellen des 18. Jahrhunderts in der sozialen Welt zu Hause, auch wenn sie ihr sehr kritisch gegenüberstehen. Die französischen Intellektuellen des 18. Jahrhunderts finden erst in der russischen Intelligenzija des 19. Jahrhunderts ihr Gegenstück.

Wir haben es also mit einer vornehmlich nordeuropäischen Kultur zu tun. Spanier, Italiener und die Gälisch und Slawisch sprechenden Völker gehören nicht zu ihr. Vico spielt für ihre geistige Entwicklung keine Rolle. Sie hat selbstverständlich Vorposten außerhalb Nordeuropas, vor allem in Neuengland und der Schweiz. Sie ist in Süddeutschland, Österreich, Ungarn und im Königreich Neapel sehr einflußreich. Und die meisten der französischen Intellektuellen des 18. Jahrhunderts möchten ihr angehören, trotz ihrer unterschiedlichen Situation. Tatsächlich kann zumindest die erste Phase der Französischen Revolution als Versuch begriffen werden, mit politischen Mitteln in diese nordeuropäische Kultur einzudringen und so die Kluft zwischen den französischen Ideen und dem sozialen und politischen Leben in Frankreich zu überbrücken. Ohne Frage erblickte Kant in der Französischen Revolution einen politischen Ausdruck eines Denkens, das seinem eigenen ähnelte.

Es war eine musikalische Kultur, und vielleicht besteht eine engere Beziehung zwischen dieser Tatsache und den grundlegenden philosophischen Problemen dieser Kultur, als allgemein erkannt worden ist. Denn der Zusammenhang zwischen unseren Überzeugungen und Sätzen, die wir *nur* oder *vorwiegend* singen, gar nicht zu reden von der Musik, die diese Sätze begleitet, ist ganz und gar nicht der gleiche wie der Zusammenhang zwischen unseren Überzeugungen und Sätzen, die wir vorwiegend sprechen, ganz bewußt sprechen. Wenn die katholische Messe für Konzerte von Protestanten verfügbar wird, wenn wir dem Evangelium lauschen, weil Bach es vertont, nicht weil Matthäus es geschrieben hat, dann werden kirchliche Texte in einer Form bewahrt, die die traditionellen Bande zum Glauben aufbricht, in mancher Hinsicht auch für diejenigen, die sich nach wie vor zu den Gläubigen zählen. Es ist natürlich nicht so, daß keine Verbindung zum Glauben mehr bestände; man kann die Musik Bachs oder selbst Händels nicht einfach vom christlichen Glauben lösen. Aber die traditionelle Unterscheidung zwischen dem Religiösen und dem Ästhetischen ist verwischt worden. Mozarts Freimaurertum – vielleicht *die* Religion der Aufklärung *par excellence* – steht in einem ebenso zwiespältigen Verhältnis zur *Zauberflöte* wie Händels *Messias* zum protestantischen Christentum.

In dieser Kultur hat es daher nicht nur die Art von Glaubenswandel gegeben, wie er in der Säkularisation des Protestantismus Ausdruck gefunden hat, sondern auch einen Wandel der Art und Weise des Glaubens, selbst für diejenigen, die glauben. Es überrascht nicht, daß Schlüsselfragen zur Rechtfertigung des Glaubens gestellt werden, insbesondere zur Rechtfertigung des moralischen Glaubens. Wir sind so daran gewöhnt, Urteile, Argumente und Taten in moralischen Kategorien zu klassifizieren, daß wir ganz vergessen, wir relativ neu diese Vorstellung in der Kultur der Aufklärung war. Man denke nur an die verblüffende Tatsache, daß in der Aufklärung die wichtigste Sprache des gebildeten Diskurses nicht mehr das Latein war – es blieb die zweite Gelehrtensprache. Im Lateinischen gibt es wie im Altgriechischen *kein* Wort, das sich korrekt mit unserem Wort »moralisch« übersetzen ließe; das heißt, es gab kein solches Wort, bis unser Wort »moralisch« ins Lateinische zurückübersetzt wurde. Natürlich geht das Wort »moralisch« etymologisch auf *moralis* zurück. Aber *moralis* bedeutet ebenso wie sein griechischer Vorläufer *ethikos* – Cicero führte *moralis* ein, um das griechische Wort in seinem Werk *De Fato* zu übersetzen – »zum Charakter gehörend«, wobei der Charakter eines Menschen nichts weiter ist als seine vorgegebenen Neigungen, sich konsequent auf eine ganz bestimmte und keine andere Art zu verhalten, auf eine ganz bestimmte Weise zu leben.

In seinem ursprünglichen Gebrauch im Englischen war »moralisch« (*moral*) eine Übersetzung des Lateinischen und wurde später zum Substantiv, das als »Moral« eines Textes die praktische Lehre, die es enthielt, bezeichnete. In diesem frühen Gebrauch stand »moralisch« weder im Gegensatz zu Begriffen wie »klug« oder »eigennützig« noch zu Begriffen wie »legal« oder »religiös«. Das Wort, dessen Bedeutung ihm am nächsten kommt, ist »praktisch«. In seiner weiteren Geschichte ist es dann in der Regel Bestandteil des Ausdrucks »moralische Tugend« und steht später für sich alleine, wobei seine Bedeutung kontinuierlich enger wird.

Erst im 16. und 17. Jahrhundert erhält der Begriff »Moral« erkennbar seine moderne Bedeutung und kann in den Zusammenhängen gebraucht werden, die ich angeführt habe. Im späten 17. Jahrhundert wird er erstmals in seiner engsten Bedeutung überhaupt verwendet, in der er hauptsächlich mit sexuellem Verhalten zu tun hat. Wie war es möglich, daß »unmoralisch« auch als idiomatischer Ausdruck mit »sexuell locker« gleichgesetzt werden konnte? Die Antwort auf diese Frage muß hinausgeschoben werden. Denn die Geschichte des Wortes »Moral« kann nicht richtig wiedergegeben werden, ohne über die Versuche in jener historischen Epoche – etwa zwischen 1630 und 1850 – zu berichten, eine rationale Rechtfertigung der Moral zu liefern, als der Begriff gleichzeitig allgemeine und spezielle Bedeutung hatte. In diesem Zeitraum wurde »Moral« zur Bezeichnung für jenen besonderen Bereich, in dem Verhaltensregeln, die weder theologisch noch gesetzlich noch ästhetisch waren, ein eigener kultureller Raum zugestanden wurde. Erst im späten 17. und im 18. Jahrhundert, als die Trennung des Moralischen vom Theologischen, Rechtmäßigen und Ästhetischen zur anerkannten Lehre wurde, wurde der Plan einer unabhängigen, rationalen Rechtfertigung der Moral nicht nur zu einem Anliegen einzelner Denker, sondern zu einer zentralen Frage der nordeuropäischen Kultur.

Es ist eine der grundlegenden Thesen dieses Buches, daß das Scheitern dieses Projekts den historischen Hintergrund lieferte, vor dem die mißliche Lage unserer eigenen Kultur verständlich werden kann. Zur Rechtfertigung dieser These ist es nötig, etwas eingehender die Geschichte dieses Projekts und seines Scheiterns in Erinnerung zu rufen; die aufschlußreichste Art, diese Geschichte im einzelnen zu schildern, ist, sie rückwärts zu erzählen und bei dem Punkt zu beginnen, wo der eigentlich moderne Standpunkt zum erstenmal in voll entwickelter Form erscheint. Was ich vorher als den eigentlich modernen Standpunkt herausgegriffen habe, war daß die moralische Debatte als Auseinandersetzung zwischen unvereinbaren und nicht vergleichbaren moralischen Prämissen begriffen wird und moralische Verpflichtung als Ausdruck einer kriterienlosen Wahl zwischen solchen Prämissen, eine Wahl, die rational nicht gerechtfertigt werden kann. Dieses Element der Willkür in unserer moralischen Kultur wurde als philosophische Entdeckung – ja als Entdeckung beunruhigender, sogar schockierender Art – vorgetragen, lange bevor es zu einem Allgemeinplatz im alltäglichen Diskurs wurde. Diese Entdeckung wurde sogar zuerst mit genau der Absicht, die Teilnehmer des alltäglichen moralischen Diskurses zu schockieren, in einem Buch vorgelegt, das Ergebnis und zugleich Nachruf auf den systematischen Versuch der Aufklärung war, eine rationale Rechtfertigung der Moral zu finden. Dieses Buch ist Kierkegaards *Enten-Eller* (*Entweder-Oder*), und wenn wir es im allgemeinen nicht durch die Brille dieser historischen Perspektive lesen, dann deshalb, weil die zu große Vertrautheit mit seiner These unser Gefühl für seine erstaunliche Neuheit für die Zeit und den Ort seiner Entstehung, die nordeuropäische Kultur im Kopenhagen des Jahres 1842, eingeschläfert hat.

Entweder-Oder weist drei fundamentale Merkmale auf, denen wir uns zuwenden sollten. Das erste ist die Verknüpfung zwischen seiner Art der Darstellung und seiner zentralen These. Es ist ein Buch, in dem Kierkegaard verschiedene Masken trägt und eben dadurch eine neue Literaturgattung schafft. Kierkegaard war nicht der erste Autor, der das Selbst aufteilt, um es auf mehrere Masken zu verteilen, die jede das Kostüm eines unabhängigen Selbst darstellt, und der so eine neue Literaturgattung schafft, in der der Autor als solcher direkter und persönlicher gegenwärtig ist als in jedem herkömmlichen Drama und doch durch die Aufteilung seines Selbst die eigene Gegenwart leugnet. Diderot war in *Le Neveu de Rameau (Rameaus Neffe)* der erste Meister dieser neuen, spezifisch modernen Gattung. Aber zum Teil können wir einen Vorläufer

Diderots und Kierkegaards in jenem Gespräch zwischen dem skeptischen Selbst und dem christlichen Selbst erkennen, das Pascal als Vorwort für die *Pensées* vorgesehen hatte, einem Gespräch, von dem wir nur unzusammenhängende Fragmente besitzen.

Kierkegaards ausdrückliche Intention beim Entwurf der pseudonymen Form von *Entweder-Oder* war es, den Leser vor eine grundlegende Wahl zu stellen; er selbst war nicht imstande, die eine oder andere Alternative zu empfehlen, da er nie als er selbst erscheint. »A« empfiehlt die ästhetische Lebensweise; »B« empfiehlt die ethische Lebensweise; Victor Eremita gibt die Aufzeichnungen beider heraus und kommentiert sie. Die Wahl zwischen dem Ethischen und dem Ästhetischen ist nicht die Wahl zwischen Gut und Böse, sondern die Wahl, ob man sich in Kategorien von Gut und Böse entscheiden soll. Der Kern der ästhetischen Lebensweise, wie Kierkegaard sie darstellt, ist der Versuch, das Selbst in der Unmittelbarkeit des momentanen Erlebnisses zu verlieren. Das Paradigma des ästhetischen Ausdrucks ist der romantische Liebhaber, der in seiner Leidenschaftlichkeit versinkt. Das Paradigma des Ethischen ist dagegen die Ehe, ein Zustand der Bindung und Verpflichtung über die Zeit hinweg, bei dem die Gegenwart durch die Vergangenheit und an die Zukunft gebunden ist. Jede der beiden Lebensweisen ist durchdrungen von unterschiedlichen Begriffen, unvereinbaren Haltungen und rivalisierenden Voraussetzungen.

Nehmen wir an, jemand steht vor der Wahl zwischen ihnen und hat bisher keine von beiden angenommen. Ihm kann kein *Grund* genannt werden, warum er die eine der anderen vorziehen sollte. Denn wenn ein gegebener Grund die ethische Lebensweise bekräftigt – so zu leben dient der Pflichterfüllung *oder* so zu leben bedeutet, sich die moralische Vollkommenheit zum Ziel zu machen und damit dem eigenen Handeln eine gewisse Bedeutung zu geben –, muß derjenige, der bisher weder die ethische noch die ästhetische Lebensweise angenommen hat, noch immer wählen, ob er diesen Grund als überzeugend ansieht oder nicht. Wenn ihn der Grund bereits überzeugt, hat er schon die ethische gewählt, was er *ex hypothesi* nicht hat. Und so verhält es sich auch mit Gründen, die die ästhetische unterstützen. Der Mann, der noch nicht gewählt hat, muß noch wählen, ob er sie für überzeugend hält. Er muß noch seine Grundprinzipien wählen, und gerade weil sie *Grund*prinzipien sind, allen anderen in der Argumentationskette vorausgehend, können keine weiteren letzten Gründe zu ihrer Unterstützung angeführt werden.

Kierkegaard entschließt sich also für keine der beiden Positionen.

Denn er ist weder »A« noch »B«. Und wenn wir meinen, er verträte die Ansicht, daß es keine rationalen Gründe für eine Wahl zwischen beiden Positionen gäbe, daß die Entscheidung entweder-oder grundlegend ist, lehnt er auch das ab, denn er ist ebensowenig Victor Eremita wie er »A« oder »B« ist. Doch gleichzeitig ist er überall, und vielleicht entdecken wir seine Anwesenheit am häufigsten in der Überzeugung, die er »B« in den Mund legt, daß nämlich jeder, der die Wahl hat zwischen dem Ästhetischen und dem Ethischen, sich in Wirklichkeit für das Ethische entscheidet; denn die Kraft und die Leidenschaft der ernsthaften Wahl werden den, der wählt, ins Ethische gewissermaßen hineintragen. (Hier, so meine ich, behauptet Kierkegaard etwas, das falsch ist – falls es Kierkegaard ist, der es behauptet; das Ästethische *kann* ernsthaft gewählt werden, wenngleich die Last, es zu wählen, ebenso von Leidenschaft gezeichnet sein kann wie die Wahl des Ethischen. Ich denke dabei besonders an jene jungen Männer aus der Generation meines Vaters, die ihre eigenen früheren ethischen Grundsätze gemeinsam mit ihren Freunden in den Gräben bei dem Massenmord von Ypern und an der Somme sterben sahen und die zurückkehrten mit der festen Überzeugung, daß nichts mehr je von Bedeutung für sie sein würde, und die ästhetische Trivialität der zwanziger Jahre erfanden.)

Meine Darstellung der Beziehung Kierkegaards zu *Entweder-Oder* unterscheidet sich natürlich grundlegend von der, die Kierkegaard später selbst gab, als er rückblickend die eigenen Schriften in den Begriffen einer einzigen, einheitlichen Sichtweise interpretierte; und die besten Kierkegaard-Kenner unserer Zeit, wie Louis Mackey und Gregor Malantschuk, haben Kierkegaards Selbstbildnis in dieser Beziehung zumindest unterstützt. Doch wenn wir alle Anhaltspunkte nehmen, die wir für Kierkegaards Haltungen im Jahr 1842 und gegen Ende dieses Jahres haben – und vielleicht sind der Text und die Pseudonyme von *Entweder-Oder* die besten dieser Anhaltspunkte –, will mir scheinen, daß ihre Position schwer zu halten ist. Ein bißchen später beruft sich Kierkegaard in *Philosophiske Smuler (Philosophische Brocken*), 1845, auf diesen entscheidenden neuen Gedanken der absoluten und letzten Wahl, um zu erklären, wie man absoluter Christ wird; zu dieser Zeit hat sich auch seine Charakterisierung des Ethischen drastisch verändert. Das war sogar schon 1843 in *Frygt og Baeven (Furcht und Zittern*) überdeutlich geworden. Aber noch 1842 steht er in einem äußerst problematischen Verhältnis zu seinem neuen Gedanken – er ist sein Verfasser und leugnet gleichzeitig seine Verfasserschaft. Denn dieser Gedanke widerspricht nicht nur der Philosophie Hegels, die schon in *Entweder-Oder* eines der Hauptangriffsziele Kierkegaards ist. Dieser Gedanke zerstört die gesamte Tradition einer rationalen moralischen Kultur – falls er nicht selbst rational abgewehrt werden kann.

Das zweite Merkmal von *Entweder-Oder*, dem wir uns jetzt zuwenden müssen, betrifft den tiefen inneren Widerspruch – der durch die Form des Buches zum Teil verdeckt wird – zwischen dem Konzept der absoluten Wahl und dem Konzept des Ethischen. Das Ethische wird als der Bereich dargestellt, in dem Prinzipien Macht über uns haben, unabhängig von unseren Haltungen, Vorlieben und Gefühlen. Wie ich mich in irgendeinem bestimmten Augenblick fühle, ist unerheblich für die Frage, wie ich leben muß. Deshalb ist die Ehe das Paradigma des Ethischen. Bertrand Russell hat geschrieben, wie ihm 1902 beim Radfahren plötzlich klarwurde, daß er seine erste Frau nicht mehr liebte – und auf diese Erkenntnis folgte mit der Zeit das Zerbrechen dieser Ehe. Kierkegaard hätte gesagt, und das sicher mit Recht, daß eine Haltung, deren Fehlen durch einen plötzlichen Gedankenblitz beim Radfahren entdeckt werden kann, nur eine ästhetische Reaktion ist, und daß eine solche Erfahrung belanglos für die Verpflichtung sein muß, die eine echte Ehe enthält, und für die Autorität der moralischen Gebote, die die Ehe bestimmen. Aber woher bezieht das Ethische diese Art von Autorität?

Betrachten wir zur Beantwortung dieser Fragen, welche Art von Autorität ein Prinzip hat, das uns die *Wahl* treffen läßt, es als autoritativ oder nicht-autoritativ zu betrachten. Ich kann zum Beispiel wählen, eine asketische, mit Fasten verbundene Lebensweise zu befolgen, und ich kann das, sagen wir, aus Gründen der Gesundheit oder der Religion tun. Welche Autorität diese Prinzipien besitzen, leitet sich aus den Gründen für meine Wahl her. Soweit es gute Gründe sind, haben die Prinzipien entsprechende Autorität; soweit sie es nicht sind, wird den Prinzipien in eben diesem Umfang Autorität genommen. Daraus würde folgen, daß ein Prinzip für eine Wahl, für die sich keine Gründe anführen ließen, ein Prinzip ohne Autorität wäre. Ich könnte durchaus ein solches Prinzip aus Übermut oder aus einer Laune oder aus einer willkürlichen Entscheidung heraus übernehmen – ich möchte zufällig gerade so handeln –, aber wenn ich dann wählen würde, das Prinzip aufzugeben, wann immer es mir gefiele, wäre ich völlig frei, das zu tun. Ein solches Prinzip – vielleicht ist es sogar ein Mißbrauch der Sprache, es Prinzip zu nennen – würde offenbar ganz eindeutig in Kierkegaards ästhetischen Bereich gehören.

Aber die Lehre von *Entweder-Oder* ist nun einfach, daß die Prinzipien, die die ethische Lebensanschauung auszeichnen, *aus keinem besonderen Grund* übernommen werden sollen, sondern durch eine Wahl, die jenseits aller Gründe liegt, weil es einfach die Wahl von etwas ist, das für uns als Grund zählt. Doch das Ethische soll Autorität über uns haben. Aber wie kann das, was wir aus einem einzigen Grund übernehmen, irgendeine Autorität über uns haben? Der Widerspruch in Kierkegaards Lehre ist offenkundig. Dem könnte man entgegenhalten, daß wir uns gerade dann auf die Autorität berufen, wenn wir keine Gründe haben; vielleicht rufen wir die Autorität, etwa der Hüter der christlichen Offenbarung, genau zu dem Zeitpunkt an, wo ein Grund in sich zusammenfällt. Damit sind die Vorstellung der Autorität und die Vorstellung des Grundes nicht, wie meine Überlegung vermuten läßt, eng miteinander verbunden, sondern schließen sich gegenseitig aus. Doch dieses Konzept der Autorität, die die Gründe ausschließt, ist, wie ich schon erklärt habe, selbst eine im eigentlichen – wenn nicht sogar ausnahmslos – moderne Vorstellung, entstanden in einer Kultur, der der Begriff der Autorität fremd und zuwider ist, so daß Appelle an die Autorität irrational erscheinen. Aber die traditionelle Autorität des Ethischen war in der Kultur, deren Erbe Kierkegaard war, nicht von dieser zufälligen Art. Und eben dieses traditionelle Konzept der Autorität muß im Ethischen verkörpert sein, wenn es so sein soll, wie Kierkegaard es beschreibt. (Es überrascht nicht, daß gerade in den Werken von Kierkegaard, der als erster das Konzept der absoluten Wahl entwickelte, die Bindeglieder zwischen Grund und Autorität ebenfalls zerbrochen sind.)

Ich habe damit gezeigt, daß *Entweder-Oder* einen tiefgreifenden Widerspruch enthält; falls das Ethische irgendeine Grundlage hat, kann sie nicht durch den Begriff der absoluten Wahl geliefert werden. Bevor ich mich jedoch der Frage zuwende, warum Kierkegaard zu dieser inkohärenten Position hätte kommen sollen, möchte ich noch auf ein drittes Merkmal von *Entweder-Oder* hinweisen. Es ist der konservative und traditionelle Charakter der Kierkegaardschen Darstellung des Ethischen. In unserer eigenen Kultur zeigt sich der Einfluß des Begriffs der absoluten Wahl in unserem Dilemma, für *welche* ethischen Prinzipien wir uns entscheiden. Wir sind uns auf beinahe unerträgliche Weise der miteinander konkurrierenden moralischen Alternativen bewußt. Aber Kierkegaard verbindet den Gedanken der absoluten Wahl mit einer nicht in Frage gestellten Konzeption *des* Ethischen. Versprechen-Halten, die Wahrheit-Sagen und Wohlwollen, in allgemeingültigen moralischen Prinzipien verkörpert, werden auf eine ganz einfache Weise verstanden; der ethische Mensch hat keine großen Auslegungsschwierigkeiten, wenn er einmal seine grundlegende Wahl getroffen hat. Das zu erkennen heißt erkennen, daß Kierkegaard ein neues praktisches und philosophisches Fundament für eine ältere, ererbte Lebensanschauung liefert. Vielleicht ist es diese Kombination aus Neuem und Traditionen, die die Inkohärenz im Kern der Kierkegaardschen Position erklärt. Es ist, wie ich darlegen werde, sicher gerade diese zutiefst inkorärente Kombination aus Neuem und Ererbtem, die das logische Ergebnis des Projekts der Aufklärung ist, eine rationale Grundlage und Rechtfertigung der Moral zu liefern.

Um zu verstehen, warum dies so ist, ist es notwendig, von Kierkegaard auf Kant zurückzugehen. Aufgrund der ständigen Polemik Kierkegaards gegen Hegel übersieht man allzuleicht Kierkegaards Anleihen bei Kant. Aber Kant schafft tatsächlich in fast allen Bereichen die philosophische Kulisse für Kierkegaard. Kants Abhandlung über den Gottesbeweis und seine Ansichten über das, was die rationale Religion ausmacht, liefern einen entscheidenden Teil des Hintergrundes von Kierkegaards Darstellung des Christentums; genauso ist Kants Moralphilosophie der wesentliche Hintergrund für Kierkegaards Behandlung des Ethischen. Es fällt nicht schwer, in Kierkegaards Darstellung der ästhetischen Lebensweise die literarisch geniale Version von Kants Darstellung der Neigung zu erkennen; was immer man von Kant halten mag – und es ist schwierig, seine Leistung zu überschätzen –, er war so wenig ein literarisches Genie wie alle anderen Philosophen der Geschichte. Doch in Kants ehrlichem und bescheidenem Deutsch hat Kierkegaards elegantes, nicht immer durchsichtiges Dänisch seinen Ursprung.

Im Mittelpunkt der Moralphilosophie Kants stehen zwei trügerisch einfache Thesen: wenn die Gesetze der Moral rational sind, müssen sie für alle rationalen Wesen gleich sein, genauso wie es die Gesetze der Arithmetik sind; und wenn die Gesetze der Moral für alle rationalen Wesen *bindend* sind, dann ist die mögliche Fähigkeit dieser Menschen, sie auszuführen, unwesentlich – wesentlich ist ihr Wille, sie auszuführen. Das Projekt der rationalen Rechtfertigung der Moral ist daher nur ein Projekt zur Entwicklung eines rationalen Tests, der die Maximen, die den Willen als wahrhaften Ausdruck des Sittengesetzes binden, von den Maximen unterscheidet, die dem Sittengesetz nicht auf diese Weise entsprechen. Kant selbst hat selbstverständlich keine Zweifel, *welche* Maximen tatsächlich Ausdruck des Sittengesetzes sind; rechtschaffene, einfache Männer und Frauen mußten nicht auf die Philosophie warten, um sich sagen zu lassen, worin ein guter Wille bestand, und Kant zweifelte nicht einen Augenblick daran, daß die Maximen, die er von seinen rechtschaffenen Eltern gelernt hatte, diejenigen waren, die durch einen rationalen Test erhärtet werden mußten. Der Gehalt der Moral Kants war demnach in derselben Weise konservativ wie der Gehalt der Moral Kierkegaards – und das überrascht kaum. Obwohl die lutherische Kindheit Kants in Königsberg hundert Jahre vor der lutherischen Kindheit Kierkegaards in Kopenhagen lag, werden beide durch dasselbe moralische Erbe gekennzeichnet.

Kant verfügt somit einerseits über bestimmte Maximen und andererseits über die Vorstellung, wie ein rationaler Test einer Maxime aussehen muß. Was ist das für eine Vorstellung, und wo leitet sie sich her? Wir kommen einer Antwort auf diese Fragen am ehesten nahe, wenn wir betrachten, weshalb Kant zwei Vorstellungen einer solchen Prüfung zurückweist, die in der europäischen Tradition großen Einfluß hatten. Zum einen verwirft Kant die Prüfung einer vorgeschlagenen Maxime durch die Frage, ob ihre Einhaltung am Ende zum Glück eines vernünftigen Wesens führen würde. Kant hat keinen Zweifel daran, daß tatsächlich alle Menschen das Glück wollen; und er bezweifelt auch nicht, daß das höchste vorstellbare Gut die moralische Vollkommenheit des einzelnen ist, verbunden mit dem Glück, das er verdient. Aber Kant glaubt nichtsdestoweniger, daß unsere *Vorstellung* von Glück zu vage und veränderlich ist, als daß sie ein zuverlässiges moralisches Vorbild sein könnte. Außerdem wäre jedes Gebot, das dazu bestimmt wäre, unser Glück zu garantieren, Ausdruck eines Gesetzes, das nur bedingt gilt; es würde vorschreiben, das und das zu tun, wenn und insoweit Das-und-das-Tun tatsächlich das Glück als Ergebnis hätte. Dagegen nimmt Kant den Fall, daß jeder wahrhafte Ausdruck des Sittengesetzes bedingungslos kategorischen Charakter hat. Er befiehlt uns nicht hypothetisch, er befiehlt uns einfach.

Die Moral kann also nicht auf unseren Wünschen beruhen; aber auch in unseren religiösen Überzeugungen kann sie keine Grundlage finden. Denn die zweite traditionelle Ansicht, die Kant ablehnt, besteht in der Prüfung einer gegebenen Maxime oder eines Gebots darauf hin, ob sie von Gott befohlen ist. Nach Kants Ansicht kann aus der Tatsache, daß Gott uns befiehlt, das und das zu tun, niemals folgen, daß wir das und das tun sollten. Um gerechtfertigterweise zu einem solchen Schluß zu kommen, müßten wir wissen, daß wir immer tun sollten, was Gott befiehlt. Aber letzteres können wir nicht wissen, es sei denn wir besäßen selbst einen moralischen Wertmaßstab, der unabhängig von Gottes Geboten ist und mit dessen Hilfe wir die Taten und Worte Gottes beurteilen und so als moralisch befolgenswert ansehen können. Aber wenn wir einen solchen Maßstab besitzen, sind die Gebote Gottes natürlich überflüssig.

Wir können schon jetzt gewisse größere und offenkundige Grundzüge des Denkens Kants erkennen, die es zum unmittelbaren Vorläufer des Denkens Kierkegaards machen. Der Bereich des Strebens nach Glück ist streng getrennt vom Bereich der Moral, und diese beiden sind ihrerseits wieder streng getrennt vom Bereich der göttlichen Moral und der göttlichen Gebote. Im übrigen sind die Gebote der Moral nicht nur die gleichen Gebote wie die, die bei Kierkegaard später das Ethische ausmachen, sie sollen auch die gleiche Art von Achtung einflößen. Doch wo für Kierkegaard die Grundlage des Ethischen in der Wahl besteht, besteht sie für Kant in der Vernunft.

Die praktische Vernunft benutzt nach Kant kein ihr äußerliches Kriterium. Sie beruft sich auf keinen Inhalt, der sich aus der Erfahrung herleitet; Kants davon unabhängige Einwände gegen die Anwendung des Glücks oder die Anrufung des offenbarten Willens Gottes verstärken daher nur eine Position, die schon die Ansicht Kants über Aufgabe und Kräfte der Vernunft mit sich bringt. Es gehört zum Wesen der Vernunft, daß sie Grundsätze darlegt, die umfassend, kategorisch und in sich schlüssig sind. Eine rationale Moral wird daher Grundsätze aufstellen, die sich *alle* Menschen zu eigen machen können und sollten, ungeachtet der Umstände und Bedingungen, und die konsequent von jedem vernünftig Handelnden bei jeder Gelegenheit befolgt werden könnten. Die Prüfung einer aufgestellten Maxime ist also leicht zu formulieren: können wir wirklich wollen – oder können wir das nicht, daß immer alle danach handeln?

Wie können wir entscheiden, ob dieser Versuch, eine Prüfung zur Entscheidung über moralische Maximen zu formulieren, Erfolg hat oder nicht? Kant selbst versucht zu zeigen, daß Maximen wie »Sage immer die Wahrheit«, »Halte immer deine Versprechen«, »Sei wohltätig zu denen, die in Not sind« und »Begehe keinen Selbstmord« seine Prüfung bestehen, während Maximen wie »Halte Versprechen nur, wenn es für dich von Vorteil ist« scheitern. Aber um das auch nur andeutungsweise zu zeigen, muß er bekannt schlechte Argumente gebrauchen, deren Gipfel seine Behauptung ist, daß jeder, der sich für die Maxime entscheidet: »Wenn das Leben bei seiner längeren Frist mehr Übel droht, als es Annehmlichkeiten verspricht, es mir abzukürzen«, inkonsequent ist, weil ein solcher Wille jenem Lebenstrieb »widerspricht«, der jedem von uns eingepflanzt ist. Das ist so, als würde jemand behaupten, daß jeder, der sich für die Maxime entscheidet, »Ich trage immer kurzgeschnittene Haare«, inkonsequent sei, weil ein solches Wollen dem Wachstumstrieb der Haare »widerspreche«, der jedem von uns eingepflanzt ist. Aber nicht nur, daß Kants eigene Argumente grobe Fehler enthalten, es ist auch ganz einfach zu erkennen, daß viele unmoralische und triviale, nicht moralische Maximen durch Kants Prüfung ebenso überzeugend und manchmal noch überzeugender unterstützt werden als die moralischen Maximen, die Kant unterstützen will. »Halte dein ganzes Leben alle Versprechen, bis auf eines«, »Verfolge alle, die falsche religiöse Überzeugungen haben« und »Iß im März am Montag immer Muscheln« bestehen die Prüfung Kants, denn sie alle können folgerichtig verallgemeinert werden.

Darauf mag erwidert werden, daß diese Folgerung aus Kants Aussagen nicht das sein kann, was Kant gemeint hat. Ganz bestimmt war es offensichtlich nicht das, was Kant im Sinn hatte, denn er selbst glaubte, daß seine Prüfung auf konsistente Verallgemeinerbarkeit einen bestimmenden moralischen Gehalt besitze, der derart allgemeine und triviale Maximen ausschlösse. Kant glaubte das, weil er meinte, daß seine Formulierung des kategorischen Imperativs im Sinne der Verallgemeinerbarkeit einer ganz anderen Formulierung entspreche: »Handle so, daß du die Menschheit, sowohl in deiner Person als in der Person eines jeden anderen, jederzeit zugleich als Zweck, niemals bloß als Mittel brauchst.«

Diese Formulierung hat auf jeden Fall einen moralischen Gehalt, allerdings einen, der nicht sehr präzise ist, wenn man ihn nicht durch einige zusätzliche Erklärungen ergänzt. Kant scheint mit der Forderung, jemanden als Zweck und nicht als Mittel zu behandeln, folgendes zu meinen – ich habe schon weiter oben darauf hingewiesen, als ich mit Hilfe von Kants Moralphilosophie einen Gegensatz zum Emotivismus näher beleuchtet habe –: Ich kann jemandem eine Handlungsweise vorschlagen, indem ich ihm entweder Gründe dafür nenne, so zu handeln, oder indem ich versuche, ihn auf nicht-rationale Weise zu beeinflussen. Tue ich ersteres, betrachte ich ihn als vernünftigen Willen, der der gleichen Achtung wert ist, die mir zusteht, denn dadurch, daß ich ihm Gründe anbiete, biete ich ihm sachliche Gesichtspunkte an, die er bewerten kann. Was einen Grund zu einem guten Grund macht, hat nichts damit zu tun, wer ihn bei einer bestimmten Gelegenheit äußert; und solange ein Handelnder nicht für sich entschieden hat, ob ein Grund gut ist oder nicht, hat er keinen Grund zu handeln. Dagegen stellt ein nicht-rationaler Überredungsversuch einen Versuch dar, den Handelnden zu einem bloßen Werkzeug *meines* Willens zu machen, ohne jede Rücksicht auf *seine* Vernunft. Was Kant hier fordert ist das, was eine lange Reihe von Moralphilosophen gefordert hat, die Platos *Gorgias* gefolgt ist. Aber Kant nennt uns keinen guten Grund, diese Position einzunehmen. Ich kann mich ohne jede Inkonsistenz darüber hinwegsetzen: »Jeder außer mir soll als Mittel betrachtet werden« mag unmoralisch sein, aber es ist nicht inkonsistent, und es ist nicht einmal inkonsistent, eine Welt aus Egoisten zu wollen, die alle nach dieser Maxime leben. Es könnte für alle unbequem werden, wenn jeder nach dieser Maxime lebte, aber es wäre nicht unmöglich, und Bequemlichkeitsüberlegungen würden auf jeden Fall zu gerade jener klugen Bezugnahme auf das Glück führen, die Kant aus allen moralischen Überlegungen zu tilgen bestrebt ist.

Der Versuch, Kants Maximen der Moral auf das zu gründen, was er als Vernunft ansieht, scheitert daher ebenso sicher, wie der Versuch Kierkegaards scheiterte, ihre Grundlage in einem Akt der Wahl zu finden; und die beiden Fehlschläge hängen eng zusammen. Kierkegaard und Kant stimmen in ihrem Moralbegriff überein, aber Kierkegaard übernimmt diesen Begriff zusammen mit der Einsicht, daß der Plan einer rationalen Rechtfertigung der Moral gescheitert ist. Kants Scheitern war für Kierkegaard der Ausgangspunkt: der Akt der Wahl mußte hinzugenommen werden, um die Aufgabe zu übernehmen, die die Vernunft nicht übernehmen konnte. Aber wenn wir Kierkegaards Wahl als Ersatz für Kants Vernunft begreifen, müssen wir auch Kants Reaktionen auf eine frühere philosophische Episode begreifen; Kants Berufung auf die Vernunft war das historische Erbe und der Nachfolger der Berufung Diderots und Humes auf Wunsch und Leidenschaft. Kants Vorhaben war eine geschichtliche Antwort auf ihr Scheitern so wie Kierkegaards Vorhaben eine Antwort auf Kants Scheitern war. Worin bestand dieses frühere Scheitern?

Zunächst einmal müssen wir festhalten, daß Diderot und Hume die Ansichten Kierkegaards und Kants über den Inhalt der Moral weitgehend teilten; und das ist umso überraschender, als sie sich, ganz anders als Kierkegaard und Kant, gerne als philosophische Radikale betrachteten. Doch trotz aller radikalen Gesten waren Hume und Diderot im großen und ganzen moralische Konservative. Hume ist bereit, das traditionelle christliche Verbot des Selbstmords zu widerrufen, aber seine Ansichten über Versprechen und Eigentum sind ebenso kompromißlos wie die Kants. Diderot bekennt den Glauben, daß sich die wahre menschliche Natur in dem offenbart und ihr durch das gedient ist, was er als promiskuitive Sexualität der Polynesier beschreibt; aber ihm ist durchaus klar, daß Paris nicht Polynesien ist, und in *Rameaus Neffe* ist das *moi*, der *philosophe*, mit dem sich der ältere Diderot so sehr identifiziert, ein herkömmlicher, bourgeoiser Moralist mit ebenso biederen Ansichten über Ehe, Versprechen, Wahrheit und Gewissenhaftigkeit, wie sie jeder Anhänger von Kants Pflichtbegriff oder Kierkegaards Ethischem auch hat. Und das vertrat Diderot nicht nur in der Theorie; bei der Erziehung seiner Tochter entsprach sein Vorgehen exakt dem des *bon bourgeois* seines Dialogs. Die Ansicht, die er in der Person des *philosophe* vertritt, ist diese: wenn wir im modernen Frankreich alle mit aufgeklärtem Blick unsere Wünsche verfolgen, werden wir auf die Dauer sehen, daß die konservativen Sittengesetze im großen ganzen die Gesetze sind, die durch die Berufung auf ihre Grundlagen Wunsch und Leidenschaft gerechtfertigt werden. Darauf hatte der jüngere Rameau dreierlei zu erwidern.

Warum sollten wir erstens die Dauer in Betracht ziehen, wenn das Naheliegende genügend verlockende Aussichten bietet? Beinhaltet zweitens die Ansicht des *philosophe* nicht, daß wir selbst auf die Dauer die Sittengesetze nur befolgen sollten, wenn und soweit sie unseren Wünschen entsprechen? Und ist das drittens nicht der Gang der Welt, daß jeder einzelne, jede Schicht, nur die eigenen Wünsche im Auge hat und sich zu deren Befriedigung gegenseitig ausplündert? Wo der *philosophe* Grundsätze, die Familie, eine geordnete natürliche und soziale Welt sieht, sieht sie Rameau nur als künstliche Verkleidung von Eigenliebe, Versuchung und räuberischen Absichten.

Die Herausforderung Rameaus an den *philosophe* läßt sich natürlich nicht innerhalb der Denkkategorien Diderots bewältigen. Denn was die beiden trennt, ist die Frage, welche unsere Wünsche als legitime Richtlinien für unser Handeln anerkannt und welche verhindert, vereitelt oder abgeändert werden sollen; und natürlich kann diese Frage nicht dadurch beantwortet werden, daß man versucht, unsere Wünsche selbst als eine Art Kriterium zu verwenden. Gerade weil wir alle tatsächlich oder potentiell zahllose Wünsche haben, die sich in vielen Fällen widersprechen und unvereinbar sind, müssen wir zwischen den konkurrierenden Forderungen konkurrierender Wünsche entscheiden. Wir müssen entscheiden, in welche Richtung wir unsere Wünsche weiterentwickeln sollen, wie wir verschiedene Triebe, empfundene Bedürfnisse, Gefühle und Absichten ordnen wollen. Daher können die Regeln, die uns in die Lage versetzen, zwischen den Forderungen unserer Wünsche – einschließlich der Sittengesetze – zu entscheiden und sie zu ordnen, selbst nicht von den Wünschen, zwischen denen sie zu schlichten haben, abgeleitet oder unter Bezugnahme auf sie gerechtfertigt werden.

Diderot selbst versuchte an anderer Stelle – im *Nachtrag zu Bougainvilles Reise* –, zwischen den Wünschen zu unterscheiden, die natürlich für den Menschen sind – die Wünsche, denen die imaginären Polynesier seiner Erzählung folgen –, und jenen künstlich erzeugten und verderbten Wünschen, die die Zivilisation in uns züchtet. Aber gerade mit dieser Unterscheidung untergräbt er den eigenen Versuch, in der physiologischen Natur des Menschen eine Grundlage für die Moral zu finden. Denn er selbst ist gezwungen, Gründe zu suchen, um zwischen Wünschen unterscheiden zu können; im *Nachtrag* kann er es noch vermeiden, die Implikationen seiner eigenen These anzuerkennen, doch in *Rameaus Neffe* zwingt er sich selbst zu der Erkenntnis, daß es rivalisierende und unvereinbare Wünsche und rivalisierende und unvereinbare Regelungen von Wünschen gibt.

Doch Diderot scheitert natürlich nicht allein. Die gleichen Schwierigkeiten, die Diderot daran hindern, die Moral zu verteidigen, kann auch eine philosophisch hochentwickelte Darstellung wie die Humes nicht vermeiden; und Hume führt für seine Sache an, was angeführt werden kann. Wie Diderot versteht er einzelne moralische Urteile als Ausdruck von Gefühlen, von Leidenschaften, denn es ist die Leidenschaft, nicht die Vernunft, die uns zum Handeln bewegt. Aber er erkennt wie Diderot, daß wir uns bei moralischen Urteilen auf allgemeine Gesetze berufen, und er bemüht sich, dies dadurch zu erklären, daß er zeigt, wie nützlich sie sind, indem sie uns helfen, die Ziele zu erreichen, die die Leidenschaften uns setzen. Dieser Ansicht liegt eine implizite, nicht anerkannte Sicht der Rolle zugrunde, die die Leidenschaften bei einem normalen und, wie wir Hume folgend sagen könnten, vernünftigen Menschen spielen. Sowohl in seiner *History* wie in der *Enquiry* werden die Leidenschaften von »Enthusiasten« und vor allem der Leveller des 17. Jahrhunderts einerseits und der katholischen Askese andererseits als abweichend, absurd und, im Fall der Leveller, als verbrecherisch betrachtet. Die normalen Leidenschaften sind diejenigen eines selbstgefälligen Erben der Revolution von 1688. Hume benutzt also schon versteckt einige normative Maßstäbe – einen höchst konservativen normativen Maßstab –, um zwischen Wünschen und Gefühlen zu unterscheiden und setzt sich damit genau dem Vorwurf aus, den Diderot in der Gestalt des jüngeren Rameau gegen sich in der Gestalt des *philosophe* vorbrachte. Aber das ist noch nicht alles.

In seinem *Treatise (Traktat über die menschliche Natur)* warf Hume die Frage auf: Wenn solche Regeln wie Gerechtigkeit und Versprechenhalten deshalb befolgt und nur deshalb befolgt werden sollten, weil sie unseren langfristigen Interessen nützten, warum sollten wir dann nicht berechtigt sein, sie zu brechen, wann immer sie uns nicht nützten *und* der Bruch keine weiteren nachteiligen Folgen hätte. Indem er diese Frage stellt, verneint er ausdrücklich, daß irgendeine angeborene Triebfeder zur Uneigennützigkeit oder Sympathie für andere die Mängel eines Arguments nach Interessen und Nützlichkeit ausgleichen könnte. Aber im *Enquiry* fühlt er sich gedrängt, sich gerade auf eine solche Triebfeder zu berufen. Wieso dieser Sinneswandel? Es ist klar, daß Humes Berufung auf die Sympathie ein Einfall ist, der die Kluft überbrücken soll zwischen den Gründen, die ein bedingungsloses Festhalten an allgemeinen und uneingeschränkten Gesetzen unterstützen könnten, und den Gründen zum Handeln oder Urteilen, die sich aus unseren individuellen, schwankenden, umstandsbedingten Wünschen, Empfindungen und Interessen herleiten. Adam Smith sollte sich später auf die Sympathie für genau den gleichen Zweck berufen. Aber die Kluft ist selbstverständlich logisch nicht zu überbrücken, und »Sympathie«, wie Hume und Smith sie verwendet haben, ist die Bezeichnung einer philosophischen Fiktion.

Was ich bisher noch nicht genügend gewürdigt habe, ist das Gewicht der negativen Beweisführung Humes. Was Hume zu dem Schluß bringt, daß die Moral im Sinne der Stellung der Leidenschaften und Wünsche im menschlichen Leben verstanden, erklärt und unter Bezugnahme darauf gerechtfertigt werden muß, ist seine anfängliche Annahme, daß die Moral *entweder* das Werk der Vernunft ist *oder* das Werk der Leidenschaften, und sein eigenes, anscheinend abschließendes Argument, daß sie nicht das Werk der Vernunft sein kann. Daher ist er zu dem Schluß gezwungen, daß die Moral ein Werk der Leidenschaften ist, völlig unabhängig von und wichtiger als das Anführen von *irgendwelchen* positiven Argumenten für diese Position. Der Einfluß negativer Argumente ist bei Kant und Kierkegaard ebenso deutlich. So wie Hume die Moral auf die Leidenschaften zu gründen sucht, weil seine Argumentation die Möglichkeit ausgeschlossen hat, sie auf die Vernunft zu gründen, so gründet Kant sie auf die Vernunft, weil *seine* Argumentation die Möglichkeit ausgeschlossen hat, sie auf die Leidenschaften zu gründen, und Kierkegaard gründet sie auf die kriterienlose, absolute Wahl aufgrund dessen, was er für das zwingende Wesen der Überlegungen hält, die sowohl die Vernunft wie die Leidenschaften ausschließen.

So beruhte die Bestätigung der jeweiligen Position in wesentlichen Teilen auf dem Scheitern der beiden anderen, und die wirksame Kritik jeder Position durch die anderen erwies sich unter dem Strich als Scheitern aller. Das Projekt der rationalen Rechtfertigung der Moral war eindeutig gescheitert; und seitdem fehlte der Moral der uns vorausgegangenen Kultur – und anschließend auch unserer eigenen – jede öffentliche, gemeinsame logische Grundlage oder Rechtfertigung. In einer Welt profaner Rationalität konnte die Religion dem moralischen Denken und Handeln keinen solchen gemeinsamen Hintergrund und keine Grundlage mehr geben; und das Scheitern der Philosophie, das zu geben, was die Religion nicht mehr bieten konnte, war eine der wesentlichen Ursachen dafür, daß die Philosophie ihre zentrale kulturelle Rolle verlor und ein auf die akademische Welt beschränktes Randgebiet wurde.

Warum wurde die Bedeutung dieses Scheiterns nicht in der Zeit bemerkt, in der es stattfand? Das ist eine Frage, die zu einem späteren Zeitpunkt unserer Darlegung noch sehr viel eingehender betrachtet werden muß. Im Augenblick brauche ich nur anzumerken, daß die breite, gebildete Öffentlichkeit das Opfer einer Kulturgeschichte war, die sie über ihr eigenes wahres Wesen im unklaren ließ; und daß die Moralphilosophen anfingen, ihre Debatten in sehr viel größerer Isolierung von dieser Öffentlichkeit als bisher abzuhalten. Natürlich fehlt es Kierkegaard, Kant und Hume bis auf den heutigen Tag nicht an intelligenten, akademischen Anhängern, in deren Debatten die fortdauernde Kraft allein der negativen Argumente jeder Tradition gegen die andere das herausragende Merkmal ist. Aber bevor wir entweder die Bedeutung des Scheiterns verstehen können, eine gemeinsame, öffentliche, rationale Rechtfertigung der Moral zu liefern, oder die Erklärung, warum die Bedeutung des Scheiterns weder damals noch seither erkannt wurde, müssen wir zu einem weit tieferen Verständnis dessen gelangen, warum dieses Vorhaben scheiterte und welcher Art dieses Scheitern war.

Kapitel 5
Warum das Projekt der Aufklärung zur Rechtfertigung der Moral scheitern mußte

Bisher habe ich das Scheitern des Vorhabens, die Moral zu rechtfertigen, lediglich als das Scheitern einer Folge bestimmter Gedanken dargestellt; und wenn es dabei bliebe, könnte es den Anschein haben, als läge das Problem nur darin, daß Kierkegaard, Kant, Diderot, Hume, Smith und ihre Zeitgenossen nicht geschickt genug argumentierten, so daß man also nur darauf warten müßte, bis sich ein noch klügerer Kopf der Schwierigkeiten annähme. Und genau das war die Strategie der akademischen philosophischen Welt, auch wenn viele Berufsphilosophen sich genieren, das zuzugeben. Aber nehmen wir einmal an – was durchaus möglich ist –, daß das Scheitern des Vorhabens im 18. und 19. Jahrhundert ganz anderer Art war. Nehmen wir an, Kierkegaard, Kant, Diderot, Hume, Smith und andere scheiterten mit ihren Überlegungen aufgrund bestimmter gemeinsamer Eigenschaften, die sich aus ihrem ganz speziellen, gemeinsamen historischen Hintergrund herleiteten. Nehmen wir an, daß wir sie nicht als Teilnehmer an einer zeitlosen Moraldebatte verstehen können, sondern nur als die Erben eines ganz speziellen und besonderen Systems moralischer Überzeugungen, eines Systems, dessen innere Widersprüche das Scheitern des von ihnen geteilten philosophischen Vorhabens von vornherein unumgänglich machte.

Bestimmte Überzeugungen werden von allen an diesem Vorhaben Mitwirkenden geteilt. Alle stimmen, wie ich schon weiter oben erwähnt habe, in überraschendem Maße bezüglich Inhalt und Art der Regeln überein, die die wahre Moral ausmachen. Ehe und Familie werden von Diderots rationalistischem *philosophe* im Grunde ebensowenig in Frage gestellt wie von Kierkegaards Richter Wilhelm; Versprechen-halten und Gerechtigkeit sind für Hume ebenso unantastbar wie für Kant. Woher übernahmen sie diese gemeinsamen Überzeugungen? Offenbar aus ihrer gemeinsamen christlichen Vergangenheit, der gegenüber die Unterschiede zwischen Kants und Kierkegaards lutherischem, Humes presbyterianischem und Diderots vom Jansenismus beeinflußtem katholischen Hintergrund vergleichsweise unwichtig sind.

Sie sind sich nicht nur weitgehend über das Wesen der Moral einig, sondern stimmen auch in dem überein, wie eine rationale Rechtfertigung der Moral aussehen müßte. Ihre Grundprämissen würden einige oder die Merkmale der menschlichen Natur charakterisieren; und die Regeln der Moral würden dann als die Regeln bestimmt und begründet, die ein Wesen erwartungsgemäß annehmen würde, das eine solche menschliche Natur besitzt. Für Diderot und Hume sind die maßgeblichen Merkmale der menschlichen Natur die Leidenschaften; für Kant ist das maßgebliche Merkmal der menschlichen Natur der allgemeine und kategorische Charakter bestimmter Gesetze der Vernunft. (Kant bestreitet selbstverständlich, daß die Moral »auf der menschlichen Natur beruht«, aber was er unter »menschlicher Natur« versteht, ist lediglich die physiologische, nicht-rationale Seite des Menschen.) Kierkegaard versucht überhaupt nicht mehr, die Moral zu *rechtfertigen;* aber seine Darstellung hat genau den gleichen Aufbau wie die Darstellungen Kants, Humes und Diderots, nur daß er dort, wo sich letztere auf den Charakter der Leidenschaften oder der Vernunft berufen, das beschwört, was er für den Charakter der fundamentalen Willensbildung hält.

So haben all diese Autoren teil an dem Vorhaben, gültige Argumente aufzustellen, die von Prämissen über die menschliche Natur ausgehend, wie sie ihrem Verständnis nach ist, bis hin zu Schlußfolgerungen über die Autorität moralischer Vorschriften und Gebote führen. Ich möchte behaupten, daß jedes Vorhaben dieser Art scheitern mußte, weil ein unaufhebbarer Widerspruch bestand zwischen der ihnen gemeinsamen Konzeption moralischer Vorschriften und Gebote einerseits und der andererseits – trotz größerer Widersprüche – ihnen gemeinsamen Konzeption der menschlichen Natur. Beide Konzeptionen haben eine Geschichte, und ihre Beziehung zueinander kann nur im Licht dieser Geschichte verständlich gemacht werden.

Betrachten wir zuerst die allgemeine Form des moralischen Systems, das der geschichtliche Vorläufer beider Konzeptionen war, jenes moralischen Systems, das in einer Vielzahl unterschiedlicher Formen und mit zahlreichen Konkurrenten vom 12. Jahrhundert an das europäische Mittelalter über weite Strecken beherrschte, ein System, das sowohl klassische wie theistische Elemente enthielt. Seine Grundstruktur ist die, die

Aristoteles in der *Nikomachischen Ethik* analysierte. Innerhalb dieses theologischen Systems besteht ein fundamentaler Gegensatz zwischen dem Menschen *wie er ist* und dem Menschen *wie er sein könnte, wenn er sein eigentliches Wesen erkennen würde*. Die Ethik ist die Lehre, die den Menschen fähig machen soll zu verstehen, wie er den Übergang vom ersten in den zweiten Zustand bewerkstelligt. Deshalb setzt die Ethik in dieser Sichtweise die Berücksichtigung von Potentialität und Handeln voraus, die Berücksichtigung des Wesens des Menschen als rationalem Tier, und vor allem die Berücksichtigung des menschlichen *Telos*. Die Gebote, die die verschiedenen Tugenden vorschreiben und die Untugenden als deren Gegenstück verbieten, leiten uns an, wie man von der Potentialität zum Handeln kommt, wie wir unser wahres Wesen erkennen und unser wahres Ziel erreichen. Sich über sie hinwegzusetzen bedeutet, enttäuscht und unvollkommen zu sein, das Gut des rationalen Glücks nicht zu erreichen, dessen Erlangung uns als Spezies eigen ist. Die Wünsche und Empfindungen, die wir besitzen, müssen geordnet und erzogen werden durch die Anwendung solcher Gebote und durch die Pflege jener Handlungsgewohnheiten, die das Studium der Ethik vorschreibt; die Vernunft sagt uns, was unser wahres Ziel ist und wie wir es erreichen. Wir haben somit ein dreigeteiltes System, in dem das menschliche Wesen *wie es ist* (das menschliche Wesen in seinem Naturzustand) ursprünglich von den Geboten der Ethik abweicht und ihnen widerspricht, und in dem Bedürfnisse durch die Unterweisung in praktischer Vernunft und durch Erfahrung in das menschliche Wesen *wie es sein könnte, wenn es sein* Telos *erkennen würde* umgewandelt werden sollen. Jedes der drei Elemente des Systems – die Vorstellung vom Naturzustand des Menschen, die Vorstellung der Gebote der rationalen Ethik und die Vorstellung vom menschlichen Wesen *wie es sein könnte, wenn es sein* Telos *erkennen würde* – erfordert die Beachtung der jeweils anderen zwei, wenn sein Status und seine Funktion verständlich sein sollen.

Dieses System wird erweitert und komplizierter, aber nicht grundlegend verändert, wenn es in den Zusammenhang theistischer Überzeugungen gestellt wird, seien sie christlich wie bei Thomas von Aquin, jüdisch wie bei Maimonides oder islamisch wie bei Ibn Ruschd. Die Gebote der Ethik müssen jetzt nicht nur als teleologische Vorschriften, sondern auch als Ausdruck eines von Gott gegebenen Gesetzes verstanden werden. Die Liste der Tugenden und Laster muß ergänzt und erweitert werden, und dem Aristotelischen Begriff des Irrtums wird der Begriff der Sünde hinzugefügt. Das Gesetz Gottes verlangt eine neue Art von

Achtung und Ehrfurcht. Das wahre Ziel des Menschen kann nicht mehr in dieser Welt vollständig erreicht werden, sondern nur noch in einer anderen. Doch die Dreiteilung in das natürliche menschliche Wesen *wie es ist,* das menschliche Wesen *wie es sein könnte wenn es sein* Telos *erkennen würde* und die Gebote der rationalen Ethik als Mittel für den Übergang von einem Zustand zum anderen bleibt im theistischen Verständnis wertenden Denkens und Urteilens von zentraler Bedeutung.

Die moralische Äußerung hat demnach in der Zeit, in der die theistische Version der klassischen Moral vorherrscht, zwei Seiten und Ziele und enthält eine doppelte Norm. Jemandem zu sagen, was er tun sollte, bedeutet ihm zu ein und derselben Zeit zu sagen, welche Handlungsweise unter den gegebenen Umständen eigentlich zum wahren Ziel des Menschen führt, und zu sagen, was das Gesetz vorschreibt, das von Gott gegeben ist und der Vernunft einsichtig ist. Moralische Sätze werden in diesem Rahmen gebraucht, um Behauptungen aufzustellen, die richtig oder falsch sind. Die meisten mittelalterlichen Verfechter dieses Systems glaubten selbstverständlich, daß es sowohl Teil der göttlichen Offenbarung als auch eine Entdeckung der Vernunft und damit rational vertretbar sei. Diese weitgehende Übereinstimmung geht jedoch verloren, sobald der Protestantismus und der Katholizismus jansenistischer Prägung – und ihre unmittelbaren spätmittelalterlichen Vorläufer – auf der Szenen erscheinen. Denn sie verkörpern einen neuen Vernunftbegriff. (Mein Argumentationsgang in diesem und in anderen Punkten hat Anscombe 1958 einerseits viel zu verdanken, unterscheidet sich aber andererseits auch ziemlich stark davon.)

Die Vernunft, so erklären diese neuen Theologien, kann *keine* wahre Einsicht in das wahre Ziel des Menschen erzeugen; diese Kraft der Vernunft wurde durch den Sündenfall des Menschen zerstört. »Si Adam integer stetisset«, hätte die Vernunft nach Ansicht Calvins vielleicht die Rolle spielen können, die Aristoteles ihr zugewiesen hat. Doch jetzt hat die Vernunft keine Kraft mehr, unsere Leidenschaften zu korrigieren (es ist nicht unwichtig, daß die Ansichten Humes die eines Mannes sind, der als Calvinist erzogen wurde.) Dennoch bleibt der Gegensatz zwischen dem Menschen *wie er ist* und dem Menschen *wie er sein könnte, wenn er sein* Telos *erkennen würde,* und das göttliche Sittengesetz ist nach wie vor ein Schulmeister, der uns aus dem ersten in den zweiten Zustand führt, auch wenn uns nur die Gnade fähig macht, auf seine Gebote zu reagieren und ihnen zu folgen. Der Jansenist Pascal nimmt in der Entwicklung dieser Geschichte eine besonders wichtige Stelle ein. Denn Pascal erkennt, daß der protestantisch-jansenistische Vernunftbegriff in wesentlicher Hinsicht mit dem Vernunftbegriff übereinstimmt, dem die fortschrittlichsten Philosophien und Wissenschaften des 17. Jahrhunderts folgen. Vernunft umfaßt weder das innere Wesen noch den Übergang von Potentialität zum Handeln; diese Begriffe gehören zum verachteten Begriffssystem der Scholastik. Von nun an setzt die antiaristotelische Wissenschaft der Kraft der Vernunft strenge Grenzen. Die Vernunft ist berechnend; sie kann das Wahre an Tatsachen und mathematischen Relationen überprüfen, aber mehr nicht. Im praktischen Bereich des Handelns kann sie daher nur über Mittel und Wege sprechen. Über Ziele muß sie schweigen. Die Vernunft kann nicht einmal, wie Descartes glaubte, den Skeptizismus widerlegen; und daher besteht nach Pascal eine der Hauptleistungen der Vernunft in der Erkenntnis, daß unsere Überzeugungen letztlich auf der Natur, auf Sitten und Gewohnheiten beruhen.

Die verblüffende Vorwegnahme Humes durch Pascal deutet an, wie dieser Vernunftbegriff Einfluß erlangte – und da wir wissen, daß Hume mit dem Werk Pascals vertraut war, kann man wohl annehmen, daß hier eine direkte Beeinflussung stattfand. Sogar Kant behält die negativen Kennzeichen dieses Vernunftbegriffs bei; die Vernunft kann für ihn wie für Hume weder Wesensarten noch theologische Merkmale des objektiven Universums erkennen, das durch die Physik wissenschaftlicher Analyse zugänglich wird. So besteht neben ihren Meinungsverschiedenheiten über die Natur des Menschen eine erstaunliche und bedeutsame Übereinstimmung, und was für sie gilt, trifft auch auf Diderot, Smith und Kierkegaard zu. Alle weisen jede teleologische Sicht der menschlichen Natur zurück, jede Sicht des Menschen, in der er ein Wesen hat, das sein wahres Ziel bestimmt. Aber das zu verstehen bedeutet zu verstehen, warum ihr Vorhaben, eine Grundlage für die Moral zu finden, scheitern mußte.

Das Moralsystem, das den historischen Hintergrund ihres Denkens bildet, hatte, wie wir gesehen haben, einen Aufbau aus drei Elementen: den Naturzustand des Menschen, den Menschen *wie er sein könnte, wenn er sein* Telos *erkennen würde* und die moralischen Gebote, die ihm ermöglichen, von einem Zustand in den anderen zu wechseln. Doch die gemeinsame Wirkung der weltlichen Ablehnung sowohl der protestantischen wie der katholischen Theologie und der wissenschaftlichen und philosophischen Ablehnung des Aristotelismus bestand darin, daß jede Vorstellung des Menschen *wie er sein könnte, wenn er sein* Telos *erkennen würde* ausgelöscht wurde. Da es bei der Ethik – als theoretische wie als praktische Disziplin – einzig darum geht, den Menschen in die Lage zu versetzen, von seinem gegenwärtigen Zustand zu seinem wahren Ziel zu gelangen, hinterläßt das Auslöschen jeder Vorstellung über die eigentliche Natur des Menschen und die damit verbundene Aufgabe jeder Vorstellung über ein *Telos* ein Moralsystem, das nur noch aus zwei Elementen besteht, deren Beziehung zueinander höchst unklar wird. Es gibt auf der einen Seite einen gewissen Inhalt der Moral: einen Bestand an Gesetzen, die ihres teleologischen Zusammenhangs beraubt sind. Es gibt andererseits eine gewisse Sicht der ursprünglichen menschlichen Natur *wie sie ist.* Da die moralischen Gesetze eigentlich einem System angehörten, in dem sie die Aufgabe hatten, diese menschliche Natur zu korrigieren, zu verbessern und zu erziehen, konnten sie natürlich nicht aus wahren Aussagen über die menschliche Natur abgeleitet oder auf irgendeine andere Art gerechtfertigt werden, indem man sich auf die Eigenheiten dieser Natur berief. Die Gesetze der Moral sind, so verstanden, vermutlich Gesetze, zu deren Mißachtung die so verstandene menschliche Natur stark neigt. Die Moralphilosophen des 18. Jahrhunderts befaßten sich deshalb mit einem zwangsläufig erfolglosen Vorhaben; denn sie versuchten, eine rationale Basis für ihre moralischen Überzeugungen in einem besonderen Verständnis der menschlichen Natur zu finden, während sie auf der einen Seite einen Bestand an moralischen Gesetzen übernahmen und auf der anderen einen Begriff der menschlichen Natur, die ausdrücklich so gestaltet waren, daß sie einander widersprachen. Dieser Widerspruch wurde durch ihre revidierten Überzeugungen über die menschliche Natur nicht ausgeräumt. Sie übernahmen unzusammenhängende Bruchstücke eines einst zusammenhängenden Denk- und Handlungssystems, und da sie ihre besondere historische und kulturelle Situation nicht erkannten, konnten sie die Unmöglichkeit und Wirklichkeitsferne ihrer selbstgewählten Aufgabe nicht erkennen.

Aber vielleicht ist »konnten nicht erkennen« zu stark; denn wir können eine Rangfolge der Moralphilosophen des 18. Jahrhunderts danach aufstellen, wie nahe sie einer solchen Erkenntnis kamen. Wenn wir das tun, stellen wir fest, daß die Schotten Hume und Smith ihre Situation am wenigsten hinterfragten, vermutlich weil sie sich bereits bequem und zufrieden im epistemologischen System des britischen Empirismus eingerichtet hatten. Hume hatte tatsächlich so etwas wie einen Nervenzusammenbruch gehabt, bevor er mit diesem System einig war; aber in seinen Schriften über die Moral findet sich keine Spur mehr von diesem Zusammenbruch. Ebenfalls erscheint in den Schriften, die Diderot zu seinen Lebzeiten veröffentlichte, keine Spur von Unbehagen; doch in *Rameaus Neffe,* einem der Manuskripte, das bei seinem Tod in die Hände Katharinas der Großen fiel und aus Rußland herausgeschmuggelt werden mußte, bevor es 1803 erscheinen konnte, finden wir eine schärfere und einsichtigere Kritik des gesamten Vorhabens der Moralphilosophie des 18. Jahrhunderts als in jeder externen Kritik der Aufklärung.

Wenn Diderot der Erkenntnis des Scheiterns dieses Vorhabens sehr viel näher kommt als Hume, so kommt ihr Kant noch näher als diese beiden. Er sucht in der Tat nach einer Grundlage der Moral in den verallgemeinerbaren Vorschriften jener Vernunft, die sich in der Mathematik wie in der Moral manifestiert; und trotz seiner Einwände gegen die Grundlegung der Moral in der menschlichen Natur ist seine Analyse der Natur der menschlichen Vernunft die Grundlage seiner eigenen rationalen Darlegung der Moral. Doch im zweiten Buch der zweiten *Kritik* erkennt er an, daß das gesamte Vorhaben der Moral ohne teleologischen Rahmen unverständlich wird. Dieser teleologische Rahmen wird als »Voraussetzung der reinen, praktischen Vernunft« vorgestellt. Sein Erscheinen in Kants Moralphilosophie erschien seinen Lesern des 19. Jahrhunderts, etwa Heine und später den Neukantianern, als willkürliches und unentschuldbares Zugeständnis an Positionen, die er längst aufgegeben hatte. Doch wenn meine These richtig ist, hatte Kant recht; Moral setzte im 18. Jahrhundert historisch tatsächlich etwas voraus, was dem teleologischen System aus Gott, Freiheit und Glück als höchste Stufe der Tugend, das Kant vorlegt, sehr ähnlich war. Man löse die Moral aus diesem Zusammenhang, und man hat keine Moral mehr; oder zumindest hat man ihren Charakter radikal verändert.

Diese Veränderung des Charakters, die auf die Aufhebung der Verknüpfung zwischen den Geboten der Moral und den Tatsachen der menschlichen Natur zurückgeht, taucht auch in den Werken der Moralphilosophen des 18. Jahrhunderts selbst auf. Denn obwohl jeder der Autoren, mit denen wir uns beschäftigt haben, in seiner positiven Beweisführung versuchte, die Moral auf die menschliche Natur zu gründen, näherte sich doch jeder in seiner negativen Beweisführung immer uneingeschränkter der Behauptung, daß kein schlüssiges Argument von ausschließlich faktischen Voraussetzungen zu einem moralischen oder wertenden Schluß führen kann – ein Prinzip, dessen Annahme ein Epitaph für ihr gesamtes Vorhaben bedeutet. Hume drückt diese Behauptung noch als Zweifel und nicht als positive Aussage aus. Er erklärt, daß in »jedem Moralsystem, auf das ich bisher gestoßen bin«, die Autoren von

Aussagen über Gott oder die menschliche Natur zu moralischen Urteilen übergehen: »Plötzlich werde ich damit überrascht, daß mir anstatt der üblichen Verbindungen von Worten mit *›ist‹* und *›ist nicht‹* kein Satz mehr begegnet, in dem nicht ein *›sollte‹* oder *›sollte nicht‹* sich fände.« Und dann fordert er: »Gleichzeitig muß ein Grund angegeben werden für etwas, das sonst ganz unbegreiflich scheint, nämlich dafür, wie diese neue Beziehung zurückgeführt werden kann auf andere, die von ihr ganz verschieden sind« (*Ein Traktat über die menschliche Natur,* III, i, 1). Der gleiche allgemeine Grundsatz, nicht länger als Frage ausgedrückt, sondern als Behauptung, taucht in Kants Beharren auf, daß die Gebote des Sittengesetzes sich nicht von irgendwelchen Aussagen über das menschliche Glück oder den Willen Gottes ableiten lassen, und dann erneut in Kierkegaards Ausführungen über das Ethische. Welche Bedeutung hat diese allgemeine Behauptung?

Einige spätere Moralphilosophen sind so weit gegangen, die These aufzustellen, daß aus einer Reihe faktischer Prämissen keine moralische Schlußfolgerung als »logische Wahrheit« schlüssig folgt; dies wurde von einem allgemeineren Grundsatz abgeleitet, den einige Logiker des Mittelalters als die Forderung formulierten, daß in einer schlüssigen Beweisführung in der Schlußfolgerung nichts auftauchen kann, was nicht schon in den Prämissen enthalten war. Und, so meinten diese Philosophen, bei einer Beweisführung, bei der versucht wird, eine moralische oder wertende Schlußfolgerung aus faktischen Prämissen abzuleiten, erscheint in der Schlußfolgerung etwas, was nicht in den Prämissen enthalten ist – das moralische oder wertende Element. Daher muß jede derartige Beweisführung scheitern. Doch tatsächlich ist der vermeintlich uneingeschränkt allgemeine logische Grundsatz, von dem alles abhängig gemacht wird, falsch – und das scholastische Etikett gilt nur für den Aristotelischen Syllogismus. Es *gibt* einige Arten schlüssiger Beweisführung, bei denen in der Schlußfolgerung ein Element auftauchen kann, das in den Prämissen nicht enthalten ist. A. N. Priors Gegenbeispiel zu diesem vermeintlichen Grundsatz veranschaulicht dessen Scheitern hinreichend; aus der Prämisse »Er ist Kapitän« kann schlüssig die Schlußfolgerung abgeleitet werden »Er sollte das tun, was ein Kapitän tun sollte«. Dieses Gegenbeispiel zeigt nicht nur, daß es keinen allgemeinen Grundsatz dieser Art gibt; es zeigt selbst auch eine zumindest grammatische Wahrheit – eine »ist«-Prämisse *kann* gelegentlich eine »sollte«-Schlußfolgerung nach sich ziehen.

Anhänger der Ansicht »kein ›sollte‹ aus einem ›ist‹« könnten das durch das Beispiel Priors entstandene Problem zum Teil jedoch einfach dadurch beheben, daß sie ihre eigene Position umformulieren. Was sie forderten sei – könnten und würden sie vermutlich sagen –, daß keine Schlußfolgerung mit substantiell wertendem und moralischem Gehalt von faktischen Prämissen abgeleitet werden kann – und der Schlußfolgerung in Priors Beispiel mangelt es ganz offensichtlich an jeglichem derartigen Gehalt. Doch das Problem würde für sie darin weiterbestehen, weshalb jetzt plötzlich alle ihre Forderung akzeptieren. Denn sie haben eingeräumt, daß sie von keinem unbeschränkt allgemeinen logischen Grundsatz abgeleitet werden kann. Und doch kann ihre Forderung nach wie vor Substanz haben, allerdings eine Substanz, die sich aus einem besonderen und im 18. Jahrhundert neuen Begriff moralischer Regeln und Werturteile herleitet. Das heißt, sie macht unter Umständen einen Grundsatz geltend, dessen Gültigkeit sich nicht von irgendeinem allgemeinen logischen Grundsatz ableitet, sondern von der Bedeutung der verwendeten Schlüsselbegriffe. Nehmen wir an, die Bedeutung und der Hintergrund der in moralischen Äußerungen gebrauchten Schlüsselbegriffe habe sich im 17. und 18. Jahrhundert gewandelt; es könnte dann der Fall eintreten, daß das, was einst die schlüssige Folgerung aus einer bestimmten moralischen Prämisse oder Schlußfolgerung war, keine schlüssige Folgerung aus dem mehr wäre, was die gleiche faktische Prämisse oder moralische Schlußfolgerung zu sein scheint. Denn die in mancher Hinsicht selben Ausdrücke und Sätze hätten nun eine andere Bedeutung. Aber haben wir wirklich irgendeinen Hinweis auf einen solchen Bedeutungswandel? Für die Beantwortung dieser Frage ist es nützlich, ein anderes Gegenbeispiel zur These »Keine ›Sollte‹-Schlußfolgerungen aus ›Ist‹-Prämissen« zu betrachten. Aus faktischen Prämissen wie »Diese Uhr zeigt die Zeit sehr ungenau und unregelmäßig an« und »Diese Uhr ist zu schwer, als daß man sie bequem tragen könnte« ergibt sich schlüssig die wertende Schlußfolgerung »Diese Uhr ist schlecht«. Aus faktischen Prämissen wie »Er erzielt einen höheren Ernteertrag pro Morgen als jeder andere Bauer in der Gegend«, »Er hat das wirksamste bisher bekannte Programm zur Bodenerneuerung« und »Sein Milchvieh holt auf Landwirtschaftsausstellungen alle ersten Preise« folgt schlüssig die wertende Schlußfolgerung »Er ist ein guter Bauer«.

Diese beiden Beweisführungen sind aufgrund der besonderen Natur der Vorstellung von einer Uhr und einem Bauern schlüssig. Solche Vorstellungen sind funktionale Vorstellungen, das heißt, wir definieren »Uhr« und »Bauer« im Hinblick auf den Zweck oder die Funktion, die eine Uhr oder ein Bauer nach unserer Erwartung normalerweise erfüllt. Daraus folgt, daß sich die Vorstellung von einer Uhr nicht unabhängig von der Vorstellung von einer guten Uhr definieren läßt, und die Vorstellung von einem Bauern nicht unabhängig von der Vorstellung von einem guten Bauern; das Kriterium für etwas, eine Uhr zu sein, und das Kriterium für etwas, eine gute Uhr zu sein, sind nicht unabhängig voneinander – und das gleiche gilt natürlich für den »Bauern« und alle anderen funktionalen Vorstellungen. Natürlich sind damit beide Arten von Kriterien faktisch, wie aus den im letzten Abschnitt angeführten Beispielen hervorgeht. Jede Beweisführung, die von Prämissen ausgehend, die erklären, daß die entsprechenden Kriterien erfüllt sind, zu einer Schlußfolgerung kommt, die erklärt, daß »Das ein gutes Etwas ist«, wobei dieses »Etwas« einen Gegenstand darstellt, der durch eine funktionale Vorstellung gekennzeichnet ist, ist somit eine schlüssige Beweisführung, die von einer faktischen Prämisse ausgehend zu einer wertenden Schlußfolgerung kommt. Wir können demnach mit Sicherheit behaupten, daß eine ergänzte Version des Grundsatzes »Keine ›Sollte‹-Schlußfolgerung aus ›Ist‹-Prämissen« Beweisführungen ausschließen muß, die funktionale Vorstellungen enthalten, wenn sie Bestand haben soll. Aber das legt nahe, daß diejenigen, die darauf bestanden haben, daß *alle* moralischen Beweisführungen unter einen solchen Grundsatz fallen, das vielleicht getan haben, weil sie es als selbstverständlich betrachten, daß *keine* moralische Beweisführung funktionale Vorstellungen enthält. Doch moralische Beweisführungen innerhalb der klassischen aristotelischen Tradition – ob in ihren griechischen oder mittelalterlichen Versionen – enthalten zumindest eine zentrale funktionale Vorstellung, nämlich die, daß der Mensch ein essentielles Wesen und einen essentiellen Zweck oder eine Funktion hat; wenn – und nur dann – die klassische Tradition als Ganzes weitgehend zurückgewiesen wird, ändern moralische Beweisführungen ihren Charakter, so daß sie in die Reichweite einer Fassung des Grundsatzes »Kein ›Sollte‹-Schluß aus einer ›Ist‹-Prämisse« fallen. Das heißt, in der klassischen Tradition steht »Mensch« für »guter Mensch« wie »Uhr« für »gute Uhr« oder »Bauer« für »guter Bauer« steht. Aristoteles wählt für seine ethische Abhandlung den Ausgangspunkt, daß die Beziehung zwischen »Mensch« und »gut leben« der zwischen »Kitharaspieler« und »gut Kithara spielen« entspricht (*Nikomachische Ethik* 1095a 16). Doch der Gebrauch von »Mensch« als funktionaler Begriff ist sehr viel älter als Aristoteles und leitet sich ursprünglich auch gar nicht von der metaphysischen Biologie des Aristoteles her. Er hat seine Wurzeln in den Formen sozialen Lebens, dem die Theoretiker der klassischen Tradition Ausdruck verleihen. Denn nach dieser Tradition bedeutet ein Mensch zu sein, eine Vielzahl Rollen einzunehmen, die alle ihr Ziel und ihren Zweck haben: Familienmitglied, Bürger, Soldat, Philosoph, Diener Gottes. Nur wenn man sich den Menschen als Individuum vor und getrennt von allen Rollen denkt, hört der Begriff »Mensch« auf, ein funktionaler Begriff zu sein.

Damit dies so ist, müssen auch andere moralische Schlüsselbegriffe zumindest zum Teil ihre Bedeutung geändert haben. Die Folgebeziehungen zwischen bestimmten Satzarten müssen sich geändert haben. Es ist demnach nicht nur so, daß moralische Schlußfolgerungen nicht mehr auf die Weise gerechtfertigt werden können, wie das früher der Fall war; vielmehr zeigt der Verlust der Möglichkeit einer solchen Rechtfertigung eine sich wechselseitig bedingende Veränderung in der Bedeutung moralischer Ausdrucksweisen an. Der Grundsatz »Keine ›Sollte‹-Schlußfolgerung aus ›Ist‹-Prämissen« wird somit zu einer unentrinnbaren Wahrheit für Philosophen, deren Kultur nur das verarmte moralische Vokabular besitzt, das auf die Ereignisse zurückgeht, von denen ich berichtet habe. Daß sie für eine zeitlose logische Wahrheit gehalten wurde, war Zeichen eines tiefgreifenden Mangels an historischem Bewußtsein, der die Moralphilosophie damals beherrschte und selbst heute noch stark beeinflußt. Denn ihre erste Verkündung war selbst schon ein entscheidendes historisches Ereignis. Sie signalisiert sowohl den endgültigen Bruch mit der klassischen Tradition wie auch den entscheidenden Zusammenbruch des Vorhabens des 18. Jahrhunderts, die Moral im Kontext der ererbten, aber bereits inkohärenten Bruchstücke zu rechtfertigen, die von dieser Tradition übriggeblieben waren.

Aber es ist nicht nur so, daß die moralischen Begriffe und Beweisführungen an diesem Punkt der Geschichte ihren Charakter drastisch verändern, so daß sie erkennbar die unmittelbaren Vorläufer der unsicheren, endlosen Beweisführungen unserer eigenen Kultur wurden. Es ist auch der Fall, daß die moralischen *Urteile* ihren Sinn und ihre Bedeutung ändern. In der aristotelischen Tradition bedeutet, x gut zu nennen (wobei x unter anderem eine Person, ein Tier, eine Politik oder eine Situation sein kann), zu erklären, daß es die Art von x ist, die jemand wählen würde, der ein x zu dem Zweck haben möchte, zu dem x normalerweise verwendet wird. Eine Uhr gut zu nennen bedeutet zu sagen, daß es die Art von Uhr ist, die jemand wählen würde, der gern eine Uhr hätte, um immer die genaue Zeit zu haben, und nicht, um vielleicht mit ihr nach der Katze zu werfen. Die Voraussetzung für diesen Gebrauch von »gut« ist, daß alles, was berechtigterweise gut oder schlecht genannt werden kann – auch Personen und Handlungen –, praktisch irgendeinen bestimmten Zweck oder eine Funktion hat. Etwas gut zu nennen bedeutet demnach auch, eine faktische Aussage zu machen. Eine bestimmte Handlung gerecht oder richtig zu nennen bedeutet zu sagen, daß ein guter Mensch in einer derartigen Situation so handeln würde; daher ist auch diese Art von Aussage faktisch. Innerhalb dieser Tradition können moralische und wertende Aussagen in genau derselben Art und Weise richtig oder falsch genannt werden, wie alle anderen faktischen Aussagen richtig oder falsch genannt werden können. Aber sobald die Vorstellung wesentlicher menschlicher Ziele und Funktionen aus der Ethik verschwindet, leuchtet es nicht mehr ein, moralische Urteile wie faktische Aussagen zu behandeln.

Darüber hinaus hatte die Verweltlichung der Ethik durch die Aufklärung den Status moralischer Urteile als angebliche Verlautbarungen des göttlichen Rechts in Frage gestellt. Sogar Kant, der moralische Urteile noch als Ausdruck eines allgemeingültigen Rechts versteht, selbst wenn es nur ein Recht ist, das jeder vernünftig Handelnde sich selbst gegenüber ausdrückt, behandelt moralische Urteile nicht als Verlautbarungen dessen, was das Gesetz fordert oder befiehlt, sondern als selbst gegebenen Imperativ. Und Imperative sind für »Wahrheit« oder »Falschheit« nicht empfänglich.

Bis heute hat sich in der alltäglichen Diskussion die Gewohnheit erhalten, moralische Urteile als richtig oder falsch zu bezeichnen; aber die Frage, weshalb ein bestimmtes moralisches Urteil richtig oder falsch ist, ist ohne klare Antwort geblieben. Daß dies so sein muß, ist vollkommen einsichtig, falls die historische Hypothese richtig ist, die ich skizziert habe: daß moralische Urteile sprachliche Überreste der praktischen Anwendung des klassischen Theismus sind, die den durch diese praktische Anwendung gebildeten Kontext verloren haben. In diesem Kontext waren moralische Urteile der Form nach gleichzeitig hypothetisch und kategorisch. Hypothetisch waren sie insofern, als sie ein Urteil darüber ausdrückten, welches Verhalten einem menschlichen Wesen teleologisch angemessen wäre: »Du solltest das und das tun, falls und da dein *Telos* so und so ist«, oder vielliecht »Du solltest das und das tun, falls du nicht möchtest, daß deine wichtigsten Hoffnungen enttäuscht werden«. Kategorisch waren sie insofern, als sie den Inhalt des allgemeingültigen, von Gott gegebenen Gesetzes wiedergaben: »Du solltest das und das tun:

denn das befiehlt das Gesetz Gottes.« Doch wenn man ihnen das nimmt, kraft dessen sie hypothetisch waren *und* das, kraft dessen sie kategorisch waren – was sind sie dann? Moralische Urteile verlieren dann ihren eindeutigen Status, und die Sätze, die sie ausdrücken, verlieren parallel dazu ihre unumstrittene Bedeutung. Solche Sätze stehen dann als Ausdrucksformen einem emotivistischen Selbst zur Verfügung, das seinen sprachlichen und praktischen Standpunkt in der Welt verloren hat, da ihm die Anleitung durch den Kontext fehlt, in welchem sie ursprünglich zu Hause waren.

Doch die Dinge so darzustellen bedeutet, in nicht gerechtfertigter Weise vorzugreifen. Denn ich halte es offenbar für erwiesen, daß diese Veränderungen tatsächlich mit Begriffen wie Überbleibsel, Verlust des Kontexts und daraus folgendem Verlust an Klarheit gekennzeichnet werden können; während viele, die diesen Wandel in der Kultur unserer Vorfahren miterlebt haben, ihn als Befreiung von der Last des traditionellen Theismus und der verworrenen teleologischen Denkweisen ansahen. Was ich als Verlust der traditionellen Struktur und Inhalte beschrieben habe, wurde von den wichtigsten ihrer philosophischen Wortführer als Verwirklichung der eigenen Autonomie des Selbst gesehen. Das Selbst war von all jenen veralteten Formen sozialer Systeme befreit worden, die es gleichzeitig im Glauben an eine theistische und teleologische Weltordnung und in jenen hierarchischen Strukturen gefangenhielten, die versuchten, sich selbst als Teil einer solchen Weltordnung zu legitimieren.

Aber ob wir diesen entscheidenden Augenblick des Wandels nun als Verlust oder Befreiung, als Übergang zur Autonomie oder zur *Anomie* werten, zwei seiner Merkmale müssen hervorgehoben werden. Das erste sind die sozialen und politischen Folgen des Wandels. Abstrakte Veränderungen moralischer Begriffe werden stets in wirklichen, ganz bestimmten Ereignissen verkörpert. Die Geschichte muß noch geschrieben werden, in der die Medici-Prinzen, Heinrich VIII. und Thomas Cromwell, Friedrich der Große und Napoleon, Walpole und Wilberforce, Jefferson und Robespierre so begriffen werden, daß sie in ihren Handlungen oft nur teilweise und auf verschiedenste Art die gleichen Begriffsveränderungen ausdrücken, die auf der Ebene der theoretischen Philosophie von Machiavelli und Hobbes, Diderot und Condorcet, Hume, Adam Smith und Kant vorgebracht werden. Es sollte nicht zwei Geschichten geben, eine des politischen und moralischen Handelns und eine der politischen und moralischen Theorie, denn es hat keine zwei Vergangenheiten gegeben, eine, die nur von Handlungen, und eine, die nur von Theorien bevölkert gewesen wäre. Jede Handlung ist Träger und Ausdruck mehr oder weniger theoriebeladener Überzeugungen und Vorstellungen; jedes Theoretisieren und jeder Ausdruck von Überzeugungen ist eine politische und moralische Handlung.

Der Übergang in die Moderne war somit ein Übergang in Theorie und Praxis und ein einzelner Übergang dazu. Weil die durch unseren modernen akademischen Lehrplan bewirkten Denkgewohnheiten die Geschichte des politischen und sozialen Wandels – unter bestimmten Überschriften von bestimmten Gelehrten in den historischen Fachbereichen betrieben – von der Geschichte der Philosophie trennen – unter anderen Überschriften von anderen Gelehrten in den philosophischen Fachbereichen betrieben –, besitzen diese Ideen einerseits ein fälschlicherweise unabhängiges Eigenleben, und das politische und soziale Handeln wird andererseits als seltsam geistlos hingestellt. Dieser akademische Dualismus ist natürlich selbst Ausdruck einer Idee, die fast überall in der heutigen Welt zu Hause ist; das so sehr, daß der Marxismus, die einflußreichste gegnerische Theorie der modernen Kultur, in der Unterscheidung zwischen Basis und ideologischem Überbau lediglich eine weitere Version des gleichen Dualismus darstellt.

Aber wir müssen uns auch vor Augen halten, daß das Selbst, wenn es sich im Verlauf einer einzigen und einheitlichen Geschichte entschieden von übernommenen Erscheinungsformen von Theorie und Praxis trennt, das auf so vielerlei Arten und mit einer solchen Komplexität tut, daß dies zu übergehen lähmend wäre. Als das eindeutig moderne Selbst erfunden wurde, erforderte seine Erfindung nicht nur einen weitgehend neuen sozialen Rahmen, sondern auch einen, der definiert war durch eine Vielzahl nicht immer kohärenter Überzeugungen und Vorstellungen. Was damals erfunden wurde, war das *Individuum,* und wir müssen uns jetzt der Frage zuwenden, was diese Erfindung bedeutete und welchen Anteil sie bei der Schaffung unserer eigenen emotivistischen Kultur hatte.

Kapitel 6
Folgen des Scheiterns des Projekts der Aufklärung

Die Probleme der modernen Moraltheorie sind eindeutig das Ergebnis des Scheiterns des Vorhabens der Aufklärung. Auf der einen Seite betrachtet sich der einzelne moralisch Handelnde, befreit von Hierarchie und Teleologie, als souverän in seiner moralischen Autorität und wird auch von den Moralphilosophen so gesehen. Auf der anderen Seite muß für die übernommenen, wenn auch zum Teil umgewandelten Regeln der Moral ein neuer Status gefunden werden, da ihnen ihr alter teleologischer und ihr noch älterer kategorischer Charakter als Ausdruck eines letztlich göttlichen Gesetzes genommen wurde. Wenn für diese Regeln kein neuer Status gefunden werden kann, der die Berufung auf sie vernünftig erscheinen läßt, wird die Berufung auf sie tatsächlich als reines Werkzeug des individuellen Wunsches und Willens erscheinen. Es besteht also ein Zwang, sie zu rechtfertigen, indem entweder irgendeine neue Teleologie entworfen oder ein neuer kategorischer Status für sie gefunden wird. Das erste Vorhaben verleiht dem Utilitarismus Bedeutung, das zweite all den Versuchen, die Kant folgen und die Autorität der Berufung auf moralische Regeln im Wesen der praktischen Vernunft begründet sehen. Beide Versuche sind, wie ich zeigen werde, gescheitert und scheitern immer noch; doch im Verlauf der Versuche, ihnen zum Erfolg zu verhelfen, wurden soziale wie geistige Veränderungen erreicht.

Benthams ursprüngliche Formulierungen deuten darauf hin, daß er das Wesen und den Umfang der Probleme, denen er sich gegenübersah, mit großem Scharfsinn erkannte. Seine innovative Psychologie zeichnete ein Bild der menschlichen Natur, in dessen Licht das Problem, den Regeln der Moral einen neuen Status zuzuweisen, in aller Deutlichkeit dargelegt werden kann; und Bentham schreckte nicht vor dem Gedanken zurück, daß er den Regeln der Moral *tatsächlich* einen neuen

Status verliehen und zentralen Moralbegriffen eine neue Bedeutung gegeben hat. Die traditionelle Ethik war seiner Ansicht nach von abergläubischem Gedankengut durchsetzt; erst als wir begriffen, daß die einzige Triebfeder des menschlichen Handelns das Streben nach Lust und die Abneigung gegen Schmerzen ist, konnten wir die Grundsätze einer aufgeklärten Moral aufstellen, für die die Aussicht auf größtmögliche Lust und das Fehlen von Schmerzen ein *Telos* darstellt. »Lust« war für Bentham die Bezeichnung eines Typs von Empfindung, »Schmerz« ebenfalls; Empfindungen beider Arten variieren nur in der Zahl, in der Intensität und in der Dauer. Es ist wert, diese falsche Sichtweise der Lust zur Kenntnis zu nehmen, und sei es nur deshalb, weil Benthams unmittelbare utilitaristische Nachfolger so klug waren, darin die Hauptursache der Schwierigkeiten zu erkennen, die sich für den Utilitarismus ergeben. Sie beachteten daher auch nicht immer hinreichend die Art, wie er den Übergang von seiner psychologischen These – daß die Menschheit zwei, und nur zwei Beweggründe kennt –, zu seiner moralischen These vollzieht – daß wir unter verschiedenen Handlungen oder Taktiken, zwischen denen wir in einem bestimmten Augenblick wählen müssen, stets die Handlung ausführen oder die Taktik einschlagen sollten, die als Ergebnis der größtmöglichen Zahl von Menschen das größtmögliche Glück bringt – das heißt, die größtmögliche Menge an Lust bei gleichzeitig kleinstmöglicher Menge an Schmerzen. Nach Benthams Ansicht ist es selbstverständlich der aufgeklärte, gebildete Geist und nur er, der erkennt, daß mein Streben nach Glück, wie es mir meine lustsuchende, schmerzvermeidende Psychologie vorschreibt, und das Streben der größtmöglichen Zahl von Menschen nach größtmöglichem Glück faktisch zusammenfallen. Aber es ist das Ziel des Sozialreformers, die soziale Ordnung so umzugestalten, daß selbst das Streben der nicht Aufgeklärten nach Glück das größtmögliche Glück für die größtmögliche Zahl bringt; in diesem Ziel haben die zahllosen von Bentham angeregten Gesetzes- und Strafrechtsreformen ihren Ursprung. Man beachte, daß der Sozialreformer für sich selbst keinen Grund finden könnte, sich diesen speziellen und nicht anderen Aufgaben zu widmen, wenn nicht die aufgeklärte Berücksichtigung des eigenen Glücks hier und jetzt auch in einer gesetzlich und sozial so wenig reformierten Ordnung wie der im England des späten 18. und frühen 19. Jahrhunderts unweigerlich zum Streben nach dem größtmöglichen Glück führen würde. Das ist eine empirische Behauptung. Ist sie richtig?

John Stuart Mill, das erste Kind der Lehre Benthams und gleichzeitig der hervorragendste Kopf und Charakter, der sich je zum Benthamismus bekannt hat, brauchte einen Nervenzusammenbruch, um sich zumindest selbst klarzumachen, daß sie nicht richtig ist. Mill kam zu dem Schluß, daß es die Vorstellung Benthams von Glück war, die reformiert werden müsse, dabei war es ihm in Wirklichkeit gelungen, die Ableitung der Moral aus der Psychologie in Frage zu stellen. Doch diese Ableitung war das gesamte rationale Fundament des Benthamschen Entwurfs einer neuen, naturalistischen Teleologie. Es überrascht nicht, daß der teleologische Gehalt des Benthamismus immer dürftiger wurde, nachdem dieser Mangel auch innerhalb des Benthamismus erkannt worden war.

John Stuart Mill hatte selbstverständlich recht mit seiner Behauptung, daß die Benthamsche Vorstellung vom Glück einer Erweiterung bedarf; im *Utilitarismus* versuchte er, einen grundlegenden Unterschied zwischen »höherer« und »niedrigerer« Lust zu machen, und in *On Liberty* und anderen Werken verbindet er einen Anstieg des menschlichen Glücks mit der Ausweitung der schöpferischen Kräfte des Menschen. Aber die Auswirkung dieser Korrekturen war – kein Anhänger des Benthamismus, egal wie weit er reformiert war, konnte es zugestehen, obwohl es richtig ist –, daß die Vorstellung vom menschlichen Glück *keine* einheitliche, einfache Vorstellung ist und uns kein Kriterium für unsere grundlegenden Entscheidungen liefern kann. Wenn uns jemand im Geiste Benthams und Mills empfiehlt, uns bei unseren Entscheidungen von den Aussichten auf unsere eigene künftige Lust oder unser eigenes künftiges Glück leiten zu lassen, ist die angemessene Entgegnung zu fragen: »Aber welche Lust, welches Glück soll mich leiten?« Denn es gibt zu viele unterschiedliche Arten lustvoller Betätigung, zu viele unterschiedliche Möglichkeiten, glücklich zu werden. Und Lust oder Glück sind keine Geisteszustände, für deren Herbeiführung diese Betätigungen und Möglichkeiten lediglich alternative Mittel sind. Die Lust, Guinness zu trinken, ist nicht die Lust, in Crane's Beach zu baden, und das Schwimmen und das Trinken sind nicht zwei verschiedene Mittel, um den gleichen Endzustand herzustellen. Das Glück, das dem Klosterleben eigen ist, ist nicht das gleiche Glück wie das, das dem Leben der Soldaten eigen ist. Denn unterschiedliche Arten der Lust und unterschiedliche Formen des Glücks sind größtenteils nicht vergleichbar: Es gibt keine qualitativen oder quantitativen Maßstäbe, mit denen sie gemessen werden könnten. Die Berufung auf die Kriterien der Lust wird mir folglich nicht sagen können, ob ich trinken oder schwimmen soll, und die

Berufung auf die Kriterien des Glücks kann nicht für mich zwischen dem Leben eines Mönchs und dem eines Soldaten wählen.

Das vielgestaltige Wesen der Lust und des Glücks zu verstehen bedeutet natürlich, diese Vorstellungen nutzlos für utilitaristische Zwecke zu machen; wenn die Aussicht auf die eigene künftige Lust oder das eigene künftige Glück aus den von mir angeführten Gründen nicht in jedem Einzelfall Kriterien für die Lösung der Probleme des Handelns bieten kann, folgt daraus, daß der Gedanke des größtmöglichen Glücks für die größtmögliche Zahl ein Gedanke ohne jeden klaren Inhalt ist. Er ist tatsächlich ein Pseudokonzept, das für eine Vielzahl ideologischer Verwendungen genutzt werden kann, aber mehr auch nicht. Wenn wir daher im täglichen Leben auf seine Verwendung stoßen, ist es stets notwendig zu fragen, welches eigentliche Vorhaben oder Ziel durch seine Verwendung verschleiert wird. Damit soll nicht bestritten werden, daß seine Anwendung in vielen Fällen im Dienst sozial segensreicher Ideale gestanden hat. Chadwicks radikale Reformen zur Durchsetzung öffentlicher Gesundheitsmaßnahmen, Mills eigener Einsatz für die Erweiterung des Wahlrechts und für ein Ende der Unterdrückung der Frauen und viele andere Ideale und Angelegenheiten des 19. Jahrhunderts beriefen sich alle auf den Maßstab der Nützlichkeit für irgendeinen guten Zweck. Aber die Verwendung einer begrifflichen Fiktion in einer guten Sache macht aus ihr immer noch nicht mehr als eine Fiktion. Wir werden an späterer Stelle unserer Argumentation noch auf das Vorhandensein einiger anderer Fiktionen innerhalb des modernen moralischen Diskurses achten müssen; aber bevor wir das tun, ist es notwendig, noch ein weiteres Merkmal des Utilitarismus des 19. Jahrhunderts zu betrachten.

Es war ein Kennzeichen des moralischen Ernstes und Eifers der großen Utilitaristen des 19. Jahrhunderts, daß sie sich ständig verpflichtet fühlten, die eigene Position immer wieder zu überprüfen, damit sie nicht in die Irre geleitet würden, sofern das überhaupt möglich war. Das herausragende Ergebnis dieser Selbstprüfung war die Moralphilosophie Sidgwicks. Und bei Sidgwick wird schließlich das Scheitern anerkannt, einen teleologischen Rahmen für die Ethik wiederherzustellen. Er erkannte sowohl, daß die moralischen Gebote des Utilitarismus nicht aus irgendwelchen psychologischen Grundlagen abgeleitet werden konnten, als auch, daß die Gebote, nach dem allgemeinen Glück zu streben, logisch unabhängig und nicht abzuleiten sind von Geboten, nach unserem eigenen Glück zu streben. Unsere grundlegenden moralischen Überzeugungen haben zwei Eigenarten, wie Sidgwick zu seinem Leidwesen folgern mußte: sie bilden keine irgendwie geartete Einheit, sie sind unaufhebbar heterogen; und ihre Anerkennung ist unumstritten und muß es sein. Die Grundlage des moralischen Denkens bilden Überzeugungen in Aussagen, für deren Wahrheit sich kein weiterer Grund anführen läßt. Diesen Aussagen gibt Sidgwick in Anlehnung an Whewell den Namen *Intuitionen*. Sidgwicks Enttäuschung über das Ergebnis seiner Untersuchung kommt in seiner Bemerkung zum Ausdruck, daß er, wo er nach dem Kosmos gesucht, tatsächlich nur Chaos gefunden habe.

Es waren selbstverständlich die Endpositionen Sidgwicks, bei denen sich Moore ohne Nachweis bald darauf bediente, indem er diese Anleihen im Halbdunkel seiner schlechten Beweisführung in *Principia Ethika* (*Grundlage der Ethik*) vorlegte. Der wesentliche Unterschied zwischen *Grundlage der Ethik* und Sidgwicks späteren Schriften liegt mehr in der Haltung als in der Substanz. Was Sidgwick als Scheitern darstellt, ist für Moore eine aufklärerische und befreiende Entdeckung. Und die Leser Moores, für die – wie oben erwähnt – Aufklärung und Befreiung von größter Bedeutung waren, sahen sich dadurch ebenso entschieden von Sidgwick und dem ganzen übrigen Utilitarismus wie vom Christentum befreit. Sie sahen natürlich nicht, daß sie damit auch jeglicher Grundlage für Ansprüche auf Objektivität beraubt waren, und daß sie in ihrem eigenen Leben und in ihren Urteilen damit begonnen hatten, die Beweise zu liefern, auf die sich der Emotivismus bald so überzeugend berufen sollte.

Die Geschichte des Utilitarismus verbindet somit historisch das Vorhaben des 18. Jahrhunderts, die Moral zu rechtfertigen, mit dem Abstieg des 20. Jahrhunderts in den Emotivismus. Aber das philosophische Scheitern des Utilitarismus und dessen Folgen auf der Ebene des Denkens und der Theorie sind selbstverständlich nur ein Teil der einschlägigen Geschichte. Denn der Utilitarismus erschien in einer Reihe sozialer Verkörperungen und hinterließ seinen Stempel auf verschiedenen sozialen Rollen und Einrichtungen. Und sie blieben als Erbe bestehen, lange nachdem der Utilitarismus seine philosophische Bedeutung verloren hatte, die John Stuart Mills Ausführungen ihm verliehen hatten. Aber obwohl dieses soziale Erbe für meine Hauptthese alles andere als unbedeutend ist, werde ich Äußerungen dazu aufschieben, bis ich das Scheitern eines zweiten philosophischen Versuchs betrachtet habe, die Autonomie des moralisch Handelnden widerspruchsfrei zu verbinden mit einer Sichtweise der moralischen Regeln, in der diese eine unabhängige und objektive Autorität haben.

Der Utilitarismus brachte seine erfolgreichsten Forderungen im 19. Jahrhundert vor. Danach beherrschte der Intuitionismus, gefolgt vom Emotivismus, die britische Philosophie, während in den Vereinigten Staaten der Pragmatismus die gleiche Art von *praeparatio evangelica* für den Emotivismus lieferte wie der Intuitionismus in Großbritannien. Aber aus Gründen, die wir bereits angesprochen haben, schien der Emotivismus den analytischen Philosophen, die sich vorwiegend mit Fragen der *Bedeutung* befaßten, immer wenig plausibel zu sein, hauptsächlich weil es offenkundig ist, daß moralisches Folgern *stattfindet,* daß moralische Schlußfolgerungen oft schlüssig aus einer Reihe von Prämissen abgeleitet werden können. Diese analytischen Philosophen griffen den Plan Kants wieder auf, darzulegen, daß die Autorität und Objektivität der moralischen Regeln genau jene Autorität und Objektivität sind, die zur Ausübung der Vernunft gehören. Ihr Hauptanliegen war und ist also nachzuweisen, daß jeder vernünftig Handelnde durch seine Vernunft den Regeln der Moral logisch verpflichtet ist.

Ich habe bereits erklärt, daß die vielen Versuche, diesen Plan durchzuführen, und deren Unvereinbarkeit untereinander an einem Erfolg zweifeln lassen. Aber es ist fraglos nötig, nicht nur zu verstehen, *daß* das Vorhaben scheitert, sondern auch *warum* es scheitert, und dazu ist es erforderlich, einen dieser Versuche etwas eingehender zu betrachten. Das Beispiel, das ich ausgewählt habe, ist Alan Gewirths *Reason and Morality* (1978). Ich habe mich für Gewirths Buch entschieden, weil es nicht nur einer der jüngsten derartigen Versuche ist, sondern auch weil es sich umsichtig und gewissenhaft mit Einwänden und kritschen Bemerkungen auseinandersetzt, die frühere Autoren vorgebracht haben. Darüber hinaus führt Gewirth eine klare und gleichzeitig strenge Auffassung von Vernunft ein: um als Grundsatz praktischer Vernunft gelten zu können, muß ein Grundsatz analytisch sein; damit eine Schlußfolgerung aus Prämissen der praktischen Vernunft folgt, muß sie nachweisbar aus diesen Prämissen herbeigeführt werden. Es gibt keinen ungenauen und unverbindlichen »guten Grund«, was einige der früheren analytischen Versuche beeinträchtigt hatte, die Moral als rational auszuweisen.

Die Schlüsselstelle in Gewirths Buch lautet: »Da der Handelnde Freiheit und Wohlbefinden, die Gattungsmerkmale seines erfolgreichen Handelns, als notwendige Güter betrachtet, muß er logischerweise auch der Meinung sein, daß er ein Recht auf diese Gattungsmerkmale hat, und er erhebt implizit einen entsprechenden Rechtsanspruch« (S. 63). Gewirths Argumentation kann wie folgt wiedergegeben werden: Jeder rational Handelnde muß ein bestimmtes Maß an Freiheit und Wohlbefinden als Grundvoraussetzungen für die Ausübung rationalen Handelns anerkennen. Daher muß jeder rational Handelnde wollen, wenn er überhaupt wollen soll, daß er dieses Maß an diesen Gütern besitzt. Das meint Gewirth, wenn er in dem zitierten Satz von »notwendigen Gütern« spricht. Und bisher besteht sicher kein Grund, mit der Argumentation Gewirths zu hadern. Erst der nächste Schritt erweist sich als kritisch und gleichzeitig fragwürdig.

Gewirth argumentiert, daß jeder, der die Grundvoraussetzungen für das Ausüben rationalen Handelns für notwendige Güter hält, logisch verpflichtet ist, auch ein Recht auf diese Güter zu behaupten. Aber ganz offensichtlich bedarf die Einführung der Vorstellung eines Rechts einer Rechtfertigung, zum einen, weil sie zu diesem Zeitpunkt eine neue Vorstellung in Gewirths Beweisführung ist, *und* zum anderen aufgrund des besonderen Charakters des Begriffes Recht.

Es ist zunächst einmal klar, daß der Anspruch, daß ich ein Recht habe, etwas zu tun oder zu besitzen, sich grundlegend von dem Anspruch unterscheidet, daß ich etwas brauche oder haben möchte oder daß mir etwas zugute kommt. Aus dem ersten folgt, wenn es die einzige Überlegung von Belang ist, daß andere sich nicht in meine Bemühungen einmischen sollten, irgend etwas zu tun oder zu bekommen, ob es zu meinem eigenen Vorteil ist oder nicht. Aus dem zweiten folgt das nicht. Und es ist gleichgültig, um welche Art von Gut oder Nutzen es sich handelt.

Eine andere Möglichkeit zu verstehen, was in der Argumentation von Gewirth in die Irre führt, besteht in der Erkenntnis, weshalb dieser Schritt so wichtig für seine Agumentation ist. Wenn ich kraft des Besitzes bestimmter Eigenschaften ein Recht beanspruche, dann bin ich natürlich logisch verpflichtet, gelten zu lassen, daß jeder andere, der über die gleichen Eigenschaften verfügt, ebenfalls dieses Recht hat. Aber gerade dieses Merkmal der notwendigen Verallgemeinerbarkeit ist mit Ansprüchen auf den Besitz eines Guts, dem Bedarf oder dem Wunsch danach nicht verbunden, nicht einmal bei einem allgemein notwendigen Gut.

Ein Grund, warum Ansprüche auf für rationales Handeln notwendige Güter sich so von Ansprüchen auf den Besitz von Rechten unterscheiden, liegt darin, daß letztere im Gegensatz zu ersteren einen Bestand an gesellschaftlich anerkannten Regeln voraussetzen. Ein solcher Bestand an Regeln entsteht in bestimmten historischen Phasen unter bestimmten sozialen Umständen. Sie sind in keiner Weise allgemeine

Merkmale der menschlichen Natur. Gewirth räumt bereitwillig ein, daß Ausdrücke wie »ein Recht« und verwandte Begriffe im Englischen und in anderen Sprachen erst zu einem verhältnismäßig späten Zeitpunkt innerhalb der Geschichte der Sprache – gegen Ende des Mittelalters – aufkommen. Aber er wendet ein, daß das Bestehen solcher Ausdrücke keine notwendige Bedingung für die Verkörperung der Vorstellung von Recht in Form einer menschlichen Verhaltensweise ist; und zumindest in diesem Punkt hat er offensichtlich recht. Aber der Einwand, dem Gewirth sich stellen muß, lautet, daß die Formen menschlichen Verhaltens, die die Vorstellung eines Grundes für einen Anspruch voraussetzen, wie etwa die Vorstellung eines Rechts, immer einen sehr spezifischen und gesellschaftlich lokalen Charakter haben, und daß die Existenz bestimmter Arten sozialer Institutionen oder Gewohnheiten eine notwendige Bedingung für die Vorstellung eines Anspruchs auf den Besitz eines Rechtes als verstandesmäßig faßbare Art menschlicher Leistung ist. (Solche sozialen Institutionen oder Gewohnheiten haben in menschlichen Gesellschaften historisch nicht allgemein bestanden.) Wenn eine solche soziale Form fehlt, wäre das Geltendmachen eines Anspruchs auf ein Recht so, als würde man mit einem Scheck in einem Gesellschaftssystem bezahlen wollen, das kein Geld kennt. So hat Gewirth in seine Beweisführung unzulässigerweise einen Begriff eingeschmuggelt, der in keiner Weise zu den Grundeigenschaften eines rational Handelnden gehört, was aber der Fall sein muß, wenn die Beweisführung mit Erfolg abgeschlossen werden soll.

Ich meine nun, daß sowohl der Utilitarismus Mitte und Ende des 19. Jahrhunderts wie auch die analytische Moralphilosophie Mitte und Ende des 20. Jahrhunderts gleichermaßen erfolglose Versuche sind, den moralisch Handelnden aus der mißlichen Lage zu befreien, in die ihn das Scheitern des Vorhabens der Aufklärung gebracht hat, seine moralischen Pflichten weltlich und rational zu rechtfertigen. Ich habe diese mißliche Lage schon als eine Lage geschildert, in der der Preis für die Befreiung von dem, was als äußere Autorität der traditionellen Moral erschien, der Verlust jeglichen autoritativen Gehalts der angeblich moralischen Äußerungen des seit neuestem autonom Handelnden war. Jeder moralisch Handelnde sprach jetzt unbeeindruckt von den Äußerlichkeiten des göttlichen Rechts, der natürlichen Teleologie oder der hierarchischen Autorität; aber warum sollte ihm jetzt jemand zuhören? Man muß den Utilitarismus und die analytische Moralphilosophie als Versuche verstehen, auf eben diese Frage eine überzeugende Antwort gegeben zu haben und zu geben; und wenn meine Beweisführung richtig ist, ist es genau diese Frage, die beide nicht überzeugend beantworten. Dennoch sprechen und schreiben fast alle, Philosophen wie Nichtphilosophen, weiterhin so, als hätte eines dieser Vorhaben Erfolg gehabt. Und daraus leitet sich eines der Merkmale des gegenwärtigen moralischen Diskurses ab, auf das ich zu Beginn hingewiesen habe, nämlich die Kluft zwischen der *Bedeutung* moralischer Ausdrücke und der Art ihres *Gebrauchs*. Denn die *Bedeutung* ist und bleibt so, wie sie verbürgt worden wäre, wenn wenigstens eines dieser philosophischen Vorhaben Erfolg gehabt hätte; aber der Gebrauch, der emotivistische Gebrauch, ist genau so wie er zu erwarten wäre, wenn diese philosophischen Vorhaben ausnahmslos gescheitert wären.

Die Folge ist, daß die heutige moralische Erfahrung einen paradoxen Zug hat. Denn jeder von uns sieht sich als moralisch autonom Handelnden; aber jeder von uns wird auch durch praktische, ästhetische oder bürokratische Verfahren in Anspruch genommen, die uns in manipulative Beziehungen zu anderen setzen. Wir versuchen die Autonomie zu schützen, die zu loben wir gelernt haben, und bemühen uns, *nicht* von anderen manipuliert zu werden; wir versuchen, unsere eigenen Grundsätze und unseren Standpunkt in der praktischen Welt zu verwirklichen, und finden keinen gangbaren Weg dafür, es sei denn, wir wenden gegen andere jene äußerst manipulativen Arten von Beziehungen an, denen jeder von uns im eigenen Fall Widerstand entgegenzusetzen sucht. Die Inkohärenz unseres Verhaltens und unserer Erfahrung entsteht aus dem inkohärenten Begriffssystem, das wir übernommen haben.

Sobald wir das verstanden haben, ist es möglich, auch die Schlüsselstellung von drei anderen Vorstellungen des eigentlich modernen Moralsystems zu verstehen, *Recht, Protest* und *Entlarvung*. Mit »Recht« meine ich nicht jene Rechte, die bestimmten Klassen von Menschen durch das positive Recht oder die Gewohnheit verliehen werden; ich meine vielmehr jene Rechte, die als zum Menschen an sich gehörend gelten und die angeführt werden als ein Grund für die Meinung, daß man sich nicht in das Leben eines Menschen und sein Streben nach Freiheit und Glück einmischen sollte. Es sind die Rechte, von denen man im 18. Jahrhundert als den Natur- oder Menschenrechten sprach. Damals wurden sie bezeichnenderweise negativ definiert, das heißt als Rechte, in die *nicht* eingegriffen werden sollte. Aber manchmal werden in jenem Jahrhundert, und sehr viel häufiger in unserem, positive Rechte hinzugefügt – das Recht auf ein ordentliches Gerichtsverfahren, auf Ausbildung oder auf Arbeit sind Beispiele dafür. Der Ausdruck »Menschenrechte« ist heute gebräuchlicher als jeder der Ausdrücke des 18. Jahrhunderts. Aber ob negativ oder positiv und wie auch immer benannt, sie gelten als allen Menschen gleichermaßen eigen, unabhängig von Geschlecht, Rasse, Religion, Begabungen oder Verdiensten, und liefern, wie allgemein angenommen wird, eine Grundlage für eine Vielzahl individueller moralischer Haltungen.

Daß dem Menschen einfach in seiner Eigenschaft als Mensch solche Rechte zu eigen sein sollten, erscheint im Licht der Tatsache natürlich etwas seltsam, die ich in meiner Auseinandersetzung mit Gewirth angedeutet habe, daß es nämlich bis fast zum Ende des Mittelalters in keiner alten oder mittelalterlichen Sprache einen Ausdruck gibt, der genau unserem »Recht« entspräche; dieser Vorstellung fehlt vor etwa 1400 im Hebräischen, Griechischen, Lateinischen und Arabischen, klassisch wie mittelalterlich, jede Ausdrucksmöglichkeit, ebenso im Altenglischen, im Japanischen sogar bis zur Mitte des 19. Jahrhunderts. Daraus folgt selbstverständlich nicht, daß es keine Natur- oder Menschenrechte gibt; es folgt daraus nur, daß niemand hatte wissen können, daß es welche gab. Und zumindest das wirft einige Fragen auf. Aber wir brauchen uns nicht durch die Suche nach Antworten aus dem Konzept bringen zu lassen, denn die Wahrheit ist einfach: es gibt keine solchen Rechte, und der Glaube daran entspricht dem Glauben an Hexen und Einhörner.

Der beste Grund für die forsche Behauptung, es gäbe keine solchen Rechte, ist von genau der gleichen Art wie der beste Grund, den wir für die Behauptung besitzen, es gäbe keine Hexen, und wie der beste Grund, den wir für die Behauptung besitzen, es gäbe keine Einhörner: alle Versuche, stichhaltige Gründe für die Überzeugung zu liefern, daß es solche Rechte *gibt,* sind gescheitert. Die philosophischen Verfechter der Naturrechte des 18. Jahrhunderts erklären an einigen Stellen, daß Behauptungen, daß der Mensch solche Rechte besitze, selbstverständliche Wahrheiten seien; aber wir wissen, daß es keine selbstverständlichen Wahrheiten gibt. Moralphilosophen des 20. Jahrhunderts haben sich gelegentlich auf ihre und unsere Intuitionen berufen; aber wir sollten aus der Geschichte der Moralphilosophie doch wenigstens das gelernt haben, daß die Einführung des Wortes »Intuition« durch einen Moralphilosophen immer ein Zeichen dafür ist, daß bei der Beweisführung etwas gründlich danebengegangen ist. In der UN-Deklaration der Menschenrechte von 1949 wird rigoros eingehalten, was seither zur gängigen UN-Praxis geworden ist – es werden für welche Erklärung auch immer *keine* guten Gründe mehr geltend gemacht. Und der letzte Fürsprecher dieser Rechte, Ronald Dworkin (*Taking Rights Seriously*, 1976), räumt ein, daß das Bestehen solcher Rechte nicht nachgewiesen werden kann, bemerkt zu diesem Punkt jedoch, daß aus der Tatsache, daß eine Behauptung nicht nachgewiesen werden kann, nicht folgt, daß sie nicht zutrifft (S. 81). Was zwar richtig ist, aber genauso gut für die Verteidigung der Behauptung, es gäbe Einhörner und Hexen verwendet werden kann.

Die Natur- oder Menschenrechte sind demnach Fiktionen – wie die Nützlichkeit –, allerdings Fiktionen mit ganz speziellen Eigenschaften. Um sie zu bestimmen, sollte noch einmal kurz die andere moralische Fiktion erwähnt werden, die auf die Versuche zur Wiederherstellung der Moral im 18. Jahrhundert zurückgeht – die Vorstellung der Nützlichkeit. Als zuerst Bentham »Nützlichkeit« gleichsam zum Fachbegriff machte, wollte er damit, wie ich schon erklärt habe, den Gedanken der Zusammenfassung der individuellen Aussichten auf Lust und Schmerz einleuchtend machen. Aber als John Stuart Mill und andere Utilitaristen ihre Vorstellung von der Vielfalt der Ziele ausweiteten, die die Menschen erstreben und schätzen, wurde die Vorstellung, daß es möglich ist, all diese Erfahrungen und Aktivitäten zu addieren, die eine Befriedigung verschaffen, aus Gründen, die ich bereits genannt habe, immer weniger einleuchtend. Die Objekte der angeborenen und der anerzogenen menschlichen Wünsche sind unüberwindbar heterogen und die Vorstellung ihrer Zusammenfassung ergibt weder für den einzelnen noch für eine Bevölkerungsgruppe einen klaren Sinn. Wenn die Nützlichkeit nun aber kein eindeutiger Begriff ist, dann heißt es in der Tat, sich auf eine Fiktion einzulassen, wenn man sie als solchen benutzt oder so gebraucht, als könnte sie uns ein rationales Kriterium liefern.

Eine wesentliche Eigenart moralischer Fiktionen, die sofort ins Auge fällt, wenn wir den Begriff der Nützlichkeit und den Begriff des Rechts nebeneinanderstellen, läßt sich jetzt bestimmen: sie geben vor, objektive und sachliche Kriterien zu liefern, tun es aber nicht. Und allein aus diesem Grund müßte eine Kluft bestehen zwischen ihrer angeblichen Bedeutung und ihrem tatsächlichen Gebrauch. Außerdem können wir jetzt etwas besser verstehen, wie in der modernen moralischen Auseinandersetzung das Phänomen miteinander unvereinbarer Prämissen entsteht. Der Begriff des Rechts wurde entwickelt, um als Teil der sozialen Erfindung des moralischen autonom Handelnden bestimmten Zielen zu dienen; der Begriff der Nützlichkeit wurde für ganz andere Ziele entworfen. Und beide wurden in einer Situation ausgearbeitet, in der Artefakte als Ersatz für die Begriffe einer älteren und traditionelleren Moral verlangt wurden, wobei diese durch und durch innovativen Charakter haben mußten, wenn sie auch nur den Anschein erwecken sollten, ihre neuen sozialen Funktionen zu erfüllen. Wenn also ein Anspruch, der sich auf Rechte beruft, ausgespielt wird gegen einen Anspruch, der sich auf die Nützlichkeit beruft, oder wenn einer oder beide gegen einen Anspruch ausgespielt werden, der sich auf einen traditionellen Gerechtigkeitsbegriff beruft, überrascht es nicht, daß es keine rationale Entscheidung gibt, welchem Anspruch der Vorrang gegeben werden soll oder wie einer gegen den anderen aufzuwiegen ist. Die moralische Unvereinbarkeit ist selbst das Produkt einer besonderen historischen Situation.

Das verschafft uns eine Einsicht, die für das Verständnis der Politik in den modernen Gesellschaften wichtig ist. Denn die oben beschriebene Kultur des bürokratischen Individualismus resultiert in ihren charakteristischerweise offenen politischen Debatten aus einem Individualismus, der seine Ansprüche auf Rechte gründet, und Formen bürokratischer Organisation, die ihre Ansprüche auf die Nützlichkeit gründen. Aber wenn die Begriffe des Rechts und der Nützlichkeit ein gleichwertiges Paar unvereinbarer Fiktionen sind, kann eine verwendete moralische Redewendung der modernen politischen Auseinandersetzung bestenfalls einen Anschein von Rationalität erzeugen, aber nicht deren Wirklichkeit. Die Scheinrationalität der Debatte verschleiert die Willkür des Willens und der Macht, die in ihren Entscheidungen zum Ausdruck kommen.

Es ist auch leicht zu verstehen, warum *Protest* zu einem besonderen moralischen Merkmal der modernen Zeit wird, und warum *Empörung* eine überwiegend moderne Empfindung ist. »Protestieren« und seine lateinischen Wurzeln und französischen Verwandten sind ursprünglich ebensooft positiv wie negativ oder sogar öfter positiv; protestieren bedeutete ursprünglich *für* etwas zeugen, und erst als eine Folge der Bürgerpflichten *gegen* etwas zeugen.

Aber heute ist Protest ein ausschließlich negatives Phänomen, das bezeichnenderweise als Reaktion auf den vermeintlichen Eingriff in die *Rechte* von jemandem im Namen der *Nützlichkeit* für jemand anderen auftritt. Zu der auf die eigenen Rechte pochenden Heftigkeit des Protests kommt es, weil Protestierende aufgrund der bestehenden Unvereinbarkeit nie eine *Beweisführung* gewinnen können; die empörte Selbstgerechtigkeit des Protests entsteht, weil Protestierende aufgrund der bestehenden Unvereinbarkeit ebenso nie eine Beweisführung verlieren können. Die *Äußerung* des Protests richtet sich bezeichnenderweise an diejenigen, die die Prämissen der Protestierenden bereits *teilen*. Die Auswirkungen der Unvereinbarkeit sorgen dafür, daß die Protestierenden außer sich selbst selten jemanden haben, mit dem sie reden können. Das heißt nicht, daß Proteste nichts bewirken können; es heißt nur, daß sie *rational* nichts bewirken können und daß ihre dominierenden Ausdrucksweisen der Beweis für ein gewisses, vielleicht unbewußtes Bewußtsein dafür sind.

Die Behauptung, daß die Protagonisten ausgesprochen moderne moralische Gründe – ich spreche hier nicht von denen, die ältere Traditionen hochzuhalten suchen, die sich irgendwie hinübergerettet haben in eine Art von Koexistenz mit der Moderne – der modernen Welt Phrasen bieten, die dazu dienen, hinter der Maske der Moral Präferenzen aufgrund willkürlichen Willens und Wunsches zu verbergen, ist selbstverständlich keine neue Behauptung. Denn jeder der streitenden Protagonisten der Moderne ist zwar aus offenkundigen Gründen nicht bereit zuzugeben, daß diese Behauptung auf ihn selbst zutrifft, er ist jedoch bereit, sie gegenüber denen aufrecht zu erhalten, gegen die er streitet. So sahen die Evangelikalen der Clapham-Sekte in der Moral der Aufklärung einen rationalen und rationalisierenden Deckmantel für Selbstsucht und Sünde; so sahen ihrerseits die emanzipierten Enkel dieser Evangelikalen und ihre viktorianischen Nachfolger in der evangelischen Frömmigkeit nichts als Heuchelei; so sah das spätere, von G.E. Moore befreite Bloomsbury die ganze halboffizielle kulturelle Ausstattung der Viktorianischen Zeit als eine bombastische Farce, die nicht nur den anmaßenden Eigenwillen von Patres und Priestern, sondern auch von Arnold, Ruskin und Spencer verschleierte; und ebenso »durchschaute« D.H. Lawrence Bloomsbury. Als schließlich der Emotivismus als *allgemeine* These über das Wesen moralischer Äußerungen verkündet wurde, verallgemeinerte er lediglich, was jede Partei der kulturellen Revolte in der modernen Welt schon über ihre jeweiligen moralischen Vorgänger gesagt hatte. Die *Entlarvung* der unerkannten Motive des willkürlichen Willens und Wunsches, die die moralischen Masken der Moderne aufrechterhalten, ist bezeichnenderweise eine an sich moderne Tätigkeit.

Es war das Verdienst Freuds zu entdecken, daß die Entlarvung der Willkür bei anderen immer eine Verteidigung dagegen sein kann, sie auch in uns selbst zu enthüllen. Zu Beginn des 20. Jahrhunderts riefen Autobiographien wie die von Samuel Butler ohne Frage eine starke Reaktion bei all denen hervor, die das drückende Gewicht des anmaßenden väterlichen Eigenwillens hinter den kulturellen Formen spürten, in denen sie erzogen worden waren. Und dieses drückende Gewicht beruhte sicher auf dem Ausmaß, in dem gebildete Männer und Frauen das verinnerlicht hatten, was sie ablehnen wollten. Daher die Bedeutung des Spottes Lytton Stracheys über die Viktorianer als Teil der Befreiung Bloomsburys, und daher auch die übertriebene Rhetorik in der Reaktion Stracheys auf Moores Ethik. Aber noch bedeutender war Freuds Präsentation des ererbten Bewußtseins als Über-Ich, als eines irrationalen Teils unserer selbst, von dessen Befehlen wir um unserer psychischen Gesundheit willen befreit werden müssen. Freud meinte natürlich eine Entdekkung über die Moral an sich gemacht zu haben und nicht nur über das, was die Moral im ausgehenden 19. und beginnenden 20. Jahrhundert geworden war. Doch dieser Irrtum darf nicht von dem ablenken, was er tatsächlich geleistet hat.

Es lohnt an dieser Stelle, den Faden meiner Beweisführung wieder aufzunehmen. Ich habe mit der Art und Weise begonnen, auf die die moderne Moraldebatte endlos ist, und habe diese Endlosigkeit als eine Folge des Zutreffens einer erweiterten Version der emotivistischen Theorie des moralischen Urteils zu erklären versucht, die ursprünglich von C.L. Stevenson und anderen vorgebracht wurde. Aber ich habe diese Theorie nicht nur als philosophische Analyse behandelt, sondern auch als soziologische Hypothese. (Ich bin über diese Art der Darstellung etwas unglücklich; aus Gründen, die ich im Kapitel 3 genannt habe, ist mir nicht klar, wie *jede* angemessene philosophische Analyse in diesem Bereich dem ausweichen konnte, auch eine soziologische Hypothese zu sein und umgekehrt. Es scheint ein grundlegendes Mißverständnis hinter der vom herkömmlichen Lehrplan erzwungenen Vorstellung zu stehen, daß dies zwei getrennte Fächer oder Disziplinen sind – auf der einen Seite die Moralphilosophie als eine Reihe begrifflicher Untersuchungen und auf der anderen die Soziologie der Ethik als eine Reihe empirischer Hypothesen und Ergebnisse. Quines Todesstoß für jede substantielle Version der Unterscheidung zwischen analytisch und synthetisch läßt in jedem Fall Zweifel an dieser Art von Gegensatz zwischen Begrifflichem und Empirischem aufkommen.)

Mein Gedankengang hatte somit zum Inhalt, daß der Emotivismus eine große Zahl der zeitgenössischen moralischen Äußerungen und Gewohnheiten erfüllt, und noch spezieller, daß die grundlegenden *Charaktere* der modernen Gesellschaft – in dem besonderen Sinn, den ich dem Wort »Charakter« zugewiesen habe – diese emotivistische Art und Weise in ihrem Verhalten verkörpern. Diese Charaktere sind, wie sich der

Leser erinnern wird, der Ästhet, der Therapeut und der Manager, der bürokratische Fachmann. Die historische Diskussion der Entwicklungen, die die Siege des Emotivismus möglich machten, hat noch mehr über diese spezifisch modernen Charaktere offenbart, nämlich das Ausmaß, in dem sie mit moralischen Fiktionen umgehen und dem gar nicht entgehen können. Aber wie weit reicht der Bereich der moralischen Fiktion über den Bereich des Rechts und der Nützlichkeit hinaus? Und wer wird sich von ihnen täuschen lassen?

Der Ästhet ist der Charakter, der wahrscheinlich als letzter ihr Opfer würde. Jene frechen Schurken der philosophischen Phantasie, Diderots Rameau und Kierkegaards »A«, die so dreist am Eingang zur modernen Welt herumlungern, sind spezialisiert darauf, illusorische und fiktive Behauptungen zu durchschauen. Wenn sie getäuscht werden, dann nur durch den eigenen Zynismus. Wenn es in der modernen Welt zu einer ästhetischen Täuschung kommt, dann eher aufgrund der Abneigung des Ästheten, zuzugeben, daß er das ist, was er ist. Die Last sich zu vergnügen kann so schwer werden, Leere und Langeweile der Lust können so deutlich als Bedrohung erscheinen, daß der Ästhet manchmal zu noch kunstvolleren Einfällen Zuflucht nehmen muß, als dem jüngeren Rameau oder »A« zu Gebote standen. Er kann sogar ein passionierter Leser Kierkegaards werden und aus der Verzweiflung, die Kierkegaard als das Schicksal des Ästheten ansah, eine neue Form der Zügellosigkeit machen. Und wenn Maßlosigkeit in seiner Verzweiflung seine Fähigkeit zum Vergnügen zu beeinträchtigen scheint, wird er sich zum Therapeuten begeben, wie er es auch bei übermäßigem Alkoholgenuß tun würde, und aus seiner Therapie eine weitere ästhetische Erfahrung machen.

Der Therapeut dagegen ist nicht nur der für Täuschungen anfälligste der drei typischen Charaktere der Moderne, er wird auch am ehesten als der betrachtet, der am ehesten getäuscht wird, und das nicht nur von moralischen Fiktionen. Vernichtende, feindselige Kritiken über die gängigen therapeutischen Theorien unserer Kultur sind leicht zu haben; sämtliche Therapeutenschulen sind geradezu versessen darauf, die theoretischen Mängel der konkurrierenden Schulen herauszustreichen. Das Problem ist somit nicht, warum die Behauptungen der psychoanalytischen oder der Verhaltenstherapie nicht als unbegründet hingestellt werden; das Problem ist vielmehr, warum die therapeutischen Verfahren, nachdem sie so ausgiebig untergraben worden sind, in den meisten Fällen fortgesetzt werden, als wäre überhaupt nichts geschehen.

Und dieses Problem ist, wie das des Ästheten, nicht nur oder nicht ausschließlich ein Problem moralischer Fiktionen.

Selbstverständlich sind beide, Ästhet und Therapeut, ohne Frage ebenso anfällig wie jeder andere dafür, mit solchen Fiktionen umzugehen; aber sie besitzen keine Fiktionen, die ganz die ihren sind, die geradezu zur Definition ihrer Rolle gehören. Beim Manager, der Hauptperson der zeitgenössischen Szene, ist das ganz anders. Denn neben Recht und Nützlichkeit haben wir als eine der wichtigsten moralischen Fiktionen der Zeit die besondere Fiktion des Managers zu setzen, die in dem Anspruch zum Ausdruck kommt, systematische Effektivität bei der Überwachung bestimmter Aspekte der sozialen Wirklichkeit zu besitzen. Und diese These erscheint auf den ersten Blick aus zwei ganz unterschiedlichen Gründen überraschend: Wir sind es nicht gewohnt, die Effektivität der Manager anzuzweifeln, das zu erreichen, was sie sich vornehmen zu erreichen, und wir sind es ebenfalls nicht gewohnt, Effektivität als eindeutig *moralischen* Begriff zu betrachten, der in eine Kategorie mit Begriffen wie Recht oder Nützlichkeit gehört. Die Manager selbst und die meisten, die über das Management schreiben, betrachten sich als moralisch neutral und fähig, die effektivsten Mittel zu finden, jedes Ziel zu erreichen. Ob ein bestimmter Manager erfolgreich ist oder nicht, ist nach herrschender Ansicht eine ganz andere Frage als die der Moral der Ziele, die er effektiv verfolgt oder nicht. Dennoch gibt es gewichtige Gründe gegen die Behauptung, Effektivität sei moralisch wertneutral. Denn das ganze Konzept der Effektivität ist, wie ich schon bemerkt habe, nicht zu trennen von einer Form menschlicher Existenz, in der das Finden von Mitteln im wesentlichen aus der Manipulation menschlicher Wesen in vorgegebene Verhaltensmuster besteht; und durch die Berufung auf die eigene Effektivität beansprucht der Manager in dieser Hinsicht Autorität in der manipulativen Methode.

Effektivität ist somit ein bestimmendes und bestimmtes Element einer Lebensweise, die mit alternativen, zeitgenössischen Lebensweisen um unsere Gunst konkurriert; und wenn wir die Ansprüche der bürokratischen managerhaften Weise auf Autorität in *unserem* Leben bewerten sollen, ist eine Überprüfung des bürokratischen, managerhaften Anspruchs auf Effektivität eine wesentliche Aufgabe. Der Begriff der Effektivität, wie er sich in Äußerungen und Gewohnheiten der Rollen und des Charakters der Manager darstellt, ist natürlich ein äußerst unbestimmter Begriff; er ist eng verknüpft mit ähnlich unbestimmten Vorstellungen von sozialer Kontrolle, die in Unternehmen, Behörden, Gewerkschaften und einer Reihe anderer Institutionen ausgeübt wird. Egon Bittner erkannte vor einigen Jahren eine entscheidende Lücke zwischen dieser verallgemeinerten Vorstellung und ausreichend präzisen und anwendbaren Kriterien: »Weber stellt zwar ganz klar fest, daß die einzige Rechtfertigung der Bürokratie ihre Leistungsfähigkeit ist, gibt uns aber keine eindeutigen Richtlinien an die Hand, wie dieser Beurteilungsmaßstab angewandt werden soll. Tatsächlich enthält die Liste der Merkmale der Bürokratie keinen einzigen Punkt, der nicht bezüglich seiner Effektivitätsfunktion anfechtbar wäre. Langfristige Ziele können zu ihrer genauen Berechnung nicht verwendet werden, weil sich der Einfluß möglicher Faktoren mit fortschreitender Zeit multipliziert und es zunehmend schwerer macht, der Effektivität eines konstant kontrollierten Handlungssegmentes einen bestimmten Wert zuzuordnen. Die Verwendung kurzfristiger Ziele zur Beurteilung der Effektivität gerät dagegen unter Umständen in Konflikt mit der Idealvorstellung der Wirtschaft selbst. Nicht nur daß sich kurzfristige Ziele mit der Zeit verändern und auf bestimmte Arten miteinander konkurrieren, kurzfristige Ergebnisse sind auch von bekannt zweifelhaftem Wert, weil sie sich leicht dahingehend manipulieren lassen, das zu beweisen, was sie beweisen sollen.« (Bittner 1965, S. 247)

Die Kluft zwischen der verallgemeinerten Vorstellung von Effektivität und dem faktisch den Managern zur Verfügung stehenden Verhaltensweisen legt den Gedanken nahe, daß der soziale Gebrauch dieser Vorstellung ein anderer ist, als sie vorgibt. Daß diese Vorstellung gebraucht wird, um die Autorität und die Macht der Manager aufrechtzuerhalten und auszuweiten, steht selbstverständlich nicht in Frage; aber sein Gebrauch in Verbindung mit dieser Aufgabe leitet sich von dem Glauben ab, Autorität und Macht der Manager seien dadurch gerechtfertigt, daß Manager die Fähigkeit besitzen, Fertigkeiten und Kenntnisse in den Dienst der Erreichung bestimmter Ziele zu stellen. Aber wenn die Effektivität Teil einer Verschleierung sozialer Kontrolle und nicht Realität ist? Wenn Effektivität eine Eigenschaft wäre, die den Managern und Bürokraten weitgehend von sich selbst und anderen zugeschrieben würde, ohne daß sie jenseits dieser Zuschreibung in Wirklichkeit existierte?

Als Bezeichnung zur Benennung dieser vermeintlichen Eigenschaft der Effektivität wähle ich »Expertentum«. Ich stelle damit nicht das Vorhandensein wirklicher Experten in vielen Bereichen in Frage: in der Biochemie des Insulin, in der Geschichtswissenschaft, im Studium antiker

Möbel. Ich stelle lediglich das Expertentum der Manager und Bürokraten in Frage. Und ich gelange letztlich zu dem Schluß, daß sich dieses Expertentum in der Tat als eine weitere moralische Fiktion erweist, weil die Art von Wissen, auf das es sich stützen müßte, nicht existiert. Aber wie würde es aussehen, wenn soziale Kontrolle tatsächlich eine Maskerade wäre? Betrachten wir die folgende Möglichkeit: Wir werden nicht durch Macht, sondern durch Ohnmacht unterdrückt; einer der Hauptgründe dafür, weshalb die Präsidenten von Großunternehmen nicht, wie einige radikale Kritiker meinen, die Vereinigten Staaten beherrschen, ist der, daß sie nicht einmal mit Erfolg ihre eigenen Unternehmen beherrschen; nur zu oft ist das, was wir erleben, wenn zugeschriebene Organisationsfähigkeiten und Macht entfaltet werden und die erwünschte Wirkung eintritt, ein Vorgang der gleichen Art, wie wir ihn beobachten können, wenn ein Geistlicher das Glück hat, kurz vor dem unvorhergesehenen Ende einer Dürreperiode um Regen zu beten; die Schalthebel der Macht – eine Schlüsselmetapher für das Expertentum der Manager – erzielen Wirkungen, die ohne System und oft rein zufällig mit den Ergebnissen zusammenhängen, mit denen sich die Leute an diesen Schalthebeln brüsten. Wäre all das der Fall, wäre es natürlich sozial und politisch wichtig, diese Tatsache zu verschleiern, und die Anwendung des Begriffs der Effekivität des Managers, wie ihn die Manager und diejenigen, die über das Management schreiben, anwenden, wäre ein wesentlicher Bestandteil einer solchen Verschleierung. Glücklicherweise brauche ich an dieser Stelle der Argumentation nicht genau auszuführen, was verschleiert wird, um zu zeigen, daß der Begriff der Effektivität des Managers die Funktion einer moralischen Fiktion hat; ich muß lediglich zeigen, daß seine Anwendung Ansprüche auf Wissen voraussetzt, die nicht erfüllt werden können, und daß darüber hinaus der Unterschied zwischen seinem Gebrauch und der Bedeutung der Behauptungen, in denen er verkörpert wird, ganz ähnlich dem Unterschied ist, wie er durch die emotivistische Theorie für andere moderne Moralbegriffe bestimmt wurde.

Die Erwähnung des Emotivismus trifft genau den Punkt; denn die These, die ich über den Glauben an die Effektivität des Managers vorbringe, entspricht in mancher Hinsicht der These bestimmter emotivistischer Moralphilosphen – Carnap und Ayer – über den Glauben an Gott. Sowohl Carnap wie Ayer weiteten die emotivistische Theorie über den Bereich des moralischen Urteils hinaus aus und führten an, daß metaphysische Behauptungen im allgemeinen und religiöse Behauptungen im speziellen, indem sie vorgeben, Erkenntnisse über eine transzendente Wirklichkeit zu liefern, in Wahrheit nur die Gefühle und Haltungen derjenigen ausdrücken, die sie äußern. Sie verschleiern bestimmte psychologische Realitäten durch religiöse Äußerungen. Carnap und Ayer eröffnen so die Möglichkeit, eine soziologische Erklärung für das Vorherrschen dieser Illusionen zu liefern, obwohl sie selbst nicht die Absicht haben, eine solche Erklärung zu geben.

Ich meine, daß die »Effektivität des Managers« im großen und ganzen so funktioniert, wie Carnap und Ayer sich das Funktionieren von »Gott« vorstellen. Es ist der Name für eine fiktive, aber geglaubte Wirklichkeit, wobei die Berufung auf sie bestimmte andere Wirklichkeiten verschleiert; ihr tatsächlicher Gebrauch ist bezeichnend. Und so wie Carnap und Ayer in erster Linie dadurch zu ihrem Schluß kamen, daß sie das von ihnen behauptete Fehlen einer angemessenen rationalen Rechtfertigung für den Glauben an Gott in Rechnung stellen, ist der Kern meiner Beweisführung die Behauptung, daß den Interpretationen der Effektivität des Managers in gleicher Weise eine angemessene rationale Rechtfertigung fehlt.

Sollte ich recht haben, ist die Beschreibung der zeitgenössischen moralischen Szene damit einen Schritt über meine bisherigen Überlegungen hinaus geführt worden. Wir sind dann nicht nur berechtigt zu folgern, daß eine emotivistische Darstellung sowohl auf sehr viele unserer moralischen Äußerungen und Gewohnheiten zutrifft als auch in ihnen Gestalt annimmt, *und* daß viele dieser Äußerungen und Gewohnheiten ein Austausch moralischer Fiktionen ist (etwa *Nützlichkeit* und *Recht),* wir werden darüber hinaus auch folgern müssen, daß eine andere moralische Fiktion – und vielleicht die kulturell mächtigste von allen – in den Ansprüchen auf Effektivität und damit auf Autorität verkörpert ist, die von jener Hauptfigur des modernen sozialen Dramas gestellt werden, dem bürokratischen Manager. Unsere Moral wird in beunruhigendem Ausmaß als Theater der Illusionen entlarvt.

Der Anspruch des Managers auf Effektivität beruht selbstverständlich auf dem weiteren Anspruch, einen Bestand an Wissen zu besitzen, mit dessen Hilfe Organisationen und soziale Strukturen umgestaltet werden können. Ein solches Wissen müßte eine Reihe faktischer, gesetzesgleicher Verallgemeinerungen umfassen, mit denen der Manager Voraussagen machen könnte für den Fall, daß sich ein Ereignis oder eine Situation einer bestimmten Art ergäbe oder hervorgerufen würde und ein anderes Ereignis oder eine Situation irgendeiner bestimmten Art die Folge wäre. Denn nur solche gesetzesgleichen Verallgemeinerungen könnten jene besonderen, unerwarteten Erklärungen und Voraussagen hervorbringen, mit deren Hilfe der Manager die soziale Umwelt gestalten, beeinflussen und überwachen könnte.

Die Ansprüche des Managers auf gerechtfertigte Autorität haben also zwei Seiten. Die eine betrifft die Existenz eines Bereichs moralisch neutraler Fakten, in dem der Manager Experte sein soll. Die andere betrifft die gesetzesgleichen Verallgemeinerungen und ihre Anwendung auf bestimmte Fälle, die aus der Beschäftigung mit diesem Bereich abgeleitet sind. Beide Ansprüche geben Ansprüche wieder, die von den Naturwissenschaften gestellt werden, und es überrascht nicht, daß Ausdrücke wie »Management-Wissenschaft« geprägt werden mußten. Der Anspruch des Managers auf moralische Neutralität, der an sich ein wichtiger Teil der Art und Weise ist, in der der Manager sich darstellt und Funktionen in der sozialen und moralischen Welt übernimmt, entspricht somit dem Anspruch auf moralische Neutralität, wie ihn viele Physiker stellen. Worauf das hinausläuft, läßt sich am besten verstehen, wenn man betrachtet, wie der wichtige Begriff »Tatsache« erstmals sozial verfügbar wurde und von den geistigen Vorfahren des bürokratischen Managers im 17. und 18. Jahrhundert verwendet wurde. Es wird sich zeigen, daß diese Geschichte auf bedeutsame Weise mit der Geschichte des Erscheinens des Begriffs des autonomen moralischen Subjekts in der Moralphilosophie verbunden ist – ich habe bereits darüber berichtet. Dieses Erscheinen war verbunden mit einer Ablehnung der aristotelischen und pseudoaristotelischen Sichtweisen der Welt, in denen eine teleologische Perspektive einen Kontext schuf, innerhalb dessen wertende Forderungen als eine besondere Art faktischer Forderungen fungierten. Mit dieser Ablehnung erhielt sowohl der Begriff des Wertes wie der der Tatsache einen neuen Inhalt.

Es ist somit keine zeitlose Wahrheit, daß moralische oder auf andere Weise wertende Schlußfolgerungen nicht aus faktischen Prämissen herbeigeführt werden können; dagegen ist es zutreffend, daß sich die Bedeutung, die moralischen und anderen wertenden Schlüsselbegriffen zugewiesen wurde, im späten 17. und 18. Jahrhundert derart änderte, daß das, was damals allgemein als faktische Prämissen gelten durfte, nicht nach sich ziehen kann, was damals allgemein als wertende oder moralische Schlußfolgerungen angesehen wurde. Die historische Einsetzung dieser klaren Trennung zwischen Tatsache und Wert war allerdings nicht nur eine Frage der Art und Weise, in der Wert und Moral neu begriffen wurden; sie wurde auch erzwungen durch eine geänderte und sich ändernde Vorstellung von Tatsache, eine Vorstellung, deren Untersuchung jeder Prüfung des Anspruchs des modernen Managers auf den Besitz der Art von Wissen, das seine Autorität rechtfertigen könnte, vorausgehen muß.

Kapitel 7
»Tatsache«, Erklärung und Expertentum

»Tatsache« ist in der modernen Kultur ein Volksbegriff mit adligem Stammbaum. Als Lordkanzler Bacon als Teil der Propaganda für seine erstaunliche und charakteristische Mischung aus vergangenem Platonismus und zukünftigem Empirismus seinen Anhängern befahl, vom Grübeln abzulassen und Tatsachen zu sammeln, wurde er von Leuten wie John Aubrey sofort dahingehend verstanden, daß er Tatsachen mit Sammlerstücken gleichgesetzt habe, die mit der gleichen Begeisterung gesammelt werden sollten wie zu anderen Zeiten Porzellan aus Staffordshire oder Seriennummern von Lokomotiven. Die anderen frühen Mitglieder der Royal Society erkannten sehr wohl, daß das, was Aubrey machte, keine Naturwissenschaft war, wie sie sie verstanden; aber sie erkannten nicht, daß er im Ganzen mehr als sie dem Buchstaben der induktiven Methode Bacons folgte. Aubreys Irrtum bestand selbstverständlich nicht nur in der Annahme, daß der Naturwissenschaftler eine Art Elster sei, sondern auch in der Annahme, daß der Betrachter einer Tatsache direkt gegenübertreten kann, ohne daß irgendeine theoretische Auslegung dazwischen steht.

Daß dies ein Irrtum war, wenn auch ein hartnäckiger und langlebiger, wird von den Wissenschaftsphilosophen heute weitgehend anerkannt. Der Betrachter des 20. Jahrhunderts blickt zum Nachthimmel hinauf und sieht Sterne und Planeten; einige Betrachter früherer Zeiten sahen statt dessen Risse in einer Kugel, durch die man das Licht dahinter beobachten konnte. Was ein Beobachter wahrzunehmen glaubt, ist gekennzeichnet und muß gekennzeichnet werden durch theoriebeladene Begriffe. Wahrnehmende ohne Begriffe sind, wie Kant sinngemäß sagte, blind. Empiristische Philosophen haben behauptet, daß dem modernen und dem mittelalterlichen Beobachter gemeinsam sei, was beide vor jeder Theorie und Interpretation wirklich sehen oder sahen, nämlich viele kleine Lichtflecken vor einer dunklen Fläche; es ist zumindest einleuchtend, daß das, was beide sahen, so beschrieben werden kann. Aber wenn unsere gesamte Erfahrung ausschließlich in Form dieser sinnlich kahlen Art der Darstellung beschrieben werden sollte – eine Art der Darstellung, die für besondere Zwecke sicher von Zeit zu Zeit sinnvoll ist –, ständen wir nicht nur vor einer nicht gedeuteten, sondern vor einer nicht deutbaren Welt, nicht nur vor einer Welt, die von der Theorie noch nicht begriffen wurde, sondern vor einer Welt, die von der Theorie nie begriffen werden könnte. Eine Welt aus Strukturen, Formen, Gerüchen, Empfindungen, Geräuschen und sonst nichts ermutigt nicht zu Fragen und gibt keinen Anlaß, Antworten zu formulieren.

Der empiristische Begriff der Erfahrung war eine kulturelle Erfindung des späten 17. und 18. Jahrhunderts. Es erscheint auf den ersten Blick widersinnig, daß er in der gleichen Kulturepoche aufgekommen sein soll wie die Naturwissenschaft. Denn er wurde als Patentrezept für die epistemologischen Krisen des 17. Jahrhunderts erfunden; er war als Mittel gedacht, die Lücke zwischen *Schein* und *Sein* zu schließen, zwischen Erscheinung und Wirklichkeit. Er sollte diese Lücke dadurch schließen, daß er jedes erfahrende Subjekt zu einem geschlossenen Raum machte; es soll für mich jenseits meiner Erfahrung nichts geben, womit ich meine Erfahrung vergleichen könnte, so daß der Gegensatz zwischen *es scheint mir* und *es ist tatsächlich* nie formuliert werden kann. Das verlangt eine noch radikalere Art von persönlichem Bereich der Erfahrung, als so persönlichen Gegenständen wie Nachbildern eigen ist. Denn Nachbilder können falsch dargestellt werden; bei psychologischen Experimenten darüber müssen die Versuchspersonen lernen, sie genau wiederzugeben. Die Unterscheidung zwischen *Schein* und *Sein* läßt sich in der Tat auf so persönliche Gegenstände wie diese anwenden, aber nicht auf die erfundenen persönlichen Gegenstände des Empirismus, auch wenn einige Empiristen versuchen, ihre erfundene Vorstellung mittels persönlicher Gegenstände zu erklären (mit Nachbildern, Halluzinationen, Träumen). Es überrascht kaum, daß die Empiristen alte Ausdrücke in neue Verwendungsformen pressen mußten – »Idee«, »Eindruck« und sogar »Erfahrung«. Mit »Erfahrung« bezeichnete man ursprünglich den Vorgang, etwas auszuprobieren – eine Bedeutung, die später dem »Experiment« vorbehalten wurde, und noch später dem Beteiligtsein an einer Aktivität, wenn wir beispielsweise von »fünf Jahren Erfahrung als Zimmermann« sprechen. Der empiristische Begriff der Erfahrung war in der

Menschheitsgeschichte die meiste Zeit unbekannt. Es ist daher verständlich, daß die Sprachgeschichte des Empirismus eine Geschichte ständiger Neuerungen und Erfindungen ist, die ihren Höhepunkt in dem barbarischen Neologismus »Sinnesdaten« erreicht hat.

Die naturwissenschaftlichen Begriffe Beobachtung und Experiment sollten dagegen den Abstand zwischen *Schein* und *Sein* noch vergrößern. Den Linsen des Fernrohrs und des Mikroskops wird der Vorrang vor denen des Auges eingeräumt; beim Messen von Temperaturen hat die Wirkung der Hitze auf Alkohol oder Quecksilber eine höhere Priorität als die Wirkung der Hitze auf die sonnenverbrannte menschliche Haut oder ausgedörrte Kehlen. Die Naturwissenschaft lehrt uns, eher auf diese als auf andere Erfahrungen zu achten, und auf sie auch nur, wenn sie in die für die wissenschaftliche Betrachtung angemessene Form gebracht worden sind. Sie zieht die Linien zwischen *Schein* und *Sein* neu; sie schafft neue Formen der Unterscheidung sowohl zwischen Erscheinung und Wirklichkeit wie zwischen Illusion und Wirklichkeit. Die Bedeutungen von »Experiment« und »Erfahrung« weichen stärker voneinander ab als im 17. Jahrhundert.

Es gibt natürlich weitere entscheidende Abweichungen. Der empiristische Begriff sollte die Grundelemente, aus denen sich unser Wissen zusammensetzt, von denen trennen, auf die es gründet; Ansichten und Theorien sind zu bestätigen oder nicht, je nachdem wie das Urteil der Grundelemente der Erfahrung ausfällt. Doch die Beobachtungen des Naturwissenschaftlers sind in diesem Sinne niemals grundlegend. Wir überprüfen Hypothesen tatsächlich durch die Beobachtung, aber unsere Beobachtungen können ihrerseits jederzeit in Frage gestellt werden. Die Überzeugung, daß der Jupiter sieben Monde hat, wird durch die Beobachtung mit einem Fernrohr überprüft, aber die Beobachtung selbst muß durch die Theorie der Optik bestätigt werden. Die Theorie muß die Beobachtung stützen, genau wie die Beobachtung die Theorie.

Es ist daher tatsächlich etwas Außergewöhnliches, daß Empirismus und Naturwissenschaft gemeinsam in derselben Kultur bestehen, denn sie vertreten ganz und gar verschiedene und unvereinbare Arten, sich der Welt zu nähern. Aber im 18. Jahrhundert konnten beide verbunden und in ein und derselben Weltsicht ausgedrückt werden. Daraus folgt, daß diese Weltsicht bestenfalls völlig inkohärent ist; der scharfe und kalte Beobachter Laurence Sterne zog den Schluß, daß Philosophie – obgleich unwissentlich – die Welt letztlich als eine Ansammlung von Scherzen dargestellt habe, und aus diesen Scherzen machte er *Tristram Shandy*.

Was jenen den Blick für die Inkohärenz der eigenen Weltsicht verstellte, über die Sterne sich lustig machte, war zum Teil das Ausmaß ihres Einverständnisses darüber, was bestritten und aus ihrer Sicht der Welt ausgeschlossen werden sollte; und was sie übereinstimmend bestritten und ausschlossen, waren im wesentlichen all jene Aspekte der klassischen Weltsicht, die aristotelisch waren. Seit dem 17. Jahrhundert war es ein Gemeinplatz, daß sich die Scholastiker über das wahre Wesen der Tatsachen der natürlichen und sozialen Welt hatten täuschen lassen, indem sie zwischen sich und die erfahrene Wirklichkeit aristotelische Interpretation schoben, während wir modernen Menschen – das heißt, wir modernen Menschen des 17. und 18. Jahrhunderts – Interpretation und Theorie abgestreift haben und Tatsache und Erfahrung gegenübertreten, wie sie sind. Genau deshalb riefen diese Modernen die Aufklärung aus und nannten sich selbst die Aufklärung, und sie begriffen die mittelalterliche Vergangenheit demgegenüber als dunkles Zeitalter. Was Aristoteles verdeckte, erkennen sie. Diese Täuschung war selbstverständlich, wie es solche Täuschungen immer sind, das Zeichen eines nicht eingestandenen und nicht erkannten Übergangs von einem Standpunkt theoretischer Interpretation zu einem anderen. Die Aufklärung ist folglich die eine Epoche *par excellence,* in der es den meisten Intellektuellen an Selbsterkenntnis fehlt. Was waren die wichtigsten Elemente bei diesem Übergang im 17. und 18. Jahrhundert, bei dem die Blinden ihr eigenes Sehvermögen bejubeln?

Für das Mittelalter waren Mechanismen wirkende Ursachen in einer Welt, die letztlich verstanden werden mußte im Sinne letzter Ursachen. Jede Spezies hat ein natürliches Ziel, und die Bewegungen eines Individuums und die Veränderungen in ihm zu erklären bedeutet zu erklären, wie sich diese Individuen, entsprechend den Angehörigen der betreffenden Spezies, auf dieses Ziel zubewegen. Die Ziele, auf die sich die Menschen als Angehörige einer solchen Spezies zubewegen, werden von ihnen als Güter begriffen, und ihre Bewegung auf verschiedene Güter zu oder von ihnen fort soll erklärt werden mit Hinweis auf die Tugenden und Laster, die sie gelernt oder zu lernen versäumt haben, und auf die Formen praktischen Denkens, die sie gebrauchen. *Ethik* und *Politik* des Aristoteles (zusammen natürlich mit *De Anima)* sind Abhandlungen, die sich ebensosehr damit beschäftigen, wie das menschliche Handeln zu erklären und zu verstehen ist, wie damit, welche Handlungen ausgeführt werden müssen. Tatsächlich kann innerhalb des Aristotelischen Systems die eine Aufgabe nicht ohne die andere erledigt werden. Der moderne

Gegensatz zwischen dem Bereich der Ethik auf der einen Seite und dem Bereich der Humanwissenschaften auf der anderen ist dem Aristotelismus völlig fremd, weil ihm – wie wir schon gesehen haben – die moderne Unterscheidung zwischen Tatsache und Wert ebenfalls fremd ist.

Als das aristotelische Naturverständnis im 17. und 18. Jahrhundert verworfen wurde, zur gleichen Zeit wie der Einfluß des Aristoteles aus der protestantischen wie der jansenistischen Theologie verbannt worden war, wurde auch die aristotelische Darstellung des Handelns zurückgewiesen. Der »Mensch« hört auf – außer in der Theologie, und auch dort nicht immer – das zu sein, was ich weiter oben einen funktionalen Begriff genannt habe. Die Erklärung des Handelns wird immer häufiger als Aufgabe betrachtet, die physiologischen und physischen Mechanismen offenzulegen, die dem Handeln zugrunde liegen; und als Kant erkennt, daß eine tiefe Unvereinbarkeit besteht zwischen der Darstellung des Handelns, das die handlungsleitende Rolle des moralischen Imperativs anerkennt, und jeder derartigen mechanischen Erklärungsform, wird er zu dem Schluß gezwungen, daß Handlungen, die dem moralischen Imperativ folgen und ihn verkörpern, vom wissenschaftlichen Standpunkt aus unerklärbar und unverständlich sein müssen. Nach Kant wird die Frage der Beziehung zwischen Vorstellungen wie Absicht, Zweck, Grund des Handelns u. ä. einerseits und Begriffen, die die Vorstellung einer mechanischen Erklärung spezifizieren, andererseits Bestandteil des ständigen Repertoires der Philosophie. Die erstgenannten Vorstellungen werden allerdings jetzt als losgelöst von Vorstellungen wie gut oder tugendhaft behandelt; diese Begriffe sind an das abgetrennte Teilfach Ethik abgetreten worden. So setzen sich die Trennungen und Scheidungen des 18. Jahrhunderts fort und werden durch gegenwärtige Lehrplanspaltungen verstärkt.

Aber was bedeutet der Versuch, das menschliche Handeln in mechanischen Kategorien zu verstehen, in Kategorien aus vorangehenden Bedingungen, die als wirkende Ursachen verstanden werden? In der Auffassung des 17. und 18. Jahrhunderts – und in vielen nachfolgenden Versionen – ist die Vorstellung der mechanischen Erklärung im Kern eine Konzeption aus Unveränderlichkeiten, die durch gesetzesgleiche Verallgemeinerungen spezifiziert werden. Eine Ursache anzuführen bedeutet, eine notwendige Bedingung *oder* eine hinreichende Bedingung *oder* eine notwendige und hinreichende Bedingung als Antezedens des Verhaltens anzuführen, das erklärt werden soll. So ist jede mechanische Ursachenfolge ein Beispiel für eine universale Verallgemeinerung, und diese Verallgemeinerung hat einen genau bestimmbaren Geltungsbereich. Newtons Bewegungsgesetze, deren Geltungsbereich angeblich universal ist, liefern den paradigmatischen Fall einer solchen Gruppe von Verallgemeinerungen. Da sie allgemeingültig sind, reichen sie über das hinaus, was in der Gegenwart oder Vergangenheit tatsächlich beobachtet worden ist, bis zu dem, was der Beobachtung entgangen ist und was noch nicht beobachtet worden ist. Wenn wir wissen, daß einen solche Verallgemeinerung richtig ist, wissen wir nicht nur, daß beispielsweise die bisher beobachteten Planeten alle dem 2. Keplerschen Gesetz folgen, sondern auch, daß ein möglicherweise bisher noch nicht beobachteter Planet ebenfalls diesem Gesetz unterliegen würde. Wenn wir die Wahrheit einer Aussage kennen, die ein wirkliches Gesetz beinhaltet, kennen wir auch die Wahrheit einer Reihe exakt definierter nichtfaktischer Bedingungssätze.

Dieses Ideal mechanischer Erklärung wurde im 17. und 18. Jahrhundert von einer Reihe englischer und französischer Denker, die über die Einzelheiten ihres Unternehmens durchaus unterschiedlicher Meinung waren, von der Physik auf das Verständnis menschlichen Verhaltens übertragen. Und erst einige Zeit später konnten die genauen Bedingungen, denen ein solches Vorhaben genügen muß, benannt werden. Eine dieser Bedingungen, und eine sehr wichtige dazu, wurde erst in unserer Zeit von W.V. Quine erkannt (1960, Kap. 6).

Quine argumentierte folgendermaßen: Wenn es eine Wissenschaft des menschlichen Verhaltens geben soll, deren Schlüsselbegriffe dieses Verhalten so exakt charakterisieren, daß sie uns echte Gesetze liefern, dann müssen ihre Ausdrücke in einer Sprache gehalten sein, die jeden Hinweis auf Absichten, Zwecke und Gründe des Handelns vermeiden. So wie die Physik ihren deskriptiven Wortschatz reinigen mußte, um eine wahre mechanische Wissenschaft zu werden, müssen das auch die Humanwissenschaften tun. Was macht Absichten, Zwecke und Gründe so unaussprechbar? Es ist die Tatsache, daß sich all diese Ausdrücke auf Überzeugungen der jeweiligen Handelnden beziehen, oder einen Bezug auf sie voraussetzen. Die Darstellung, die wir gebrauchen, um über Überzeugungen zu sprechen, hat zwei große Nachteile gegenüber dem, was Quine als Wissenschaft betrachtet. Erstens haben Sätze der Form »X glaubt, daß p« (oder auch »X freut sich, daß es der Fall ist, daß p«, oder »X fürchtet, daß p«) eine innere Komplexität, die nicht wahrheitsfunktional ist, das heißt, daß sie nicht auf das Prädikatenkalkül übertragen werden können; insofern unterscheiden sie sich in einem entscheidenden

Punkt von den Sätzen, mit denen die Gesetze der Physik ausgedrückt werden. Zweitens umfaßt der Begriff eines Zustandes oder einer Überzeugung oder eines Vergnügens oder einer Angst zu viele anfechtbare und zweifelhafte Umstände, als daß er die Art von Beweis liefern könnte, die wir brauchen, um Behauptungen zu bestätigen oder zu bestreiten, ein *Gesetz* entdeckt zu haben.

Quines Schlußfolgerung lautet, daß deshalb jede wahre Wissenschaft des menschlichen Verhaltens solche intentionalen Ausdrücke eliminieren muß; aber vielleicht ist es nötig, mit Quine das zu machen, was Marx mit Hegel gemacht hat, das heißt seine Beweisführung auf den Kopf zu stellen. Denn aus Quines Position folgt, daß im Falle einer erwiesenen Unmöglichkeit, Hinweise auf Gegenstände wie Überzeugungen, Vergnügen und Ängste aus unserem Verständnis menschlichen Verhaltens zu eliminieren, dieses Verständnis nicht die Form annehmen könnte, die Quine für die Form der Humanwissenschaft hält, nämlich die Verkörperung in gesetzesgleichen Verallgemeinerungen. Eine aristotelische Darstellung dessen, was eine Rolle spielt beim Verstehen menschlichen Verhaltens, beinhaltet einen nicht eliminierbaren Bezug auf solche Gegenstände; und daher überrascht es nicht, daß jeder Versuch, menschliches Verhalten in Kategorien mechanischer Erklärung zu verstehen, mit dem Aristotelismus in Konflikt geraten muß.

Die Vorstellung von »Tatsache« im Hinblick auf den Menschen wird somit im Übergang von der aristotelischen zur mechanistischen Sicht umgewandelt. In der älteren Sicht kann menschliches Handeln – nicht nur, sondern muß –, da es teleologisch erklärt werden muß, unter Bezugnahme auf die Rangfolge der Güter beschrieben werden, die die Ziele menschlichen Handelns liefern. In der späteren Sicht kann menschliches Handeln nicht nur, sondern muß sogar ohne jede Bezugnahme auf diese Güter beschrieben werden. In der älteren Sicht schließen Tatsachen über menschliches Handeln Tatsachen über das ein, was für die Menschen wertvoll ist (und *nicht* nur Tatsachen über das, was sie für wertvoll halten); in der späteren Sicht gibt es keine Tatsachen über das, was wertvoll ist. »Tatsache« wird wertfrei, »ist« wird dem »sollte« entfremdet, und Erklärung wie auch Bewertung verändern ihren Charakter als eine Folge dieser Scheidung zwischen »ist« und »sollte«.

Eine andere Begleiterscheinung dieses Übergangs wurde etwas früher von Marx in der dritten seiner *Thesen über Feuerbach* festgehalten. Es ist klar, daß die aufklärerische, mechanistische Darstellung des menschlichen Handelns sowohl eine These über die Voraussagbarkeit menschlichen Verhaltens wie auch eine These über die geeigneten Arten enthielt, das menschliche Verhalten zu manipulieren. Als Beobachter kann ich, wenn ich die einschlägigen Gesetze kenne, die das Verhalten anderer leiten, immer wenn ich beobachte, daß die vorausgehenden Bedingungen erfüllt sind, das Ergebnis voraussagen. Als Handelnder kann ich, wenn ich diese Gesetze kenne, das Ergebnis herbeiführen, wann immer ich die gleichen vorausgehenden Bedingungen selbst erfüllen kann. Marx erkannte, daß ein solcher Handelnder gezwungen ist, die eigenen Handlungen ganz anders als das Verhalten derjenigen zu beurteilen, die er manipuliert. Denn das Verhalten des Manipulierten wird geplant in Übereinstimmung mit *seinen* Absichten, Gründen und Zielen; diese Absichten, Gründe und Ziele betrachtet er als von den Gesetzen ausgenommen, die das Verhalten des Manipulierten beherrschen, zumindest solange er in eine solche Manipulation verwickelt ist. Der Manipulierende steht zu ihnen –, zumindest für den Augenblick – so wie der Chemiker zu den Kaliumchlorid- und Natriumnitratproben, mit denen er experimentiert; aber in den chemischen Veränderungen, die der Chemiker oder der Technologe des menschlichen Verhaltens bewirkt, muß der Chemiker oder der Technologe nicht nur die Gesetze verwirklicht sehen, die solche Veränderungen bestimmen, sondern auch den Ausdruck seines eigenen Willens in der Natur oder der Gesellschaft, und diesen Ausdruck wird er, wie Marx erkannte, als Ausdruck der eigenen rationalen Autonomie behandeln und nicht als bloßes Ergebnis vorausgehender Bedingungen. Offen bleibt natürlich die Frage, ob wir im Falle des Handelnden, der behauptet, die Wissenschaft menschlichen Verhaltens anzuwenden, tatsächlich die Anwendung einer echten Technologie beobachten oder eher die theatralische Nachahmung einer solchen Technologie. Die Antwort hängt davon ab, ob wir glauben, daß das mechanistische Programm in den Sozialwissenschaften tatsächlich vollständig verwirklicht wurde oder nicht. Und im 18. Jahrhundert blieb zumindest die Vorstellung einer mechanistischen Wissenschaft vom Menschen Programm und Prophezeiung. Aber Prophezeiungen werden auf diesem Gebiet unter Umständen *nicht* real verwirklicht, sondern in einer sozialen Ausführung umgesetzt, die sich als Verwirklichung ausgibt. Und das geschah auch tatsächlich, wie ich im nächsten Kapitel zeigen werde.

Die Geschichte, wie eine geistige Prophezeiung zur sozialen Ausführung gelangt, ist natürlich sehr komplex. Sie beginnt völlig unabhängig von der Entwicklung des Begriffs des manipulativen Expertentums damit, wie der moderne Staat zu seinen Beamten kam, eine Geschichte, die in Preußen und in Frankreich unterschiedlich verläuft und in England abweichend von beiden, und in den Vereinigten Staaten noch einmal anders. Aber in dem Maß, in dem sich die Funktionen moderner Staaten immer ähnlicher werden, werden auch ihre Beamten immer ähnlicher; und während ihre verschiedenen politischen Vorgesetzen kommen und gehen, halten die Beamten die administrative Kontinuität der Regierung aufrecht und prägen auf diese Weise viel von ihrem Charakter.

Dem Beamten steht im 19. Jahrhundert der Sozialreformer als Pendant und Gegensatz gegenüber: Saint-Simonisten, Comtianer, Utilitaristen, englische Weltverbesserer wie Charles Booth, die frühen sozialistischen Fabier. *Ihr* typisches Klagelied lautet: Wenn die Staatsgewalt doch nur lernen würde, wissenschaftlich zu sein. Und die Reaktion der Staatsgewalt ist langfristig die Behauptung, sie sei tatsächlich im Sinne der Reformer wissenschaftlich geworden. Der Staat besteht mehr und mehr darauf, daß seine Beamten die Art von Ausbildung mitbringen, die sie als Experten ausweist. Er nimmt zunehmend diejenigen in den Staatsdienst auf, die behaupten, Experten zu sein. Und er wirbt bezeichnenderweise auch die Erben der Reformer des 19. Jahrhunderts an. Die Staatsgewalt selbst wird zur Hierarchie bürokratischer Manager, und der Hauptgrund, der für das Eingreifen des Staates in die Gesellschaft vorgebracht wird, ist das Argument, daß der Staat über Kompetenzen verfügt, die die meisten Bürger nicht besitzen.

Privatunternehmen rechtfertigen *ihre* Aktivitäten ganz ähnlich damit, daß sie darauf verweisen, vergleichbare Kompetenzen zu besitzen. Expertentum wird zur Ware, um die rivalisierende staatliche Stellen und rivalisierende Privatunternehmen konkurrieren. Beamte und Manager rechtfertigen sich und ihre Ansprüche auf Autorität, Macht und Geld gleichermaßen damit, daß sie sich auf ihre Kompetenz als wissenschaftliche Manager des sozialen Wandels berufen. So entsteht eine Ideologie, die ihre klassische Ausdrucksform in einer schon existierenden soziologischen Theorie findet, der Theorie Webers über die Bürokratie. Die Webersche Darstellung der Bürokratie hat bekanntermaßen zahlreiche Mängel. Aber mit seinem Beharren darauf, daß die rationale Abstimmung von Mitteln und Zielen in der wirtschaftlichsten und wirksamsten Weise die Hauptaufgabe des Bürokraten ist, und daß daher die angemessene Form der Rechtfertigung seiner Betätigung für den Bürokraten in der Berufung auf seine (oder später ihre) Fähigkeit liegt, ein System wissenschaftlicher und vor allem sozialwissenschaftlicher Kenntnisse zu entwickeln, das im Sinne eines Komplexes universeller, gesetzesgleicher

Verallgemeinerungen organisiert und ihn umfassend begriffen wird, lieferte Weber den Schlüssel zu vielen Erscheinungen der Neuzeit.

Ich habe in Kapitel 3 ausgeführt, daß moderne Theorien über die Bürokratie oder die Verwaltung, die in vielen anderen Punkten von derjenigen Webers abweichen, in der Frage der Rechtfertigung der Manager doch prinzipiell mit ihm übereinstimmen, und daß diese Übereinstimmung sehr stark vermuten läßt, daß das, was in den Büchern der modernen Organisationstheoretiker steht, wirklich ein Teil der modernen Managerpraxis ist. So können wir jetzt in nackten, skelettartigen Umrissen einen Fortschritt erkennen, zuerst vom aufklärerischen Ideal einer Sozialwissenschaft zu den Bestrebungen der Sozialreformer, dann von den Bestrebungen der Sozialreformer zu den Idealvorstellungen der Beamten- und Manager von Praxis und ihrer Rechtfertigung, dann von den Praktiken des Managements zur theoretischen Systematisierung dieser Praktiken und der sie leitenden Normen durch Soziologen und Organisationstheoretiker, und schließlich von der Verwendung der Lehrbücher dieser Theoretiker in Management- und Wirtschaftsschulen zur theoretisch durchdrungenen Managerpraxis des modernen technokratischen Experten. Wenn diese Geschichte in allen Einzelheiten geschrieben werden sollte, würde sie selbstverständlich in jedem fortschrittlichen Land anders ausfallen. Die Reihenfolge wäre nicht überall gleich; die Rolle der Grandes Ecoles ist nicht dieselbe wie die der London School of Economics oder der Harvard Business School, und der geistige und institutionelle Stammbaum des deutschen Beamten unterscheidet sich merklich von dem seiner europäischen Kollegen. Aber in jedem Fall müßte der Aufstieg des Expertentums der Manager das Hauptthema sein, und dieses Expertentum hat, wie wir gesehen haben, zwei Seiten: es gibt das Bemühen um Wertneutralität und den Anspruch auf manipulative Macht. Beide leiten sich, wie wir jetzt erkennen können, aus der Art und Weise ab, in der der Bereich der Tatsache und der Bereich des Wertes von den Philosophen des 17. und 18. Jahrhunderts getrennt wurden. Das soziale Leben des 20. Jahrhunderts stellt im Kern die konkrete und dramatische Neuinszenierung der Philosophie des 18. Jahrhunderts dar. Und die Legitimation der typischen institutionellen Formen des sozialen Lebens des 20. Jahrhunderts beruht auf der Überzeugung, daß einige der wesentlichen Behauptungen jener frühen Philosophie bestätigt worden sind. Aber ist das wahr? Sind wir inzwischen im Besitz jener gesetzesgleichen Verallgemeinerungen, die das soziale Verhalten des Eigentums regeln, von denen Diderot und Condorcet träumten? Sind unsere bürokratischen Herrscher dadurch gerechtfertigt oder nicht? Es ist nicht hinreichend bemerkt worden, daß die Art, wie wir die Frage der moralischen und politischen Legitimation der bezeichnenderweise herrschenden Institutionen der modernen Zeit beantworten sollten, davon abhängt, wie wir ein Problem der Philosophie der Sozialwissenschaften lösen.

Kapitel 8
Das Wesen von Verallgemeinerungen in der Sozialwissenschaft und ihre mangelnde Fähigkeit zu Voraussagen

Was das Expertentum der Manager als Bestätigung braucht, ist eine begründete Konzeption von Sozialwissenschaft als Lieferant gesetzesgleicher Verallgemeinerungen mit ausgeprägter Fähigkeit zu Voraussagen. Es könnte daher auf den ersten Blick so scheinen, als ließen sich die Ansprüche der Manager auf Expertentum leicht aufrechterhalten. Denn gerade diese Konzeption von Sozialwissenschaft hat die Philosophie der Sozialwissenschaft zweihundert Jahre lang beherrscht. In dieser konventionellen Sichtweise – von der Aufklärung über Comte und Mill zu Hempel – haben die Sozialwissenschaften das Ziel, spezifisch soziale Phänomene dadurch zu erklären, daß gesetzesgleiche Verallgemeinerungen zur Verfügung gestellt werden, die in ihrer logischen Form nicht von denen abweichen, die auf natürliche Phänomene allgemein anwendbar sind, insbesondere die Art gesetzesgleicher Verallgemeinerungen, auf die sich der fachkundige Manager berufen müßte. Diese Sichtweise scheint allerdings zur Folge zu haben – was sicher nicht der Fall ist –, daß die Sozialwissenschaften fast oder vielleicht sogar ganz ohne Leistung sind. Denn die herausragende Tatsache über diese Wissenschaft ist, daß keinerlei gesetzesgleiche Verallgemeinerungen entdeckt werden.

Es trifft selbstverständlich zu, daß gelegentlich behauptet wird, es sei endlich ein echtes Gesetz entdeckt worden, das das menschliche Verhalten regelt. Das einzige Problem ist, daß die vermeintlichen Gesetze – die Phillips-Kurve in der Wirtschaftstheorie beispielsweise, oder G. C. Homans »Wenn die Interaktionen zwischen den Mitgliedern einer Gruppe im äußeren System häufig sind, kommen zwischen ihnen Gefühle der Zuneigung auf, und diese Gefühle führen wiederum zu weiteren Interaktionen, oberhalb der Interaktionen des äußeren Systems und über sie hinaus« – sich alle als falsch erweisen; und wie Stanislav Andreski im Fall der Homanschen Formulierung mit aller Schärfe gezeigt hat so eindeutig falsch, daß nur ein professioneller Sozialwissenschaftler, der von der herkömmlichen Wissenschaftsphilosophie beherrscht wird, in die Versuchung kommen konnte, es zu glauben. Unterstellt man nun, die konventionelle Philosophie der Sozialwissenschaft habe erklärt, daß es die Aufgabe des Sozialwissenschaftlers sei, gesetzesgleiche Verallgemeinerungen zu finden, und unterstellt man weiter, daß die Sozialwissenschaft keine Verallgemeinerungen dieser Art hervorbringt, könnte man bei vielen Sozialwissenschaftlern eine feindselige und abweisende Haltung gegenüber der konventionellen Philosophie der Sozialwissenschaft erwarten. Doch dazu ist es mit Sicherheit nicht gekommen, und ich habe einen einsichtigen Grund gefunden, darüber nicht zu sehr erstaunt zu sein.

Wenn die Sozialwissenschaft ihre Erkenntnisse nicht in Form gesetzesgleicher Verallgemeinerungen vorlegt, werden natürlich die Gründe, Sozialwissenschaftler als Berater von Regierungen oder Privatunternehmen zu beschäftigen, uneinsichtig, und die bloße Vorstellung des Expertentums der Manager ist gefährdet. Denn die eigentliche Aufgabe des Sozialwissenschaftlers als sachkundiger Berater oder Manager besteht darin, die Ergebnisse alternativer politischer Maßnahmen vorauszusagen, und wenn seine Voraussagen sich nicht aus der Kenntnis von gesetzesgleichen Verallgemeinerungen ableiten, gerät der Status des Sozialwissenschaftlers als Prophet in Gefahr – wie es auch sein sollte, wenn sich das herausstellt; denn der Ruf des Sozialwissenschaftlers als Prophet ist insofern äußerst schlecht, als er zusammengeflickt werden kann. Kein Wirtschaftswissenschaftler hat »Stagflation« vorausgesagt, bevor sie eingetreten ist. Die Schriften der Geldtheoretiker haben bei richtigen Voraussagen der Inflationsraten in eindrucksvoller Weise versagt (Levy 1975), und D.J.C. Smyth und J.C.K. Ash haben gezeigt, daß die Voraussagen für die OECD auf der Grundlage der ausgeklügeltsten Wirtschaftstheorie seit 1967 weniger brauchbare Ergebnisse erbracht haben, als man unter Einsatz des gesunden Menschenverstandes erreicht hätte oder, wie sie sagen, mit Hilfe naiver Methoden zur Vorhersage der Wachstumsraten, indem man die durchschnittlichen Wachstums- oder Inflationsraten der letzten zehn Jahre als Richtschnur nimmt und unterstellt, daß die kommenden sechs Monate den letzten sechs Monaten ähneln werden (Smyth/Ash 1975). Man könnte weitere Beispiele für die Unfähigkeit der Wirtschaftswissenschaftler anführen, Voraussagen zu machen, und in der Demographie war die Lage sogar noch schlechter. Aber das wäre höchst ungerecht, denn die Ökonomen und die Demographen sind mit ihren Voraussagen wenigstens systematisch an die Öffentlichkeit gegangen. Die meisten Soziologen und Politikwissenschaftler halten ihre Voraussagen dagegen überhaupt nicht systematisch fest, und Futurologen, die freigebig mit Voraussagen um sich werfen, bekennen sich hinterher selten, wenn überhaupt, zu ihren Fehlschlägen. In einem berühmten Aufsatz von Karl Deutsch, John Platt und Dieter Senghaas (*Science,* März 1971), in dem zweiundsechzig vermeintliche sozialwissenschaftliche Großtaten aufgeführt sind, ist die Fähigkeit der Theorie zur Voraussage bemerkenswerterweise in nicht einem einzigen Fall statistisch überprüft worden – vom Standpunkt der Autoren aus eine weise Vorsichtsmaßnahme.

Die Schwäche der Sozialwissenschaften im Prognostizieren *und* die fehlenden Entdeckungen von gesetzesgleichen Verallgemeinerungen könnten sich durchaus als zwei Symptome derselben Bedingung erweisen. Aber was für eine Bedingung ist das? Sollten wir einfach schließen, daß die prognostische Schwäche die Schlußfolgerung unterstützt, die durch die Verbindung der konventionellen Philosophie der Sozialwissenschaft mit den Tatsachen über das, was Sozialwissenschaftler erreichen und nicht erreichen, impliziert wird, daß also die Sozialwissenschaften im Grunde in ihrer Aufgabe versagt haben? Oder sollten wir statt dessen vielleicht die konventionelle Philosophie der Sozialwissenschaft und den Anspruch auf Expertentum der Sozialwissenschaftler in Frage stellen, die sich selbst der Staatsmacht und den Unternehmen verdingen wollen? Ich meine, daß die wirklichen Leistungen der Sozialwissenschaften uns und auch vielen Sozialwissenschaftlern durch eine systematische Fehldeutung verborgen bleiben. Betrachten wir zum Beispiel vier äußerst interessante Verallgemeinerungen, die von modernen Sozialwissenschaftlern vorgelegt worden sind.

Die erste ist die berühmte These von James C. Davies (1962) über Revolutionen als Klassifikation, die Tocquevilles Beobachtung verallgemeinert, daß es zur Französischen Revolution kam, als auf eine Zeit steigender und zum Teil befriedigter Erwartungen eine Zeit der Rückschläge folgte, in der die Erwartungen weiter stiegen und dann bitter enttäuscht wurden. Als zweite ist Oscar Newmans Verallgemeinerung zu nennen, daß die Zahl der Verbrechen in Hochhäusern mit der Höhe der Gebäude bis zum dreizehnten Stock zunimmt, sich aber ab dem dreizehnten Stock stabilisiert (Newman 1973, S. 25). Die dritte Verallgemeinerung ist Egon Bittners Entdeckung der Unterschiede zwischen dem Verständnis der Bedeutung des Rechts in seiner Verkörperung in der Aufgabe der Polizei und dem Verständnis derselben Bedeutung, wie sie im Alltag der Gerichte und Anwälte verkörpert wird (Bittner 1970). Die vierte ist die von Rosalind und Ivo Feierabend (1966) vorgetragene Behauptung, daß die am meisten und die am wenigsten modernisierten Gesellschaften die stabilsten und gewaltfreiesten sind, wohingegen diejenigen im mittleren Abschnitt des Weges zur Modernität am anfälligsten für Instabilität und politische Gewalt sind.

Diese vier Verallgemeinerungen stützen sich alle auf hervorragende Forschungsarbeit; alle sind abgesichert durch eine beeindruckende Zahl bekräftigender Beispiele. Aber sie teilen drei bemerkenswerte Eigenarten. Erstens gibt es für alle anerkannte Gegenbeispiele, und die Anerkennung dieser Gegenbeispiele – wenn nicht von den Urhebern der Verallgemeinerungen selbst, dann wenigstens von Kollegen, die auf dem gleichen Gebiet arbeiten – berührt die Stellung der Verallgemeinerungen offenbar nicht in der Weise, in der die Stellung einer Verallgemeinerung in der Physik oder Chemie dadurch berührt würde. Einige Kritiker aus nicht sozialwissenschaftlichen Disziplinen – der Historiker Walter Laqueur (1972) beispielsweise – haben diese Gegenbeispiele als Gründe für das Aufgeben solcher Verallgemeinerungen wie auch der Disziplinen genommen, die so lax sind, das gleichzeitige Bestehen von Verallgemeinerungen und Gegenbeispielen zuzulassen. So hat Laqueur die russische Revolution von 1917 und die chinesische von 1949 als Beispiele angeführt, die die Verallgemeinerung von Davies *widerlegen,* und die Muster politischer Gewalt in Lateinamerika als *Widerlegung* der Behauptung Feierabends. Für den Augenblick möchte ich nur anmerken, daß Sozialwissenschaftler charakteristischerweise und größtenteils tatsächlich eine derart tolerante Haltung zu Gegenbeispielen einnehmen, eine Haltung, die sich stark sowohl von der der Naturwissenschaftler wie der der Philosophen popperscher Prägung unterscheidet, und ich möchte die Frage offenlassen, ob ihre Haltung am Ende nicht vielleicht doch gerechtfertigt ist.

Eine zweite Eigenart aller vier Verallgemeinerungen, die eng mit der ersten zusammenhängt, besteht darin, daß ihnen nicht nur die Möglichkeit zur universalen Quantifizierung fehlt, sondern auch zur Modifizierung ihres Geltungsbereichs. Das heißt, sie sind nicht nur nicht wirklich von der Form »Für alle x und einige y gilt, wenn x die Eigenschaft ϕ hat, dann hat y die Eigenschaft ψ«, sondern wir können von ihnen auch nicht genau sagen, unter welchen Bedingungen sie gelten. Von den Gleichungen der Gasgesetze bezüglich Druck, Temperatur und Volumen wissen wir nicht nur, daß sie für alle Gase gelten; sondern die ursprüngliche Fassung, nach der sie unter allen Bedingungen gelten sollten, ist inzwischen auch hinsichtlich ihres Geltungsbereichs revidiert worden. Wir wissen heute, daß sie für alle Gase unter allen Bedingungen gelten, außer denen *mit sehr niedriger Temperatur und sehr hohem Druck,* wobei wir exakt sagen können, was wir mit »sehr niedrig« und »sehr hoch« meinen. Keine unserer vier sozialwissenschaftlichen Verallgemeinerungen besitzt solche Zusatzbestimmungen.

Drittens enthalten diese Verallgemeinerungen keinen exakt definierten Bestand an nicht-faktischen Bedingungssätzen wie gesetzesgleiche Verallgemeinerungen der Physik und Chemie. Wir wissen nicht, wie wir sie systematisch jenseits der Beobachtungsgrenzen auf unbeobachtete oder hypothetische Beispiele anwenden sollen. Sie sind somit keine Gesetze, was immer sie sonst sein mögen. Aber welchen Status haben sie dann? Die Beantwortung dieser Frage wird nicht leicht sein, denn wir besitzen keinerlei philosophische Darstellung, die sie als das nimmt, was sie sind, und die sie nicht als fehlgeschlagene Versuche behandelt, Gesetze zu formulieren. Einige Sozialwissenschaftler haben hierin tatsächlich keine Probleme gesehen. Angesprochen auf die Überlegungen, die ich angeführt habe, hielten sie folgende Antwort für angemessen: »Was die Sozialwissenschaften entdecken, sind probabilistische Verallgemeinerungen; und wo eine Verallgemeinerung nur probabilistisch ist, kann es selbstverständlich Fälle geben, die Gegenbeispiele wären, wenn die Verallgemeinerung nicht-probabilistisch und universell wäre.« Doch diese Antwort geht vollkommen an der Sache vorbei. Denn wenn die Art von Verallgemeinerung, die ich angeführt habe, überhaupt eine Verallgemeinerung sein soll, muß sie mehr als eine bloße Aufzählung von Beispielen sein. Die probabilistischen Verallgemeinerungen der Naturwissenschaft – sagen wir, die der statistischen Mechanik – sind in der Tat mehr als das, gerade weil sie ebenso gesetzesgleich wie jede nicht-probabilistische Verallgemeinerung sind. Sie besitzen die Möglichkeit zur universalen Quantifizierung – Quantifizierung bezieht sich auf Gruppen, nicht auf Individuen –, sie haben mehrere exakt definierte nicht-faktische Bedingungssätze zur Folge und lassen sich durch Gegenbeispiele genauso und im gleichen Umfang widerlegen wie andere gesetzesgleiche Verallgemeinerungen. Wir erhellen den Status der typischen Verallgemeinerungen der Sozialwissenschaften also nicht, wenn wir ihn als probabilistisch bezeichnen; denn sie unterscheiden sich von den Verallgemeinerungen der statistischen Mechanik in gleichem Maße wie von den Verallgemeinerungen der Newtonschen Mechanik oder der Gleichungen der Gasgesetze.

Wir müssen daher ganz neu anfangen und uns dabei überlegen, ob die Sozialwissenschaften nicht an der falschen Stelle nach ihren philosophischen Ahnen und ihren logischen Strukturen suchen. Das liegt daran, daß die modernen Sozialwissenschaftler sich als Nachfolger von Comte und Mill und Buckle, von Helvétius und Diderot und Condorcet sehen und demzufolge ihre Schriften als Antwortversuche auf die Fragen ihrer Meister aus dem 18. und 19. Jahrhundert vorgelegt haben. Aber nehmen wir noch einmal an, daß das 18. und 19. Jahrhundert bei aller Brillanz und Kreativität doch nicht, wie wir und sie meinen, Jahrhunderte der Aufklärung, sondern einer eigenartigen Unklarheit waren, in der die Menschen sich selbst so verwirrten, daß sie nicht mehr erkennen und fragen konnten, ob die Sozialwissenschaften nicht vielleicht doch andere Ahnen hätten.

Der Name, den ich ins Spiel bringen möchte, ist der Machiavellis, denn Machiavelli sieht die Beziehung zwischen Erklärung und Voraussage ganz anders als die Aufklärung. Die Denker der Aufklärung waren noch in den Kinderschuhen steckende Hempelianer. Erklären bedeutet in ihren Augen das rückblickende Anrufen gesetzesgleicher Verallgemeinerungen; voraussagen bedeutet das rückblickende Anrufen einer ähnlichen Verallgemeinerung. Für diese Tradition ist die Verringerung prognostischer Fehlschläge das Zeichen des Fortschritts in der Wissenschaft; und die Sozialwissenschaftler, die dafür eingetreten sind, müssen sich der Tatsache stellen, daß dann ein unvorhergesehener Krieg oder eine Revolution für einen Politikwissenschaftler und eine unvorhergesehene Änderung der Inflationsrate für einen Wirtschaftswissenschaftler ebenso entehrend ist wie eine unvorhergesehene Mond- oder Sonnenfinsternis für einen Astronomen. Daß sich das noch nicht ereignet hat, muß innerhalb dieser Tradition erklärt werden, und an Erklärungen hat es nicht gefehlt: die Humanwissenschaften sind noch jung, wird gesagt – was eindeutig falsch ist. Sie sind in Wirklichkeit so alt wie die Naturwissenschaften. Oder es wird gesagt, die Naturwissenschaften zögen die fähigsten Köpfe der neuzeitlichen Kultur an und die Sozialwissenschaften nur diejenigen, die für die Naturwissenschaften zu dumm sind – das behauptete H.T. Buckle im 19. Jahrhundert, und es spricht einiges dafür, daß es zum Teil stimmt. Eine 1960 durchgeführte Untersuchung des Intelligenzquotienten von Doktoranden verschiedener Disziplinen ergab, daß Naturwissenschaftler tatsächlich signifikant intelligenter als Sozialwissenschaftler sind (wenngleich die Chemiker den naturwissenschaftlichen Durchschnitt drücken und die Wirtschaftswissenschaftler den sozialwissenschaftlichen Durchschnitt heben). Aber die gleichen Gründe, aus denen ich es ablehne, die Kinder unterprivilegierter Minderheiten nach ihrem Intelligenzquotienten zu beurteilen, wecken meine Abneigung, meine Kollegen danach zu beurteilen – oder mich selbst. Doch vielleicht werden Erklärungen gar nicht gebraucht, wenn es sich nämlich mit dem Versagen, das die herrschende Tradition zu erklären versucht, verhalten sollte wie mit dem toten Fisch König Karls II.: Karl II. bat einmal die Mitglieder der Royal Society zu sich, damit sie ihm erklärten, warum ein toter Fisch mehr wiege als derselbe Fisch in lebendem Zustand. Der König erhielt eine Reihe differenzierter Erklärungen. Und dann offenbarte er, daß es gar nicht stimmt.

Wodurch unterscheidet sich Machiavelli von der Tradition der Aufklärung? Vor allem durch seine Vorstellung von *fortuna*. Machiavelli glaubte sicher ebenso leidenschaftlich wie jeder Denker der Aufklärung, daß unsere Untersuchungen zu Verallgemeinerungen führen sollten, die Grundsätze für aufgeklärtes Handeln liefern können. Aber er glaubte auch, daß das Element der *fortuna* aus dem menschlichen Leben nicht zu tilgen sei, gleichgültig, was für einen guten Vorrat an Verallgemeinerungen man sich zulegte, und gleichgültig, wie gekonnt man sie umformulierte. Machiavelli glaubte auch, daß wir eventuell in der Lage wären, ein quantitatives Maß für den Einfluß der *fortuna* auf menschliche Angelegenheiten zu entwickeln; aber diesen Glauben werde ich für den Augenblick beiseite lassen. Hervorheben möchte ich dagegen Machiavellis Überzeugung, daß wir selbst im Fall der bestmöglichen Ausstattung mit Verallgemeinerungen irgendwann durch ein unvorhergesehenes und unvorhersehbares Gegenbeispiel widerlegt werden können – und doch keinen Weg sehen, unsere Verallgemeinerungen zu verbessern und auch keinen Grund haben, sie fallenzulassen oder sie gar umzuformulieren. Wir können durch Verbesserungen unseres Wissens die Macht der *fortuna* begrenzen, jener vermaledeiten Göttin des Unvorhersehbaren; entthronen können wir sie nicht. Wenn Machiavelli recht hätte, wäre die logische Voraussetzung der vier Verallgemeinerungen, die wir untersucht haben, die, von der wir erwarten könnten, daß sie für die erfolgreichsten Verallgemeinerungen der Sozialwissenschaften gilt; sie wäre auf keinen Fall ein Zeichen eines Versagens. Aber hatte Machiavelli recht?

Ich möchte behaupten, daß es in menschlichen Angelegenheiten vier Quellen systematischer Unvoraussagbarkeit gibt. Die erste ergibt sich aus der Natur einer radikalen begrifflichen Neuerung. Sir Karl Popper brachte folgendes Beispiel. Irgendwann in der Altsteinzeit unterhalten wir uns, Sie und ich, über die Zukunft, und ich sage voraus, daß jemand innerhalb der nächsten zehn Jahre das Rad erfinden wird. »Rad?« fragen Sie. »Was ist das?« Ich beschreibe Ihnen daraufhin das Rad, finde nicht ohne Schwierigkeiten Worte, um zum allerersten Mal zu sagen, was eine Felge, Speichen, eine Nabe und vielleicht einen Achse sein werden. Dann halte ich entsetzt inne. »Aber es kann doch gar niemand das Rad erfinden, weil ich es soeben erfunden habe.« Mit anderen Worten, die Erfindung des Rades kann nicht vorhergesagt werden. Denn ein notwendiger Bestandteil der Voraussage einer Erfindung besteht darin zu erklären, was ein Rad ist; und zu erklären, was ein Rad ist, *ist* die Erfindung des Rades. Es ist leicht zu erkennen, wie sich dieses Beispiel verallgemeinern läßt. Keine Erfindung, keine Entdeckung, die wesentlich aus der Erarbeitung eines völlig neuen Begriffs besteht, kann vorausgesagt werden, denn ein notwendiger Bestandteil der Voraussage ist die aktuelle Erarbeitung eben jenes Begriffs, dessen Entdeckung oder Erfindung erst in der Zukunft erfolgen soll. Der Gedanke der Voraussage einer radikalen begrifflichen Neuerung ist selbst begrifflich inkohärent.

Warum spreche ich von »radikaler Neuerung« und nicht einfach nur von »Neuerung«? Betrachten wir den folgenden Einwand gegen meine These. Viele Erfindungen und Entdeckungen sind sehr wohl vorausgesagt worden, und diese Voraussagen haben neue Begriffe nach sich gezogen. Jules Verne sagte Fluggeräte voraus, die leichter als Luft sind, und das gleiche tat lange vor ihm der anonyme Verfasser der Sage von Ikarus. Wer immer als erster den Flug eines Menschen vorausgesagt hat, es ist denkbar, daß der oder die Betreffende bestimmt ein Gegenbeispiel zu meiner These liefert. Angesichts dieses Einwands muß auf zwei Punkte hingewiesen werden.

Der erste liegt darin, daß für jeden, der mit der Vorstellung eines Vogels oder auch nur eines Flugsauriers und einer Maschine vertraut ist, der Gedanke eines Fluggeräts keine radikale Neuerung ist; er ist lediglich eine durch Addition entstandene Konstruktion aus dem bestehenden Begriffsvorrat – neu, wenn man will, aber nicht radikal neu. Damit hoffe ich, die Ausdrücke »radikal neu« oder »radikale Neuerung« erläutert zu haben, und auch, daß das, was angeblich ein Gegenbeispiel war, in Wirklichkeit keins ist. Der zweite Punkt ist, daß man zwar behaupten kann,

Jules Verne habe die Erfindung des Flugzeugs oder des U-Boots vorausgesagt, aber im selben Sinn kann man auch von Mother Shipton (englische Hexe und Wahrsagerin aus dem 15. Jahrhundert; Anm. d. Übersetzers) behaupten, zu ihrer Zeit die Erfindung des Flugzeugs prophezeit zu haben. Aber in meiner These geht es nicht um bloßes Wahrsagen, sondern um rational begründetes Voraussagen, und die systematischen Grenzen solcher Voraussagen habe ich im Auge.

Wichtig an der systematischen Unvoraussagbarkeit von radikalen begrifflichen Neuerungen ist selbstverständlich die konsequente Unvoraussagbarkeit der Zukunft der Wissenschaft. Physiker können uns eine ganze Menge über die Zukunft der Natur in Bereichen wie der Thermodynamik erzählen; aber sie können uns nichts über die Zukunft der Physik sagen, sofern diese Zukunft radikale begriffliche Neuerungen einschließt. Doch gerade die Zukunft der Physik ist es, über die wir etwas wissen müssen, wenn wir etwas über die Zukunft unserer eigenen, auf der Physik beruhenden Gesellschaft erfahren wollen.

Die Schlußfolgerung, daß wir die Zukunft der Physik nicht voraussagen können, wird auch durch ein von Popper unabhängiges Argument gestützt. Nehmen wir an, jemand sollte Computer Hard- und Software verbessern, so daß es möglich wäre, ein Programm zu schreiben, das einen Computer in die Lage versetzen würde, auf der Grundlage von Informationen über den gegenwärtigen Stand der Mathematik, über die bisherige Geschichte der Mathematik und über die Begabung und Fähigkeiten der heutigen Mathematiker vorauszusagen, welche richtig aufgebauten Formeln eines bestimmten mathematischen Gebiets – algebraische Topologie oder Zahlentheoric z.B. –, die wir bisher weder beweisen noch widerlegen können, innerhalb der nächsten zehn Jahre bewiesen würden. (Wir verlangen nicht, daß der Computer alle diese richtig aufgebauten Formeln bestimmt, nur ein paar davon.) Ein solches Programm müßte ein Entscheidungsverfahren beinhalten, mit dessen Hilfe eine Untergruppe richtig aufgebauter Formeln, die zwar beweisbar, aber noch nicht bewiesen sind, aus der Gruppe der richtig aufgebauten Formeln ausgesondert würde. Aber Church hat uns ausschlaggebende Gründe für den Schluß geliefert, daß es für kein Rechnungsverfahren, das gut genug ist, etwas Mathematisches auszudrücken, ganz zu schweigen von algebraischer Topologie oder Zahlentheorie, ein solches Entscheidungsverfahren geben kann. Es ist daher eine Wahrheit der Logik, daß ein solches Computerprogramm nie geschrieben werden wird, und es ist deshalb noch allgemeiner eine Wahrheit der Logik, daß die Zukunft der Mathematik nicht vorausgesagt werden kann. Aber wenn die Zukunft der Mathematik nicht voraussagbar ist, dann auch vieles andere.

Betrachten wir nur ein Beispiel. Aus dem vorangehenden Argument folgt, daß vor Turings Beweis des Theorems in den 30er Jahren unseres Jahrhunderts, das einem großen Teil der modernen Informatik zugrunde liegt, dieser Beweis rational nicht hätte vorausgesagt werden können (wenn wir Babbage nicht als Vorläufer Turings ansehen – aber das würde die begriffliche Frage nicht berühren). Daraus folgt, daß auch jede nachfolgende wissenschaftliche und technologische Arbeit über Rechenanlagen nicht hätte vorausgesagt werden können, da sie von der Kenntnis jenes Beweises abhängt; aber gerade diese Arbeit hat unser aller Leben so nachhaltig geprägt.

Es lohnt natürlich festzuhalten, daß Poppers Argument für *alle* Bereiche gilt, in denen radikale begriffliche Neuerungen stattfinden, nicht nur für die Naturwissenschaft. Was die Entdeckung der Quantenmechanik oder der speziellen Relativität nicht voraussagbar machte, machte aus exakt denselben Gründen auch die Erfindung der Tragödie im Athen des ausgehenden sechsten Jahrhunderts vor Christus oder die erste Verkündigung von Luthers besonderer Rechtfertigungslehre *fide sola* oder die erste Ausarbeitung von Kants Erkenntnistheorie nicht voraussagbar. Die weitreichenden Auswirkungen auf das soziale Leben allgemein sind bekannt.

Es ist auch klar, daß aus dieser Argumentation nicht folgt, daß Entdeckung oder radikale Neuerung *unerklärbar* sind. Bestimmte Entdekkungen oder Neuerungen können immer nach dem Ereignis erklärt werden – wenngleich nicht ganz klar ist, was eine solche Erklärung wäre und ob es überhaupt welche gibt. Erklärungen des Vorkommens von Entdeckung und Neuerung in bestimmten Zeiträumen sind allerdings nicht nur möglich, sondern für einige Arten von Entdeckungen auf der Grundlage der Arbeit, die auf Francis Galton zurückgeht (vgl. de Solla Price 1963), gut begründet. Und dieses gleichzeitige Bestehen von Unvoraussagbarkeit und Erklärbarkeit gilt nicht nur für die erste Art systematischer Unvoraussagbarkeit, sondern auch für drei andere.

Die zweite Art systematischer Unvoraussagbarkeit, zu der ich jetzt komme, folgt aus der Weise, in der die Unvoraussagbarkeit bestimmter zukünftiger Handlungen für den jeweiligen Handelnden ganz individuell ein weiteres Element der Unvoraussagbarkeit an sich in der sozialen Welt schafft. Es ist auf den ersten Blick eine banale Wahrheit, daß ich, wenn ich mich noch nicht entschieden habe, welche von zwei oder mehr alternativen und sich gegenseitig ausschließenden Möglichkeiten ich wähle, nicht voraussagen kann, für welche ich mich entscheide. Von mir durchdachte, aber noch nicht getroffene Entscheidungen haben meine Unvoraussagbarkeit durch mich in den entsprechenden Bereichen zur Folge. Aber diese Wahrheit scheint gerade deshalb banal zu sein, weil das, was ich über mich nicht voraussagen kann, andere vielleicht sehr wohl über mich voraussagen können. Meine eigene Zukunft ist vielleicht aus meiner Sicht nur als eine Vielzahl sich verästelnder Alternativen darstellbar, wobei jeder Knoten in dem sich verzweigenden System den Punkt einer noch nicht getroffenen Entscheidung markiert. Aber aus der Sicht eines hinreichend informierten Beobachters, der über die relevanten Daten über mich und den relevanten Bestand an Verallgemeinerungen über Leute meines Typs verfügt, kann meine Zukunft anscheinend als eine restlos bestimmbare Folge einzelner Schritte dargestellt werden. Doch es taucht sofort eine Schwierigkeit auf. Denn dieser Beobachter, der voraussagen kann, was ich nicht kann, ist natürlich nicht in der Lage, seine eigene Zukunft vorauszusagen, in der gleichen Weise, in der ich nicht imstande bin, meine vorauszusagen; und eines der Merkmale, das er nicht voraussagen können wird, da es wesentlich von Entscheidungen abhängt, die er noch nicht getroffen hat, ist, wieweit seine Handlungen die Entscheidungen beeinflussen und verändern, die von anderen getroffen werden – sowohl welche Alternativen sie wählen, als auch welche Alternativen ihnen angeboten werden. Unter diesen anderen befinde nun auch ich mich. Daraus folgt, daß der Beobachter insofern, als er den Einfluß seiner zukünftigen Handlungen auf meine zukünftigen Entscheidungen nicht voraussagen kann, meine zukünftigen Handlungen ebensowenig wie die eigenen voraussagen kann; und das gilt offenbar für alle Handelnden und für alle Beobachter. Daß ich meine Zukunft nicht voraussagen kann, erzeugt tatsächlich ein bedeutsames Maß an Unvoraussagbarkeit an sich.

Es könnte natürlich jemand eine Prämisse meiner Beweisführung in Frage stellen, nämlich was ich als die scheinbar banale Wahrheit beschrieben habe, daß ich dort, wo meine zukünftigen Handlungen vom Ergebnis von mir noch nicht getroffener Entscheidungen abhängen, ich diese Handlungen nicht voraussagen kann. Betrachten wir ein mögliches Gegenbeispiel. Ich bin Schachspieler, und mein eineiiger Zwillingsbruder ebenfalls. Aus Erfahrung weiß ich, daß wir im Endspiel bei der gleichen Stellung auf dem Brett immer dieselben Züge machen. Ich überlege, ob ich in einer Endspielsituation meinen Springer oder meinen Läufer ziehen soll, als jemand zu mir sagt: »Gestern war Ihr Bruder in derselben Lage.« Ich kann nun voraussagen, daß ich denselben Zug machen werde, den mein Bruder gestern gemacht hat. Hier liegt also sicher ein Fall vor, in dem ich eine meiner zukünftigen Handlungen voraussagen kann, die von einer noch nicht getroffenen Entscheidung abhängt. Aber der springende Punkt ist, daß ich meine Handlung nur voraussagen kann mit der Angabe »derselbe Zug wie der, den mein Bruder gestern gemacht hat«, aber nicht mit der Angabe »ziehe den Springer« oder »ziehe den Läufer«. Dieses Gegenbeispiel führt daher zu einer Umformulierung der Prämisse: ich kann meine zukünftigen Handlungen nicht voraussagen, sofern sie von Entscheidungen abhängen, die ich noch nicht getroffen habe – mit den Angaben, die die Alternativen nennen, die die Entscheidung definieren. Und die so umformulierte Voraussetzung ergibt die entsprechende Schlußfolgerung über die Unvoraussagbarkeit als solche.

Eine andere Möglichkeit, den gleichen Sachverhalt auszudrücken, wäre die Feststellung, daß Allmacht das Fällen von Entscheidungen ausschließt. Wenn Gott alles weiß, was sich ereignen wird, sieht er sich keiner noch nicht getroffenen Entscheidung gegenüber. Er hat einen einzigen Willen *(Summa Contra Gentiles,* Kap. LXXIX. *Quod Deus Vult Etiam Ea Quae Nondum Sunt).* Und genau insoweit, als wir uns von Gott unterscheiden, erfüllt diese Unvoraussagbarkeit unser Leben. Diese Art, die Dinge zu sehen, hat einen besonderen Vorzug: Sie läßt darauf schließen, für welches Vorhaben sich diejenigen einsetzen, die versuchen, die Unvoraussagbarkeit aus der sozialen Welt zu verbannen oder sie zu leugnen.

Eine dritte Quelle systematischer Unvoraussagbarkeit entspringt dem spieltheoretischen Wesen des sozialen Lebens. Einigen Theoretikern der politischen Wissenschaft haben die formalen Strukturen der Spieltheorie als Lieferanten einer möglichen Grundlage für erklärende und prognostische Theorien gedient, die gesetzesgleiche Verallgemeinerungen enthalten. Nehmen wir die formale Struktur eines Spiels mit *n* Personen, bestimmen wir die relevanten Interessen der Spieler in einigen empirischen Situationen, und wir können zumindest voraussagen, welche Verbindungen und Bündnisse ein völlig rationaler Spieler eingeht und, vielleicht als utopisches Ziel, den Druck auf nicht völlig rationale Spieler und ihr sich daraus ergebendes Verhalten. Dieses Rezept und seine Kritik haben die Anregung zu einigen bemerkenswerten Arbeiten gegeben (insbesondere zu der von William H. Riker). Doch die große Hoffnung, die es in seiner ursprünglichen, optimistischen Form erweckte, scheint zu trügen. Betrachten wir drei verschiedenartige Hindernisse für die Übertragung der formalen spieltheoretischen Strukturen auf die Auslegung aktueller sozialer und politischer Situationen.

Das erste betrifft die unbestimmte Reflexivität der spieltheoretischen Situationen. Ich versuche vorauszusagen, welchen Schritt du tun wirst; um das vorauszusagen, muß ich voraussagen, was du voraussagen wirst über den Schritt, den ich tun werde; und um das vorauszusagen, muß ich voraussagen, was du voraussagen wirst über das, was ich voraussagen werde über das, was du voraussagen wirst ... und so fort. Bei jedem Schritt wird jeder von uns gleichzeitig versuchen, sich selbst für den anderen unvoraussagbar zu machen; und jeder von uns wird sich auch auf das Wissen darüber verlassen, daß der andere versuchen wird, sich selbst unvoraussagbar zu machen, wenn er die eigenen Voraussagen macht. Hier können die formalen Strukturen der Situation niemals ein angemessener Führer sein. Kenntnisse über sie mögen notwendig sein, aber selbst Kenntnisse über sie, die durch Kenntnisse über die Interessen jedes Spielers ergänzt werden, können uns sagen, was der gleichzeitige Versuch erbringt, andere voraussagbar, sich selbst aber unvoraussagbar zu machen.

Dieses erste Hindernis ist an sich vielleicht noch nicht unüberwindbar. Die Chancen, daß es das wird, steigen jedoch durch die Existenz einer zweiten Art von Hindernis. Spieltheoretische Situationen sind typischerweise Situationen unvollkommenen Wissens, und das ist kein Zufall. Denn es ist von zentralem Interesse für jeden Beteiligten, die Unvollkommenheit der Informationen für bestimmte andere Beteiligte zu maximieren, die eigenen Informationen dagegen zur gleichen Zeit zu verbessern. Außerdem besteht wahrscheinlich eine Bedingung für den Erfolg von Falschinformationen für andere darin, auch bei externen Beobachtern mit Erfolg falsche Eindrücke zu erzeugen. Das führt zu einer interessanten Umkehrung der merkwürdigen These Collingwoods, daß wir nur hoffen können, die Handlungen des Siegers und des Erfolgreichen zu verstehen, während die des Geschlagenen uns unverständlich bleiben müssen. Doch wenn ich recht habe, gehört zu den Bedingungen für den Erfolg auch die Fähigkeit, gekonnt zu täuschen, und daher ist es wohl der Geschlagene, den wir eher verstehen können, und es sind wohl auch diejenigen, die besiegt werden, deren Verhalten wir eher voraussagen können.

Auch dieses zweite Hindernis muß nicht unüberwindbar sein, nicht einmal in Verbindung mit dem ersten. Doch es gibt noch eine dritte Art von Hindernis für Voraussagen in spieltheoretischen Situationen. Betrachten wir die folgende uns vertraute Situation. Die Managementvertreter eines wichtigen Industriezweiges handeln die Bedingungen des nächsten langfristigen Tarifvertrages mit den Gewerkschaftsführern aus. Vertreter der Regierung sind anwesend, nicht nur als Schiedsrichter oder Vermittler, sondern auch weil der Staat ein besonderes Interesse an diesem Industriezweig hat – etwa weil die Produkte wichtig für die Verteidigung sind, oder weil es ein Bereich ist, der große Bedeutung für die übrige Wirtschaft hat. Auf den ersten Blick sollte es einfach sein, diese Situation in spieltheoretische Begriffe zu übertragen: drei Mitspieler, jeder mit eigenen Interessen. Aber wir wollen nun einige Grundzüge einführen, die die soziale Wirklichkeit im Gegensatz zu den schönen Beispielen in den Lehrbüchern häufig so unübersichtlich machen und in Unordnung bringen.

Einige der Gewerkschaftsführer nähern sich dem Zeitpunkt, wo sie ihr Amt in der Gewerkschaft niederlegen werden. Wenn sie keine relativ hochbezahlte Stelle bei den Arbeitgebern oder dem Staat bekommen, müssen sie vielleicht wieder zurück an die Werkbank. Die Arbeitgeber sind über die Regierung nicht nur aufgrund der gegenwärtigen öffentlichen Interessenlage beunruhigt; es geht ihnen auch längerfristig darum, eine andere Art von vertraglichen Regelungen mit dem Staat zu erhalten. Einer der Regierungsvertreter trägt sich mit dem Gedanken, sich in einem Bezirk in ein Amt wählen zu lassen, wo die Stimmen der Arbeitnehmer den Ausschlag geben. Das heißt, in jeder gegebenen sozialen Situation ist es oft der Fall, daß zwischen den Mitgliedern derselben Gruppe gleichzeitig viele verschiedene Transaktionen stattfinden. Es wird nicht ein Spiel gespielt, sondern mehrere, und, um die Spielmetapher noch weiter auszudehnen, das Problem im wirklichen Leben ist, daß ein Zug des Springers nach B 3 immer mit einem Lob über das Netz beantwortet werden kann.

Selbst wenn wir mit einiger Sicherheit sagen können, welches Spiel gespielt wird, bleibt doch noch ein weiteres Problem. Im wirklichen Leben beginnen wir, anders als in Spielen und in den Beispielen in den Büchern über Spieltheorie, oft nicht mit einer festgelegten Anzahl von Spielern und Spielsteinen oder in einem abgegrenzten Spielfeld. Es gibt oder gab einmal eine aus Pappe und Kunststoff bestehende Version der Schlacht von Gettysburg auf dem Markt, die mit großer Naturtreue das Gelände, den Ablauf und die in die Schlacht verwickelten Einheiten wiedergab. Es hatte die Besonderheit, daß ein einigermaßen guter Spieler, der den Part der Konföderierten übernommen hatte, gewinnen konnte. Aber zweifellos ist kaum ein Spieler ein so intelligenter General wie Lee es war, und Lee hat verloren. Warum? Die Antwort liegt selbstverständlich darin, daß der Spieler von vorneherein weiß, was Lee nicht wußte – wie der Zeitplan für die einleitenden Abschnitte der Schlacht aussehen muß, welche Einheiten eingesetzt werden, welche Beschränkungen das Gelände auferlegt, auf dem die Schlacht ausgetragen wird. Und all das hat zur Folge, daß das Spiel *nicht* die Situation Lees wiedergibt. Denn Lee wußte nicht und konnte nicht wissen, daß es die *Schlacht von Gettysburg* war, die geschlagen würde – ein Ereignis, dem erst rückblickend aufgrund seines Ausgangs eine bestimmte Bedeutung zugeordnet wurde. Das Fehlen dieser Erkenntnis beeinträchtigt die prognostische Fähigkeit vieler Computersimulationen, die versuchen, Analysen bestimmter Situationen der Vergangenheit auf die Voraussage unbestimmter Situationen der Zukunft zu übertragen. Betrachten wir ein Beispiel aus dem Vietnamkrieg.

Unter Benutzung von Lewis F. Richardsons Analyse (1960) des Rüstungswettlaufs der englischen und deutschen Seestreitkräfte in den Jahren vor 1914 erstellten Jeffrey S. Milstein und William Charles Mitchell (1968) eine Simulation des Vietnamkriegs, in die einige der Verallgemeinerungen Richardsons eingingen. Ihre Voraussagen schlugen in zweierlei Hinsicht fehl. Erstens stützte sich ihr Datenmaterial zu Angaben wie Tötung von Zivilisten durch den Vietcong oder zur Zahl der Überläufer des Vietcong auf offizielle Angaben der amerikanischen Regierung. Vielleicht hätten sie 1968 wissen können, was wir heute über die systematische Verfälschung der Zahlen durch die amerikanischen Militärs in Vietnam wissen. Aber wenn sie in irgendeiner Weise Gespür für jenes Bedürfnis der Spieler besessen hätten, die Unvollkommenheit der Information zu maximieren, von der ich weiter oben gesprochen habe, hätten sie die bekräftigenden Belege für ihre Voraussagen nicht so vertrauensvoll behandelt. Erstaunlich ist allerdings ihre Reaktion auf ihre zweite Fehlerquelle, die sie zudem noch selbst bemerken: Ihre Voraussagen wurden durch die Tet-Offensive vollkommen umgeworfen. Die Antwort von Milstein und Mitchell besteht darin, darüber zu spekulieren, wie künftige Untersuchungen so erweitert werden können, daß die Umstände, die zur Tet-Offensive führten, mit einbezogen werden können. Was sie übersehen, ist der zwangsläufig offene und unbestimmte Charakter einer jeden Situation, die so komplex wie der Vietnamkrieg ist. Es gibt in der Ausgangssituation keine festgelegte, benennbare Zahl an Faktoren, aus deren Gesamtheit die Situation besteht. Etwas anderes anzunehmen würde bedeuten, einen rückblickenden Standpunkt mit einem vorausblickenden zu verwechseln. Das heißt aber natürlich nicht, daß jede Computersimulation wertlos wäre; aber was die Simulation nicht umgehen kann, sind die systematischen Quellen der Unvoraussagbarkeit.

Ich komme nun zur vierten jener Quellen: reiner Zufall. J.B. Bury folgte einmal Pascal in seiner Erklärung, die Ursache der Gründung des Römischen Reiches sei die Länge der Nase Kleopatras gewesen: wäre sie nicht so wohlproportioniert gewesen, wäre Mark Anton nicht so hingerissen gewesen; wäre er nicht so hingerissen gewesen, hätte er sich nicht mit Ägypten gegen Oktavian verbündet; wäre er dieses Bündnis nicht eingegangen, wäre es nicht zur Schlacht von Aktium gekommen – und so fort. Man braucht den Gedankengang Burys gar nicht zu akzeptieren, um zu erkennen, daß triviale Zufälle den Ausgang großer Ereignisse entscheidend beeinflussen können: der Maulwurfshügel, der Wilhelm III. das Leben kostete, oder Napoleons Erkältung in Waterloo, die ihn veranlaßte, Ney das Kommando zu übergeben, dem man an diesem Tag vier Pferde unter dem Sattel wegschoß, was zu Fehlern in der Beurteilung der Lage führte, insbesondere zu dem, die *Garde Impériale* zwei Stunden zu spät ins Gefecht zu schicken. Es gibt keine Möglichkeit, alle diese Zufälle wie Maulwurfshügel und Bazillen in Schlachtplänen zu berücksichtigen.

Es gibt also vier unabhängige, aber häufig miteinander verbundene Quellen systematischer Unvoraussagbarkeit im menschlichen Leben. Es ist wichtig, darauf hinzuweisen, daß Unvoraussagbarkeit keine Unerklärbarkeit nach sich zieht und daß sie vereinbar mit der Wahrheit des Determinismus in seiner ausgeprägten Fassung ist. Nehmen wir an, wir sind irgendwann in der Zukunft in der Lage – und ich sehe keinen Grund, warum das nicht so sein sollte –, Computer zu bauen und zu programmieren, die weite Bereiche des menschlichen Verhaltens simulieren können. Sie sind mobil; sie erfassen Informationen, tauschen sie aus und denken über sie nach; sie haben miteinander konkurrierende und gemeinschaftliche Ziele; sie treffen Entscheidungen zwischen alternativen Handlungsabläufen. Es ist wichtig, sich vor Augen zu halten, daß solche Computer gleichzeitig vollkommen spezialisierte mechanische und elektronische Systeme einer ganz bestimmten Art und doch allen vier Formen der Unvoraussagbarkeit unterworfen wären. Keiner von ihnen könnte radikale begriffliche Neuerungen oder zukünftige Beweise in der Mathematik voraussagen, aus exakt denselben Gründen, aus denen wir es nicht können. Keiner von ihnen wäre imstande, das Ergebnis der eigenen, noch nicht getroffenen Entscheidungen vorauszusagen. Jeder von ihnen wäre in seinen Beziehungen zu anderen Computern in die gleiche Art spieltheoretischer Verwicklungen verstrickt, die auch uns gefangenhalten. Und alle wären anfällig für äußere Zufälle wie beispielsweise Stromausfälle. Aber jeder einzelne Schritt von und in jedem Computer ließe sich mechanisch oder elektronisch restlos erklären.

Daraus folgt, daß die Beschreibung ihres Verhaltens auf der Handlungsebene – im Sinne von Entscheidungen, Beziehungen, Zielen und dergleichen – sich in ihrem logischen und begrifflichen Aufbau erheblich von der Beschreibung des Verhaltens auf der Ebene der elektrischen Impulse unterscheiden würde. Es fiele schwer, der begrifflichen Reduktion der einen Beschreibungsform auf die andere einen eindeutigen Sinn zu geben; und wenn das für diese imaginären, aber möglichen Computer gilt, wird es wahrscheinlich auch für uns gelten – es erscheint sogar wahrscheinlich, daß wir diese Computer *sind*.

An diesem Punkt möchte vielleicht der eine oder andere den Status der gesamten bisherigen Argumentation in Frage stellen. Es könnte angeführt werden, daß meine Behauptungen eine innere Inkohärenz enthalten. Denn auf der einen Seite habe ich behauptet, wir könnten keine radikalen begrifflichen Neuerungen voraussagen, während ich auf der anderen Seite behauptet habe, daß es im Leben des Menschen systematische und permanente unvoraussagbare Elemente gibt. Aber aus der ersten dieser Behauptungen folgt mit Sicherheit, daß ich nicht wissen kann, ob nicht morgen oder im nächsten Jahr irgendein Genie eine innovative Theorie entwickelt, die uns in die Lage versetzt, das vorauszusagen, was sich lediglich bisher als unvoraussagbar erwiesen hat, aber nicht als an sich unvoraussagbar. Von meinem Standpunkt aus, so könnte argumentiert werden, muß es mir unvoraussagbar bleiben, ob die Zukunft sich nicht letztlich als völlig voraussagbar erweisen wird. Man kann es auch als mögliche Frage formulieren: Haben Sie nachgewiesen, daß bestimmte Dinge notwendigerweise und prinzipiell unvoraussagbar sind, oder lediglich, daß sie aufgrund unsicherer Tatsachen unvoraussagbar sind?

Nun habe ich sicher nicht behauptet, daß die Voraussage der Zukunft des Menschen in drei der vier Bereiche, die ich herausgegriffen habe, *logisch unmöglich* ist. Und im Fall des Argumentes, das als Prämisse eine

Ableitung des Theorems von Church benutzt, habe ich eine Prämisse aus einem logisch kontroversen Bereich ausgewählt – auch wenn ich glaube, daß sie auf absolut festem Grund steht. Bin ich dadurch für den Vorwurf anfällig, daß das, was heute nicht voraussagbar ist, vielleicht morgen voraussagbar wird? Ich glaube nicht. In der *Philosophie* gibt es tatsächlich nur sehr wenige, und vielleicht gar keine gültige logische Unmöglichkeit oder Beweise durch *reductio ad absurdum*. Der Grund dafür ist, daß wir für einen solchen Beweis in der Lage sein müßten, die relevanten Teile unseres Diskurses so auf eine formale Gleichung zu übertragen, daß wir von einer gegebenen Formel »*q*« zu einem Ergebnis der Form »p∼p« gelangen, und von dort zur weiteren Folge »∼q«. Aber die Art von Klarheit, die erforderlich ist, um unseren Diskurs auf diese Weise zu formalisieren, ist bezeichnenderweise gerade die, die uns in Bereichen fehlt, in denen philosophische Probleme entstehen. Daher sind Beweise durch *reductio ad absurdum* oft Argumente einer ganz anderen Art.

Wittgenstein zum Beispiel ist manchmal dahingehend gedeutet worden, er versuche, einen Beweis für die logische Unmöglichkeit einer Privatsprache zu erbringen, indem er eine Analyse der Vorstellung von Sprache als im wesentlichen lehrbar und öffentlich mit einer Darstellung der Vorstellung von inneren Zuständen als im wesentlichen privat verbinde, um zu belegen, daß das Sprechen von einer Privatsprache einen Widerspruch enthält. Doch eine solche Interpretation mißversteht Wittgenstein, der uns, wie ich meine, etwa folgendes gesagt hat: aufgrund der besten Darstellung von Sprache, die ich geben kann, und der besten Darstellung von inneren geistigen Zuständen, die ich geben kann, kann ich nichts über die Vorstellung einer Privatsprache aussagen, kann ich sie nicht hinreichend verständlich machen.

Genau das ist auch meine Antwort auf den Einwand, daß irgendein Genie vielleicht voraussagbar macht, was jetzt unvoraussagbar ist. Ich habe keinen Beweis erbracht, um den Weg dorthin zu versperren; ich sehe nicht einmal die Einführung der These von Church in die Argumentation als Beitrag zu irgendeinem derartigen Beweis. Bei den Überlegungen, die ich vorzubringen in der Lage war, ist es einfach so, daß ich nichts mit dem Vorschlag anfangen kann. Ich kann ihn nicht adäquat begreiflich machen – weder um ihm zuzustimmen noch um ihm nicht zuzustimmen.

Vorausgesetzt also, es gibt diese unvoraussagbaren Elemente im sozialen Leben, dann ist es entscheidend, ihre enge Beziehung zu voraussagbaren Elementen zu beachten. Was sind voraussagbare Elemente? Es gibt mindestens vier Arten. Die erste ergibt sich aus der Notwendigkeit, unser soziales Handeln zu planen und zu koordinieren. In jeder Kultur gestalten die meisten Menschen die meiste Zeit ihre Aktivitäten im Sinne irgendeiner Vorstellung von einem normalen Tag. Sie stehen jeden Tag um etwa die gleiche Zeit auf, ziehen sich an und waschen sich oder waschen sich nicht, essen zu bestimmten Zeiten, gehen zu bestimmten Zeiten zur Arbeit und kommen zu bestimmten Zeiten zurück und so fort. Wer das Essen vorbereitet, muß damit rechnen können, daß die, die essen, zu bestimmten Zeiten an bestimmten Orten erscheinen; die Sekretärin, die in einem Büro zum Telefon greift, muß damit rechnen können, daß die Sekretärin in einem anderen Büro antwortet; Busse und Züge müssen die Fahrgäste an zuvor festgelegten Orten aufnehmen. Wir alle verfügen über ein umfangreiches stillschweigendes, unausgesprochenes Wissen über voraussagbare Erwartungen anderer und einen großen Bestand an ausdrücklich gespeicherten Informationen. Im Rahmen eines berühmten Experiments erklärte Thomas Schelling einer Gruppe von hundert Personen, sie hätten die Aufgabe, eine unbekannte Person an einem bestimmten Tag in Manhattan zu treffen. Das einzige, was sie über den anderen wußten, war, daß er alles wußte, was sie wußten. Sie selbst mußten Zeit und genauen Ort des Treffens bestimmen. Mehr als achtzig von ihnen wählten die Stelle unter der großen Uhr in der Halle der Grand Central Station um zwölf Uhr mittags; und genau weil über achtzig Prozent diese Antwort gaben, ist es die richtige Antwort. Schellings Versuch läßt darauf schließen, daß wir alle mehr darüber wissen, wie die Erwartungen anderer über unsere Erwartungen sind – und umgekehrt –, als wir normalerweise erkennen.

Eine zweite Quelle systematischer Voraussagbarkeit im menschlichen Verhalten entspringt statistischen Regelmäßigkeiten. Wir wissen, daß wir alle im Winter stärker zu Erkältungen neigen, daß die Selbstmordrate um Weihnachten nach oben schnellt, daß ein zahlenmäßig höherer Einsatz von qualifizierten Wissenschaftlern bei einem genau umrissenen Problem die Wahrscheinlichkeit vergrößert, daß es eher früher und nicht später gelöst wird, daß Iren mit größerer Wahrscheinlichkeit geisteskrank werden als Dänen, daß der beste Indikator dafür, wie ein Mann in Großbritannien wählt, der ist, wie sein bester Freund wählt, daß Ihre Frau oder Ihr Mann Sie mit größerer Wahrscheinlichkeit umbringt als ein fremder Verbrecher, und daß in Texas im allgemeinen alles größer ist, einschließlich der Mordraten. Das interessante an diesem Wissen ist seine relative Unabhängigkeit von kausalem Wissen.

Niemand kennt die Ursachen einiger dieser Erscheinungen, und über die Ursachen anderer haben viele von uns völlig falsche Vorstellungen. So wie Unvoraussagbarkeit nicht Unerklärbarkeit zur Folge hat, hat Voraussagbarkeit nicht Erklärbarkeit zur Folge. Die Kenntnis statistischer Regelmäßigkeiten spielt eine ebenso wichtige Rolle bei der Ausarbeitung und Durchführung von Plänen und Projekten wie die Kenntnis der Planung und koordinierter Erwartungen. Fehlte eine der beiden, wären wir nicht imstande, rational zwischen alternativen Plänen hinsichtlich ihrer Erfolgs- und Mißerfolgsaussichten zu wählen. Das gilt auch für die beiden anderen Quellen der Voraussagbarkeit im sozialen Leben. Die erste der beiden ist die Kenntnis der kausalen Regelmäßigkeit der Natur: Schneestürme, Erdbeben, Seuchen, Körpergröße, Unterernährung und die Eigenschaften des Proteins legen alle den menschlichen Möglichkeiten Fesseln an. Die zweite Quelle ist die Kenntnis der kausalen Regelmäßigkeiten im sozialen Leben. Obwohl der Status der Verallgemeinerungen, die solche Kenntnisse ausdrücken, der Gegenstand meiner Untersuchung ist, ist es letzten Endes völlig klar, daß es solche Verallgemeinerungen gibt und daß sie gewisse prognostische Fähigkeiten haben. Ein Beispiel für die vierte Quelle, die ich bereits genannt habe, wäre die Verallgemeinerung, daß in Gesellschaften wie in Großbritannien und Deutschland im 19. und 20. Jahrhundert im großen ganzen die Stellung in der Klassenstruktur die Ausbildungsmöglichkeiten bestimmte. Hier spreche ich von wirklichen kausalen Kenntnissen und nicht von Kenntnissen über statistische Regelmäßigkeiten.

Wir sind nun endlich in der Lage, uns der Frage der Beziehung der Voraussagbarkeit zur Unvoraussagbarkeit im sozialen Leben zu nähern, um ein etwas vorteilhafteres Licht auf den Status der Verallgemeinerungen der Sozialwissenschaften zu werfen. Es leuchtet unmittelbar ein, daß sich viele der zentralen Kennzeichen des menschlichen Lebens aus den individuellen und eigentümlichen Arten herleiten, in denen Voraussagbarkeit und Unvoraussagbarkeit zusammenhängen. Das Ausmaß an Voraussagbarkeit, das unsere sozialen Strukturen besitzen, versetzt uns in die Lage zu planen und uns auf langfristige Vorhaben einzulassen; und die Fähigkeit zu planen und sich auf langfristige Vorhaben einzulassen, ist eine notwendige Bedingung, das Leben sinnvoll finden zu können. Einem Leben von Augenblick zu Augenblick, von Episode zu Episode, nicht durch weitreichende Absichten verbunden, würde die Grundlage vieler typisch menschlicher Einrichtungen fehlen: Ehe, Krieg, die Erinnerung an das Leben der Toten, das Weiterführen von Familien, Städte und Berufe über Generationen hinweg und so weiter. Aber die allgegenwärtige Unvoraussagbarkeit im menschlichen Leben macht unsere Pläne und Vorhaben auch ständig verwundbar und zerbrechlich.

Verwundbarkeit und Zerbrechlichkeit haben natürlich auch noch andere Ursachen, etwa das Wesen unserer materiellen Umwelt und unsere Unwissenheit. Aber die Denker der Aufklärung und ihre Erben im 19. und 20. Jahrhundert sahen darin die einzige oder doch die wichtigste Ursache der Verwundbarkeit und Zerbrechlichkeit. Die Marxisten fügten wirtschaftlichen Konkurrenzkampf und ideologische Blindheit hinzu. Sie alle schrieben, als könnten Verwundbarkeit und Zerbrechlichkeit in irgendeiner fortschrittlichen Zukunft besiegt werden. Und jetzt ist es möglich, das Verbindungsglied zwischen dieser Überzeugung und ihrer Wissenschaftsphilosophie zu bestimmen – die letztere spielte mit ihrer Sicht von Erklärung und Voraussage eine zentrale Rolle für die Aufrechterhaltung der ersteren. Aber unsere Argumentation muß jetzt in die andere Richtung gehen.

Jeder von uns versucht – als einzelner wie als Mitglied bestimmter sozialer Gruppen –, seine Pläne und Vorhaben in der natürlichen und sozialen Welt zu verwirklichen. Eine Bedingung, um das zu erreichen, besteht darin, soviel wie möglich von unserer natürlichen und sozialen Umwelt voraussagbar zu machen, und die Bedeutung sowohl der Natur- wie der Sozialwissenschaft in unserem Leben leitet sich zumindest teilweise, wenn auch nur teilweise, aus ihrem Beitrag zu diesem Vorhaben ab. Gleichzeitig strebt jeder von uns danach – als einzelner wie als Mitglied bestimmter sozialer Gruppen – seine Unabhängigkeit, seine Freiheit, seine Kreativität und jene innere Reflexion, die eine so wichtige Rolle für die Freiheit und Kreativität spielt, vor einem Eingriff anderer zu bewahren. Wir möchten nicht mehr von uns enthüllen, als wir für richtig halten, und niemand möchte alles von sich enthüllen – außer vielleicht unter dem Einfluß irgendeiner psychoanalytischen Illusion. Wir müssen in einem bestimmten Ausmaß *undurchsichtig und unvoraussagbar* bleiben, vor allem wenn wir durch die prognostischen Praktiken anderer bedroht werden. Die Befriedigung dieses Bedürfnisses zumindest in einem gewissen Umfang bildet eine weitere notwendige Bedingung für ein sinnvolles Leben, wie es ist und sein kann. Wenn das Leben sinnvoll sein soll, ist es nötig, daß wir uns in langfristige Vorhaben einbringen können, und das erfordert Voraussagbarkeit; wenn das Leben sinnvoll sein soll, ist es nötig, daß wir uns selbst gehören und nicht die Geschöpfe der Vorstellungen, Absichten und Wünsche anderer sind, und das erfordert Unvoraussagbarkeit. Wir sind damit in eine Welt eingebunden, in der wir gleichzeitig versuchen, die übrige Gesellschaft voraussagbar und uns selbst nicht voraussagbar zu machen, Verallgemeinerungen zu entwerfen, die das Verhalten anderer festhalten, und unser eigenes Verhalten in Formen zu pressen, die die Verallgemeinerungen vermeiden, die andere sich ausdenken. Wenn das allgemeine Merkmale des sozialen Lebens sind, was sind dann die Kennzeichen des bestmöglichen Bestands an Verallgemeinerungen über das soziale Leben?

Wahrscheinlich gibt es drei wichtige Kennzeichen. Sie werden sich auf eine ausgiebige Forschung stützen, doch ihre induktiv begründete Eigenart wird in ihrem Scheitern zum Ausdruck kommen, sich der Gesetzesgleichheit anzunähern. Gleichgültig wie gut sie ausgearbeitet sind, die besten unter ihnen werden gleichzeitig neben Gegenbeispielen bestehen müssen, denn das ständige Schaffen von Gegenbeispielen ist ein Merkmal des menschlichen Lebens. Und über die besten unter ihnen werden wir niemals genau sagen können, welchen Geltungsbereich sie haben. Daraus folgt natürlich, daß sie keine exakt definierten nicht-faktischen Bedingungssätze nach sich ziehen werden. Sie werden eingeleitet nicht durch allgemeine Quantifizierungsmerkmale, sondern durch Formulierungen wie »Charakteristischerweise und meistens…«.

Aber gerade das sind, wie ich schon erklärt habe, die Kennzeichen der Verallgemeinerungen, deren Entdeckung empirische Sozialwissenschaftler mit gutem Grund behaupten. Mit anderen Worten, die logische Form dieser Verallgemeinerungen – oder ihr Fehlen – ist, wie sich herausstellt, in der Form – oder ihrem Fehlen – des menschlichen Lebens verwurzelt. Wir sollten nicht überrascht oder enttäuscht sein, daß die Verallgemeinerungen und Grundsätze der besten Sozialwissenschaft bestimmte Kennzeichen mit ihren Vorläufern teilen – den Sprichwörtern des Volksmunds, den Verallgemeinerungen der Juristen, den Maximen Machiavellis. Und wir können nun tatsächlich zu Machiavelli zurückkehren.

Die Argumentation zeigt, daß *fortuna* nicht eliminierbar ist. Aber das bedeutet nicht, daß wir nicht noch mehr über sie sagen können, zumindest in zweierlei Hinsicht. Das eine betrifft die Möglichkeit, *fortuna* zu messen. Eines der Probleme, die von der konventionellen Wissenschaftsphilosophie aufgeworfen werden, liegt darin, daß sie den Wissenschaftlern im allgemeinen und den Sozialwissenschaftlern im besonderen nahelegt, sie sollten einen Irrtum bei einer Voraussage nur als eine Art von Versäumnis behandeln, es sei denn, es kommen entscheidende Probleme der Falsifikation auf. Würden wir jedoch sorgfältig Buch über die Irrtümer führen und den Irrtum selbst zum Gegenstand von Untersuchungen machen, würden wir meiner Meinung nach entdecken, daß der Irrtum bei Voraussagen nicht wahllos verteilt ist. Zu erfahren, ob dies so ist oder nicht, wäre ein erster Schritt, mehr zu tun, als ich in diesem Kapitel getan habe, also eher über bestimmte Rollen zu sprechen, die *fortuna* in verschiedenen Bereichen des menschlichen Lebens gespielt hat, als nur über die allgemeine Rolle von *fortuna* im menschlichen Leben überhaupt.

Der zweite Aspekt im Hinblick auf *fortuna,* der einige Anmerkungen verlangt, betrifft ihre Beständigkeit. Ich habe weiter oben den Status von Beweisen für meine Argumente in Frage gestellt; wie kann ich dann Gründe haben, an die Beständigkeit von *fortuna* zu glauben? Meine Gründe sind zum Teil empirischer Natur. Denn nehmen wir an, jemand würde die bisherige Argumentation akzeptieren und der Kennzeichnung der vier systematischen Quellen der Unvoraussagbarkeit zustimmen, würde dann aber anregen, daß wir versuchen, die Rolle zu eliminieren oder zumindest so weit wie möglich zu begrenzen, die diese Quellen der Unvoraussagbarkeit im sozialen Leben spielen. Er regt an, soweit wie möglich das Vorkommen von Situationen zu verhindern, in denen begriffliche Neuerungen oder die unvorhergesehenen Folgen nicht gefällter Entscheidungen oder der spieltheoretische Charakter des menschlichen Lebens oder reiner Zufall bereits gemachte Voraussagen, bereits bestimmte Regelmäßigkeiten aufbrechen können. Könnte so jemand sein Ziel erreichen? Könnte er eine jetzt nicht voraussagbare soziale Welt ganz oder größtenteils voraussagbar machen?

Sicher müßte sein erster Schritt in der Gründung einer Organisation bestehen, damit er ein Werkzeug für sein Vorhaben hätte, und ebenso sicher müßte es seine erste Aufgabe sein, die Tätigkeit seiner eigenen Organisation ganz oder weitgehend voraussagbar zu machen. Denn wenn er das nicht erreichen könnte, könnte er auch kaum sein größeres Ziel erreichen. Aber er würde seine Organisation auch leistungsfähiger und erfolgreicher machen und sie in die Lage versetzen müssen, mit ihrer ureigenen Aufgabe umgehen zu können und gerade in der Umwelt zu überleben, die sie verändern soll. Leider erweisen sich diese beiden Eigenschaften, völlige oder fast völlige Voraussagbarkeit einerseits und organisatorische Effektivität andererseits, auf der Grundlage der bislang besten empirischen Untersuchungen als unvereinbar. Tom Burns hat die Bedingungen für Effektivität in einer Umwelt bestimmt, die innovative Anpassung verlangt, und Eigenschaften aufgeführt wie »ständige Neubestimmung der individuellen Aufgabe«, »Kommunikation, die eher aus Information und Rat besteht als aus Anweisungen und Entscheidungen«, »Kenntnisse können überall im Netz angesiedelt werden« und so weiter (Burns 1963; Burns/Stalker 1968). Man kann ruhig verallgemeinern, was Burns und Stalker über die Notwendigkeit sagen, individuelle Initiative, flexible Reaktion auf Veränderungen der Erkenntnisse, Vermehrung von Zentren zur Problemlösung und Entscheidungsfindung zu erlauben, was auf die These hinausläuft, daß eine leistungsfähige Organisation in sich ein hohes Maß an Unberechenbarkeit ertragen können muß. Andere Untersuchungen bestätigen dies. Versuche zur permanenten Überwachung der Tätigkeit von Untergebenen wirken meistens leistungshemmend; Versuche, die Tätigkeit anderer voraussagbar zu machen, führen zu Routine, unterdrücken Intelligenz und Flexibilität und bewirken, daß sich die Energie der Untergebenen gegen die Pläne zumindest einiger ihrer Vorgesetzten wendet (Kaufmann 1973; vgl. auch Burns/Stalker 1968 über die Auswirkungen von Versuchen, Führungshierarchien umzustoßen und zu umgehen).

Da sich organisatorischer Erfolg und organisatorische Voraussagbarkeit ausschließen, ist das Vorhaben, eine ganz oder größtenteils voraussagbare Organisation zu schaffen, die verpflichtet ist, eine ganz oder größtenteils voraussagbare Gesellschaft zu schaffen, aufgrund der Tatsachen des sozialen Lebens völlig zum Scheitern verdammt. Totalitarismus einer bestimmten Art, wie Aldous Huxley oder George Orwell ihn beschrieben haben, ist daher unmöglich. Das totalitäre Vorhaben wird immer zu Starrheit und Ineffizienz führen, die auf lange Sicht zu seinem Untergang beitragen können. Wir müssen uns allerdings an die Stimmen aus Auschwitz und vom Archipel Gulag erinnern, die uns verdeutlichen, wie lang diese lange Sicht ist.

Es liegt also nichts Widersinniges in der Voraussage über die permanente Unvoraussagbarkeit des menschlichen Lebens, die jedoch angreifbar wie alle sozialen Voraussagen ist. Aufgebaut ist diese Voraussage auf einer Rechtfertigung der Praxis und der Ergebnisse der empirischen Sozialwissenschaft und auf einer Widerlegung dessen, was die herrschende Ideologie weiter Teile der Sozialwissenschaft wie auch der konventionellen Philosophie der Sozialwissenschaft gewesen ist.

Aber diese Widerlegung bringt auch eine entschiedene Zurückweisung der Ansprüche dessen mit sich, was ich als bürokratisches Expertentum der Manager bezeichnet habe. Und mit dieser Zurückweisung ist zumindest ein Teil meiner Argumentation abgeschlossen. Die Ansprüche des Experten auf Status und Belohnung werden bedrohlich untergraben, wenn wir erkennen, daß er über keinen soliden Bestand an gesetzesgleichen Verallgemeinerungen verfügt, und wenn wir verstehen, wie gering seine Fähigkeit zu Voraussagen ist. Der Begriff der Effektivität des Managers ist im Grunde eine weitere zeitgenössische moralische Fiktion und vielleicht die wichtigste von allen. Die Vorherrschaft des Manipulativen in unserer Kultur wird nicht von großem Erfolg in der Manipulation begleitet und kann es auch nicht. Ich meine selbstverständlich nicht, daß die Aktivitäten vermeintlicher Fachleute keine Auswirkungen hätten, und daß wir nicht unter diesen Auswirkungen leiden, und zwar erheblich. Aber der Begriff der sozialen Kontrolle, der sich im Begriff des Expertentums verkörpert, ist tatsächlich eine Maskerade. Unsere Sozialordnung ist uns, das heißt eigentlich allen, in einem sehr wörtlichen Sinn außer Kontrolle geraten. Niemand ist verantwortlich oder könnte es sein.

Der Glaube an das Expertentum des Managers ist also von meinem Standpunkt aus tatsächlich dem sehr ähnlich, was Carnap und Ayer für den Glauben an Gott hielten. Er ist eine weitere Illusion, und eine besonders moderne dazu, die Illusion einer Macht, die nicht wir selbst sind, und die den Anspruch erhebt, Gerechtigkeit zu bewirken. Der Manager als *Charakter* ist daher anders, als er auf den ersten Blick zu sein scheint: Die soziale Welt des alltäglichen, nüchternen, praktischen, pragmatischen, humorlosen Realismus, der die Umwelt der Manager darstellt, ist eine Welt, die um ihrer stützenden Existenz willen vom systematischen Fortbestehen von Mißverständnissen und vom Glauben an Fiktionen abhängt. Der Warenfetischismus ist ergänzt worden durch einen anderen, ebenso bedeutenden Fetischismus, den der bürokratischen Fähigkeiten. Denn aus meinem gesamten Argument folgt, daß der Bereich des Expertentums des Managers ein Bereich ist, in dem angeblich objektiv begründete Ansprüche in Wirklichkeit Ausdruck von willkürlichem, aber verborgenem Willen und von Präferenzen sind. Die Beschreibung von Keynes, wie die Schüler Moores ihre privaten Präferenzen unter dem Vorwand förderten, das Vorhanden- oder Nichtvorhandensein einer nicht-rationalen Eigenschaft der Güte zu bestimmen, einer Eigenschaft, die tatsächlich eine Fiktion war, verdient eine zeitgenössische Fortsetzung in der Gestalt einer ebenso eleganten und eindrucksvollen Beschreibung dessen, wie in der sozialen Welt der Unternehmen und Regierungen private Präferenzen gepflegt werden unter dem Vorwand, das Vorhanden- oder Nichtvorhandensein von Ergebnissen der Experten zu bestimmen. Und so wie die Keynessche Beschreibung ahnen ließ, warum der Emotivismus eine so überzeugende These ist, würde das auch die moderne Fortsetzung tun. Die Prophezeiungen des 18. Jahrhunderts haben bewirkt, daß *nicht* wissenschaftlich gelenkte soziale Kontrolle entstand, sondern eine geschickte dramatische Nachahmung einer solchen Kontrolle. Es ist der theatralische Erfolg, der in unserer Zivilisation Macht und Autorität verschafft. Der effektivste Bürokrat ist der beste Schauspieler.

Darauf werden viele Manager und Bürokraten entgegnen: Sie gehen auf einen Pappkameraden los, den Sie selbst aufgestellt haben. Wir erheben keine großen Ansprüche, weder Webersche noch andere. Wir sind uns ebenso genau der Grenzen der sozialwissenschaftlichen Verallgemeinerungen bewußt wie Sie. Wir erfüllen eine bescheidene Aufgabe mit bescheidener und anspruchsloser Kompetenz. Aber wir haben sehr wohl Spezialkenntnisse und sind berechtigt, auf unserem eigenen, begrenzten Gebiet Experten genannt zu werden.

Nichts in meiner Argumentation bestreitet diese bescheidenen Ansprüche; aber es sind auch keine Ansprüche der Art, die Macht und Autorität verleihen, weder innerhalb noch für bürokratische Unternehmen, ob öffentlich oder privat. Denn Ansprüche dieser bescheidenen Art könnten niemals auch nur ansatzweise den Besitz oder den Einsatz von Macht in dem Stil oder Umfang rechtfertigen, in dem diese Macht innerhalb oder durch bürokratische Unternehmen ausgeübt wird. So können die bescheidenen und schlichten Ansprüche, die in dieser Erwiderung auf meine Argumentation zum Ausdruck kommen, selbst höchst irreführend sein, für diejenigen, die sie äußern, ebenso wie für jeden anderen. Denn sie dienen offenbar nicht zur Widerlegung meines Arguments, daß in unseren Unternehmen eine metaphysische Überzeugung vom Expertentum der Manager institutionalisiert worden ist, sondern als Entschuldigung für die weitere Beteiligung an der Scharade, die folglich gespielt wird. Die theatralischen Begabungen der Spieler in unbedeutenden Statistenrollen sind für das bürokratische Schauspiel ebenso notwendig wie die Beiträge der großen Charakterdarsteller aus der Chefetage.

Kapitel 9
Nietzsche oder Aristoteles?

Die heutige Sicht der Welt ist, wie ich angedeutet habe, überwiegend weberianisch, wenn auch vielleicht nicht in allen Einzelheiten. Dagegen wird es sofort Proteste geben. Die meisten Liberalen werden argumentieren, daß es so etwas wie »die« heutige Sicht der Welt gar nicht gibt; es gibt eine Vielzahl von Sichtweisen, die sich aus jener unaufhebbaren Vielzahl von Werten herleiten, deren konsequentester und gleichzeitig überzeugendster Verteidiger Sir Isaiah Berlin ist. Viele Sozialisten werden argumentieren, daß die herrschende heutige Weltsicht eine marxistische ist, daß Weber ein alter Hut ist und daß seine Behauptungen von seinen linken Kritikern vernichtend untergraben wurden. Ersteren will ich erwidern, daß der Glaube an eine unaufhebbare Vielzahl von Werten selbst ein immer wiederkehrendes zentrales Thema Webers war. Und letzteren will ich antworten, daß Marxisten, wenn sie Macht organisieren und nach Macht streben, im Wesen immer Weberianer werden und geworden sind, selbst wenn sie in der Rhetorik Marxisten bleiben; denn in unserer Kultur kennen wir kein organisiertes Machtstreben, das in der Methode nicht bürokratisch und managerhaft ist, und wir kennen keine Rechtfertigung von Autorität, die der Form nach nicht weberianisch wäre. Und falls das auf den Marxismus zutrifft, während er auf dem Weg zur Macht ist, um wieviel mehr ist es dann der Fall, wenn er sie erreicht. Macht neigt zur Kooptation und absolute Macht kooptiert absolut.

Doch wenn mein Argument richtig ist, kann diese weberianische Sicht der Welt nicht rational aufrechterhalten werden; sie verschleiert und verbirgt mehr als sie erhellt, und sie hängt um ihrer Macht willen von erfolgreichem Verschleiern und Verbergen ab. Und an dieser Stelle wird zum zweiten Mal protestiert werden. Warum hat in meiner gesamten

Darstellung das Wort »Ideologie« keinen Platz gefunden? Warum habe ich soviel über Masken und Verheimlichung gesprochen und so wenig – fast gar nicht – über das, was maskiert und verheimlicht wird? Die knappe Antwort auf die letzte Frage lautet, daß ich keine allgemeine Antwort kenne; aber ich schütze nicht einfach Unwissenheit vor. Als Marx die Bedeutung des Wortes »Ideologie« änderte und ihm seine moderne Richtung gab, tat er das an manchen Stellen mit Hinweis auf einige einleuchtende Beispiele. Die französischen Revolutionäre von 1789 zum Beispiel nahmen nach Meinung von Marx an, daß sie die gleiche Art von moralischer und politischer Existenz besitzen wie die alten Republikaner; dadurch verbargen sie vor sich selbst ihre soziale Rolle als Wortführer für die Bourgeoisie. Die englischen Revolutionäre von 1649 verbargen sich ähnlich unter dem Deckmantel alttestamentarischer Gottesdiener und verbargen dadurch auf ähnliche Weise *ihre* soziale Rolle vor sich selbst. Aber als die einzelnen Beispiele von Marx zu einer Theorie verallgemeinert wurden – von Marx selbst oder von anderen –, entstanden ganz anders geartete Probleme. Denn die Allgemeingültigkeit der Theorie leitete sich aus der versuchten Darstellung der Theorie als Komplex gesetzesgleicher Verallgemeinerungen ab, die die materiellen Bedingungen und die Klassenstruktur der Gesellschaft als Ursachen mit ideologisch durchdrungenen Überzeugungen als Wirkung verbinden. Das ist der Sinn der frühen Formulierungen von Marx und Engels in *Die deutsche Ideologie* sowie der späteren von Engels im *Anti-Dühring*. Damit wird die Theorie der Ideologie zu einem weiteren Beispiel der Art von Pseudosozialwissenschaft, indem sie, wie ich schon angeführt habe, *sowohl* die Form der aktuellen Entdeckungen der Sozialwissenschaftler entstellt, *als auch* selbst als verdeckter Ausdruck willkürlicher Präferenzen fungiert. In der Tat bildet die *Theorie* der Ideologie ein weiteres Beispiel für gerade das Phänomen, das zu verstehen ihre Anhänger hofften. Während wir also noch viel zu lernen haben aus der Geschichte des *18. Brumaire,* sind die allgemeine Marxsche *Theorie* der Ideologie und ihre zahlreichen Erben selbst nur eine weitere Anhäufung von Symptomen, die als Diagnose verkleidet sind.

Aber ein Teil des Ideologiekonzepts, dessen Urheber Marx ist – und das von so unterschiedlichen Denkern wie Karl Mannheim und Lucien Goldmann auf so vielfältige und erhellende Art genutzt worden ist –, liegt natürlich meiner Hauptthese über die Moral zugrunde. Wenn die moralische Äußerung im Dienste eines willkürlichen Willens genutzt wird, ist das der willkürliche Wille von irgend jemandem; und die Frage, *wessen* Wille es ist, ist offensichtich von moralischer wie politischer Bedeutung. Doch diese Frage zu beantworten, ist hier nicht meine Aufgabe. Um meine gegenwärtige Aufgabe zu erfüllen, muß ich lediglich zeigen, wie die Moral einer bestimmten Art von Gebrauch zugänglich geworden ist und daß sie so gebraucht wird.

Wir benötigen deshalb zur Ergänzung der Beschreibung des spezifisch modernen moralischen Diskurses und seiner Praxis, die ich gegeben habe, eine Reihe historischer Darstellungen, die zeigen, daß heute viel zu viele Gründe moralisch gebilligt werden können, daß die Form moralischer Äußerungen fast für jedes Gesicht eine mögliche Maske liefert. Denn die Ethik ist tatsächlich auf völlig neue Weise *allgemein verfügbar* geworden. So war es auch Nietzsches Wahrnehmung dieser popularisierten Oberflächlichkeit der modernen moralischen Äußerung, die zum Teil seinen Widerwillen gegen sie nährte. Und diese Wahrnehmung ist eines der Merkmale der Moralphilosophie Nietzsches, das sie zu einer der zwei echten theoretischen Alternativen macht, die sich jedem anbieten, der den moralischen Zustand unserer Kultur zu analysieren versucht – *falls* mein Argument bisher im wesentlichen richtig ist. Warum ist das so? Eine angemessene Antwort auf diese Frage verlangt, daß ich zunächst etwas mehr über meine eigene These sage und dann etwas über die Einsichten Nietzsches.

Ein zentraler Teil meiner These war, daß die moderne moralische Äußerung und Praxis nur als eine Reihe bruchstückhafter Überreste einer älteren Vergangenheit verstanden werden können, und daß die unlösbaren Probleme, die sie den modernen Moraltheoretikern gestellt haben, so lange unlösbar bleiben, bis das richtig erkannt ist. Falls der deontologische Charakter moralischer Urteile der Schatten der Konzeption des göttlichen Rechts ist, das der Metaphysik der Moderne ziemlich fremd ist, und falls ihr teleologischer Charakter in ähnlicher Weise der Schatten der Konzeption der menschlichen Natur und ihrer Handlungen ist, die in der modernen Welt ebensowenig zu Hause ist, sollten wir damit rechnen, daß die Probleme, moralische Urteile zu verstehen und ihnen einen verstandesmäßig faßbaren Status zuzuweisen, sowohl ständig zunehmen als auch philosophischen Lösungen immer unzugänglicher werden. Was wir hier brauchen, ist nicht nur philosophischer Scharfsinn, sondern auch jene Sichtweise, mit der Anthropologen anderer Kulturen im Idealfall beobachten und mit der sie Überreste und Unverständlichkeiten identifizieren können, die von denen, die in diesen Kulturen leben, nicht wahrgenommen werden. Eine Möglichkeit, unseren eigenen Blick zu schärfen, könnte darin bestehen, zu untersuchen, ob die Kategorien unseres kulturellen und moralischen Zustandes nicht denen anderer Sozialordnungen ähneln, die wir bisher als ganz verschieden von der unseren betrachtet haben. Das spezielle Beispiel, an das ich denke, ist das einiger Inselkönigreiche im Pazifik am Ende des 18. und Beginn des 19. Jahrhunderts.

Im Bericht über seine dritte Reise hält Kapitän Cook die erste Entdekkung des polynesischen Wortes *Tabu* (in einer Vielzahl von Formen) durch englischsprechende Menschen fest. Die englischen Seeleute waren erstaunt über die in ihren Augen freizügigen sexuellen Gewohnheiten der Polynesier gewesen und staunten noch mehr, als sie in scharfem Gegensatz dazu das strenge Verbot entdeckten, mit dem beispielsweise das gemeinsame Essen von Männern und Frauen belegt war. Als sie fragten, warum es Männern und Frauen verboten sei, zusammen zu essen, wurde ihnen gesagt, dieses Verhalten sei *tabu*. Aber als sie weiterfragten, was *tabu* bedeute, konnten sie darüber hinaus kaum etwas erfahren. Fraglos bedeutete *tabu* nicht einfach *verboten;* denn daß etwas – eine Person, eine Handlung oder eine Theorie – *tabu* ist, heißt, daß ein bestimmter Grund für das Verbot existiert. Aber was für ein Grund? Nicht nur Cooks Matrosen hatten ihre Not mit dieser Frage; von Frazer und Tylor bis zu Franz Steiner und Mary Douglas haben sich die Anthropologen darum bemüht. Diese Bemühungen haben zwei Schlüssel für das Problem geliefert. Der erste ist die Bedeutung der Tatsache, daß Cooks Matrosen von ihren eingeborenen Informanten keine einsichtige Antwort auf ihre Fragen bekommen konnten. Das läßt *vermuten* – und jede Hypothese ist in gewissem Maß spekulativ –, daß die Eingeborenen selbst das Wort nicht richtig verstanden, das sie gebrauchten. Diese Vermutung wird durch die Mühelosigkeit unterstützt, mit der Kamehameha II. vierzig Jahre später, im Jahr 1819, die Tabus auf Hawaii beseitigte, und auch durch das Ausbleiben sozialer Folgen dieser Abschaffung.

Aber wie konnten die Polynesier dazu kommen, ein Wort zu gebrauchen, das sie selbst nicht richtig verstanden? Hier bringen Steiner und Douglas Licht in das Dunkel. Denn sie vermuten, daß Taburegeln häufig und vielleicht typischerweise eine Geschichte haben, die auf zwei Abschnitte verteilt ist. Im ersten Abschnitt sind die Regeln in einen Kontext eingebettet, der sie verstandesmäßig faßbar macht. So hat Mary Douglas argumentiert, daß die Taburegeln im fünften Buch Mose eine bestimmte Kosmologie und Systematik voraussetzen. Wenn die Taburegeln ihres ursprünglichen Kontexts beraubt werden, neigen sie sofort dazu, als eine

Reihe willkürlicher Verbote zu erscheinen – als was sie bezeichnenderweise tatsächlich erscheinen, wenn der ursprüngliche Kontext verloren gegangen ist, wenn die Grundüberzeugungen, in deren Licht die Taburegeln ursprünglich verstanden worden sind, nicht nur aufgegeben, sondern vergessen sind.

In einer solchen Situation fehlt den Regeln der Status, der ihre Autorität sichern kann, und wenn sie nicht schnell einen neuen Status erhalten, werden ihre Auslegung und ihre Rechtfertigung fraglich. Wenn die Mittel einer Kultur nicht ausreichen, die Aufgabe einer Neuauslegung zu lösen, wird die Aufgabe der Rechtfertigung unlösbar. Daher vielleicht der relativ leichte, wenn auch für einige zeitgenössische Beobachter erstaunliche Sieg Kamehamehas II. über die Tabus (und das dadurch entstehende moralische Vakuum, in dem die Gemeinplätze der protestantischen Missionare Neuenglands nur allzu schnell aufgenommen wurden). Aber wäre die polynesische Kultur in den Genuß der Segnungen der analytischen Philosophie gekommen, dann hätte die Frage nach der Bedeutung des Tabus zweifellos auf mehrere Arten gelöst werden können. *Tabu,* hätte die eine Partei gesagt, ist ohne Frage die Bezeichnung einer nicht-natürlichen Eigenschaft; und genau der gleiche Gedankengang, der Moore dazu führte, *gut* als Bezeichnung einer solchen Eigenschaft anzusehen, und Prichard und Ross dazu, *obligatorisch* und *richtig* als Bezeichnungen solcher Eigenschaften anzusehen, hätte zur Verfügung gestanden, um zu zeigen, daß *tabu* die Bezeichnung einer solchen Eigenschaft ist. Eine andere Partei hätte sicher argumentiert, daß »Dies ist *tabu*« in etwa das gleiche bedeutet wie »Ich mißbillige das; mach es ebenso«; und genau der gleiche Gedankengang, der Stevenson und Ayer dazu führte, »gut« hauptsächlich emotivistisch gebraucht zu sehen, hätte zur Verfügung gestanden, die emotivistische Theorie von *tabu* zu stützen. Vermutlich wäre eine dritte Partei aufgetaucht, die argumentiert hätte, daß die grammatische Form von »Dies ist *tabu*« eine verallgemeinerbare, zwingende Vorschrift verbirgt.

Die Sinnlosigkeit dieser imaginären Debatte ergibt sich aus der gemeinsamen Voraussetzung der streitenden Parteien, nämlich daß das Regelwerk, dessen Status und Rechtfertigung sie untersuchen, einen adäquat abgegrenzten Forschungsgegenstand und das Material für ein autonomes Forschungsgebiet liefert. Wir erkennen von unserem Standpunkt in der wirklichen Welt aus, daß dies nicht der Fall ist, daß das Wesen der Taburegeln ausschließlich als Überrest eines früheren, weiterentwickelten kulturellen Hintergrundes zu verstehen ist. Wir wissen außerdem und als Folgerung daraus, daß jede Theorie, die die Taburegeln des späten 18. Jahrhunderts in Polynesien so wie sie sind und ohne Bezug auf ihre Geschichte verständlich macht, zwangsläufig eine falsche Theorie ist; richtig kann nur eine Theorie sein, die die Unverständlichkeit der Regeln offenlegt, wie sie zu dem Zeitpunkt bestehen. Darüber hinaus werden wir nur mit der adäquaten, wahren Geschichte unterscheiden können, was es für Taburegeln und Praktiken heißt, in gutem Zustand zu sein, und was es für sie heißt, unvollständig und in Unordnung zu sein, *und* nur dadurch werden wir in der Lage sein, die historischen Übergänge vom ersten Zustand in den zweiten zu verstehen. Nur das Schreiben einer bestimmten Art von Geschichte wird uns liefern, was wir brauchen.

Und jetzt drängt sich unerbittlich eine Frage auf, um meinen eigenen früheren Gedanken zu untermauern: warum sollten wir über reale analytische Moralphilosophen wie Moore, Ross, Prichard, Stevenson, Hare und die übrigen anders denken als wir gerade jetzt über ihre imaginären polynesischen Ebenbilder denken? Warum sollten wir über den heutigen Gebrauch von *gut, richtig* und *obligatorisch* anders denken als über den Gebrauch von *tabu* im späten 18. Jahrhundert auf Polynesien? Und warum sollten wir uns Nietzsche nicht als den Kamehameha II. der europäischen Tradition vorstellen?

Denn es war Nietzsches historische Leistung, besser als jeder andere Philosoph – ganz bestimmt besser als seine Ebenbilder im angelsächsischen Emotivismus und Existentialismus des europäischen Festlands – nicht nur zu verstehen, daß die angebliche Berufung auf Objektivität in Wirklichkeit Ausdruck des subjektiven Willens war, sondern auch das Wesen der Probleme zu verstehen, die daraus für die Moralphilosophie entstanden. Es trifft zu, daß Nietzsche, wie ich noch darlegen werde, unzulässigerweise vom Zustand des moralischen Urteils zu seiner Zeit auf das Wesen der Moral an sich verallgemeinerte; und ich habe mich bereits zu Recht und sehr deutlich über Nietzsches Konstruktion jenes absurden und gleichzeitig gefährlichen Phantasiegebildes, den *Übermensch*, geäußert. Aber es lohnt sich festzuhalten, daß sich selbst diese Konstruktion aus einer wirklichen Einsicht entwickelte.

In einer berühmten Passage in *Die fröhliche Wissenschaft* (Nr. 335) spottet Nietzsche über die Vorstellung einer Gründung der Ethik einerseits auf innere moralische Empfindungen, auf das Gewissen, oder andererseits auf den kategorischen Imperativ Kants, auf die Verallgemeinerbarkeit. In fünf knappen, witzigen und zwingenden Abschnitten entledigt er sich sowohl dessen, was ich das Vorhaben der Aufklärung genannt habe, eine rationale Grundlage für eine objektive Ethik zu finden, wie auch des Vertrauens des normalen moralisch Handelnden in der Kultur der Nach-Aufklärung darauf, daß sein moralisches Handeln und seine moralischen Äußerungen in gutem Zustand seien. Doch dann fährt Nietzsche fort und stellt sich dem Problem, was dieser Akt der Zerstörung geschaffen hat. Der grundlegende Aufbau seines Arguments ist folgender: wenn die Moral nur aus Äußerungen des Willens besteht, dann kann meine Moral nur das sein, was mein Wille schafft. Es kann keinen Platz für Fiktionen wie Naturrechte, Nützlichkeit oder das größte Glück für die größte Zahl geben. Ich selbst muß jetzt die »Schöpfung neuer eigener Gütertafeln« vornehmen. »Wir aber *wollen Die werden, die wir sind,* die Neuen, die Einmaligen, die Unvergleichbaren, die Sich-selber-Gesetzgebenden, die Sich-selber-Schaffenden!« (Ebd.) Der rationale und rational gerechtfertigte, autonome moralische Mensch des 18. Jahrhunderts ist eine Fiktion, eine Täuschung; lassen wir also, beschließt Nietzsche, den Willen die Vernunft ersetzen, und machen wir uns durch einen gigantischen und heroischen Willensakt zu autonomen moralischen Subjekten, einen Willensakt, der uns durch seine Beschaffenheit vielleicht an jenes archaische, aristokratische Selbstbewußtsein erinnert, das dem vorausging, was Nietzsche für das Unglück der Sklaven-Moral hielt, und das dank seiner Wirksamkeit vielleicht der prophetische Vorläufer einer neuen Zeit ist. Die Schwierigkeit ist dann, wie auf völlig ursprüngliche Weise eine neue Gütertafel und ein Gesetz geschaffen, erfunden werden soll, eine Schwierigkeit, die sich für jeden einzelnen erhebt. Dieses Problem wäre der Kern einer Moralphilosophie Nietzsches. Denn Nietzsches Größe liegt in seiner rückhaltlos ernsten Beschäftigung mit dem Problem, nicht in seinen leichtfertigen Lösungen, eine Größe, die ihn zu *dem* Moralphilosophen machen würde, *wenn* es sich erweist, daß die einzigen Alternativen zu Nietzsches Moralphilosophie die von den Philosophen der Aufklärung und ihren Nachfolgern formulierten sind.

Auch auf eine andere Art ist Nietzsche *der* Moralphilosoph der Gegenwart. Denn ich habe schon argumentiert, daß die Gegenwart in ihrer Vorstellung von sich selbst überwiegend weberianisch ist; und ich habe auch festgehalten, daß die zentralen Kategorien des Weberschen Denkens die zentrale These Nietzsches zur Voraussetzung hatten. Nietzsches prophetischer Irrationalismus – Irrationalismus, weil Nietzsches Probleme ungelöst bleiben und seine Lösungen sich der Vernunft widersetzen – bleibt daher den weberianischen, managerhaften Formen unserer Kultur immanent. Wann immer diejenigen, die in die bürokratische Kultur der Zeit verstrickt sind, den Versuch unternehmen, sich gedanklich einen Weg zu den moralischen Fundamenten dessen zu bahnen, was sie sind und was sie tun, werden sie unterdrückte Prämissen Nietzsches entdecken. Und folglich kann man mit gutem Gewissen voraussagen, daß im anscheinend davon völlig unterschiedlichen Kontext der bürokratisch gemanagten modernen Gesellschaften periodisch soziale Bewegungen wiederkehren werden, die gerade von jenem prophetischen Irrationalismus durchdrungen sind, dessen Stammvater das Denken Nietzsches ist. Gerade weil und insofern als der zeitgenössische Marxismus tatsächlich in seinem Wesen weberianisch ist, können wir mit prophetischem Irrationalismus der Linken wie der Rechten rechnen. So traf dies auf einen Großteil des studentischen Radikalismus der 60er Jahre zu. (Zu theoretischen Versionen dieses linken Nietzscheanismus vgl. die Schriften von Kathryn Pyne Parsons und Tracy Strong in Solomon 1973 und Miller 1979.)

So liefern uns Weber und Nietzsche die wesentlichen theoretischen Äußerungen der gegenwärtigen Sozialordnung; aber was sie so klar darstellen, sind die weitreichenden und beherrschenden Merkmale der modernen sozialen Landschaft. Und gerade weil sie in dieser Beziehung so äußerst wirksam sind, sind sie vielleicht von geringem Nutzen, wenn es darum geht, im kleinen Maßstab die Entsprechungen jener Merkmale in den irdischen Tätigkeiten des Alltagslebens zu entschlüsseln. Glücklicherweise haben wir, wie ich schon angemerkt habe, bereits eine Soziologie des Alltagslebens, die das genaue Gegenstück zu den Gedanken Webers und Nietzsches ist, die Soziologie der Interaktion, die Erving Goffman entwickelt hat.

Der in Goffmans Soziologie verkörperte zentrale Gegensatz ist genau der gleiche wie der im Emotivismus verkörperte. Es ist der Gegensatz zwischen angeblicher Bedeutung und angeblichem Bezugspunkt unserer Äußerungen und ihrem aktuellen Gebrauch, zwischen oberflächlicher Präsentation des Verhaltens und den Strategien, die angewandt werden, um diese Präsentation zu erreichen. Die Untersuchungseinheit in Goffmans Fällen ist immer der einzelne Rollenspieler, der sich bemüht, innerhalb einer rollenstrukturierten Situation seinen Willen durchzusetzen. Das Ziel des Rollenspielers Goffmanscher Prägung ist Effektivität, und Erfolg ist in Goffmans sozialem Universum nur das, was als Erfolg gilt. Etwas anderes kann er nicht sein. Denn Goffmans Welt kennt keine objektiven Leistungsmaßstäbe; sie ist so definiert, daß kein kultureller oder sozialer Raum existiert, in dem man an solche Maßstäbe appellieren könnte. Dennoch werden Maßstäbe aufgestellt und zwar in der Interaktion selbst; und moralische Maßstäbe haben offenbar nur die Funktion, Interaktionstypen zu erhalten, die jederzeit durch zu überschwengliche Individuen bedroht werden können. »In jedem Gespräch werden Maßstäbe aufgestellt, wie weit sich der einzelne erlaubt, sich durch die Unterhaltung forttragen zu lassen, wie weit er sich erlauben soll, darin aufzugehen. Er wird angehalten, darauf zu achten, daß er sich nicht zu sehr in Gefühle und Handlungsbereitschaft hineinsteigert und damit die Affektgrenzen bedroht, die für ihn in der Interaktion festgelegt worden sind... Wenn der einzelne zu sehr in das Gesprächsthema verwickelt wird und auf andere den Eindruck macht, daß er nicht über das notwendige Maß an Selbstkontrolle über Gefühle und Handlungen verfügt,... dann werden die anderen aus ihrer Verwicklung in das Gespräch wahrscheinlich in eine Verwicklung in den Sprechenden gezogen. Der Übereifer des einen wird zur Entfremdung eines anderen... die Bereitschaft, zu stark in etwas verwickelt zu werden, ist eine Form der Tyrannei, die von Kindern, Primadonnen und Lords aller Arten praktiziert wird, die ihre eigenen Gefühle vorübergehend über die moralischen Regeln stellen, die die Gesellschaft für eine Interaktion hätten sichern sollen.« (Goffman 1972, S. 122f.)

Weil Erfolg das ist, was immer als Erfolg gilt, sind es die Augen anderer, in denen ich Erfolg habe oder scheitere; daher die Bedeutung der Selbstdarstellung als ein, vielleicht *das* zentrale Thema. Goffmans soziale Welt ist eine Welt, auf die eine These zutrifft, die Aristoteles in der *Nikomachischen Ethik* nur behandelt, um sie zu verwerfen: das Gute für den Menschen besteht im Besitz von Ehre, wobei Ehre genau das ist, was die Achtung anderer verkörpert und ausdrückt. Die Begründung des Aristoteles für die Zurückweisung dieser These trifft genau ins Schwarze. Wir ehren andere, so sagt er, aufgrund von etwas, das sie sind oder getan haben, um die Ehre zu erlangen; Ehre kann daher nicht mehr als ein zweitrangiges Gut sein. Das, weswegen die Ehre erwiesen wird, muß bedeutender sein. Aber in Goffmans sozialer Welt ist das Anrechnen eines Verdienstes selbst Teil der erdachten sozialen Wirklichkeit, dessen Aufgabe darin liegt, einem strebenden, in einer Rolle befangenen Willen zu helfen oder ihn zu zügeln. Goffman vertritt eine Soziologie, die mit voller Absicht die Überheblichkeit des äußeren Scheins zu bloßem äußeren Schein degradiert. Es ist eine Soziologie, die man zynisch nennen könnte – im modernen, nicht im alten Sinn –, es sei denn, daß es – falls Goffmans Bild des menschlichen Lebens ein wahres Abbild ist – zynische Mißachtung eines objektiven Verdienstes gar nicht geben kann, weil es für den Zyniker kein objektives Verdienst gibt, das er mißachten könnte.

Es ist wichtig festzuhalten, daß der Begriff der Ehre in der Gesellschaft, für die Aristoteles sprach – und in vielen so unterschiedlichen Gesellschaften wie denen der isländischen Sagas und der der Beduinen aus der westlichen Sahara –, gerade weil Ehre und Wert auf die Weise verbunden waren, die Aristoteles erwähnt, trotz der Ähnlichkeit ein ganz anderer Begriff war als alles, was wir bei Goffman finden, und anders als *fast* alles, was wir in den modernen Gesellschaften finden. In vielen prämodernen Gesellschaften ist die Ehre eines Menschen das, was ihm, seiner Sippe und seinem Haushalt zusteht, weil er den ihm *gebührenden* Platz in der sozialen Ordnung hat. Jemanden entehren bedeutet demnach, es zu versäumen, das anzuerkennen, was ihm zusteht. Daher wird der Begriff der Beleidigung sozial sehr bedeutsam, und in vielen derartigen Gesellschaften steht auf eine bestimmte Art von Beleidigung der Tod. Peter Berger und seine Koautoren (1973) haben die Bedeutung der Tatsache hervorgehoben, daß wir in den modernen Gesellschaften weder einen gesetzlichen noch quasigesetzlichen Regreßanspruch haben, wenn wir beleidigt werden. Beleidigungen sind an den Rand unseres kulturellen Lebens verbannt worden, wo sie eher private Gefühle als öffentliche Konflikte zum Ausdruck bringen. Und dies ist, nicht überraschend, der einzige Platz, den Goffman ihnen in seinen Schriften gelassen hat.

Der Vergleich der Bücher Goffmans – ich denke dabei besonders an *Wir alle spielen Theater, Interaktionsrituale* und *Strategische Interaktion* – mit der *Nikomachischen Ethik* trifft genau den Punkt. An einer früheren Stelle der Argumentation habe ich die enge Beziehung zwischen Moralphilosophie und Soziologie betont; und so wie *Ethik* und *Politik* des Aristoteles Beiträge zu letzterer wie ersterer sind, so setzen Goffmans Bücher eine Moralphilosophie voraus. Zum Teil tun sie das, weil sie eine scharfsinnige Darstellung von Verhaltensformen innerhalb einer bestimmten Gesellschaft sind, die in ihren charakteristischen Handlungs- und Verhaltensweisen selbst eine Moraltheorie enthält; und zum Teil tun sie es aufgrund der philosophischen Bindungen, die von Goffmans eigenen theoretischen Haltungen vorausgesetzt werden. Da also Goffmans Soziologie den Anspruch erhebt, uns nicht nur zu zeigen, was aus der menschlichen Natur unter bestimmten, ganz speziellen Bedingungen werden kann, sondern auch, was die menschliche Natur sein muß und daher immer gewesen ist, stellt sie ohne Frage die implizite Behauptung auf, daß die Moralphilosophie von Aristoteles falsch ist. Das ist keine Frage, die Goffman selbst aufwirft oder aufzuwerfen bräuchte. Aber sie wird aufgeworfen und auch brilliant abgehandelt von Goffmans großem Vorgänger und Vordenker Nietzsche – in *Zur Genealogie der Moral* und an anderen Stellen. Nietzsche bezieht sich außer in ästhetischen Fragen selten direkt auf Aristoteles. Er entleiht allerdings aus der Ethik die Bezeichung und den Begriff »des großherzigen Mannes«, wenngleich er im Kontext seiner Theorie etwas ganz anderes als bei Aristoteles wird. Aber seine Interpretation der Geschichte der Ethik macht unmißverständlich klar, daß die Aristotelische Darstellung von Ethik und Politik für Nietzsche zu all jenen entarteten Verkleidungen des Willens zur Macht zählen müßte, die sich aus der falschen Richtung ergeben, die Sokrates eingeschlagen hat.

Aber es ist natürlich nicht so, daß Nietzsches Moralphilosphie falsch ist, wenn die von Aristoteles richtig ist und umgekehrt. In einem viel engeren Sinn wird Nietzsches Moralphilosophie speziell gegen die des Aristoteles aufgrund der historischen Rolle, die beide spielen, ausgespielt. Denn wie ich schon früher angeführt habe, war es die Ablehnung einer moralischen Tradition, deren geistiger Kern das aristotelische Gedankengut war, während des Übergangs vom 15. zum 17. Jahrhundert, die das Vorhaben der Aufklärung, ein neues rationales, weltliches Fundament für die Moral zu finden, notwendig machte. Und weil dieses Vorhaben scheiterte, weil die Ansichten, die von seinen geistig stärksten Verfechtern, vor allem von Kant, vorgebracht wurden, angesichts rationaler Kritik nicht aufrecht erhalten werden konnten, konnten Nietzsche und all seine existentialistischen und emotivistischen Nachfolger ihre scheinbar erfolgreiche Kritik an der gesamten früheren Ethik vorbringen. Ob die Position Nietzsches zu verteidigen ist, führt also letzten Endes zu der Antwort auf die Frage: war es überhaupt richtig, Aristoteles zu verwerfen? Denn wenn die Position von Aristoteles in der Ethik und der Politik – oder etwas sehr Ähnliches – aufrechterhalten werden könnte, wäre das gesamte Unternehmen Nietzsches sinnlos. Das liegt daran, daß die Stärke der Position Nietzsches von der Richtigkeit einer einzigen zentralen These abhängt: daß alle rationalen Rechtfertigungen der Ethik offenkundig scheitern, und daß *deshalb* der Glaube an die Dogmen der Ethik als ein Komplex von Rationalisierungen erklärt werden muß, welche die im Grunde nicht-rationalen Phänomene des

Willens verbergen. Meine eigene Beweisführung zwingt mich, mit Nietzsche darin übereinzustimmen, daß es den Philosophen der Aufklärung nie gelang, Gründe zu liefern, seine zentrale These anzuzweifeln; seine Epigramme sind noch vernichtender als seine ausführlich vorgetragenen Gedanken. Aber falls mein früheres Argument richtig ist, war dieses Scheitern selbst nichts anderes als eine historische Folge der Zurückweisung der aristotelischen Tradition. Und so wird es tatsächlich zur Schlüsselfrage, ob die Ethik des Aristoteles oder etwas ihr sehr Ähnliches überhaupt verteidigt werden kann.

Dies eine weitreichende und komplexe Frage zu nennen, wäre eine Untertreibung. Denn die Punkte, die Aristoteles und Nietzsche trennen, sind sehr unterschiedlicher Art. Auf der Ebene der philosophischen Theorie sind es sowohl Fragen der Politik und der philosophischen Psychologie als auch der Moraltheorie; und es stehen keinesfalls nur zwei Theorien einander gegenüber, sondern die theoretischen Spezifizierungen zweier unterschiedlicher Lebensweisen. Die Rolle des Aristotelismus in meiner Argumentation entspricht nicht ganz seiner historischen Bedeutung. In der Welt des Altertums und des Mittelalters befand er sich immer in der Auseinandersetzung mit anderen Standpunkten, und die verschiedenen Lebensarten, für deren besten theoretischen Interpreten er sich hielt, hatten andere gewandte theoretische Protagonisten. Tatsächlich hat sich keine Lehre in so vielen Kontexten verteidigt wie die Lehre des Aristoteles: gegen die Griechen, den Islam, die Juden und die Christen. Und als die Moderne ihre Angriffe gegen die ältere Welt führte, sahen ihre scharfsinnigsten Vertreter, daß es der Aristotelismus war, der gestürzt werden mußte. Aber all diese historischen Wahrheiten sind, so entscheidend sie auch sein mögen, unwichtig im Vergleich zu der Tatsache, daß der Aristotelismus *philosophisch* die stärkste prämoderne Form moralischen Denkens ist. Wenn eine prämoderne Sicht von Moral und Politik gegen die Moderne verteidigt werden soll, muß das in *irgendeiner ähnlichen* Form wie der aristotelischen geschehen oder gar nicht.

Die Verbindung von philosophischer und historischer Argumentation zeigt damit, daß man *entweder* den Bestrebungen und dem Zusammenbruch der verschiedenen Versionen des Vorhabens der Aufklärung folgen, bis nur noch Diagnose und Problematik Nietzsches übrigbleiben, *oder* die Meinung vertreten muß, daß das Aufklärungsvorhaben nicht nur in die Irre ging, sondern überhaupt nicht hätte in Angriff genommen werden sollen. Eine dritte Alternative gibt es nicht, und vor allem jene Denker im Mittelpunkt des gegenwärtigen, konventionellen Lehrplans der Moralphilosophie bieten keine Alternative, Hume, Kant und Mill. Es nimmt nicht wunder, daß die Lehre der Ethik in ihren Auswirkungen auf den Geist der Belehrten so oft destruktiv und skeptisch ist.

Aber *welche* Alternative sollten wir wählen? Und *wie* sollten wir sie wählen? Es ist ein weiteres Verdienst Nietzsches, daß er bei seiner Kritik an der Ethik der Aufklärung einen Sinn hat für ihr Versagen, die Frage richtig zu stellen oder gar zu beantworten: Was für ein Mensch soll ich werden? Das ist insofern eine unvermeidliche Frage, als eine Antwort darauf *tatsächlich* in jedem Menschenleben gegeben wird. Aber für die typisch moderne Ethik ist es eine Frage, der man sich nur auf Umwegen nähern kann. Von ihrem Standpunkt aus betrifft die Hauptfrage die Regeln: Welchen Regeln sollten wir folgen? Und warum sollten wir uns nach ihnen richten? Und daß dies die Hauptfrage war, überrascht nicht, wenn wir uns die Folgen der Vertreibung der aristotelischen Teleologie aus der moralischen Welt in Erinnerung rufen. Ronald Dworkin hat vor einiger Zeit argumentiert, daß die zentrale Doktrin des modernen Liberalismus die These ist, daß Fragen über das *gute Leben für den Menschen* oder die Ziele menschlichen Lebens vom öffentlichen Standpunkt aus als systematisch nicht stellbar betrachtet werden müssen. Dem einzelnen steht frei, ihnen zuzustimmen oder sie abzulehnen. Die Regeln von Moral und Gesetz sollen also nicht abgeleitet werden von oder gerechtfertigt werden im Sinne irgendeiner grundsätzlichen Vorstellung über das Gute für den Menschen. Mit dieser Argumentation hat Dworkin, wie ich glaube, eine Haltung beschrieben, die nicht nur für den Liberalismus charakteristisch ist, sondern auch für die Moderne. Regeln werden der wichtigste Begriff des moralischen Lebens. Charaktereigenschaften werden dann im allgemeinen nur gelobt, weil sie uns dazu bringen, den richtigen Regeln zu folgen. »Die Tugenden sind Empfindungen, d.h. mit Veranlagungen und Neigungen verwandte Familien, die gelenkt werden von einem höherrangigen Wunsch, in diesem Fall einem Wunsch, nach den entsprechenden moralischen Grundsätzen zu handeln«, erklärt John Rawls, einer der jüngsten Moralphilosophen der Moderne (1971, S. 192), und an anderer Stelle definiert er »die fundamentalen moralischen Tugenden« als »starke und normalerweise wirksame Wünsche, nach den Grundprinzipien des Rechts zu handeln« (S. 436).

Nach moderner Sicht hängt also die Rechtfertigung der Tugenden von einer vorausgehenden Rechtfertigung von Regeln und Grundsätzen ab; und wenn letztere völlig problematisch werden, wie es der Fall war, müssen auch erstere es werden. Aber nehmen wir an, daß bei der Nennung der Probleme der Ethik die Reihenfolge der wertenden Begriffe durch die Wortführer der Moderne und insbesondere des Liberalismus falsch verstanden worden ist; nehmen wir an, daß wir uns zuerst um die *Tugenden* kümmern müssen, um die Funktionen und die Autorität der Regeln zu begreifen; wir sollten die Untersuchung dann auf ganz andere Art und Weise beginnen als Hume, Diderot, Kant oder Mill sie begonnen haben. Darin stimmen Aristoteles und Nietzsche interessanterweise überein.

Außerdem ist es notwendig, wenn wir die Untersuchung neu in Angriff nehmen sollten, um die Frage nach dem Aristotelismus ganz neu zu stellen, die Moralphilosophie von Aristoteles selbst nicht nur darin zu berücksichtigen, wie sie in Schlüsselstellen seiner eigenen Schriften zum Ausdruck kommt, sondern auch als Versuch, vieles zu übernehmen und zusammenzufassen, was vorher untergegangen ist, und auch als Quelle der Anregung für viele spätere Gedanken. Das heißt es wird notwendig sein, eine kurze Geschichte der Vorstellungen der Tugenden zu schreiben, für die Aristoteles einen zentralen Punkt darstellt, aber die die Mittel einer ganzen Tradition des Handelns, Denkens und Darlegens liefern, von der Aristoteles nur ein Teil ist, eine Tradition, von der ich oben als »klassische Tradition« gesprochen und deren Sicht des Menschen ich »die klassische Sicht des Menschen« genannt habe. Dieser Aufgabe wende ich mich jetzt zu, und ihr Ausgangspunkt bietet – fast zu schön, um ein Zufall zu sein – einen ersten Testfall zur Entscheidung der Frage zwischen Nietzsche und Aristoteles. Denn Nietzsche sah sich als der letzte Erbe der Botschaft jener homerischen Aristokraten, deren Taten und Tugenden den Dichtern, mit denen wir zwangsläufig beginnen, den Erzählstoff lieferten. Nietzsche widerfährt somit im strengen Sinne poetische Gerechtigkeit, wenn wir unsere Betrachtung jener klassischen Tradition, aus der Aristoteles als die zentrale Gestalt hervorgehen sollte, mit einer Abhandlung über das Wesen der Tugenden in jener heroischen Gesellschaft beginnen, wie sie in der *Ilias* aufgezeichnet wurde.

Kapitel 10
Die Tugenden in den heroischen Gesellschaften

In allen Kulturen, ob griechisch, mittelalterlich oder der Renaissance, in denen das moralische Denken und Handeln nach irgendeiner Fassung des Schemas geordnet ist, das ich klassisch genannt habe, ist das wichtigste Mittel der moralischen Erziehung das Erzählen von Geschichten. Wo das Christentum, das Judentum oder der Islam sich gehalten haben, sind biblische Geschichten ebenso wichtig wie alle anderen; und selbstverständlich besitzt jede Kultur Geschichten, die nur ihr gehören; aber jede dieser Kulturen, ob griechisch oder christlich, verfügt auch über einen Schatz an Geschichten, die aus einer verschwundenen heroischen Vergangenheit stammen und über sie berichten. Im Athen des 6. Jahrhunderts wurde das feierliche Rezitieren der Gedichte Homers als öffentliche Zeremonie eingeführt; die Gedichte selbst wurden im wesentlichen nicht vor dem 7. Jahrhundert verfaßt, doch sie berichten von einer sehr viel früheren Zeit. Im 13. Jahrhundert schrieben christliche Isländer Sagas über die Ereignisse des Jahrhunderts nach 930 n. Chr. nieder, der Zeit unmittelbar vor und nach der Einführung des Christentums, als die alte Religion der Normannen noch blühte. Im 12. Jahrhundert schrieben irische Mönche im Kloster Clonmacnoise im *Lebor na h'Uidre* Geschichten von Helden aus Ulster auf, deren Sprache es den Wissenschaftlern zum Teil ermöglicht, die Erzählungen zurück ins 8. Jahrhundert zu datieren, wobei der Inhalt jedoch Jahrhunderte früher in einer Zeit angesiedelt ist, als Irland noch heidnisch war. In allen Fällen ist der gleiche Gelehrtenstreit über die Frage entstanden, inwieweit und ob überhaupt die Gedichte Homers oder die Sagas oder die Geschichten des Ulster-Zyklus, wie *Táin Bó Cuailnge,* zuverlässiges historisches Material über die Gesellschaften liefern, die sie beschreiben. Glücklicherweise muß ich mich nicht auf die Einzelheiten dieser Streitfragen einlassen. Was für meine

Argumentation zählt, ist die relativ unbestrittene historische Tatsache, daß nämlich solche Erzählungen, ob adäquat oder nicht, die geschichtliche Erinnerung der Gesellschaften wiedergaben, in denen sie letztlich niedergeschrieben wurden. Mehr noch, sie lieferten den moralischen Hintergrund für zeitgenössische Streitgespräche in den klassischen Gesellschaften, eine Darstellung einer nun gewandelten oder zum Teil gewandelten moralischen Ordnung, deren Überzeugungen und Vorstellungen teilweise noch Einfluß hatten, die aber auch einen erhellenden Gegensatz zur Gegenwart boten. Das Verständnis der heroischen Gesellschaft – ob sie jemals existiert hat oder nicht – gehört also notwendig zum Verständnis der klassischen Gesellschaft und ihrer Nachfolger. Welches sind ihre wesentlichen Merkmale?

M.I. Finley hat über die homerische Gesellschaft folgendes geschrieben: »Die Grundwerte der Gesellschaft waren gegeben, vorbestimmt, und damit auch der Platz eines Menschen in der Gesellschaft und die Vorrechte und Pflichten, die sich aus seinem Status ergaben.« (Finley 1954, S. 134) Was Finley über die homerische Gesellschaft sagt, gilt gleichermaßen für andere Formen heroischer Gesellschaft in Island oder Irland. Jeder einzelne hat eine bestimmte Rolle und Stellung innerhalb eines genau definierten und festumrissenen Systems von Rollen und Stellungen. Die Schlüsselstrukturen sind die der Verwandtschaft und der Hauswirtschaft (oîkos). In einer solchen Gesellschaft weiß ein Mensch, wer er ist, wenn er seine Rolle in diesen Strukturen kennt; und wenn er das weiß, weiß er auch, wozu er verpflichtet ist und wozu der Inhaber jeder anderen Rolle und Stellung ihm gegenüber verpflichtet ist. Im Griechischen (*déin*) wie im Angelsächsischen (*ahte*) besteht ursprünglich keine klare Unterscheidung zwischen »sollte« und »verpflichtet sein«; im Isländischen vereint das Wort »skyldr« »sollte« und »ist verwandt mit«.

Aber nicht allein, daß es für jede Stellung vorgeschriebene Pflichten und Vorrechte gibt. Man weiß auch genau, welche Handlungen nötig sind, sie zu erfüllen, und welche Handlungen nicht dem entsprechen, was verlangt wird. Denn was verlangt wird, sind Handlungen. Ein Mensch ist in der heroischen Gesellschaft das, was er tut. Hermann Fränkel schrieb über den homerischen Menschen: »So wird der Mensch mit seinem Tun identisch, und er läßt sich von seinem Tun her vollständig und vollgültig erfassen; er hat keine verborgenen Tiefen. ... In dem sachlichen Bericht, den das alte Epos vom Tun und Reden der Menschen erstattet, wird alles ausgesagt, was die Menschen sind, weil sie eben nur das sind, was sie tun und reden und leiden.« (1962, S. 88) Einen

Menschen beurteilen heißt also seine Handlungen beurteilen. Durch Handlungen einer bestimmten Art in einer bestimmten Situation gibt ein Mensch die Rechtfertigung für Urteile über seine Tugenden und Laster; denn die Tugenden sind genau die Eigenschaften, die einen freien Menschen in seiner Rolle stützen, und die sich in den Handlungen manifestieren, die seine Rolle verlangt. Und was Fränkel über den homerischen Menschen sagt und anmerkt, gilt ebenso für den Menschen in anderen heroischen Schilderungen.

Das Wort *aretē*, das später mit »Tugend« übersetzt wird, wird in den Epen Homers für Vortrefflichkeit unterschiedlichster Art gebraucht; ein schneller Läufer zeigt die *aretē* seiner Füße (*Ilias*, 20-411), und ein Sohn übertrifft seinen Vater in jeder Art von *aretē* – als Athlet, als Krieger und im Geist (*Ilias*, 15-642). Diese Vorstellung von Tugend oder Vortrefflichkeit ist uns fremder als wir zunächst zugeben möchten. Es fällt uns nicht schwer, die zentrale Stellung zu erkennen, die die Körperkraft in einem solchen Konzept menschlicher Trefflichkeit einnehmen wird, oder daß Tapferkeit eine der wichtigsten Tugenden sein wird, vielleicht die wichtigste überhaupt. Was unserer Vorstellung von Tugend fremd ist, ist die in der heroischen Gesellschaft enge Verbindung zwischen dem Begriff der Tapferkeit und der ihr verwandten Tugenden einerseits und den Begriffen Freundschaft, Schicksal und Tod andererseits.

Tapferkeit ist wichtig, nicht nur als Eigenschaft des einzelnen, sondern auch als notwendige Eigenschaft, einen Haushalt und eine Gemeinschaft zu erhalten. *Kūdos*, Ruhm, gebürt demjenigen, der sich im Kampf oder im Wettbewerb hervortut als Zeichen der Anerkennung durch sein oîkos und seine Gemeinschaft. Andere Eigenschaften, die mit der Tapferkeit zusammenhängen, können aufgrund der Rolle, die sie für die Aufrechterhaltung der öffentlichen Ordnung spielen, ebenfalls öffentliche Anerkennung beanspruchen. In den Gedichten Homers ist List eine solche Eigenschaft, weil List etwas erreichen kann, wenn Tapferkeit fehlt oder versagt. In den isländischen Sagas ist ein sarkastischer Humor eng mit der Tapferkeit verbunden. In der Saga über die Schlacht von Clontarf im Jahr 1014, in der Brian Boru ein Wikingerheer besiegte, floh der Normanne Thorstein nicht, als sein Heer auseinanderbrach und alles davonrannte, sondern blieb, wo er war, und band sich die Schuhe zu. Kerthialfad, ein irischer Anführer, fragte ihn, warum er nicht davonlaufe. »Ich käme heute ja doch nicht nach Hause«, erwiderte Thorstein. »Ich wohne in Island.« Wegen dieser witzigen Bemerkung schonte Kerthialfad sein Leben.

Tapfer zu sein bedeutet, jemand zu sein, auf den man sich verlassen kann. Daher ist Tapferkeit ein wichtiger Bestandteil der Freundschaft. Die Bande der Freundschaft sind in den heroischen Gesellschaften denen der Verwandtschaft nachgebildet. Manchmal wird Freundschaft feierlich gelobt, indem man sich durch das Gelübde gegenseitig die Pflichten von Brüdern auferlegt. Wer meine Freunde und wer meine Feinde sind, ist ebenso klar festgelegt wie meine Verwandtschaft. Der andere Bestandteil der Freundschaft ist die Treue. Die Tapferkeit meines Freundes versichert mich seiner Kraft, mir und meinem oîkos zu helfen; die Treue meines Freundes versichert mich seines Willens. Die Treue meines Hauses ist die grundlegende Garantie für seine Einheit. Bei Frauen, die die wichtigsten Beziehungen innerhalb der häuslichen Gemeinschaft herstellen, ist Treue daher die zentrale Tugend. Andromache und Hektor, Penelope und Odysseus sind ebenso Freunde (*phílos*) wie Achill und Patroklos.

Diese Darstellung erhellt hoffentlich schon an dieser Stelle, daß ein adäquater Bericht über die Tugenden in einer heroischen Gesellschaft unmöglich wäre, der sie aus ihrem Kontext innerhalb der sozialen Struktur risse, so wie auch kein adäquater Bericht über die soziale Struktur einer heroischen Gesellschaft denkbar wäre, der keine Darstellung der heroischen Tugenden enthielte. Aber das trifft den entscheidenden Punkt nicht hinreichend: Moral und soziale Struktur sind in der heroischen Gesellschaft vielmehr ein und dasselbe. Es gibt nur einen Bestand an sozialen Bindungen. Moral existiert noch nicht als etwas Eigenes. Wertende Fragen *sind* Fragen nach sozialen Tatsachen. Aus diesem Grund spricht Homer stets von der *Kenntnis* dessen, was zu tun und wie zu urteilen ist. Und solche Fragen sind auch nicht schwer zu beantworten, außer in Ausnahmefällen. Denn die bestehenden Regeln, die den Menschen ihren Platz in der sozialen Ordnung zuweisen und damit ihre Identität, schreiben auch vor, was sie schuldig sind und was man ihnen schuldig ist und wie sie zu behandeln und anzusehen sind, wenn sie scheitern, und wie sie andere behandeln und ansehen sollen, wenn diese anderen scheitern.

Ohne einen solchen Platz in der sozialen Ordnung wäre ein Mann nicht nur unfähig, Anerkennung und Beachtung durch andere zu finden; nicht nur die anderen wüßten nicht, wer er ist, er wüßte es selbst nicht. Genau deshalb haben heroische Gesellschaften im allgemeinen eine exakt bestimmte Stellung, der jeder Fremde zugewiesen werden kann, der von außen in die Gesellschaft kommt. Im Griechischen gibt es für »Fremder«

und »Gast« nur ein Wort. Ein Fremder muß mit Gastfreundschaft aufgenommen werden, die zwar begrenzt, aber genau definiert ist. Als Odysseus den Zyklopen begegnet, muß die Frage, ob sie *thémis* besitzen (der homerische Begriff der *thémis* ist der Begriff des Gewohnheitsrechts, den alle zivilisierten Völker teilen), dadurch beantwortet werden, daß man herausfindet, wie sie Fremde behandeln. Tatsächlich verspeisen sie sie – das heißt, für sie besitzen Fremde keine anerkannte menschliche Identität.

Wir könnten demzufolge erwarten, in den heroischen Gesellschaften eine besondere Betonung des Gegensatzes vorzufinden zwischen den Erwartungen eines Mannes einerseits, der nicht nur Tapferkeit und ihr verwandte Tugenden besitzt, sondern auch Angehörige und Freunde hat, und den Erwartungen eines Mannes andererseits, der all das nicht hat. Aber ein zentrales Thema der heroischen Gesellschaften ist es auch, daß der Tod auf beide gleichermaßen wartet. Das Leben ist zerbrechlich, die Menschen sind verwundbar, und es gehört zum Wesen des menschlichen Daseins, daß sie es sind. Denn in den heroischen Gesellschaften ist das Leben der Wertmaßstab. Wenn jemand dich tötet, mein Freund oder mein Bruder, schulde ich dir ihren Tod, und wenn ich dir diese Schuld beglichen habe, schuldet ihr Freund oder Bruder ihnen meinen Tod. Je verzweigter mein System aus Angehörigen und Freunden ist, um so mehr Verpflichtungen muß ich eingehen, die zu meinem Tod führen können.

Außerdem gibt es Kräfte in der Welt, die niemand kontrollieren kann. Das Leben des Menschen wird von Leidenschaften heimgesucht, die manchmal als unpersönliche Mächte auftreten, manchmal als Götter. Der Zorn des Achilles zerreißt sowohl ihn selbst wie auch seine Beziehung zu den anderen Griechen. Diese Kräfte und die Regeln der Verwandtschaft und Freundschaft bilden zusammen unentrinnbare Muster. Weder durch Willen noch durch List vermag ihnen irgendjemand zu entgehen. Schicksal ist eine soziale Realität, und das Erspähen des Schicksals ist eine bedeutende soziale Rolle. Es ist kein Zufall, daß der Prophet oder der Seher im Griechenland Homers eine ebenso wichtige Stellung einnimmt wie im Island der Sagas und im heidnischen Irland.

Der Mensch, der tut, was er sollte, bewegt sich daher unaufhaltsam auf sein Schicksal und seinen Tod zu. Am Ende steht die Niederlage, nicht der Sieg. Das zu verstehen ist selbst eine Tugend; es ist sogar ein notwendiger Bestandteil von Tapferkeit, das zu verstehen. Aber was ist in diesem Verständnis enthalten? Was würde verstanden werden, wenn die Verknüpfungen zwischen Tapferkeit, Freundschaft, Treue, der Hausgemeinschaft, Schicksal und Tod begriffen würden? Sicherlich, daß das menschliche Leben eine festgelegte Form hat, die Form einer bestimmten Art von Geschichte. Es ist nicht einfach so, daß Epen und Sagas erzählen, was Männern und Frauen widerfährt, sondern daß Epen und Sagas in ihrer erzählenden Form eine Form aufgreifen, die schon in den Leben vorhanden war, von denen sie berichten.

»Was ist Charakter anderes als die Bestimmung des Zufalls?« schrieb Henry James. »Was ist Zufall anderes als die Veranschaulichung des Charakters?« Aber in der heroischen Gesellschaft kann der relevante Charakter nur in einer Abfolge von Zufällen vorgeführt werden, und die Abfolge selbst muß bestimmte Muster anschaulich darlegen. Die heroische Gesellschaft und James stimmen darin überein, daß Charakter und Zufall nicht unabhängig voneinander beschrieben werden können. Tapferkeit als eine Tugend zu verstehen bedeutet also nicht nur zu verstehen, wie sie sich im Charakter äußern kann, sondern auch, welchen Platz sie in einer bestimmten Art von dargestellter Geschichte einnehmen kann. Denn Tapferkeit ist in der heroischen Gesellschaft eine Fähigkeit, sich nicht nur bestimmten Leiden und Gefahren zu stellen, sondern auch einer bestimmten Art von Leidens- und Gefahrenmuster, einem Muster, in dem das Leben des einzelnen seinen Platz findet, und das wiederum durch dieses Leben veranschaulicht wird.

Heldenepos und Saga schildern also eine Gesellschaft, die bereits die Form des Heldengedichts oder der Saga verkörpert. Ihre Dichtkunst bringt ihre Form im individuellen und sozialen Leben zum Ausdruck. Diese Feststellung bedeutet noch immer, die Frage offenzulassen, ob es solche Gesellschaften je gegeben hat; aber sie läßt doch vermuten, daß solche Gesellschaften, falls es sie gegeben haben sollte, nur durch ihre Dichtkunst angemessen verstanden werden konnten. Doch Heldengedicht und Saga sind sicher keine bloßen Spiegelbilder der Gesellschaft, die sie zu schildern bekennen. Denn es steht fest, daß der Dichter oder der Verfasser der Saga für sich eine Art von Verständnis beansprucht, das den Gestalten, über die er schreibt, verwehrt wird. Der Dichter leidet nicht unter den Beschränkungen, die die eigentliche Lage seiner Gestalten bestimmt. Betrachten wir die *Ilias* etwas eingehender.

Wie ich schon über die heroische Gesellschaft allgemein gesagt habe, fällt es den Helden der *Ilias* nicht schwer zu wissen, was sieeinander schuldig sind; sie empfinden *aídōs* – ein angebrachtes Gefühl der Scham –, wenn sie mit der Möglichkeit konfrontiert werden, etwas Unrechtes zu tun, und falls das nicht ausreicht, sind stets andere zur Stelle, um ihnen die anerkannte Sichtweise nahezulegen. Ehre wird jedem durch Gleichrangige verliehen, und ohne Ehre ist ein Mann ohne Wert. Der Wortschatz, der den Gestalten Homers zur Verfügung steht, bietet ihnen tatsächlich keine Möglichkeit, die eigene Kultur und Gesellschaft von außen zu betrachten. Die wertenden Ausdrücke, die sie gebrauchen, definieren sich gegenseitig, das heißt jeder muß mit Hilfe der anderen erklärt werden.

Ich möchte eine gefährliche, aber aufschlußreiche Analogie gebrauchen. Die Regeln, die Handlung und Werturteil in der *Ilias* bestimmen, ähneln den Regeln und Vorschriften eines Spiels wie dem Schach. Es ist eine Frage der Tatsachen, ob jemand ein guter Schachspieler ist, ob er gute Endspielstrategien entwerfen kann, ob ein Zug in einer bestimmten Situation der richtige Zug ist. Schach setzt Übereinkunft darüber voraus, wie man Schach spielt, ja es besteht zum Teil aus dieser Übereinkunft. In der Schachsprache ist es unsinnig zu sagen: »Das war der absolut einzige Zug, der ein Schachmatt erreichen könnte, aber war es richtig, diesen Zug zu machen?« Daher müßte jemand, der so etwas sagt und versteht, was er sagt, einen Begriff von »richtig« verwenden, der seine Definition außerhalb des Schachspiels erhält; so könnte dies jemand fragen, dessen Ziel es beim Schachspielen ist, eher ein kleines Kind zu belustigen als zu gewinnen.

Ein Grund, weshalb diese Analogie gefährlich ist, liegt darin, daß wir Spiele wie Schach zu verschiedenen Zwecken spielen. Aber die folgende Frage führt zu nichts: Zu welchem Zweck beachten die Gestalten der *Ilias* die Regeln, die sie beachten, und befolgen die Gebote, die sie befolgen? Es ist eigentlich eher so, daß sie nur innerhalb ihres Systems aus Regeln und Geboten überhaupt Zwecke ersinnen können; und eben deshalb bricht die Analogie auch noch in anderer Weise zusammen. Jede Wahl entsteht innerhalb des Systems; das System selbst kann deshalb nicht gewählt werden.

Es besteht somit der schärfste Gegensatz zwischen dem emotivistischen Selbst der Moderne und dem Selbst des heroischen Zeitalters. Dem Selbst der Heldenzeit fehlt gerade jene Eigenschaft, die – wie wir schon gesehen haben – einige moderne Moralphilosophen für eine wesentliche Eigenschaft des menschlichen Selbst-Seins halten: die Fähigkeit, sich selbst von jedem Standpunkt oder jeder Ansicht zu lösen, gewissermaßen einen Schritt zurückzutreten, und diesen Standpunkt oder diese Ansicht von außen zu betrachten und zu beurteilen. In der heroischen Gesellschaft gibt es kein »Außen«, ausgenommen das des Fremden. Wer in der heroischen Gesellschaft versuchen würde, sich von seiner ihm gegebenen Position zurückzuziehen, würde den Versuch unternehmen, sich selbst verschwinden zu lassen.

Identität in der heroischen Gesellschaft schließt Besonderheit und Verantwortlichkeit ein. Ich bin verantwortlich dafür, das zu tun oder zu lassen, was jeder, der meine Rolle innehat, anderen schuldet, und diese Verantwortlichkeit endet erst mit dem Tod. Ich muß bis zu meinem Tod tun, was ich tun muß. Darüber hinaus ist dies eine besondere Verantwortlichkeit. Ich muß, was ich tun sollte, im Hinblick auf, für und mit bestimmten Personen tun, und diesen und anderen Personen, die Mitglieder derselben lokalen Gemeinschaft sind, bin ich verantwortlich. Das heroische Selbst strebt selbst nicht nach Allgemeingültigkeit, auch wenn wir rückblickend vielleicht einen allgemeingültigen Wert in den Leistungen jenes Selbst erkennen.

Die Ausübung der heroischen Tugenden verlangt somit sowohl ein menschliches Wesen wie auch eine Sozialstruktur besonderer Art. Gerade weil das so ist, erscheint eine Prüfung der heroischen Tugenden auf den ersten Blick vielleicht belanglos für eine allgemeine Untersuchung von Moraltheorie und -praxis. Falls die heroischen Tugenden zu ihrer Ausübung das Vorhandensein einer Sozialstruktur voraussetzen, die inzwischen unwiderruflich verloren ist – was sie tatsächlich tun –, inwieweit können sie dann für uns noch von Belang sein? Niemand kann heutzutage mehr ein Hektor oder Gisli sein. Die Antwort lautet, daß wir von den heroischen Gesellschaften vielleicht zwei Dinge lernen können: erstens daß jede Moral in einem gewissen Maß immer an das sozial Lokale und Besondere gebunden ist, und daß das Streben der Ethik der Moderne nach einer Allgemeingültigkeit, die von jeder Besonderheit befreit ist, auf einer Illusion beruht; und daß man zweitens Tugenden nur als Teil einer Tradition besitzen kann, in der wir sie und unser Verständnis von ihnen von einer Reihe von Vorfahren übernehmen, an deren Anfang die heroischen Gesellschaften stehen. Falls das so wäre, würde der Gegensatz zwischen der Freiheit zur Wahl von Werten, derer sich die Moderne rühmt, und dem Fehlen einer solchen Wahl in heroischen Gesellschaften völlig anders aussehen. Denn die Freiheit zur Wahl von Werten erschiene vom Standpunkt einer Tradition aus, die letztlich in heroischen Gesellschaften wurzelt, eher als Freiheit von Gespenstern, deren menschliche Substanz sich dem Verschwinden nähert, als von Menschen.

Die Gewißheit des Fehlens einer Wahl macht die Aufgabe des Kommentators der *Ilias* einerseits relativ einfach. Was *aretḗ* ist und was nicht, läßt sich einfach bestimmen; in der *Ilias* gibt es über solche Fragen keine Unstimmigkeiten. Aber nachdem der Lexikograph seine Liste vervollständigt hat, stellt sich doch eine schwierigere Frage. Ich habe schon erwähnt, daß Körperkraft, Tapferkeit und Klugheit zu den Vortrefflichkeiten gehören. In der *Odyssee* spricht Penelope von ihren *aretaí*, wo wir eigentlich von ihren Reizen sprechen sollten. Aber noch verwirrender für uns ist, daß in der *Odyssee* auch vom Wohlstand als Vortrefflichkeit gesprochen wird. Die Einheit des Begriffs der *aretḗ* liegt, wie wir bereits gesehen haben, in der Vorstellung davon, was einen Menschen in die Lage versetzt, seine Rolle zu erfüllen; und es ist leicht zu erkennen, daß Wohlstand – und Glück – in den Gedichten Homers ebenso eine andere Aufgabe haben. Als Sarpedon sich, während die Schlacht zu Schiffe tobt, seiner Obstgärten und Kornfelder in Lykien erinnert, überlegt er, daß er und Glaukos wohl deshalb für wert gehalten werden, soviel Gutes zu verdienen, weil sie zu den Ersten unter den Kriegern gehören. Wohlstand ist also ein Nebenprodukt der Leistung im Krieg, und daraus ergibt sich das Widersinnige: diejenigen, die dem Weg folgen, der ihnen ein Anrecht auf Glück gibt, das in Obstgärten und Kornfeldern, im Leben mit Andromache oder Penelope verkörpert ist, folgen einem Weg, dessen charakteristisches Ende der Tod ist.

Der Tod ist bei Homer reines Unglück; das größte Unglück ist der Tod, dem die Entweihung des Leichnams folgt. Letzteres ist ein Unglück, das die Sippe und die Hausgemeinschaft des Toten ebenso wie den Leichnam trifft. Umgekehrt können die Familie und die Gemeinschaft durch das Begehen der Beerdigungsriten ihre Integrität nach dem Tode dessen, was Teil ihrer selbst war, wiederherstellen. Daher sind Beerdigungsriten und -spiele zentrale Ereignisse innerhalb des moralischen Systems, und der Schmerz, verstanden als die Fähigkeit zu trauern, ist eine zentrale Empfindung des Menschen.

Wie Simone Weil deutlich erkannt hat, kommt der Zustand der Sklaverei in der *Ilias* dem des Todes sehr nahe. Der Sklave ist jemand, der jederzeit getötet werden kann; er steht außerhalb der heroischen Gesellschaft. Auch der Bittsteller, der dazu gezwungen worden ist, um das zu bitten, was er braucht, hat sich der Gnade eines anderen ausgeliefert und macht sich damit zum potentiellen Leichnam oder Sklaven. Die Rolle des Bittstellers soll also nur in äußerster Not eingenommen werden. Erst als der Entweihung der Leiche Hektors die Verweigerung der Beerdigungsriten folgen soll, ist Priamos als König gezwungen, zum Bittsteller zu werden.

Bittsteller zu sein, Sklave zu sein, auf dem Schlachtfeld erschlagen zu werden bedeutet, besiegt zu sein; und die Niederlage ist der moralische Horizont des homerischen Helden, jenseits dessen nichts zu erkennen ist, nichts liegt. Aber die Niederlage ist nicht der moralische Horizont des homerischen Dichters, und aufgrund eben dieses Unterschiedes überschreitet der Homer der *Ilias* die Grenzen der Gesellschaft, die er beschreibt. Denn Homer stellt in Frage, was seine Gestalten nicht tun, nämlich was es bedeutet zu gewinnen und was es bedeutet zu verlieren. Hier ist die Analogie zu späteren Vorstellungen von Spiel und von Gewinnen und Verlieren im Zusammenhang mit Spielen erneut gefährlich aber unvermeidlich. Denn unsere Spiele sind wie unsere Kriege Abkömmlinge des homerischen *agṓn* und doch in wesentlichen Teilen so verschieden, denn die Vorstellung des Gewinnens und Verlierens hat in unserer Kultur einen ganz anderen Stellenwert.

Der Dichter der *Ilias* sieht und seine Gestalten sehen nicht, daß auch Gewinnen eine Form des Verlierens sein kann. Der Dichter ist kein Theoretiker; er bietet keine allgemeinen Formeln. Sein eigenes Wissen liegt dennoch auf einer allgemeineren und abstrakteren Ebene als das selbst seiner scharfsinnigsten Gestalten. Denn Achilles hat im Augenblick der Aussöhnung mit Priamos keine Möglichkeit, sich selbst das begreiflich zu machen, was Homer in seiner Erzählung von Achilles und Priamos anderen begreiflich machen kann. So stellt die *Ilias* in Frage, was weder Achilles noch Hektor in Frage stellen können; die Dichtung erhebt Anspruch auf eine Form von Verstehen, die sie denen verweigert, deren Handlungen sie beschreibt.

Was ich über die *Ilias* gesagt habe, gilt sicher nicht für alle Heldengedichte; aber für einige der isländischen Sagas gilt es ebenfalls. In einer späten Sage wie *Njáls Saga* gibt sich der Verfasser Mühe, die Gestalten, die über die Werte der Saga-Welt hinauszugehen vermögen, von denen zu unterscheiden, die dazu nicht imstande sind. In *Gísla Saga Súrsonnar* begreift der Verfasser eine Wahrheit – was seine Gestalten nicht tun –, die zu der der *Ilias* komplementär ist: Verlieren kann unter Umständen eine Form des Gewinnens sein. Als Gisli nach den Jahren seiner Ächtung schließlich Rücken an Rücken mit seiner Frau und Schwägerin kämpfend stirbt, und die drei acht der fünfzehn Männer töten oder tödlich verwunden, die sich Hoffnung auf den auf Gislis Kopf ausgesetzten Preis gemacht hatten, ist es nicht Gisli, der verliert.

Diese Art von Heldendichtung stellt somit eine Gesellschaftsform dar, über deren moralische Struktur zwei zentrale Behauptungen gemacht werden. Die erste besagt, daß diese Struktur ein Begriffssystem verkörpert, das über drei zentrale, miteinander verknüpfte Elemente verfügt: einen Begriff dessen, was die soziale Rolle verlangt, die jedem einzelnen zufällt; einen Begriff der Vortrefflichkeiten oder Tugenden als den Eigenschaften, die jemanden in die Lage versetzen das zu tun, was seine Rolle fordert; und einen Begriff des menschlichen Zustandes als zerbrechlich und anfällig für Schicksal und Tod, so daß tugendhaft sein nicht bedeutet, Verwundbarkeit und Tod zu vermeiden, sondern ihnen vielmehr zuzugestehen, was ihnen zusteht. Keines dieser drei Elemente kann ohne Hinweis auf die beiden anderen restlos verständlich gemacht werden, doch die Beziehung zwischen ihnen ist nicht rein begrifflicher Natur. Es ist vielmehr so, daß alle drei Elemente ihren miteinander verknüpften Ort nur innerhalb eines größeren, einheitlichen Rahmens finden können, ohne den wir ihre Bedeutung füreinander nicht verstehen könnten. Dieser Rahmen ist die erzählende Form des Heldengedichts oder der Saga, eine Form, die im moralischen Leben von Individuen und in der gemeinschaftlichen Sozialstruktur verkörpert ist. Die heroische Sozialstruktur *ist* die darstellende epische Erzählung.

Die Gestalten der Heldendichtung haben, wie ich schon angemerkt habe, keine Möglichkeit, die menschliche und natürliche Welt zu sehen, außer der, die die Vorstellungen ihnen liefern, die ihre Weltsicht durchdringen. Aber gerade aus diesem Grund zweifeln sie nicht daran, daß die Wirklichkeit so ist, wie sie sie sich selbst begreiflich machen. Sie bieten uns die Sicht einer Welt, auf deren Wahrheit sie Anspruch erheben. Die implizite Erkenntnistheorie der heroischen Welt ist vollendeter Realismus.

Es liegt zum Teil tatsächlich daran, daß die Literatur der heroischen Gesellschaften *diesen* Anspruch stellt, daß es so schwer ist, Nietzsches späteres eigennütziges Portrait ihrer aristokratischen Bewohner zu erkennen. Die Dichter der *Ilias* und die Verfasser der Sagas beanspruchten stillschweigend für ihren eigenen Standpunkt Objektivität einer Art, die völlig unvereinbar mit Nietzsches Perspektivismus war. Aber wenn die Dichter und Verfasser der Sagas darin scheitern, Proto-Nietzscheaner zu sein, was ist dann mit den Gestalten, die sie beschreiben? Hier wird erneut klar, daß Nietzsche die ferne Vergangenheit mythologisieren mußte, um seine Sicht aufrecht zu erhalten. Was Nietzsche darstellt, ist aristokratische Selbst-Behauptung: was Homer und die Sagas zeigen, sind Formen der Behauptung aufgrund einer bestimmten *Rolle,* die ihr entsprechen und von ihr verlangt werden. Das Selbst wird zu dem, was es in heroischen Gesellschaften ist, nur durch seine Rolle; es ist eine soziale Schöpfung, keine individuelle. Wenn daher Nietzsche seinen 19. Jahrhundert-Individualismus auf die archaische Vergangenheit projiziert, offenbart er, daß das, was wie eine historische Untersuchung aussah, in Wirklichkeit eine originelle literarische Konstruktion war. Nietzsche ersetzt die Fiktionen des aufklärerischen Individualismus, die er so verachtet, durch eigene individualistische Fiktionen. Hieraus folgt nicht, daß man kein aufgeklärter Nietzsche-Anhänger hätte sein können; und die gesamte Bedeutung, Nietzscheaner zu sein, liegt in dem Triumph, endlich aufgeklärt zu sein, endlich – wie Nietzsche meinte – ehrlich zu sein. Es ist einfach so – so könnte man versucht sein zu schließen –, daß jeder angeblich echte Nietzscheaner am Ende weiter gehen muß als Nietzsche selbst. Aber ist das wirklich alles?

Der gegenwärtige Nietzscheaner ist durch seine Ablehnung seiner unmittelbaren kulturellen Umwelt – so wie Nietzsche selbst das wilhelminische Deutschland ablehnte – und durch seine Entdeckung, daß das, was Nietzsche an der Vergangenheit gelobt hatte, Fiktionen und keine Tatsachen waren, zu einem Dasein verurteilt, das danach strebt, über alle Beziehungen zur Vergangenheit hinauszugehen. Aber ist ein solches Darüberhinausgehen möglich? Wir sind das, ob wir das anerkennen oder nicht, was die Vergangenheit aus uns gemacht hat, und wir können in uns nicht jene Teile auslöschen – auch nicht in Amerika –, die durch unsere Beziehung zu jeder gestaltenden Phase unserer Geschichte gebildet wurden. Wenn das so ist, dann ist selbst die heroische Gesellschaft zwangsläufig noch ein Teil von uns allen, und wir erzählen eine Geschichte, die eigenartigerweise *unsere eigene Geschichte* ist, wenn wir über ihre Vergangenheit in der Herausbildung unserer moralischen Kultur berichten.

Jeder Versuch, diese Geschichte aufzuschreiben, wird unweigerlich auf die Behauptung von Marx stoßen, daß der Grund für die Wirkung der griechischen Heldendichtung auf uns, die sie noch immer ausübt, aus der Tatsache herrührt, daß die Griechen zur zivilisierten Moderne wie das Kind zum Erwachsenen stehen. Das ist eine Möglichkeit, die Beziehung der Vergangenheit zur Gegenwart aufzufassen. Ob es eine Möglichkeit ist, die der Beziehung zwischen uns und der *Ilias* Gerechtigkeit widerfahren läßt, ist eine Frage, die nur beantwortet werden könnte, wenn wir die dazwischenliegenden Epochen sozialer und moralischer Ordnung erforscht hätten, die uns von der Welt, in der die *Ilias* wurzelte, trennen und gleichzeitig mit ihr verbinden. Diese dazwischenliegenden

Epochen werden zwei zentrale Überzeugungen des heroischen Zeitalters in Frage stellen. Sie werden uns im Zusammenhang mit komplexen Formen, die für die heroische Gesellschaft völlig fremd sind, zu der Frage zwingen, ob es nach wie vor wahr sein kann, daß ein menschliches Leben als Ganzes als Sieg oder Niederlage aufgefaßt werden kann, und worin Gewinnen und Verlieren wirklich bestehen und was sie bedeuten. Und sie werden uns die Frage aufdrängen, ob die Erzählformen des heroischen Zeitalters nicht nur kindliches Geschichtenerzählen sind, so daß der moralische Diskurs, wenn er etwa Fabeln und Parabeln gegen unsichere moralische Vorstellungen zu Hilfe nimmt, in seinen ernsthaften, reifen Teilen die Erzählform doch zugunsten diskursiverer Stile und Gattungen aufgeben sollte.

Kapitel 11
Die Tugenden in Athen

Die heroischen Gesellschaften der Epen Homers oder der isländischen oder irischen Sagas mögen existiert haben oder nicht: der Glaube, daß sie existiert haben, war entscheidend für die klassischen und christlichen Gesellschaften, die sich als aus den Konflikten der heroischen Gesellschaft hervorgegangen betrachteten und den eigenen Standpunkt zum Teil im Sinne dieses Hervorgegangenseins definierten. Kein Athener des 5. Jahrhunderts hätte sich wie Agamemnon oder Achilles verhalten können. Kein Isländer des 13. Jahrhunderts hätte sich wie die Männer des 10. Jahrhunderts verhalten können. Die Mönche von Clonmacnoise waren ganz anders als Conchobor oder Cú Chulainn. Aber die Heldenliteratur war ein wesentlicher Teil der moralischen Schriften jener späteren Gesellschaften; und aus den Schwierigkeiten, die aus der Übertragung dieser Schriften auf die aktuelle Praxis resultieren, ergeben sich viele der wichtigsten moralischen Charakteristika der späteren Gesellschaften.

In vielen der frühen Dialoge Platos befragt Sokrates einen oder mehrere Athener über das Wesen einiger Tugenden – über die Tapferkeit in *Laches,* die Ehrfurcht in *Euthyphron,* die Gerechtigkeit in *Politeia* –, um sie der Widersprüchlichkeit zu überführen. Der flüchtige Leser von heute könnte zunächst vielleicht denken, Plato wolle die Strenge des Sokrates und die Nachlässigkeit des normalen Atheners einander gegenüberstellen; aber da dieses Muster immer wieder aufgenommen wird, drängt sich eine andere Deutung auf, daß Plato nämlich den allgemeinen Zustand der Inkohärenz im Umgang mit der wertenden Sprache in der Kultur Athens aufzeigen will. Die Strategie von Platos eigener kohärenter, ausgeglichener Darstellung der Tugenden in *Politeia* besteht zum Teil darin, das Erbe Homers aus dem Stadtstaat zu verbannen. Ein Ausgangspunkt für eine Untersuchung der Tugenden in der klassischen Gesellschaft wäre, eine Verbindung herzustellen zwischen einigen grundlegenden Inkohärenzen in der klassischen Gesellschaft und dem homerischen Hintergrund. Aber diese Aufgabe ist bereits erfüllt worden, am bemerkenswertesten vielleicht von Sophokles in seinem *Philoktet.*

Odysseus ist mit Neoptolemos, dem Sohn des Achilles, ausgesandt worden, um den Wunderbogen des Philoktet sicherzustellen und so für die Einnahme Trojas zu streiten. Odysseus verhält sich in diesem Stück genau nach den gleichen Grundsätzen, die auch sein Verhalten in der *Odyssee* leiten. Er tut Gutes für seine Freunde, Böses seinen Feinden (womit er eine der Definitionen von Gerechtigkeit erfüllt, die Plato zu Beginn seiner *Politeia* zurückweist). Falls er sich der Hilfe des Bogens nicht mit ehrlichen Mitteln versichern kann, wird seine List betrügerische Mittel ersinnen. In der *Odyssee* wird diese List eindeutig als Tugend behandelt; und selbstverständlich ist es die Übung der Tugenden, die einem Helden die Ehre sichern. Aber Neoptolemos hält die List des Odysseus, Philoktet zu hintergehen, für unehrenhaft. Philoktet war durch die Griechen, die ihn neun Jahre auf Lemnos ausgesetzt hatten, großes Unrecht geschehen; trotzdem empfängt Philoktet Neoptolemos und Odysseus vertrauensvoll. Obwohl er sich weigert, den Griechen in Troja zu Hilfe zu kommen, ist es nicht richtig, ihn zu betrügen. Sophokles benutzt Odysseus und Neoptolemos, um uns mit zwei unvereinbaren Vorstellungen von ehrenhaften Handlungsweisen zu konfrontieren, zwei konkurrierenden Verhaltensmaßstäben. Entscheidend für den Aufbau der Tragödie ist, daß Sophokles keine Lösung des Konflikts anbietet; die Handlung wird durch das Eingreifen des Halbgottes Herakles eher unterbrochen als abgeschlossen, der die Gestalten aus dieser Sackgasse befreit.

Das Eingreifen eines Gottes in der griechischen Tragödie – oder zumindest die Anrufung eines Gottes, einzugreifen – signalisiert häufig die Aufdeckung einer Inkohärenz moralischer Maßstäbe und Sprache. Nehmen wir die *Oresteia.* Die archaischen und heroischen Gesetze der Blutrache ge- und verbieten Orest gleichzeitig, Klytämnestra zu töten. Das Eingreifen Athenes und die Regelung der Angelegenheit zwischen ihr und Apollo schaffen eine Vorstellung von Gerechtigkeit, die die Autorität in moralischen Fragen von der Familie und dem Hauswesen zur *pólis* verlagert. In der *Antigone* erscheinen die Forderungen der Familie und die der *pólis* als rivalisierende und unvereinbare Forderungen. Damit ist die erste Tatsache, mit der wir zu rechnen haben, der Unterschied, den es für den Begriff der Tugenden macht, wenn die wichtigste moralische Gemeinschaft nicht mehr die Verwandtschaft ist, sondern der Stadtstaat, und nicht nur der Stadtstaat allgemein, sondern speziell die athenische Demokratie.

Aber es ist bei weitem zu einfach, den Unterschied zwischen der homerischen Sicht der Tugenden und der klassischen Sicht allein auf den Übergang von einer Reihe sozialer Formen zu einer anderen zurückzuführen, und das aus mindestens zwei ganz unterschiedlichen Gründen. Der erste ist – allein die *Antigone* reicht für diese Annahme aus –, daß die Formen und Ansprüche der Verwandtschaft in ihrer wesentlichen Gestalt bestehenbleiben, auch wenn sie im Athen des 5. vorchristlichen Jahrhunderts nicht die gleichen sind wie in früheren Jahrhunderten. Das aristokratische Hauswesen bewahrt sowohl im Leben als auch in der Dichtung viel von Homer. Aber die homerischen Werte bestimmen nicht mehr den moralischen Horizont, so wie das Hauswesen oder die Verwandtschaft jetzt Teile einer größeren und ganz anderen Einheit sind. Es gibt keine Könige mehr, auch wenn viele königliche Tugenden noch als Tugenden gelten.

Ein zweiter Grund dafür, den Unterschied in der Vorstellung der Tugenden nicht nur im Sinne veränderter sozialer Zusammenhänge zu sehen, liegt darin, daß sich die Vorstellung einer Tugend inzwischen bemerkenswerterweise von jeder *bestimmten* sozialen Rolle gelöst hat. Neoptolemos tritt Philoktet in dem Stück von Sophokles ganz anders entgegen als sein Vater in der *Ilias* Agamemnon entgegentrat. Bei Homer ist die Frage der Ehre die Frage danach, was einem König zusteht; bei Sophokles ist die Frage der Ehre zur Frage danach geworden, was einem Menschen zusteht.

Dennoch ist es wohl kein Zufall, daß die Frage, was einem Menschen zusteht, in einem athenischen Kontext gestellt wird und nicht in einem thebanischen, korinthischen oder gar barbarischen Kontext. Einen guten Menschen zu charakterisieren bedeutet im wesentlichen, die Beziehung zu charakterisieren, in der ein solcher Mensch zu anderen steht, und beide, Dichter und Philosophen, unterscheiden in ihrer Darstellung dieser Beziehungen meistens nicht das Allgemeine und Menschliche daran vom Lokalen und Athenischen. Der Anspruch ist oft explizit; Athen wird gepriesen, weil es das menschliche Leben *par excellence* so vorführt, wie es sein sollte. Aber gerade in diesen Lobeshymnen wird das besonders Athenische von dem besonders Homerischen getrennt. Für den homerischen Menschen konnte es keinen Maßstab außerhalb derjenigen geben, die im Gefüge seiner eigenen Gemeinschaft verkörpert waren und auf die man sich berufen konnte; für den Athener ist die Angelegenheit komplexer. Sein Verständnis der Tugenden liefert ihm Maßstäbe, anhand derer er das Leben seiner eigenen Gemeinschaft in Frage stellen und erkunden kann, ob diese oder jene Handlungsweise oder Politik gerecht ist. Trotzdem erkennt er auch, daß er dieses Verständnis der Tugenden nur besitzt, weil seine Zugehörigkeit zur Gemeinschaft ihm ein solches Verständnis verschafft. Die Stadt ist Wächterin, Mutter, Lehrerin, auch wenn das, was man von der Stadt lernt, dazu führen kann, daß man dieses oder jenes Merkmal ihres Lebens anzweifelt. So rückt die Frage der Beziehung zwischen *ein guter Bürger sein* und *ein guter Mensch sein* in den Mittelpunkt, und die Kenntnis der Vielfalt möglicher menschlicher Handlungsweisen, barbarischer oder griechischer, lieferte den faktischen Hintergrund für diese Fragestellung.

Tatsächlich deutet alles darauf hin, daß die überwältigende Mehrheit der Griechen, ob Athener oder nicht, als selbstverständlich voraussetzte, daß die Lebensweise ihrer eigenen Stadt fraglos die für den Menschen beste war, wenn es ihnen überhaupt in den Sinn kam, diese Frage zu stellen; und es wurde gleichermaßen als selbstverständlich vorausgesetzt, daß die von den Griechen geteilte Lebensweise jeder barbarischen klar überlegen war. Aber woran hatten die Griechen teil? Und woran hatten die Athener teil?

A.W.H. Adkins hat sinnvollerweise kooperierende und konkurrierende Tugenden einander gegenübergestellt. Die konkurrierenden betrachtet er von ihrer Herkunft her als homerisch; die kooperierenden repräsentieren dagegen die soziale Welt der athenischen Demokratie. Doch an dieser Stelle entsteht eine Schwierigkeit, denn moralische Unstimmigkeiten entstehen im 5. und 4. vorchristlichen Jahrhundert nicht nur, weil einige Tugenden einigen anderen gegenübergestellt werden, sondern der Konflikt wird auch – und vielleicht noch entscheidender – dadurch hervorgerufen, daß rivalisierende Vorstellungen ein und derselben Tugend nebeneinander bestehen. Das Wesen der *dikaiosýnē,* die wir heute mit »Gerechtigkeit« übersetzen, ist Gegenstand gerade eines solchen Meinungsunterschiedes. Darüber hinaus ist die *dikaiosýnē,* deren unterschiedliche Auffassung Ursache eines sozialen Konflikts sein kann, eine der Tugenden, die Adkins eher für kooperierend als für konkurrierend hält. Doch *dikaiosýnē* hat, wenngleich das Wort selbst bei Homer nicht vorkommt, einen homerischen Unterton. *Díkē* und *díkaios,* die bei Homer vorkommen, sind seine Vorgänger, und schon bei Homer setzen die konkurrierenden Tugenden die Ausnahme der kooperierenden voraus. Weil *díkē* verletzt worden ist, streitet sich Achilles mit Agamemnon, und weil *díkē* verletzt worden ist, hilft Athene Odysseus gegen die Freier. Was ist nun die Tugend, die zur *dikaiosýnē* wird?

»*Díkē* bedeutet grundsätzlich die Ordnung des Universums«, schrieb Hugh Lloyd-Jones (1971, S. 161); *díkaios* ist derjenige, der diese Ordnung achtet und nicht verletzt. Die Schwierigkeit, *díkaios* mit »gerecht« zu übersetzen, ist sofort ersichtlich; denn in unserer Kultur kann das Wort »gerecht« ohne jeden Bezug auf oder Glauben an eine moralische Ordnung im Universum gebraucht werden. Aber selbst im 5. Jahrhundert ist das Wesen der Beziehung zwischen *dikaiosýnē* und einer kosmischen Ordnung nicht in derselben Art und Weise klar, wie in den Epen Homers. Dort ist die Ordnung, in der Könige eingestandenermaßen unvollkommen herrschen, Teil der größeren Ordnung, in der die Götter, vor allem Zeus, eingestandenermaßen unvollkommen herrschen. *Díkaios* sein bedeutet bei Homer *diese Ordnung nicht übertreten;* bei Homer besteht also die Tugend des *díkaios* darin, das zu tun, was die anerkannte Ordnung verlangt – es ist damit eine Tugend wie jede andere homerische Tugend. Aber gegen Ende des 5. Jahrhunderts wird es möglich zu fragen, ob es *dikaiosýnē* ist oder nicht, das zu tun, was die bestehende Ordnung verlangt; und es ist möglich, völlig unterschiedlicher Meinung darüber zu sein, was es heißt, im Einklang mit *díkē* zu handeln, *díkaios* zu sein. So beanspruchen im *Philoktet* sowohl Neoptolemos wie Odysseus *dikaiosýnē* für ihre Argumentation (1245-51), und innerhalb derselben wenigen Zeilen sind sie auch uneinig darüber, was es heißt, *sóphos* (weise) und *aischrós* (unehrenhaft) zu sein.

Es gibt also im Griechenland des 5. Jahrhunderts einen allgemein anerkannten Bestand an Tugend-Begriffen und in diesem Sinn einen anerkannten Bestand an Tugenden: Freundschaft, Tapferkeit, Selbstbeherrschung, Weisheit, Gerechtigkeit – und nicht nur diese. Aber darüber, was sie fordern und warum sie als Tugenden gelten, herrscht weitgehend Uneinigkeit. Deshalb verwickeln sich diejenigen, die sich ohne nachzudenken auf den normalen Gebrauch, auf das verlassen, was man ihnen beigebracht hat, zu schnell auf dieselbe Art in Widersprüche wie die Gesprächspartner des Sokrates. Ich habe natürlich die Ursachen wie auch die Wirkungen dieser Widersprüchlichkeit zu sehr vereinfacht. Selbst wenn die heroische Gesellschaft tatsächlich etwa im 9. Jahrhundert in Griechenland existiert hat, war der Übergang von dieser Gesellschaft zum 5. Jahrhundert sehr viel komplizierter und vielschichtiger, als ich angedeutet habe. Die Vorstellungen der Tugenden im 6., im frühen 5.

und im ausgehenden 5. Jahrhundert unterscheiden sich jeweils in wichtigen Punkten, und jede frühere Periode drückt der ihr folgenden ihren Stempel auf. Die Auswirkung dessen zeigt sich in modernen wissenschaftlichen Streitgesprächen ebenso wie in moralischen Meinungsverschiedenheiten des Altertums. Dodds, Adkins, Lloyd-Jones – und die Liste ließe sich noch erheblich verlängern – präsentieren alle weitgehend kohärente Bilder der moralischen Ansichten in Griechenland; jede kohärente Ansicht unterscheidet sich von jeder anderen, und alle scheinen sie im großen ganzen richtig zu sein. Aber keine berücksichtigt adäquat die Möglichkeit, daß der moralische Wortschatz und die Ansichten der Griechen doch um einiges inkohärenter sind als wir ohne weiteres erkennen, und einer der Gründe dafür ist offensichtlich. Zu viele der Quellen sind Texte, die eine bewußte Umgestaltung und Neubestimmung des moralischen Vokabulars vornehmen, Texte, in denen Worten eine klare Bedeutung zugewiesen wird, die sie vorher nicht besaßen. Philosophen, Dichter und Historiker neigen vielleicht alle dazu, uns auf diese Weise in die Irre zu führen, und wir besitzen nur sehr wenige Quellen, die nicht durch den einen oder anderen von ihnen auf uns gekommen sind.

Wir müssen deshalb darauf achten, daß wir nicht zu leichtfertig von »der griechischen Sicht der Tugenden« sprechen, nicht nur, weil wir oft »griechisch« sagen, wo wir »athenisch« sagen sollten, sondern, auch, weil es mehrere athenische Sichtweisen gab. Für meine gegenwärtigen Zwecke muß ich wenigstens vier berücksichtigen: die Sophisten, Plato, Aristoteles und die Tragiker, insbesondere Sophokles. Aber es ist wichtig, sich in jedem Fall vor Augen zu halten, daß wir es mit einer Reaktion auf Inkohärenzen zu tun haben, einer Reaktion, die in jedem Fall von einem anderen Zweck erfüllt ist. Aber bevor ich mich mit diesen vier befasse, möchte ich wenigstens etwas hervorheben, was sie alle gemein haben. Alle sehen es als erwiesen an, daß das Umfeld, in dem die Tugenden geübt und in dessen Sinn sie definiert werden sollen, die *pólis* ist. Im *Philoktet* ist es für die Handlung wesentlich, daß Philoktet durch sein zehnjähriges Ausgesetztsein auf einer verlassenen Insel nicht nur völlig aus der Gemeinschaft der Menschen ausgeschlossen worden ist, sondern auch von der Stellung eines menschlichen Wesens: »... fort ... von dem Strand, an den du einst mich warfst, freundlos und einsam, heimatlos, noch lebend tot.« Das sind nicht nur leere Phrasen. Uns ist die Vorstellung fremd, daß Freundschaft, menschliche Gemeinschaft und ein Stadtstaat wesentliche Bestandteile des Menschseins sind; und zwischen uns und dieser Vorstellung liegt eine große historische Scheide. Das Wort für einsam, *érēmos,* ist zum Beispiel die Wurzel unseres Begriffs »Eremit«; und für das Christentum konnte das Leben als Eremit zu den wichtigsten Lebensformen gehören. Auch der Begriff der Freundschaft hat sich später ständig Wandlungen unterzogen. Aber in der Welt des Sophokles, in der so vieles anfechtbar ist, ist unanfechtbar, daß Freundschaft, Gemeinschaft und Bürgerschaft grundlegende Aspekte des Menschseins sind. Und zumindest in diesem Punkt ist sich Sophokles mit der restlichen athenischen Welt einig.

Die allgemeine athenische Annahme ist also, daß die Tugenden ihren Platz im sozialen Kontext des Stadtstaates haben. Ein guter Mensch zu sein ist nach Ansicht jedes Griechen zumindest eng damit verbunden, ein guter Bürger zu sei. Worin bestehen die Tugenden, die den guten Menschen und den guten Bürger ausmachen, und worin bestehen die entsprechenden Untugenden? Als Isokrates Perikles pries, sagte er, daß er mehr als alle anderen Bürger *sṓphrōn, díkaios* und *sóphos* wäre. Redner und Komödiendichter prangern im allgemeinen Niedertracht und Geiz an. Es ist ein griechischer Gemeinplatz, daß der freie Mann furchtlos die Wahrheit sagt und die Verantwortung für sein Handeln übernimmt. Einige Autoren loben Einfachheit des Wesens und Offenheit. Mangelndes Feingefühl und mangelndes Mitleid werden oft verurteilt, ebenso ungehobeltes Wesen. Tapferkeit wird stets gepriesen. Aber wenn dies einige der wichtigsten Tugenden sind, was macht sie zu Tugenden?

Es besteht die Gefahr, daß wir in die Irre geführt werden bei dem Versuch, diese Frage zu beantworten, wenn wir uns *entweder* nur den Eigenschaften widmen, die auch wir für Tugenden halten, *oder* wenn wir das erwähnte Ausmaß übersehen, in dem die Griechen in ihren Meinungen voneinander abweichen. Ich beginne also mit zwei Dingen: einmal mit der Feststellung, daß Bescheidenheit, Sparsamkeit und Gewissenhaftigkeit in *keiner* griechischen Aufzählung von Tugenden auftauchen können; zum anderen mit dem erneuten Hinweis auf die unterschiedlichen Interpretationsmöglichkeiten ein und derselben Tugend. Denken wir nicht nur an Ehre und Gerechtigkeit, sondern auch an die Tugend, die *sōphrosýnē* heißt. Ursprünglich ist sie eine aristokratische Tugend. Es ist die Tugend des Mannes, der seine Macht mißbrauchen könnte, dies aber nicht tut. Ein Teil dieser Selbstbeschränkung ist die Fähigkeit, seine Leidenschaften zu zügeln, und wenn das Wort auf Frauen angewandt wird – und *sōphrosýnē* ist für die Griechen *die* weibliche Tugend –, wird im allgemeinen ausschließlich diese Fähigkeit gepriesen. Aber ganz sicher ist dies nicht das, was Isokrates so besonders an Perikles gelobt hat.

Das Lob des Perikles durch Isokrates, *sōphrōn* zu sein, muß in der Tat als vereinbar mit der Anerkennung jener Eigenschaften gesehen werden, die Perikles selbst nach Thukydides den Athenern zuschrieb: unablässiges Tätigsein beim Verfolgen der eigenen Interessen, ein Drang, mehr zu leisten und vorwärtszustreben. *Sōphrosýnē* beinhaltet also so gesehen nicht unbedingt eine Beschränkung, soweit es um die eigenen Ziele geht; vielmehr wird die Beschränkung der Art und Weise gepriesen, diese Ziele zu erreichen – die Fähigkeit zu wissen, wie weit man bei einer bestimmten Gelegenheit gehen kann, wann man innehalten oder sich vorübergehend zurückziehen sollte. So daß *sōphrosýnē* sich jetzt mit *polupragmosýnē* der athenischen Demokratie ebenso heimisch fühlen kann wie bei den aristokratischen Idealen der Beschränkung und der *hēsuchía*, der Muße. Aber die Ideale der *polupragmosýnē* und *hēsuchía* sind einander sicher scharf entgegengesetzt. Damit hat *sōphrosýnē* jetzt einen Platz in zwei nicht nur verschiedenen, sondern unvereinbaren Moralsystemen gefunden hat. Inwiefern stehen sich *polypragmosýnē* und *hēsuchía* unvereinbar gegenüber?

Hēsuchía kommt bei Pindar (*Siegeslieder*, 8.1) als Name einer Göttin vor; sie verkörpert jene Friedfertigkeit des Geistes, auf die der Sieger eines Wettkampfes Anspruch hat, wenn er sich anschließend ausruht. Die Achtung vor ihr ist eng verknüpft mit der Vorstellung, daß wir eher nach Ruhe streben als danach, rastlos von Ziel zu Ziel, von Wunsch zu Wunsch zu eilen. *Polypragmosýnē* dagegen liegt nicht allein darin, mit vielen Dingen beschäftigt zu sein, sondern ist eine Eigenschaft, auf die Stolz empfunden wird. Das athenische Milieu, in dem sie zu Hause ist, ist ein Milieu, in dem auch *pleonexía* ganz selbstverständlich zu Hause ist. *Pleonexía* wird manchmal so übersetzt, daß die Untugend, die es hervorhebt, scheinbar einfach die ist, mehr haben zu wollen als einem zusteht. So übersetzte es J.S. Mill, und Mill zu folgen heißt, die Kluft zwischen der Welt des Altertums und dem Individualismus der Neuzeit zu verringern, denn wir haben keine Schwierigkeiten mit dem Gedanken – wie könnte da jemand Schwierigkeiten haben? –, daß es falsch ist, mehr zu nehmen als einem zusteht. Aber die hervorgehobene Untugend ist die Habgier an sich, eine Eigenschaft, die der moderne Individualismus weder in seiner wirtschaftlichen Aktivität noch im *Charakter* des konsumierenden Ästheten überhaupt als Untugend begreift. Nietzsche übersetzte *pleonexía* einsichtig und exakt mit *Haben und Mehrhabenwollen,* denn in der modernen Welt ging – wie wir später noch sehen werden – die Vorstellung verloren, daß der Wunsch, einfach mehr zu haben, die

Habgier an sich, eine Untugend sein könnte. Daher vermutlich Mills Mißverständnis, denn *pleonexía* ist die Bezeichnung gerade dieser Untugend.

Für die von *pleonexía* Besessenen wird *agṓn*, der Wettkampf, etwas ganz anderes als er in den Spielen oder für Pindar war. Er wird zum Werkzeug des individuellen Willens bei der Jagd nach erfolgreicher Befriedigung seiner Wünsche. Selbstverständlich wird in jeder Gesellschaft, in der Wettkämpfe zentrale Handlungen sind, der Sieger den Preis des Erfolgs davontragen und zumindest dem Anschein nach und wahrscheinlich auch tatsächlich dem Ziel, seine Wünsche zu befriedigen, näher sein als andere. Aber vor allem Leistung und Vortrefflichkeit – von ihm selbst, der Gemeinschaft und auch solchen Leuten wie dem Dichter anerkannt, dessen Aufgabe es ist, diese Leistung und diese Vortrefflichkeit zu preisen – werden in erster Linie geschätzt; und weil sie geschätzt werden, sind Preise und Befriedigung damit verbunden, und *nicht* umgekehrt.

Betrachten wir nun den Platz, den *agṓn*, der Wettkampf, in der klassischen griechischen Gesellschaft einnimmt. Die Heldengedichte Homers sind Erzählungen, die von einer ganzen Reihe von Wettkämpfen berichten. In der *Ilias* wandelt sich der Charakter dieser Wettkämpfe allmählich, bis in der Begegnung zwischen Achilles und Priamos deutlich wird, daß zu gewinnen auch zu verlieren heißt, und daß im Angesicht des Todes Gewinnen und Verlieren nicht länger auseinanderfallen. Dies ist die erste große Aussage der moralischen Wahrheit in der griechischen Kultur, und später werden wir ihren Status als *Wahrheit* zu betrachten haben. Für den Augenblick brauchen wir nur festzuhalten, daß diese Wahrheit im Kontext des *agṓn* entdeckt werden mußte.

Der *agṓn* verändert selbstverständlich seinen Charakter. Zuerst wurden bei den Olympischen Spielen ab 776 v. Chr. alle vier Jahre die aktuellen kriegerischen Auseinandersetzungen zwischen Stadtstaaten mit einem Waffenstillstand eingestellt, und jede griechische Gemeinde, wie abgelegen sie sein mochte, bemühte sich, Abgesandte dorthin zu schicken. Ringkampf, Wettlauf, Pferderennen und Diskuswerfen wurden durch Lobpreisungen in Dichtung und Bildhauerei gefeiert. Im Umkreis dieses Zentrums entstanden weitere Aktivitäten: Olympia, seit jeher Heiligtum des Zeus, wurde zu einem Archiv, in dem Aufzeichnungen und Vorträge aufbewahrt wurden. Die implizite Definition eines Griechen im Gegensatz zum Barbaren wurde zu: Mitglied einer Gemeinde, die berechtigt ist, an den Olympischen Spielen teilzunehmen.

Aber der *agōn* ist nicht nur dadurch eine zentrale Einrichtung, daß er alle Griechen aus den verschiedenen Stadtstaaten vereint. Er steht auch in den einzelnen Stadtstaaten im Mittelpunkt, ein Kontext, in dem sich die Form des *agōn* erneut verändert. Zu den Wettkämpfen, in die er umgewandelt wird, gehören die Debatten in den Versammlungen und Gerichtshöfen der griechischen Demokratie, die Konflikte im Kern der Tragödie, ein Stück symbolischen (und sehr ernstgemeinten) Possenreißens in der Handlung seiner Komödie und schließlich die dialogische Form der philosophischen Argumentation. Indem wir all diese Formen als Manifestation des *agōn* verstehen, sollten wir erkennen, daß die Kategorien *politisch, dramatisch, philosophisch* in der Welt Athens sehr viel inniger miteinander verbunden waren als in der unsrigen. Politik und Philosophie wurden in der Form des Dramas gestaltet, die Hauptthemen des Dramas waren philosophischer und politischer Natur, die Philosophie hatte ihre Forderungen in der Arena der Politik und des Dramas vorzubringen. In Athen war das Publikum für alle drei potentiell weitgehend und tatsächlich in einem gewissen Umfang ein und dasselbe; und das Publikum war selbst kollektiver Schauspieler. Der Regisseur des Dramas war Inhaber eines politischen Amtes; der Philosoph riskierte komische Darstellung und politische Bestrafung. Die Athener hatten nicht, wie wir das durch eine Reihe institutioneller Vorrichtungen tun, die Verfolgung politischer Ziele von der dramatischen Darstellung getrennt oder das Stellen philosophischer Fragen von beidem. Uns fehlt also – im Gegensatz zu ihnen – jede öffentliche, allgemein geteilte, gemeinschaftliche Weise sowohl politische Konflikte darzustellen als auch unsere Politik philosophisch zu hinterfragen. Es wird später noch von Bedeutung sein, genauer festzustellen, wie uns diese Möglichkeiten verschlossen wurden. Aber für den Augenblick ist genug dazu gesagt worden, und wir können zur Hauptfrage zurückkehren.

Wir haben der Reihe nach angemerkt, daß unterschiedliche und konkurrierende Zusammenstellungen von Tugenden, unterschiedliche und konkurrierende Haltungen gegenüber den Tugenden und unterschiedliche und konkurrierende Definitionen einzelner Tugenden im Athen des 5. Jahrhunderts zu Hause sind, und daß dennoch der Stadtstaat und der *agōn* den gemeinsamen Rahmen liefern, in dem die Tugenden ausgeübt werden sollen. Gerade weil diese Rivalitäten und Widersprüche Symptome des Konflikts sind, überrascht es kaum, daß konkurrierende philosophische Darstellungen der Tugenden aufkommen, die die zugrunde liegenden Konflikte offenkundig machen und explizieren. Darunter ist ein bestimmter sophistischer Typ vielleicht der einfachste und radikalste.

A.W.H. Adkins hat auf die Ähnlichkeit zwischen Thrasymachos, wie er von Plato dargestellt wird, und den roheren Fassungen des homerischen Helden hingewiesen. »Kratze an Thrasymachos und du findest Agamemnon.« Agamemnon ist der Prototyp des homerischen Helden, der nie die Wahrheit gelernt hat, die zu lehren die *Ilias* geschrieben wurde; er will nur siegen und die Früchte des Sieges für sich selbst ernten. Alle anderen sind zu benutzen oder zu bezwingen: Iphigenie, Briseis, Achilles. So macht der Sophist, dessen Verkörperung Platos Thrasymachos ist, den Erfolg zum einzigen Ziel des Handelns, und das Erringen von Macht, um zu tun und zu erlangen, was immer man will, zum ganzen Inhalt des Erfolgs. Eine Tugend wird demnach definiert als Eigenschaft, die Erfolg sichert. Aber Erfolg muß für den Sophisten wie für andere Griechen Erfolg in irgendeiner bestimmten Stadt sein. Die Ethik des Erfolgs wird daher mit einer bestimmten Art von Relativismus kombiniert.

Erfolgreich sein bedeutet in einer bestimmten Stadt erfolgreich sein; aber in verschiedenen Städten gibt es vielleicht verschiedene Vorstellungen von Tugend. Was im demokratischen Athen als gerecht gilt, unterscheidet sich vielleicht von dem, was im aristokratischen Theben oder im militaristischen Sparta für gerecht gehalten wird. Der sophistische Schluß lautet, daß die Tugenden in jeder Stadt das sind, wofür sie in dieser Stadt gehalten werden. So etwas wie Gerechtigkeit an sich gibt es nicht; es gibt nur »Gerechtigkeit, wie sie in Theben verstanden wird«, »Gerechtigkeit, wie sie in Sparta verstanden wird«. Wenn dieser Relativismus mit der Ansicht kombiniert wird, daß eine Tugend eine Eigenschaft ist, die zu individuellem Erfolg führt, verwickelt er seine Anhänger in eine Reihe zusammenhängender Schwierigkeiten.

Ein Teil des ursprünglichen Anstoßes zu dieser sophistischen Ansicht scheint der Wunsch gewesen zu sein, eine konsistente und kohärente Neubestimmung der zentralen Wertbegriffe im Griechenland des 5. Jahrhunderts als Grundlage für die Erziehung der Jugend – vor allem der aristokratischen Jugend – zu politischem Erfolg zu liefern. Aber es stellte sich heraus, daß das Erreichen eines gewissen Maßes an Konsistenz, indem konkurrierende Vorstellungen und Definitionen der Tugenden über kooperierende gestellt wurden, Inkonsistenzen an anderen Stellen geschaffen hat. Wenn der Sophist den wertenden Wortschatz seiner eigenen Stadt übernimmt, wird er manchmal feststellen, daß er Ausdrücke gebraucht, die einen nicht-relativistischen Standpunkt verkörpern, der dem Relativismus widerspricht, aufgrund dessen er diesen Wortschatz gebraucht. Und der Sophist, der Ausdrücke wie »gerecht«, »Tugend« und »gut« in einer Weise neu definiert hat, daß sie sich auf Eigenschaften beziehen, die den individuellen Erfolg begünstigen, der aber auch den konventionellen Wortschatz benutzen möchte, um diesen Erfolg zu erreichen, kann durchaus in die Lage kommen, die Gerechtigkeit zu preisen, weil mit »Gerechtigkeit« nicht mehr gemeint ist als das, »was im Interesse des Stärkeren liegt«, und ein andermal in die Lage, Ungerechtigkeit mehr zu preisen als Gerechtigkeit, weil die Anwendung der Ungerechtigkeit – wie sie herkömmlicherweise aufgefaßt wird – eigentlich im Interesse des Stärkeren liegt.

Natürlich enthält diese sophistische Tradition nichts, was *notwendigerweise* dazu führen würde, daß sich einer ihrer Anhänger in diese Art von Inkonsistenz verwickeln läßt – und damit in der Debatte zum Opfer seiner Gegner wird; aber diese Inkonsistenz könnte nur durch eine radikalere Neubestimmung der Tugend vermieden werden, als viele Sophisten bereit wären mitzumachen.

So werden in Platos *Gorgias* Gorgias selbst und sein Schüler Polos als Folge dieser Inkonsistenz Schritt für Schritt durch die Argumentation des Sokrates bezwungen, während Kallikles auf diese Weise nicht bezwungen werden kann. Denn Kallikles ist darauf vorbereitet, eine systematische Darlegung seines Standpunkts durchzuführen, was für Schlüsse auch daraus folgen mögen, wie schwer auch der Bruch mit dem allgemeinen moralischen Gebrauch sein mag. Es ist ein Standpunkt, der den Mann rühmt, der seinen Verstand benutzt, um zu herrschen, und der seine Herrschaft benutzt, um hemmungslos seine Wünsche zu befriedigen. Sokrates vermag dieser Ansicht zwar einige Hindernisse entgegenzustellen, aber keines davon ist so schlüssig wie seine Einwände gegen Gorgias und Polos.

Damit scheint Kallikles tatsächlich mit Erfolg einen Weg zu liefern, um die Inkohärenzen des normalen griechischen Geistes zu lösen. Gibt es gute Gründe, diese Lösung nicht zu akzeptieren? Einige spätere Autoren – Stoiker in der Antike, Kantianer in der Neuzeit – haben angenommen, daß die einzige mögliche Antwort auf Kallikles die Negierung jeglichen Zusammenhangs zwischen dem, was gut (oder, wie die modernen Autoren sagen würden, *moralisch* gut) ist, und den menschlichen Wünschen liegt. Sie gehen davon aus, daß Kallikles *für den Fall*, daß das, was wir tun sollten, auch das ist, was unsere Wünsche befriedigt, recht haben muß. Plato greift Kallikles natürlich nicht von diesem Standpunkt aus an; es ist in der Tat fraglich, ob ein Grieche des 5. oder 4. vorchristlichen Jahrhunderts dazu systematisch in der Lage gewesen wäre. Denn Plato – und zumindest darin stimmen sowohl Plato wie Kallikles mit dem normalen griechischen Gebrauch und miteinander überein – akzeptiert die Ansicht, daß die Begriffe der Tugend und der Güte einerseits und Glück, Erfolg und Erfüllung der Wünsche andererseits untrennbar miteinander verbunden sind. Er kann daher die Ansicht des Kallikles nicht in Frage stellen, daß das, was gut ist, zum Glück und zur Befriedigung der Wünsche führt; er muß vielmehr die Vorstellungen des Kallikles von Glück und von Befriedigung der Wünsche in Frage stellen. Die Notwendigkeit, diese Infragestellung aufrechtzuerhalten, führt direkt zur Psychologie des *Phaidon* und der *Politeia*; und die Psychologie dieser Dialoge liefert die Grundlage für eine konkurrierende Vorstellung und die dazugehörige Aufzählung von Tugenden.

Während für Kallikles die Befriedigung der Wünsche in der Herrschaft über eine *pólis,* im Leben eines Tyrannen, liegt, könnte der rationale Wunsch für Plato in keiner *pólis* wirklich befriedigt werden, die in der physischen Welt tatsächlich existiert, sondern nur in einem Idealstaat mit einer idealen Verfassung. Das Gute, nach dem rationales Wünschen strebt, und das tatsächliche Leben des Stadtstaates müssen also scharf unterschieden werden. Was politisch erreichbar ist, ist unbefriedigend; was befriedigend ist, ist nur durch die Philosophie erreichbar und nicht durch die Politik. Die vorausgehende Lektion lernte Plato schließlich auf Sizilien, und ohne Frage spürte er, daß er sie ein für allemal aus dem Tod des Sokrates hätte lernen sollen. Trotzdem bleibt der Begriff der Tugend ein politischer Begriff; denn Platos Darstellung des tugendhaften Menschen läßt sich nicht von der des tugendhaften Bürgers trennen. Dies ist sogar eine Untertreibung – es gibt keine Möglichkeit, als Mensch vortrefflich zu sein, die nicht die Vortrefflichkeit als Bürger miteinschließt und umgekehrt. Aber der vortreffliche Bürger wird in keiner wirklichen Stadt zu Hause seien, weder in Athen noch in Theben oder gar in Sparta. An keinem dieser Orte werden diejenigen, die die Stadt lenken, selbst durch die Vernunft gelenkt. Was fordert die Vernunft?

Daß jeder Teil der Seele seine besondere Aufgabe erfüllt. Das Ausüben jeder besonderen Aufgabe ist eine bestimmte Tugend. Die körperlichen Gelüste sollen also die Beschränkungen anerkennen, die die Vernunft ihnen auferlegt; die damit offenbarte Tugend ist *sōphrosýnē.* Die edle Tugend, die auf die Herausforderung einer Gefahr antwortet, wenn sie der Vernunft folgend antwortet, zeigt sich als Mut, *andreîa.* Die Vernunft selbst zeigt ihre besondere Tugend der *sophía,* der Weisheit, wenn sie durch mathematische und dialektische Studien geschult worden ist, so daß sie imstande ist zu erkennen, was Gerechtigkeit an sich ist, was Schönheit an sich ist, und vor allen anderen Formen, was die Form des Guten ist. Diese drei Tugenden können sich nur zeigen, wenn auch eine vierte, die Tugend der *dikaiosýnē,* sich zeigt; denn *dikaiosýnē* – die sich in Platos Darstellung stark von unserer modernen Vorstellung von Gerechtigkeit unterscheidet, wenngleich »Gerechtigkeit« die Übersetzung ist, die fast alle Plato-Übersetzer gebrauchen – ist genau die Tugend, jedem Teil der Seele seine besondere Aufgabe zuzuweisen und keine andere.

Platos Darstellung und Neubestimmung der Tugenden sind also von einer komplexen Theorie abgeleitet, einer Theorie, ohne die wir nicht in der Lage sind zu begreifen, was eine Tugend ist. Er lehnt das ab und versucht es zu erklären, was seine Theorie als inadäquaten Sprachgebrauch und verkommene Praxis des normalen Griechen ansehen muß. Während einige Sophisten Vielfalt und Inkonsistenz der normalen Anwendung in einen angeblich konsistenten Relativismus übersetzen, verwirft Plato nicht nur den Relativismus und die Inkonsistenz, sondern auch die Vielfalt.

Ich habe schon darauf hingewiesen, daß Platos Theorie die Tugenden mit der politischen Praxis eines eher idealen als tatsächlich existierenden Staates verbindet; es ist ebenfalls wichtig darauf hinzuweisen, daß Plato für seine Theorie die Fähigkeit beansprucht, Konflikte und Unstimmigkeiten in tatsächlich existierenden Staaten zu erklären, aber auch die Eintracht und Zwietracht zwischen tatsächlichen Personen. Im politischen wie im persönlichen Bereich sind Konflikt und Tugend gegenseitig unvereinbar und schließen sich aus. Dies ist vielleicht eine der Quellen für Platos Ansicht, daß die Kunst des Dramas ein Feind der Tugend sei. Sicher gibt es noch andere Quellen für Platos Ansicht: seine Metaphysik veranlaßt ihn, jede *Mímēsis,* jede Darstellung, als eine Bewegung fort von der wahren Wirklichkeit hin zur Illusion zu betrachten, und seine Ansicht über die didaktische Wirkung der Kunst läßt ihn den Inhalt großer Teile der epischen und dramatischen Dichtkunst mißbilligen. Aber er ist auch zutiefst der Ansicht verpflichtet, daß sowohl innerhalb der Stadt wie innerhalb des Menschen Tugend nicht im Konflikt mit Tugend stehen kann. Es kann keine rivalisierenden Güter geben, die im Krieg miteinander liegen. Aber gerade das, was Plato für unmöglich hält, ist in der Tragödie möglich.

Die Tragödie hatte sehr früh die Konflikte untersucht, die innerhalb eines posthomerischen Rahmens entstehen konnten. Aischylos glaubte an die widersprüchlichen Imperative verwandtschaftlicher Treuepflichten und die ebenso widersprüchlichen Imperative der Theologie, die die Verwandtschaft stützten. Aber Sophokles untersucht systematisch rivalisierende Treuepflichten gegenüber unvereinbaren Gütern, vor allem in der *Antigone* und dem *Philoktet,* in einer Weise, die zentrale und komplexe Fragen zu den Tugenden aufwirft. Es scheint klar zu sein, daß es rivalisierende Vorstellungen der Tugenden geben kann, rivalisierende Darstellungen dessen, was eine Tugend ist. Und es scheint ebenso klar zu sein, daß darüber gestritten werden kann, ob eine bestimmte Eigenschaft als Tugend oder als Untugend angesehen werden soll. Aber es könnte natürlich argumentiert werden, daß sich bei all diesen Meinungsunterschieden zumindest eine Seite einfach irrt, daß wir all diese Debatten rational beilegen und so zu einer einzigen rational gerechtfertigten Darstellung und Aufzählung von Tugenden kommen können. Unterstellen wir für den Augenblick, daß dem tatsächlich so wäre. Könnte es dann der Fall sein, daß unter bestimmten Umständen zumindest der Besitz einer Tugend den Besitz einer anderen ausschließt? Könnte eine Tugend zumindest zeitweise im Krieg mit einer anderen liegen? Und könnten dennoch beide Eigenschaften wirklich als Tugenden angesehen werden? Kann die Ausübung der Tugend, das zu tun, was von einer Schwester (Antigone) oder einem Freund (Odysseus) verlangt wird, der Ausübung der Tugenden der Gerechtigkeit (Kreon) oder des Mitleids und der Wahrheitsliebe (Neoptolemos) widersprechen? Wir haben zwei systematische Gruppen von Antworten auf diese Fragen geerbt.

Der Stammvater einer dieser Gruppen ist Plato, für den, wie wir gesehen haben, die Tugenden nicht einfach nur miteinander vereinbar sind, sondern das Vorhandensein jeder einzelnen das Vorhandensein aller erfordert. Diese entschiedene These über die Einheit der Tugenden wird sowohl von Aristoteles wie von Thomas von Aquin wiederholt, auch wenn sie in einigen wichtigen Punkten von Plato – und auch untereinander – abweichen. Die Voraussetzung, die alle drei teilen, ist die Existenz einer kosmischen Ordnung, die den Platz jeder Tugend in einem völlig harmonischen System des menschlichen Lebens bestimmt. Wahrheit im moralischen Bereich besteht in der Anpassung des moralischen Urteils an die Ordnung dieses Systems.

Es gibt eine dem direkt entgegengesetzte moderne Tradition, die davon ausgeht, daß Vielfalt und Verschiedenartigkeit der menschlichen Güter so groß seien, daß das Streben nach ihnen nicht mit einer einzigen moralischen Ordnung in Einklang gebracht werden kann, und daß folglich jede soziale Ordnung, die *entweder* eine solche Aussöhnung versucht *oder* die Vorherrschaft einiger Güter über alle anderen erzwingt, unweigerlich zu einer Zwangsjacke und höchstwahrscheinlich sogar zu einer totalitären Zwangsjacke für den Menschen wird. Dies ist eine Ansicht, die uns Sir Isaiah Berlin mit Nachdruck nahegelegt hat, und ihre Herkunft liegt, wie wir bereits bemerkt haben, in den Schriften Webers. Ich meine, daß diese Ansicht eine Verschiedenartigkeit der Tugenden wie auch der Güter allgemein zur Folge hat, und daß die Wahl zwischen rivalisierenden Ansprüchen hinsichtlich der Tugenden für solche Theoretiker die gleiche zentrale Stellung im moralischen Leben einnimmt, wie die Wahl zwischen Gütern im allgemeinen. Und wo Urteile Wahlen dieser Art zum Ausdruck bringen, können wir sie weder als richtig noch als falsch kennzeichnen.

Das Interesse von Sophokles liegt in der Präsentation einer Ansicht, die für einen Platoniker ebenso schwer zu akzeptieren ist wie für einen Weberianer. Es gibt tatsächlich ernste Konflikte, in denen verschiedene Tugenden offenbar rivalisierende und unvereinbare Ansprüche an uns stellen. Aber unsere Situation ist insofern tragisch, als wir die Autorität beider Ansprüche anerkennen müssen. Es *gibt* eine objektive moralische Ordnung, aber ihre Wahrnehmung durch uns ist so, daß wir rivalisierende moralische Wahrheiten nicht in völlige Harmonie miteinander bringen können; außerdem schließt die Anerkennung moralischer Ordnung und moralischer Wahrheit die Art von Wahl aus, die uns Weber oder Berlin aufdrängen. Denn die Wahl befreit mich nicht von der Autorität des Anspruchs, gegen die ich mich entscheide.

In den Konflikten der Sophokleischen Tragödie beschwört daher der Lösungsversuch wenig überraschend irgendeinen Gott und erfleht ein Urteil von ihm. Doch das göttliche Urteil beendet den Konflikt immer mehr als ihn zu lösen. Es schlägt keine Brücke über die Kluft zwischen der Anerkennung der Autorität, einer kosmischen Ordnung und den Ansprüchen an die Wahrheit, die im Erkennen der Tugenden enthalten sind, auf der einen Seite und unseren Wahrnehmungen und Urteilen in bestimmten Situationen auf der anderen. Es lohnt sich daran zu erinnern, daß dieser Aspekt der Sophokleischen Ansicht nur ein Teil seiner Darstellung der Tugenden ist, einer Darstellung, die noch zwei weitere wesentliche Eigenschaften hat, auf die ich bereits hingewiesen habe.

Die erste besteht darin, daß der moralische Protagonist in einer Beziehung zu seiner Gemeinschaft und seinen sozialen Rollen steht, die weder dieselbe wie die des epischen Helden ist, noch dieselbe wie die des modernen Individualismus. Denn wie der epische Held wäre auch der Sophokleische Protagonist nichts ohne seinen Platz in der sozialen Ordnung, in der Familie, der Stadt, dem Heer vor Troja. Er ist das, wofür die Gesellschaft ihn hält. Aber er ist nicht *nur* das, wofür die Gesellschaft ihn hält; er gehört auf einen Platz in der sozialen Ordnung, schreitet aber auch über ihn hinaus. Und das tut er dadurch, daß er sich einem Konflikt stellt und ihn anerkennt, wie ich ihn soeben bestimmt habe.

Zweitens hat das Leben des Sophokleischen Protagonisten seine ganz eigene Erzählform, wie es auch das des epischen Helden hatte. Ich möchte hier nicht den unbedeutenden und offensichtlichen Sachverhalt anführen, daß die Sophokleischen Protagonisten Figuren in Dramen sind; ich schreibe Sophokles vielmehr einen Glauben zu, der dem entspricht, den Anne Righter (1962) Shakespeare zugeschrieben hat: daß er das Leben der Menschen in dramatischen Erzählungen beschrieben hat, weil er der Meinung war, daß das menschliche Leben bereits die Form einer dramatischen Erzählung hat, das heißt sogar die Form eines ganz bestimmten dramatischen Erzähltyps. Ich glaube daher auch, daß der Unterschied zwischen der heroischen und der Sophokleischen Darstellung der Tugenden direkt auf einen Unterschied darin hinausläuft, welche Erzählform die zentralen Eigenschaften menschlichen Lebens und Handelns am besten einfängt. Und das legt eine Hypothese nahe: allgemein bedeutet eine Haltung gegenüber den Tugenden einzunehmen eine Haltung gegenüber dem erzählenden Charakter des menschlichen Lebens einzunehmen. Warum dies so sein könnte, ist leicht zu verstehen.

Wenn das menschliche Leben verstanden wird als Fortschritt durch moralische und körperliche Leiden und Gefahren, die jemand besser oder schlechter und mit mehr oder weniger Erfolg auf sich nimmt und überwindet, werden die Tugenden als die Eigenschaften eingeordnet werden, deren Besitz und Ausübung im allgemeinen zum Erfolg in diesem Unternehmen führen, und die Untugenden als die Eigenschaften, die entsprechend zum Scheitern führen. Jedes Menschenleben verkörpert dann eine Geschichte, deren Form und Inhalt davon abhängt, was als Leid und als Gefahr gilt, sowie davon, wie Erfolg und Scheitern, Fortschritt und sein Gegenteil verstanden und bewertet werden. Die Beantwortung dieser Fragen bedeutet explizit und implizit die Beantwortung der Frage, was Tugenden und Untugenden sind. Die Antwort auf diese miteinander verknüpften Fragen, die die Dichter der heroischen Gesellschaft geben, ist nicht die gleiche wie bei Sophokles; aber das Bindeglied ist in beiden Fällen das gleiche, und es zeigt, wie der Glaube an Tugenden einer bestimmten Art und der Glaube an das menschliche Leben als Ausdruck einer bestimmten Erzählform miteinander verknüpft sind.

Das Wesen dieser Verbindung wird durch eine weitere Überlegung bekräftigt. Weiter oben habe ich die Sophokleische Ansicht der Tugenden derjenigen Platos einerseits und der der Weberschen Individualisten andererseits gegenübergestellt. Und in jedem dieser Fälle ist die Darstellung der Tugenden eng verbunden mit der Haltung gegenüber der Erzählform des menschlichen Lebens. Plato muß die Dramendichter aus *Politeia* verbannen, zum Teil wegen des Gegensatzes zwischen ihrer und seiner Ansicht. (Es ist mit Recht vermerkt worden, daß *Politeia* selbst wie einige der vorangehenden Dialoge ein dramatisches Gedicht ist; aber die dramatische Form ist nicht die der Tragödie, ist nicht sophokleisch.) Und für den Weberschen Individualisten hat das Leben an sich in diesem Sinn keine Form, außer der, die wir ihm in unseren ästhetischen Vorstellungen übertragen wollen. Aber dies müssen wir für den Augenblick beiseite lassen; statt dessen ist es notwendig, die Sophokleische Ansicht auf zwei Arten zu erweitern.

Die erste besteht darin, noch einmal hervorzuheben, daß es im dramatischen Zusammentreffen bei Sophokles nicht einfach um das Schicksal von Einzelpersonen geht. Wenn Antigone und Kreon miteinander streiten, werden das Leben des Clans und das der Stadt gegeneinander abgewogen. Wenn sich Odysseus und Philoktet gegenüberstehen, ist der Ausgang für die griechische Gemeinschaft in der Schwebe. Der einzelne in seiner Rolle, der seine Gemeinschaft vertritt, ist wie im Heldengedicht der dramatische Charakter. In einem bedeutsamen Sinn ist daher auch die Gemeinschaft ein dramatischer Charakter, der die Erzählung *seiner* Geschichte darstellt.

Zweitens und damit zusammenhängend unterscheidet sich das Sophokleische Selbst vom emotivistischen Selbst ebenso wie das heroische Selbst, wenn auch auf kompliziertere Art. Das Sophokleische Selbst überschreitet die Beschränkungen sozialer Rollen und ist in der Lage, diese Rollen in Frage zu stellen. Aber es bleibt verantwortlich für den Zeitpunkt des Todes und verantwortlich für die Art und Weise des Umgangs mit sich selbst in solchen Konflikten, die den heroischen Standpunkt nicht länger möglich machen. Die Voraussetzung der Existenz des Sophokleischen Selbst ist also, daß es tatsächlich gewinnen oder verlieren, sich retten oder moralisch untergehen kann, daß es eine Ordnung gibt, die von uns das Verfolgen bestimmter Ziele verlangt, eine Ordnung, zu der eine Beziehung besteht, die unseren Urteilen die Fähigkeit zu Wahrheit oder Unwahrheit verleiht. Aber gibt es eine solche Ordnung? Wir müssen uns an dieser Stelle von der Dichtkunst der Philosophie zuwenden, von Sophokles zu Aristoteles.

Kapitel 12
Die Tugenden bei Aristoteles

Der Versuch, die Tugenden bei Aristoteles von dem Standpunkt aus zu behandeln, den ich bezogen habe, stellt mich vor folgendes Ausgangsproblem. Auf der einen Seite ist er *der* Protagonist, gegen den ich die Stimmen der liberalen Moderne ausgespielt habe: damit bin ich ohne Frage verpflichtet, seiner eigenen, ganz spezifischen Darstellung der Tugenden einen zentralen Platz einzuräumen. Auf der anderen Seite habe ich schon klargemacht, daß ich ihn nicht nur als individuellen Theoretiker betrachten möchte, sondern als Vertreter einer langen Tradition, als jemanden, der zum Ausdruck bringt, was viele seiner Vorgänger und Nachfolger mit unterschiedlichem Erfolg auch zum Ausdruck bringen. Und Aristoteles als Teil einer Tradition zu behandeln, wenngleich als ihren wichtigsten Repräsentanten, ist etwas sehr Unaristotelisches.

Aristoteles erkannte natürlich, daß er Vorgänger hatte. Tatsächlich versuchte er, die Geschichte der bisherigen Philosophie so zu schreiben, daß sie in seinem eigenen Denken ihren Höhepunkt erreichte. Aber er stellte sich die Beziehung seines Denkens zu seinen Vorgängern als Ersetzung *ihrer* Irrtümer oder zumindest Halbwahrheiten durch *seine* umfassend richtige Darstellung vor. Vom Standpunkt der Wahrheit aus – nach Aristoteles' eigener Sicht – konnte ihre Arbeit, sobald die seine einmal fertiggestellt war, ohne Verlust weggeworfen werden. Aber dieses Denken bedeutet den Ausschluß der Vorstellung einer Denktradition, zumindest wie ich sie meine. Denn für die Vorstellung einer solchen Tradition ist es von zentraler Bedeutung, daß die Vergangenheit niemals etwas ist, das einfach wegzuwerfen wäre, sondern daß vielmehr die Gegenwart nur als Kommentar zur Vergangenheit und als Reaktion auf sie verstanden werden kann, wobei die Vergangenheit, falls nötig und möglich, korrigiert und transzendiert wird, aber korrigiert und transzendiert in einer Weise, die der Gegenwart die Möglichkeit läßt, ihrerseits durch einen noch adäquateren zukünftigen Standpunkt korrigiert und transzendiert zu werden. Der Begriff der Tradition verkörpert also eine sehr unaristotelische Erkenntnistheorie, derzufolge jede Theorie oder jeder Bestand an moralischen oder wissenschaftlichen Überzeugungen nur als Glied einer historischen Reihe verstandesmäßig faßbar und zu rechtfertigen ist – sofern sie überhaupt zu rechtfertigen ist. Es ist kaum nötig festzustellen, daß das Spätere in einer solchen Reihe nicht unbedingt dem Früheren überlegen ist; eine Tradition kann aufhören fortzuschreiten oder kann verkümmern. Aber wenn eine Tradition in gutem Zustand ist, wenn Fortschritt tatsächlich stattfindet, besitzt sie immer ein gewisses kumulatives Element. Nicht alles aus der Gegenwart neigt gleichermaßen dazu, in der Zukunft verworfen zu werden, und einige Elemente gegenwärtiger Theorien oder Überzeugungen können dergestalt sein, daß es schwerfällt sich vorzustellen, wie sie aufgegeben werden sollten, ohne daß die Tradition als Ganzes aufgegeben würde. So verhält es sich beispielsweise in unserer Wissenschaftstradition mit der Erklärung der Beziehung zwischen Zellen und Molekülen in der modernen Biochemie; und so verhält es sich auch innerhalb der klassischen Tradition mit der Darstellung einiger zentraler Tugenden bei Aristoteles.

Die Bedeutung von Aristoteles kann daher nur im Sinne einer Tradition näher bestimmt werden, deren Existenz er selbst nicht anerkannte und auch gar nicht hätte anerkennen können. Und so wie Aristoteles durch seinen fehlenden Sinn für das spezifisch Historische – in unserem Sinne – wie andere griechische Denker daran gehindert wird, sein eigenes Denken als Teil einer Tradition zu erkennen, so wird dadurch auch das besonders eingeschränkt, was er über das Erzählerische sagen kann. Folglich mußte die Aufgabe der Integration dessen, was Aristoteles über die Tugenden zu sagen hatte, mit der These über die Beziehung zwischen Tugenden und Erzählformen, die nach meinem Dafürhalten auf epische und tragische Autoren zutrifft, sehr lange auf Nachfolger des Aristoteles warten, deren biblische Kultur sie geschult hat, historisch zu denken. Einige Fragen, die für die klassische Tradition im Mittelpunkt stehen, können bei Aristoteles selbst keine Antwort finden. Dennoch ist es Aristoteles, dessen Darstellung der Tugenden entscheidend die klassische Tradition als Tradition des moralischen Denkens konstituiert, indem er dauerhaft begründet, was seine dichterischen Vorgänger nur zu behaupten und vorzuschlagen in der Lage gewesen waren, und indem er die klassische Tradition zu einer rationalen Tradition macht, ohne sich

Platos Pessimismus über die soziale Welt auszuliefern. Aber wir sollten zu Beginn auch festhalten, daß wir das Denken des Aristoteles in einer Form besitzen, die an sich eine wissenschaftliche und manchmal turbulente Debatte über den Inhalt dieses Denkens unvermeidlich macht. Außerdem ist in jüngster Zeit vorgebracht worden (Kenny 1978), daß Aristoteles' ausgereifte Position sich in der *Eudemischen Ethik* und nicht, wie fast alle Gelehrten meinten, in der *Nikomachischen Ethik* findet. Die Diskussion über diese Behauptung wird andauern (Irwin 1980), aber ich brauche mich glücklicherweise nicht in sie einzuschalten. Denn die Tradition, in die ich Aristoteles stelle, machte die *Nikomachische Ethik* zum kanonischen Text für die Aristoteleische Darstellung der Tugenden.

Die *Nikomachische Ethik* – Nikomachos, dem Sohn des Aristoteles gewidmet, sagt Porphyrios; von ihm herausgegeben, sagen andere – ist die brillanteste Sammlung von Vortragsnotizen, die je geschrieben wurde; und gerade weil es Vortragsnotizen mit all den Mängeln gelegentlicher Gedrängtheiten, Wiederholungen oder ungenauer Querverweise sind, können wir in ihnen von Zeit zu Zeit beinahe die Stimme von Aristoteles hören. Sie ist gebieterisch, und sie ist einzigartig; aber es ist auch eine Stimme, die mehr zu sein sucht, als nur die Stimme des Aristoteles. »Was sagen *wir* zu diesem und jenem Thema?« ist eine Frage, die er immer wieder stellt, nicht »Was sage *ich?«* Wer ist dieses »Wir«, in dessen Namen er schreibt? Aristoteles ist nicht der Meinung, daß er eine Darstellung der Tugenden erfindet, sondern daß er eine Darstellung artikuliert, die implizit im Denken, Reden und Handeln eines gebildeten Atheners enthalten ist. Er versucht, die rationale Stimme der besten Bürger des besten Stadtstaates zu sein; denn er ist der Ansicht, daß der Stadtstaat die einzige politische Form ist, in der die Tugenden des menschlichen Lebens wirklich und vollständig gezeigt werden können. Eine philosophische Theorie der Tugenden ist damit also eine Theorie, deren Gegenstand jene vorphilosophische Theorie ist, die bereits implizit in der besten zeitgenössischen Ausübung der Tugenden enthalten ist und von ihr vorausgesetzt wird. Daraus folgt selbstverständlich nicht, daß die Praxis – und die vorphilosophische, in der Praxis implizierte Theorie ist für die Philosophie normativ – zwangsläufig einen soziologischen oder, wie Aristoteles gesagt hätte, politischen Ausgangspunkt hat.

Jede Tätigkeit, jede Untersuchung, jede Praxis zielt auf etwas Gutes ab; denn mit »dem Guten« oder »einem Gut« meinen wir das, wonach die Menschen normalerweise streben. Es ist wichtig, daß die Ausgangsargumente von Aristoteles in der *Ethik* voraussetzen, daß das, was G.E.

Moore einen »naturalistischen Trugschluß« nennen sollte, gar kein Trugschluß ist, und daß Aussagen über das, was gut ist – und was gerecht oder mutig oder in anderer Weise vortrefflich ist –, nur eine Art von faktischen Aussagen sind. Menschliche Wesen besitzen, wie die Angehörigen aller anderen Spezies, eine spezifische Natur; und diese Natur beinhaltet bestimmte Absichten und Ziele, so daß sie sich von Natur aus auf ein bestimmtes *télos* zubewegen. Das Gute ist im Sinne ihrer spezifischen Eigenschaften definiert. Folglich setzt die Ethik des Aristoteles – seinen Erläuterungen folgend – seine metaphysische Biologie voraus. Aristoteles stellt sich somit die Aufgabe, das Gute zu erklären, das lokal und speziell ist – angesiedelt in den Charakteristika der *pólis* und zum Teil durch sie definiert –, und doch gleichzeitig auch kosmisch und universell. Die Spannung zwischen diesen Polen ist in der gesamten Argumentation der *Ethik* zu spüren.

Als was erweist sich nun das Gute für den Menschen? Aristoteles hat überzeugende Argumente dagegen, dieses Gut mit Geld, Ehre oder Vergnügen gleichzusetzen. Er gibt ihm den Namen *eudaimonía* – wie so oft, ist die Übersetzung auch hier problematisch: Gesegnetheit, Glück, Erfolg. Es ist der Zustand des Gutgehens und Gutes-Tuns beim Gutgehen, der Zustand eines Menschen, der an sich und im Verhältnis zu den Göttern begünstigt ist. Aber als Aristoteles diesen Namen erstmals dem für den Menschen Guten gibt, läßt er die Frage des Inhalts der *eudaimonía* weitgehend offen.

Die Tugenden sind genau jene Eigenschaften, deren Besitz den einzelnen in die Lage versetzt, *eudaimonía* zu erlangen, während ihr Fehlen seine Bewegung auf dieses Telos zu vereitelt. Aber obwohl es nicht unrichtig wäre, die Ausübung der Tugenden als ein Mittel zu dem Zweck zu beschreiben, das für den Menschen Gute zu erlangen, ist diese Beschreibung nicht eindeutig. Aristoteles unterscheidet in seinen Schriften nicht explizit zwischen zwei verschiedenen Mittel-Zweck-Beziehungen. Wenn wir von einem Ereignis, einem Zustand oder einer Tätigkeit als einem Mittel zu etwas sprechen, können wir einerseits meinen, daß die Welt zufällig so geordnet ist, daß der gelungenen Herbeiführung eines Ereignisses, eines Zustands oder einer Tätigkeit der ersten Art ein Ereignis, ein Zustand oder eine Tätigkeit der zweiten Art folgt. Die Mittel und das Ziel können jeweils ohne Bezug aufeinander hinreichend charakterisiert werden; und es können mehrere, ganz unterschiedliche Mittel eingesetzt werden, um ein und dasselbe Ziel zu erreichen. Aber die Ausübung der Tugenden ist nicht in diesem Sinne ein Mittel zu dem Zweck, das für den Menschen Gute zu erlangen. Denn das für den Menschen Gute ist ein ganzes, erfülltes Menschenleben, und die Ausübung der Tugenden ist ein notwendiger und wesentlicher Teil eines solchen Lebens, nicht nur eine vorbereitende Übung, um sich ein solches Leben zu sichern. Wir können das für den Menschen Gute also ohne Bezug auf die Tugenden nicht adäquat charakterisieren. Und in einem aristotelischen Rahmen ergibt daher der Hinweis keinen Sinn, daß es vielleicht Mittel gibt, das für den Menschen Gute auch ohne die Ausübung der Tugenden zu erreichen.

Das unmittelbare Ergebnis der Ausübung einer Tugend ist eine Wahl, die sich im richtigen Handeln niederschlägt: »Dafür aber, daß das Ziel der Entscheidung richtig ist, ist die Tugend Ursache« (1228a 1), schrieb Aristoteles in der *Eudemischen Ethik*. Daraus folgt natürlich nicht, daß beim Fehlen der entsprechenden Tugend richtiges Handeln nicht möglich wäre. Um das zu verstehen, bedenke man die Antwort des Aristoteles auf die Frage: wie wäre jemand, dem eine adäquate Schulung der Tugenden des Charakters weitgehend fehlte? Zum Teil würde das von seinen natürlichen Wesenszügen und seiner Begabung abhängen; einige Menschen haben eine ererbte natürliche Veranlagung, bei Gelegenheit das zu tun, was eine bestimmte Tugend verlangt. Aber diese glückliche Gabe des Schicksals darf nicht mit dem Besitz der entsprechenden Tugend verwechselt werden; denn gerade weil sie nicht von systematischer Schulung und von Prinzipien durchdrungen ist, werden selbst diese glücklichen Menschen die Beute ihrer eigenen Gefühle und Wünsche. Diese Opferung an die eigenen Empfindungen und Wünsche wäre von zweierlei Art. Auf der einen Seite würden einem alle Mittel fehlen, die eigenen Empfindungen und Wünsche zu ordnen und rational zu entscheiden, welche gepflegt und gefördert und welche unterdrückt und reduziert werden sollten; auf der anderen Seite würden einem bei bestimmten Gelegenheiten die Dispositionen fehlen, die einen Wunsch nach etwas anderem als dem ermöglichen, was besser in Schach gehalten wird. Tugenden sind nicht nur Dispositionen auf bestimmte Arten zu handeln, sondern auch auf bestimmte Arten zu empfinden. Tugendhaft zu handeln heißt nicht, wie Kant später annehmen sollte, gegen die Neigung zu handeln; es bedeutet, aus einer Neigung heraus zu handeln, die durch die Pflege der Tugenden entsteht. Moralische Erziehung ist eine »éducation sentimentale«.

Der gebildete moralisch Handelnde muß selbstverständlich wissen, was er macht, wenn er urteilt oder tugendhaft handelt. Folglich macht er, was tugendhaft ist, *weil* es tugendhaft ist. Diese Tatsache unterscheidet auch die Ausübung der Tugenden von der Ausübung einiger Eigenschaften, die keine Tugenden sind, sondern eher Trugbilder der Tugenden. Der gut ausgebildete Soldat zum Beispiel tut vielleicht etwas, was die Tapferkeit in einer bestimmten Situation von ihm verlangt hätte, aber er tut es nicht, weil er tapfer ist, sondern weil er gut ausgebildet ist oder vielleicht – um über das Beispiel von Aristoteles hinaus zu gehen, indem wir uns einer Maxime Friedrichs des Großen erinnern –, weil er vor den eigenen Vorgesetzten mehr Angst hat als vor dem Feind. Der wirklich tugendhaft Handelnde dagegen handelt auf der Grundlage eines wahren und rationalen Urteils.

Eine aristotelische Theorie der Tugenden setzt daher eine deutliche Unterscheidung zwischen dem voraus, was irgendein einzelner zu irgendeinem Zeitpunkt als gut für sich erachtet, und dem, was für ihn als Mensch wirklich gut ist. Um dieses letztere Gut zu erlangen, wenden wir die Tugenden an, und das tun wir dadurch, daß wir zwischen den Mitteln wählen, mit denen dieses Ziel zu erreichen ist, Mittel in den beiden, oben charakterisierten Bedeutungen. Solche Wahlen verlangen ein Urteil, und die Ausübung der Tugenden erfordert daher die Fähigkeit zu urteilen und am richtigen Ort zur richtigen Zeit in der richtigen Weise das Richtige zu tun. Das Fällen eines solchen Urteils ist keine mechanisierbare Anwendung von Regeln. Daher vielleicht das für jeden modernen Leser offensichtliche und erstaunliche Nichterscheinen im Denken von Aristoteles: in der *Ethik* werden relativ selten Regeln erwähnt. Darüber hinaus betrachtet Aristoteles den Teil der Ethik, der den Gehorsam gegenüber Regeln umfaßt, als Gehorsam gegenüber Gesetzen, die der Stadtstaat erlassen hat – falls und wenn der Stadtstaat erläßt, was er sollte. Solche Gesetze schreiben bestimmte Handlungsweisen absolut vor und verbieten andere, und solche Handlungen sind auch unter denen, die ein rechtschaffener Mensch tut oder unterläßt. Es ist daher ein entscheidender Teil der Aristotelischen Ansicht, daß bestimmte Handlungsweisen ungeachtet der Umstände oder der Folgen absolut ver- oder geboten sind. Die Sicht von Aristoteles ist teleologisch, aber sie ist nicht konsequent. Außerdem ähneln die Beispiele, die Aristoteles für absolut Verbotenes nennt, den Vorschriften eines auf den ersten Blick völlig andersartigen Moralsystems: denen des jüdischen Gesetzes. Er spricht nur kurz über das Gesetz, obgleich er darauf beharrt, daß es sowohl natürliche und allgemeine als auch konventionelle und lokale Regeln für Gerechtigkeit gibt. Es scheint, daß er mit Nachdruck betonen will, daß die natürliche und allgemeine Gerechtigkeit bestimmte Handlungen absolut verbietet; aber welche Strafe welchem Vergehen zugedacht ist, kann von Stadt zu Stadt unterschiedlich sein. Dennoch sagt er zu diesem Thema so wenig, daß es rätselhaft bleibt. Es scheint daher zu lohnen, allgemeiner zu fragen – anstatt Aristoteles Ansichten unterzuschieben, die weit über das hinausgingen, was im Text steht –, weshalb Ansichten wie die des Aristoteles über die Stellung der Tugenden im menschlichen Leben eine Bezugnahme auf die absoluten Verbote der natürlichen Gerechtigkeit erfordern. Und wenn man diese Frage stellt, sollte auch an die ausdrückliche Betonung bei Aristoteles erinnert werden, daß die Tugenden ihre Stellung nicht nur im Leben des einzelnen finden, sondern auch im Leben der Stadt, und daß der einzelne in der Tat nur als *zōon politikón* zu verstehen ist.

Diese letzte Anmerkung legt nahe, daß eine Möglichkeit, die Beziehung zwischen Tugenden einerseits und der Ethik von Gesetzen andererseits zu erhellen, in der Überlegung liegt, was zu allen Zeiten bei der Gründung eines Gemeinwesens eine Rolle spielen würde, um ein gemeinsames Projekt durchzuführen, um etwas Gutes zu erreichen, das von allen, die sich bei diesem Projekt beteiligen, als von ihnen geteiltes Gut anerkannt wird. Als moderne Beispiele eines solchen Projekts könnten wir an die Gründung oder Weiterführung einer Schule, eines Krankenhauses oder einer Kunstgalerie denken; in der Welt des Altertums wären die charakteristischen Beispiele ein religiöser Kult, eine Expedition oder eine Stadt. Die Beteiligten an einem solchen Projekt müßten zwei völlig unterschiedliche Formen von Wertungen entwikkeln. Auf der einen Seite müßten sie jene Geistes- und Charaktereigenschaften, die zur Verwirklichung ihres gemeinsamen Gutes oder der Güter beitrügen, werten – als etwas Vortreffliches loben. Das heißt, sie müßten eine bestimmte Gruppe von Eigenschaften als Tugenden und die entsprechende Gruppe von Mängeln als Untugenden anerkennen. Sie müßten allerdings auch bestimmte Handlungsweisen bestimmen wie das Zufügen oder Hervorrufen von Leid in solchem Ausmaß, daß sie die Bindungen des Gemeinwesens in einer Weise zerstören, daß das Tun oder das Erreichen des Guten zumindest für einige Zeit unmöglich ist. Beispiele für derartige Vergehen wären typischerweise das Vernichten unschuldigen Lebens, Diebstahl, Meineid und Betrug. Die in einem solchen Gemeinwesen verkündete Liste von Tugenden würde die Bürger lehren, welche Handlungen ihnen Verdienst und Ehre einbringen; die Liste mit Regelverstößen würde sie lehren, welche Handlungen nicht nur einfach als schlecht, sondern als untragbar betrachtet würden.

Die Reaktion auf solche Verstöße müßte darin bestehen, daß sich derjenige, der sie begangen hat, dadurch aus der Gemeinschaft ausschließt. Eine Verletzung der Bindungen des Gemeinwesens durch den Übeltäter muß vom Gemeinwesen als das erkannt werden, was sie ist, wenn das Gemeinwesen nicht scheitern soll. Der Übeltäter hat sich also in einem ganz entscheidenden Sinn selbst ausgeschlossen, hat durch sein Handeln Strafe herausgefordert. Ob der Ausschluß von Dauer – durch Hinrichtung oder unwiderrufliche Ausweisung – oder vorübergehend wäre – durch Gefängnis oder Ausweisung auf Zeit –, hinge von der Schwere der jeweiligen Übertretung ab. Ein breites Maß an Übereinstimmung über die Bewertung der Schwere von Vergehen wäre zum Teil ebenso grundlegend für eine solche Gemeinschaft wie ein ähnlich hohes Maß an Übereinstimmung über Wesen und Bedeutung der verschiedenen Tugenden.

Die Notwendigkeit für *beide* Bewertungsweisen ergibt sich aus der Tatsache, daß ein Mitglied eines solchen Gemeinwesens in seiner Rolle als Mitglied dieses Gemeinwesens auf zwei ganz verschiedene Arten scheitern könnte. Es könnte einerseits einfach darin scheitern, nicht gut genug zu sein; das heißt, es könnte es in einem solchen Maß an Tugenden fehlen lassen, daß sein Beitrag zur Erreichung des gemeinsamen Gutes des Gemeinwesens unerheblich wird. Aber es könnte auch jemand auf diese Weise scheitern, ohne eines der in den Gesetzen der Gemeinschaft genannten besonderen Vergehen begangen zu haben; es könnte sogar sein, daß jemand gerade aufgrund seiner Untugenden auf ein Vergehen verzichtet. Feigheit kann der Grund dafür sein, daß jemand einen Mord nicht begeht; Eitelkeit und Prahlsucht können gelegentlich dazu führen, daß jemand die Wahrheit sagt.

Umgekehrt ist ein Scheitern im Gemeinwesen durch eine Gesetzesübertretung nicht einfach dem Scheitern gleichzusetzen, wenn jemand nicht gut genug ist. Es ist ein Scheitern ganz anderer Art. Obwohl jemand, der Tugenden in hohem Maß besitzt, weit weniger dazu neigt, sich schwerer Vergehen schuldig zu machen als andere, kann ein rechtschaffener, bescheidener Mensch bei Gelegenheit einen Mord begehen, und sein Vergehen wiegt nicht mehr und nicht weniger als das eines Feiglings oder Aufschneiders. Bewußt etwas Schlechtes zu tun ist nicht das gleiche wie das Versäumnis, etwas Gutes zu tun oder gut zu sein. Dennoch hängen beide eng zusammen. Denn beide verletzen das Gemeinwesen in bestimmtem Umfang und machen den Erfolg des gemeinsamen Projekts weniger wahrscheinlich. Ein Übertreten der Gesetze zerstört jene Beziehungen, die das gemeinsame Streben nach dem Guten ermöglichen; ein unvollkommener Charakter macht jemanden nicht nur anfälliger für Vergehen, sondern nimmt ihm auch die Fähigkeit, an der Erreichung des Gutes teilzunehmen, ohne das das gemeinsame Leben des Gemeinwesens ohne Ziel ist. Beide sind aufgrund der Verluste des Gutes schlecht, aber aufgrund von Verlusten ganz unterschiedlicher Art. Deshalb kann eine Darstellung der Tugenden, auch wenn sie ein wesentlicher Teil der Darstellung des moralischen Lebens eines solchen Gemeinwesens ist, an sich nie vollständig sein. Und Aristoteles erkennt, wie wir gesehen haben, daß seine Darstellung der Tugenden ergänzt werden muß durch eine, wenn auch nur kurze, Darstellung jener Handlungsweisen, die absolut verboten sind.

Es gibt aber noch eine andere entscheidende Verbindung zwischen Tugenden und Gesetzen, denn zu wissen, wie man Gesetze anwendet, ist nur jemandem möglich, der die Tugend der Gerechtigkeit besitzt. Gerecht sein bedeutet, jedem das zu geben, was er verdient; die sozialen Voraussetzungen dafür, daß in einem Gemeinwesen die Tugend der Gerechtigkeit gedeiht, sind deshalb von zweierlei Art: daß es rationale Kriterien für Verdienst und daß es eine sozial begründete Übereinstimmung darüber gibt, welches diese Kriterien sind. Ein großer Teil der Zuweisung von Gütern und Strafen gemäß dem Verdienst ist natürlich regelgeleitet. Sowohl die Verteilung öffentlicher Ämter innerhalb der Stadt wie die Vergeltung von Straftaten müssen durch die Gesetze der Stadt festgelegt werden. (Man beachte, daß Recht und Moral aus aristotelischer Sicht nicht – wie für die Moderne – getrennte Bereiche sind.) Aber es wird – zum Teil, weil Gesetze allgemein sind – immer Sonderfälle geben, in denen unklar ist, wie das Gesetz anzuwenden ist und was die Gerechtigkeit verlangt. Es muß also Gelegenheiten geben, für die es im voraus keine Regel gibt; bei solchen Gelegenheiten müssen wir *katá ton órthon lógon*, (»so wie die richtige Planung«, Nikomachische Ethik 1138 b 25) handeln, ein Ausdruck, der von W.D. Ross irreführenderweise mit »so wie die richtige Regel« übersetzt wurde. (Dieses Mißverständnis eines ansonsten sehr sorgfältigen Übersetzers von Aristoteles ist vielleicht nicht unwichtig, denn es spiegelt die weitgehende und unaristotelische Voreingenommenheit der modernen Moralphilosophen durch Regeln wider.) Was Aristoteles hier offensichtlich meint, läßt sich anschaulich an einem Beispiel aus unseren Tagen verdeutlichen. Zu der Zeit, da ich diese Zeilen schreibe, bahnt sich ein Prozeß an zwischen dem Stamm der Wampanoag-Indianer und der Stadt Mashpee im US-Bundesstaat Massachusetts. Die Wampanoag-Indianer behaupten, daß dem

Stamm gehörendes Land im Stadtgebiet gesetz- und verfassungswidrig enteignet worden ist, und sie klagen auf Rückgabe der Gebiete. (Inzwischen ist der Fall *gegen* die Wampanoag-Indianer aufgrund eines Urteils entschieden worden, das nur durch seine Inkohärenz erwähnenswert ist.) Der Anspruch wurde schon vor einiger Zeit vor Gericht erhoben, und die Verhandlungen werden noch einige Zeit dauern. Die in der ersten Instanz unterliegende Partei wird höchstwahrscheinlich in die Berufung gehen, und das Berufungsverfahren wird sich in die Länge ziehen. In dieser langen Zeit sind die Grundstückspreise in Mashpee drastisch gefallen, und im Augenblick ist es fast unmöglich, bestimmte Immobilien überhaupt zu verkaufen. Das bringt generell Hausbesitzer in Schwierigkeiten, insbesondere bestimmte Gruppen von Hausbesitzern, wie zum Beispiel Rentner und Pensionäre, die sich berechtigte Hoffnungen gemacht hatten, ihr Eigentum zu verkaufen und woandershin zu ziehen, vielleicht in die Nähe ihrer Kinder, und mit dem Verkaufserlös ihren Lebenabend zu sichern. Was verlangt die Gerechtigkeit in einer solchen Situation? Wir sollten anmerken, daß zwei regel-bestimmte Konzepte von Gerechtigkeit, die in neuerer Zeit von zeitgenössischen Moralphilosophen entwickelt wurden, uns überhaupt nicht weiterhelfen können. John Rawls führt an, daß »soziale und wirtschaftliche Ungleichheiten so geregelt werden sollten, daß sie dem am wenigsten Begünstigten den größten Nutzen bringen ...« (S. 302), und Robert Nozick erklärt, daß »der Besitz einer Person gerecht ist, wenn sie nach den Grundsätzen der Gerechtigkeit beim Erwerb und Transfer Anspruch darauf hat ...« (S. 153). Aber das Problem in Mashpee betrifft eine Zeitspanne, in der wir *weder* wissen, wer aufgrund von Erwerb und Transfer einen gerechten Anspruch hat, denn genau das muß im laufenden Verfahren entschieden werden, *noch* welches die am wenigsten begünstigte Gruppe in Mashpee ist, denn das wird durch den Ausgang des Verfahrens bestimmt. Geht es in der einen Weise aus, so werden die Wampanoag-Indianer die reichsten Bürger Mashpees sein, im anderen Fall werden sie die ärmsten bleiben. Trotzdem haben die Antragsteller des Stammes eine gerechte Lösung vorgeschlagen (eine Lösung, der die Stadträte von Mashpee nach anfänglicher Billigung ihre Zustimmung verweigert haben): danach sollten alle Grundstücke mit einer Fläche unter einem Morgen (ca. 40 Ar), auf denen ein Wohnhaus steht, von dem Streitfall ausgenommen werden. Es würde schwerfallen, dies in irgendeiner Form als die Anwendung einer Regel zu bezeichnen; es mußte letztlich so erdacht werden, da keine Anwendung von Regeln den kleinen Hausbesitzern Gerechtigkeit gewähren konnte. Die Lösung ist das Ergebnis eines mehr schlechten als rechten Abwägens, wobei Dinge berücksichtigt wurden wie das Größenverhältnis des beanspruchten Landes, das solche Besitztümer umfaßt, und die Zahl der Betroffenen, wenn die Größe der aufgenommenen Besitztümer auf einen Morgen festgelegt würde beziehungsweise auf mehr oder weniger. *Katá ton órthon lógon* zu urteilen bedeutet in der Tat, über mehr oder weniger zu urteilen, und Aristoteles versucht, den Begriff eines Mittleren zwischen dem Mehr oder Weniger zu verwenden, um die Tugenden allgemein zu charakterisieren: Mut liegt zwischen Unbesonnenheit und Ängstlichkeit, Gerechtigkeit zwischen Unrecht tun und Unrecht erleiden, Großzügigkeit zwischen Verschwendungssucht und Geiz. Zu jeder Tugend gibt es also zwei entsprechende Untugenden. Und was es bedeutet, in eine Untugend zu verfallen, kann nicht unabhängig von den Umständen richtig bestimmt werden: die gleiche Handlung, die in einer Situation Großzügigkeit ist, könnte in einer anderen Verschwendungssucht und in einer dritten Geiz sein. Das Urteil spielt also im Leben des tugendhaften Menschen eine unentbehrliche Rolle, die es zum Beispiel im Leben eines gesetzestreuen oder regeltreuen Menschen nicht spielen könnte.

Phrónēsis ist daher eine zentrale Tugend. *Phrónēsis* ist wie *sōphrosýnē* ursprünglich ein aristokratischer Ausdruck des Lobes. Sie charakterisiert jemanden, der weiß, was ihm zusteht und der stolz darauf ist, seinen Anteil zu beanspruchen. Allgemeiner wird sie dann zur Bezeichnung für jemanden, der weiß, wie er in bestimmten Fällen zu urteilen hat. *Phrónēsis* ist eine intellektuelle Tugend; aber es ist die intellektuelle Tugend, ohne die keine der Tugenden des Charakters ausgeübt werden kann. Die Unterscheidung zwischen diesen beiden Tugendarten erfolgt bei Aristoteles zunächst im Sinne eines Gegensatzes zwischen den Möglichkeiten, wie sie erworben werden; intellektuelle Tugenden werden erlernt, die Tugenden des Charakters in regelmäßiger Ausübung erworben. Wir werden gerecht oder mutig, wenn wir gerecht oder mutig handeln; wir werden theoretisch oder praktisch klug als Folge systematischer Unterweisung. Dennoch hängen diese beiden Arten moralischer Erziehung eng zusammen. Wenn wir unsere naturgegebenen Ausgangsdispositionen in Tugenden des Charakters umwandeln, tun wir das, indem wir diese Dispositionen *katá ton órthon lógon* ausüben. In der Anwendung des Verstandes liegt der entscheidende Unterschied zwischen einer natürlichen Disposition einer bestimmten Art und der entsprechenden Tugend. Umgekehrt erfordert die Ausübung der praktischen Vernunft das Vorhandensein der Tugenden des Charakters; sonst verkümmert sie zu oder bleibt von Anfang an eine gewisse Fähigkeit zur List, um Mittel eher mit irgendeinem Zweck als mit einem Zweck zu verbinden, der ein wirkliches Gut für den Menschen darstellt.

Nach Aristoteles können daher Trefflichkeit des Charakters und des Geistes nicht voneinander getrennt werden. Hier bringt Aristoteles eine Ansicht zum Ausdruck, die bezeichnenderweise der heute vorherrschenden Meinung zuwiderläuft. Die moderne Ansicht kommt einerseits in Banalitäten zum Ausdruck wie »Sei brav, mein Mädchen, und laß schlau sein, wer will«, andererseits in so profunden Aussagen wie der Unterscheidung Kants zwischen dem guten Willen, dessen Besitz allein sowohl notwendig als auch hinreichend für den moralischen Wert ist, und dem Wissen, das er für eine ganz besondere natürliche Gabe hielt, wie man allgemeine Regeln auf bestimmte Fälle anwendet, eine Gabe, deren Nichtvorhandensein Dummheit genannt wird. Bei Kant kann man also beides sein, gut und dumm; für Aristoteles dagegen schließt Dummheit einer bestimmten Art das Gutsein aus. Außerdem erfordert echte praktische Intelligenz ihrerseits Kenntnis des Guten, erfordert gewisses Gutsein bei dem, der sie besitzt: nach Aristoteles kann jemand keine praktische Intelligenz haben, wenn er nicht gut ist (1144a 37).

Ich habe schon angemerkt, daß die moderne soziale Praxis und Theorie in diesem Punkt eher Kant als Aristoteles folgen – was nicht überrascht. Deshalb haben die Charaktere, die für die dramatischen Schriften der Moderne so wichtig sind – der Experte, der wertneutral Mittel mit Zielen verknüpft, und der moralisch Handelnde, der irgendwer und jeder ist, der nicht gerade geistig gestört ist – im System des Aristoteles oder überhaupt in der klassischen Tradition keine echte Entsprechung. Es ist tatsächlich schwer, sich die Erhöhung des bürokratischen Expertentums in einer Kultur vorzustellen, in der die Verbindung zwischen praktischer Intelligenz und moralischen Tugenden fest verankert ist.

Diese Verbindung zwischen praktischer Intelligenz und den Tugenden des Charakters wird von Aristoteles im Lauf seiner Beweisführung angerufen, daß man keine der Tugenden des Charakters in entwikkelter Form besitzen kann, ohne alle anderen zu besitzen. Es ist kaum anzunehmen, daß er wirklich »alle« meint – es scheint offensichtlich, daß jemand wirklich tapfer sein kann, ohne sozial angenehm zu sein, aber ein angenehmes Wesen wird von Aristoteles zu den Tugenden gezählt, wie der Mut –, aber er sagt es tatsächlich (*Nikomachische Ethik,* 1145a).

Trotzdem ist leicht zu verstehen, warum Aristoteles meinte, die wesentlichen Tugenden seien aufs engste miteinander verbunden. Der Gerechte verfällt nicht in die Untugend der *pleonexía,* einer der beiden Untugenden, die der Tugend der Gerechtigkeit entsprechen. Aber um *pleonexía* zu vermeiden, muß man selbstverständlich *sōphrosýnē* besitzen. Der Tapfere verfällt nicht den Untugenden der Unbesonnenheit und Feigheit; aber der Unbesonnene scheint ein Aufschneider zu sein, und Prahlerei ist eine der Untugenden bezüglich der Tugend der Wahrhaftigkeit gegenüber sich selbst.

Diese Verknüpfung der Tugenden untereinander erklärt, warum sie uns nicht mehrere eindeutige Kriterien liefern, mit denen man das Gutsein eines einzelnen beurteilen kann, sondern nur eine komplexe Maßeinheit. Die Anwendung dieser Maßeinheit in einer Gemeinschaft, deren gemeinsames Ziel die Verwirklichung des menschlichen Guten ist, setzt selbstverständlich eine breite Übereinstimmung über das Gute und die Tugenden in dieser Gemeinschaft voraus, und diese Übereinstimmung macht jene Art von Verbindung zwischen den Bürgern möglich, die nach Ansicht von Aristoteles eine *pólis* darstellt. Diese Verbindung ist das Band der Freundschaft, und Freundschaft ist selbst eine Tugend. Die Freundschaft, an die Aristoteles denkt, verkörpert gemeinsames Erkennen und Verfolgen eines Gutes. Diese Gemeinsamkeit ist wesentlich und ursächlich für die Bildung jeder Form von Gemeinschaft, ob eines Hauswesens oder einer Stadt. »Die Erfahrung lehrt«, so Aristoteles, »... daß ... die Gesetzgeber sich mehr um sie [die Freundschaft] als um die Gerechtigkeit bemühen« (1155a 24); und der Grund liegt auf der Hand. Gerechtigkeit ist die Tugend, ein Verdienst zu belohnen und Fehler beim Belohnen von Verdiensten innerhalb einer bereits konstituierten Gemeinschaft wiedergutzumachen; Freundschaft ist für die anfängliche Konstitution erforderlich.

Wie können wir diese Ansicht von Aristoteles in Einklang mit seiner Behauptung bringen, man könne nicht viele Freunde dieser Art haben? Die Schätzungen über die Einwohnerzahl Athens im 5. und 4. vorchristlichen Jahrhundert schwanken erheblich, doch die Zahl der erwachsenen Bürger ging mit Sicherheit in die Zehntausende. Wie kann eine so große Einwohnerschaft von einem gemeinsamen Wunschbild des Guten erfüllt sein? Wie kann Freundschaft das Band zwischen ihnen sein? Die Antwort lautet sicher, durch ihren Aufbau aus einem Netzwerk aus kleinen Freundesgruppen, wobei das Wort Freund im Sinne von Aristoteles zu gebrauchen ist. Wir müssen uns Freundschaft also denken als die Teilnahme aller an dem gemeinsamen Projekt, das Leben der Stadt zu erwecken und aufrechtzuerhalten, eine Teilnahme, eingegliedert in die Unmittelbarkeit der Freundschaften des einzelnen.

Diese Vorstellung der politischen Gemeinschaft als gemeinsames Projekt ist der liberalen, individualistischen Welt von heute fremd. So stellen wir uns manchmal vielleicht Schulen, Krankenhäuser oder philanthropische Einrichtungen vor; aber wir haben keinen Begriff von einer solchen Form von Gemeinschaft, die das gesamte Leben betrifft, wie es die *pólis* nach den Worten von Aristoteles tut, und nicht nur dieses oder jenes Gut, sondern das Gut der Menschen an sich. Es ist kein Wunder, daß Freundschaft ins Privatleben verbannt und dadurch geschwächt worden ist, verglichen mit dem, was sie einmal war.

Freundschaft beinhaltet nach Aristoteles natürlich Zuneigung. Aber diese Zuneigung wächst innerhalb einer Beziehung, die definiert ist im Sinne einer gemeinsamen Treuepflicht gegenüber dem Guten und dem Streben nach ihm. Die Zuneigung ist zweitrangig, was nicht im mindesten bedeutet, daß sie unwichtig wäre. in moderner Sicht ist Zuneigung oft der Hauptaspekt; unsere Freunde sind für uns diejenigen, die wir *gern haben,* vielleicht sogar sehr gern haben. »Freundschaft« ist zum größten Teil die Bezeichnung für einen bestimmten emotionalen Zustand geworden, weniger für eine soziale und politische Beziehung. E.M. Forster bemerkte einmal, daß er hoffentlich den Mut aufbringen würde, wenn er einmal vor der Wahl stände, sein Land oder seinen Freund zu betrügen, sein Land zu betrügen. Aus aristotelischer Sicht hat jemand, der einen solchen Gegensatz formulieren kann, kein Land, keine *pólis;* er ist ein Bürger von nirgendwo, ein in der inneren Verbannung Lebender, wo immer er sich aufhält. Vom aristotelischen Standpunkt betrachtet kann eine liberale politische Gesellschaft von heute tatsächlich nur als Ansammlung von Bürgern von nirgendwo erscheinen, die sich zu ihrem Schutz zusammengetan haben. Sie besitzen bestenfalls jene minderwertige Form der Freundschaft, die auf dem gegenseitigen Vorteil gegründet ist. Daß ihnen das Band der Freundschaft fehlt, hängt natürlich mit dem selbst zugegebenen moralischen Pluralismus derartiger liberaler Gesellschaften zusammen. Sie haben die moralische Einheit des Aristotelismus aufgegeben, sowohl in seiner antiken wie in seiner mittelalterlichen Form.

Ein Vertreter der modernen liberalen Ansicht hat natürlich auf den ersten Blick eine einfache Erwiderung auf den Aristotelismus. Aristoteles, so könnte er ziemlich zwingend argumentieren, bietet schlicht eine zu einfache und zu vereinheitlichende Sichtweise des komplexen menschlichen Guten. Wenn wir die Realität der athenischen Gesellschaft betrachten, von der griechischen Gesellschaft insgesamt oder der übrigen Welt des Altertums gar nicht zu reden, erkennen wir eine Vielzahl von Wertvorstellungen, von Konflikten zwischen Gütern, von Tugenden, die keineswegs eine einfache, kohärente, hierarchische Einheit bilden. Die Beschreibung von Aristoteles ist bestenfalls eine Idealisierung, und er neigt stets dazu, so könnte angeführt werden, die moralische Kohärenz und Einheit zu übertreiben. So scheint beispielsweise seine Argumentation über die detaillierte Vielfalt der Wechselbeziehungen zwischen verschiedenen Tugenden und Untugenden im Fall der Einheit der Tugenden seine entschiedene Schlußfolgerung über die Einheit und Untrennbarkeit aller Tugenden im Charakter des guten Menschen nicht zu unterstützen.

Es fällt vielleicht nicht schwer, wie ich schon angemerkt habe, gerade diesem letzten Vorwurf zuzustimmen. Aber man sollte fragen, warum Aristoteles in diesem speziellen Fall auf dem hätte beharren sollen, was selbst aus seiner Sicht eine offenbar unnötig entschiedene Schlußfolgerung zu sein scheint. Der Glaube von Aristoteles an die Einheit der Tugenden ist eines der wenigen Elemente seiner Moralphilosophie, das er direkt von Plato übernommen hat. Wie bei Plato ist dieser Glaube sowohl Ausdruck einer starken Abneigung gegen Konflikte als auch des Leugnens von Konflikten entweder im Leben des einzelnen guten Menschen oder in dem der guten Stadt. Sowohl Plato wie Aristoteles betrachtet sie darüber hinaus als eliminierbares Übel. Alle Tugenden befinden sich im Einklang miteinander, und der Einklang des Charakters des einzelnen pflanzt sich fort im Einklang des Staates. Bürgerkrieg ist das schlimmste aller Übel. Für Aristoteles wie für Plato ist das für den Menschen gute Leben an sich einzig und einheitlich, zusammengesetzt aus einer Hierarchie von Gütern.

Daraus folgt, daß Konflikte einfach entweder Ergebnis von Charaktermängeln einzelner oder von unklugen politischen Maßnahmen sind. Das hat nicht nur für die Politik von Aristoteles Folgen, sondern auch für seine Poetik und sogar seine Erkenntnistheorie. In allen drei Fällen ist *agṓn* aus seiner homerischen Zentralstellung entfernt worden. So wie der Konflikt nicht im Mittelpunkt des Lebens einer Stadt steht, sondern auf eine Bedrohung dieses Lebens reduziert ist, so kann die Tragödie, wie Aristoteles sie versteht, sich nicht der Sichtweise Homers nähern, daß der tragische Konflikt die wesentliche Bedingung des Menschen ist –

nach Ansicht von Aristoteles scheitert der tragische Held durch eigene Fehler und nicht weil die menschliche Situation manchmal unabwendbar tragisch ist –, und die Dialektik ist nicht länger der Weg zur Wahrheit, sondern größtenteils nur ein halbformales Verfahren, das der Untersuchung untergeordnet ist. Wo Sokrates dialektisch mit anderen argumentierte und Plato Dialoge schrieb, verfaßt Aristoteles daher erklärende Vorträge und Abhandlungen. Es besteht dementsprechend, und das ist durchaus natürlich, ein erheblicher Gegensatz zwischen dem Standpunkt von Aristoteles zur Theologie und dem von Aischylos oder Sophokles; für Aristoteles kann diese besondere Berufung auf das Göttliche, die sowohl bei Aischylos wie bei Sophokles das Erkennen des tragischen Stillstandes signalisiert, keinen realistischen Sinn ergeben. Die unpersönliche, unveränderliche Gottheit, von der Aristoteles spricht und deren metaphysische Kontemplation dem Menschen sein spezielles und letztes Telos liefert, kann selbst keinen Anteil am rein Menschlichen nehmen, geschweige denn an einem Dilemma; sie besteht nur als Denken, das sich ewig selbst denkt und sich nur seiner selbst bewußt ist.

Da eine solche Kontemplation das letzte menschliche Telos ist – der grundlegende, endgültige und vervollkommnende Bestandteil des Menschen, der *eudaímōn* ist –, besteht eine gewisse Spannung zwischen der aristotelischen Sicht des Menschen als im wesentlichen politisch und seiner Sicht des Menschen als im wesentlichen metaphysisch. Um *eudaímōn* zu werden, müssen materielle und soziale Voraussetzungen erfüllt sein. Der Haushalt und der Stadtstaat machen das metaphysische menschliche Vorhaben möglich; aber die Güter, für die sie sorgen, sind trotz ihrer Notwendigkeit, und obwohl sie selbst Teil dieses ganzen Menschenlebens sind, aus metaphysischer Sicht zweitrangig. Dennoch wäre an vielen Stellen, in denen Aristoteles die individuellen Tugenden behandelt, die Anmerkung, daß ihr Besitz und ihre Ausübung der metaphysischen Kontemplation letztlich untergeordnet sind, höchst fehl am Platz. (Eine ausgezeichnete Erörterung dieser Punkte findet sich bei Ackrill 1974 und Clark 1979.) Betrachten wir als Beispiel noch einmal die Diskussion über die Freundschaft bei Aristoteles.

Aristoteles unterscheidet, wahrscheinlich als Antwort auf Platos Erörterungen über die Freundschaft in der *Lysis*, drei Arten von Freundschaft: diejenige, die sich aus dem gegenseitigen Nutzen ergibt, und diejenige, die sich aus der gegenseitigen Lust ergibt, und diejenige, die sich aus einer gemeinsamen Sorge um Güter ergibt, die die Güter beider sind und daher keinem von beiden ausschließlich gehören. Die dritte Art ist, wie ich schon hervorgehoben habe, wahre Freundschaft und gibt das Beispiel ab für die Beziehung zwischen Mann und Frau im Hause wie auch für die zwischen Bürgern in der *pólis*. So führt das schließlich erreichte Selbst-Genügen des guten Menschen in seiner Kontemplation über den ewigen Grund nicht dazu, daß der gute Mensch keine Freunde bräuchte, und es führt auch nicht dazu, daß er nicht ein bestimmtes Maß an materiellem Wohlstand bräuchte. Entsprechend kann eine Stadt, die auf Gerechtigkeit und Freundschaft gegründet ist, nur dann eine Stadt der besten Art sein, wenn sie ihre Bürger in die Lage versetzt, das Leben in metaphysischer Kontemplation zu genießen.

Welchen Platz nimmt in dieser metaphysischen und sozialen Struktur die Freiheit ein? Es ist kennzeichnend für die Struktur der umfangreichen Argumentation von Aristoteles, daß die Tugenden für Sklaven und Barbaren nicht erreichbar sind, und daher auch nicht das Gute für den Menschen. Was ist ein Barbar? Nicht nur ein Nicht-Grieche (dessen Sprache für hellenische Ohren wie »ba-ba-ba« klingt), sondern jemand, der keine *pólis* hat und damit – nach Aristoteles – zu erkennen gibt, daß er unfähig zu politischen Beziehungen ist. Was sind politische Beziehungen? Die Beziehungen freier Menschen untereinander, das heißt die Beziehungen zwischen den Mitgliedern eines Gemeinwesens, die sowohl herrschen wie beherrscht werden. Das freie Selbst ist gleichzeitig politisches Subjekt und politischer Souverän. Demnach hat die Einbeziehung in politische Beziehungen Freiheit von jeder Position zur Folge, die reine Unterwerfung darstellt. Freiheit ist die Voraussetzung für die Ausübung der Tugenden und das Erreichen des Guten.

Mit diesem Teil der Aristotelischen Schlußfolgerung brauchen wir nicht zu hadern. Uns wird wahrscheinlich – mit Recht – vor den Kopf stoßen, daß Aristoteles den Nicht-Griechen, Barbaren und Sklaven nicht nur abspricht, politische Beziehungen zu besitzen, sondern auch dazu in der Lage zu sein. Damit können wir seine Ansicht verknüpfen, daß nur die Wohlhabenden und Hochgestellten bestimmte Schlüsseltugenden erlangen können, die der Freigebigkeit und des Großmuts; Handwerker und Händler bilden eine untergeordnete Schicht, auch wenn sie keine Sklaven sind. Vom Standpunkt des Tugendkatalogs von Aristoteles aus bleiben somit die besonderen Vorzüge der Anwendung handwerklicher Geschicklichkeit und körperlicher Arbeit unsichtbar.

Diese Blindheit von Aristoteles war selbstverständlich nicht nur ihm eigen; sie war Teil der allgemeinen, wenn auch nicht universellen Blindheit seiner Kultur. Sie hängt eng mit einer anderen Form der Beschränkung zusammen. Aristoteles stellt sowohl Barbaren wie Griechen so dar, als ob sie eine unveränderliche Natur hätten. Und durch diese Sichtweise bezeugt er uns erneut den ahistorischen Charakter seines Verständnisses der menschlichen Natur. Der einzelne als Angehöriger einer Spezies hat ein Telos, aber eine Geschichte der *pólis* oder Griechenlands oder der Menschheit, die sich auf ein Telos zubewegt, gibt es nicht. Tatsächlich ist Geschichte keine angesehene Form der Untersuchung – weniger philosophisch als die Dichtkunst, weil sie in Wirklichkeit danach strebt, sich mit Individuen zu befassen, während sich selbst die Dichtkunst nach Aristoteles mit Typen befaßt. Aristoteles war sich sehr wohl bewußt, daß die Art von Wissen, die nach seiner Meinung wirklich wissenschaftlich ist und *epistémē* schafft – Wissen von wesentlicher Art, angeeignet durch allgemeine, notwendige Wahrheiten, logisch ableitbar aus einigen Grundprinzipien –, über menschliche Angelegenheiten typischerweise überhaupt nicht erworben werden kann. Er wußte, daß entsprechende Verallgemeinerungen nur *epí to polý* (meistens) gelten, und was er über sie sagt, stimmt mit dem überein, was ich an früherer Stelle über Verallgemeinerungen der modernen Sozialwissenschaftler behauptet habe. Aber trotz dieser Erkenntnis hatte er offenbar kein Bedürfnis, die Frage nach ihrem Charakter weiter zu verfolgen. Das ist vermutlich die Quelle jenes Paradoxons, daß Aristoteles, der die Formen des sozialen Lebens des Stadtstaates als normativ für die eigentliche menschliche Natur betrachtete, selbst Diener jener mazedonischen Königsmacht war, die den Stadtstaat als freie Gesellschaft zerstörte. Aristoteles begriff die Vergänglichkeit der *pólis* nicht, weil er wenig oder kaum Verständnis für Geschichtlichkeit im allgemeinen hatte. So können sich viele Fragen für ihn nicht stellen, einschließlich der, wie ein Mensch vom Sklaven oder Barbaren zum Bürger einer *pólis* werden könnte. Aus der Sicht von Aristoteles *sind* einige Menschen eben »von Natur aus« Sklaven.

Dennoch beeinträchtigen diese Einschränkungen in der Darstellung der Tugenden bei Aristoteles nicht zwangsläufig sein allgemeines System zum Verständnis der Stellung der Tugenden im menschlichen Leben oder entstellen gar seine vielen noch speziellen Einsichten. Zwei davon verdienen in jeder Darstellung der Tugenden besondere Beachtung. Die erste betrifft die Stellung der Freude im menschlichen Leben. Die Charakterisierung der Freude durch Aristoteles als etwas, das zu einer erfolgreichen Tätigkeit noch hinzukommt, erlaubt uns zu verstehen, warum es plausibel ist, die Freude – oder das Vergnügen oder das Glück – als das Telos des menschlichen Lebens anzusehen, und warum dies trotzdem ein Fehler wäre. Die Freude, die Aristoteles anspricht, begleitet charakteristischerweise die Erreichung von Vortrefflichkeit bei einer Tätigkeit. Diese Tätigkeit kann ganz unterschiedlicher Art sein: das Schreiben oder Übersetzen eines Gedichts, das Spielen eines Spieles, das Durchführen eines schwierigen sozialen Vorhabens. Und was als Vortrefflichkeit gilt, wird immer relativ sein zu den Leistungsmaßstäben, die bisher für Menschen wie uns gelten. Folglich bedeutet das allgemeine Streben danach, sich hervorzutun, das tun zu wollen, was Freude bereitet, und es ist natürlich zu folgern, daß wir danach trachten, das zu tun, was uns Freude bereitet, und damit ist diese Freude oder Lust oder dieses Glück das Telos unserer Tätigkeit. Aber es ist wichtig festzuhalten, daß die gleichen aristotelischen Überlegungen, die uns zu dieser Schlußfolgerung führen, uns daran hindern, jede Ansicht zu akzeptieren, die Freude oder Lust oder Glück als handlungsleitendes Kriterium behandelt. Gerade weil Freude einer ganz spezifischen Art – ich habe sowohl den spezifischen wie den heterogenen Charakter der Freude bereits bei der Diskussion von Benthams Utilitarismus hervorgehoben – zu jeder erfolgreich durchgeführten Tätigkeit hinzukommt, liefert uns Freude an sich keinen Grund, uns eher auf die eine Tätigkeit als auf eine andere einzulassen.

Außerdem hängt das, worüber *ich* mich besonders freue, davon ab, was für ein Mensch ich bin, und das ist wiederum natürlich eine Frage meiner Tugenden und Laster. Nach dem Ausschluß des Aristotelismus aus unserer Kultur gab es im 18. Jahrhundert eine Zeit, wo die Annahme, daß die Tugenden nichts weiter als die Eigenschaften seien, die wir zufällig im großen ganzen als angenehm oder nützlich empfinden, auf Grabsteinen und in philosophischen Werken zum Gemeinplatz wurde. Das Merkwürdige dieser Erklärung liegt in der Tatsache, daß das, was wir als im großen ganzen als angenehm oder nützlich empfinden, davon abhängt, welche Tugenden man im allgemeinen in unserer Gemeinschaft besitzt und pflegt. Die Tugenden können also nicht in Kategorien des Angenehmen oder Nützlichen definiert oder bestimmt werden. Darauf ließe sich vielleicht erwidern, daß es sicher Eigenschaften gibt, die nützlich oder angenehm für menschliche Wesen in ihrer Eigenschaft als Mitglieder einer bestimmten biologischen Spezies mit einer bestimmten Umgebung sind. Der Maßstab der Nützlichkeit oder Freude wird durch den Menschen in seiner Eigenschaft als Tier gesetzt, durch den Menschen vor und ohne Kultur. Aber der Mensch ohne Kultur ist ein Mythos. Unsere biologische Natur belegt sicher alle kulturellen

Möglichkeiten mit Beschränkungen; aber der Mensch, der nur eine biologische Natur hat, ist ein Geschöpf, von dem wir nichts wissen. In der Geschichte treffen wir nur auf Menschen mit praktischer Intelligenz – und das ist, wie wir gesehen haben, durch Tugenden beseelte Intelligenz. Und die Diskussion über die Natur des praktischen Urteilens bei Aristoteles ist von entscheidender Bedeutung für das Wesen der Tugenden.

Die Darstellung des praktischen Urteilens ist im wesentlichen sicher richtig und enthält eine ganze Reihe von Schlüsselgedanken. So betrachtet Aristoteles erstens die Schlußfolgerung aus einem praktischen Syllogismus als besondere Art von Handlung. Die Vorstellung, daß eine Beweisführung in einer Handlung enden kann, beleidigt natürlich humesche und nachhumesche philosophische Vorurteile, wonach nur Aussagen (oder in einigen besonders barbarischen Versionen Sätze) Wahrheitswerte haben und in jene Beziehungen von Konsistenz und Inkonsistenz gebracht werden können, die zum Teil die deduktive Beweisführung definieren. Aber Aussagen selbst besitzen diese Eigenschaften nur kraft ihrer Fähigkeit, Überzeugungen auszudrücken; und Handlungen können Überzeugungen natürlich ebenso sicher ausdrücken, wenn auch nicht immer so klar und unzweideutig wie eine Äußerung. Aus diesem Grund – nur aus diesem Grund – kann uns die Inkonsistenz zwischen Handlungen und Aussagen eines Menschen verwirren. Wir müßten zum Beispiel verwirrt sein über jemanden, von dem wir drei Dinge wissen: daß er erstens gesund bleiben wollte; daß er zweitens ernsthaft erklärt hat, daß Kälte und Nässe schlecht für seine Gesundheit sein könnten *und* daß die einzige Möglichkeit, sich im Winter warm und trocken zu halten, darin besteht, einen Mantel zu tragen; und daß er drittens im Winter gewöhnlich ohne Mantel aus dem Haus geht. Denn sein Handeln drückt offenbar eine Überzeugung aus, die im Widerspruch zu den anderen von ihm geäußerten Überzeugungen steht. Würde sich jemand systematisch derart inkonsistent verhalten, würde er bei seiner Umwelt bald auf Unverständnis stoßen. Wahrscheinlich wüßten wir nicht, wie wir auf ihn reagieren sollten, denn wir könnten nicht mehr darauf hoffen zu bestimmen, was er tut oder was er mit dem meint, was er sagt, oder beides. Die Darstellung des praktischen Syllogismus durch Aristoteles kann demnach so gedeutet werden, daß damit Aussagen über die notwendigen Bedingungen für einsichtiges menschliches Handeln geliefert werden, und zwar auf eine Art und Weise, daß sie für jede erkennbare menschliche Kultur gelten müssen.

Das praktische Urteilen hat demnach nach Aristoteles vier wesentliche

Elemente. Da sind zuallererst die Wünsche und Ziele des Handelnden, die durch das Urteil vorausgesetzt, darin aber nicht ausgedrückt werden. Ohne sie gäbe es keinen Kontext des Urteilens, und Ober- und Untersatz könnten nicht hinreichend festlegen, was der Handelnde tun wird. Das zweite Element ist der Obersatz, eine Behauptung des Inhalts, daß dies und jenes zu tun oder zu haben oder zu suchen das ist, was gut für den und den ist oder von dem und dem benötigt wird (wobei der Handelnde, der den Syllogismus äußert, unter letztere Beschreibung fällt). Das dritte Element ist der Untersatz, in dem der Handelnde, gestützt auf ein Wahrnehmungsurteil, erklärt, dies sei ein Beispiel oder eine Gelegenheit der erforderlichen Art. Die Schlußfolgerung ist, wie ich schon gesagt habe, die Handlung.

Diese Darstellung führt uns zu der Frage der Beziehung zwischen der praktischen Intelligenz und den Tugenden zurück. Denn die Beurteilungen, die dem praktischen Urteilen des Handelnden die Prämissen liefern, werden Beurteilungen darüber enthalten, was zu tun und zu sein gut für jemanden wie ihn ist; und die Fähigkeit eines Handelnden, solche Urteile zu fällen und nach ihnen zu handeln, wird davon abhängen, welche geistigen und moralischen Tugenden und Untugenden seinen Charakter bilden. Das Wesen dieser Verbindung ließe sich nur durch eine noch ausführlichere Darstellung des praktischen Urteilens wie bei Aristoteles erhellen; seine Darstellung ist bemerkenswert unvollständig und muß umschrieben und interpretiert werden. Aber er sagt dennoch genug, um uns zu zeigen, wieso vom aristotelischen Standpunkt aus Vernunft nicht der Diener der Leidenschaften sein kann. Denn die Erziehung der Leidenschaften zur Übereinstimmung mit dem Streben nach dem, was das theoretische Urteilen als das Telos und das praktische Urteilen als richtiges Handeln zu jeder Zeit und an jedem Ort bestimmt, ist das Ziel der Ethik.

Wir haben im Verlauf dieser Darstellung mehrere Punkte entdeckt, in denen die Darstellung der Tugenden bei Aristoteles ernsthaft in Frage gestellt werden kann. Einige davon betreffen Teile der aristotelischen Theorie, die abzulehnen sind, aber deren Ablehnung keine großen Auswirkungen auf unsere Haltung gegenüber der gesamten Theorie zu haben braucht. So verhält es sich – wie ich angeführt habe – mit dem unhaltbaren Eintreten von Aristoteles für die Sklaverei. Aber in wenigstens drei Bereichen kommen Fragen auf, die das gesamte aristotelische Gebäude gefährden, falls sie nicht befriedigend beanwortet werden können. Die erste betrifft die Art und Weise, in der die Theologie von Aristoteles seine metaphysische Biologie voraussetzt. Wenn wir diese Biologie verwerfen, was wir müssen, besteht dann noch irgendeine Möglichkeit, die Teleologie aufrechtzuerhalten?

Einige moderne Moralphilosophen, die der aristotelischen Darstellung der Tugenden sehr wohlwollend gegenüberstehen, haben darin keine Schwierigkeiten gesehen. Es ist vorgebracht worden, daß alles, was wir zur Rechtfertigung einer Darstellung der Tugenden und Untugenden bräuchten, eine ganz allgemeine Darstellung des menschlichen Gedeihens und Wohlergehens sei. Die Tugenden können dann adäquat als die Eigenschaften bestimmt werden, die nötig sind, dieses Gedeihen und Wohlergehen zu fördern; denn was immer es im einzelnen für Meinungsverschiedenheiten in *dieser* Frage gibt, so sollten wir uns doch rational darüber einigen können, was eine Tugend und was eine Untugend ist. Diese Ansicht ignoriert die Stellung der schweren Konflikte in unserer Kulturgeschichte darüber, worin das menschliche Gedeihen und Wohlergehen besteht, und auch die Art, in der rivalisierende und unvereinbare Überzeugungen in diesem Punkt rivalisierende und unvereinbare Tugendkataloge hervorbringen. Aristoteles und Nietzsche, Hume und das Neue Testament sind Namen, die die gegensätzlichen Pole in diesen Fragen repräsentieren. Jede adäquate teleologische Darstellung muß uns also eine klare und vertretbare Darstellung des Telos liefern; und jede adäquate, ganz allgemein aristotelische Darstellung muß eine teleologische Darstellung liefern, die die metaphysische Biologie von Aristoteles ersetzen kann.

Ein zweiter fraglicher Bereich betrifft das Verhältnis der Ethik zur Struktur der *pólis*. Wenn die Darstellung der Tugenden bei Aristoteles in vielen Einzelheiten den inzwischen längst verschwundenen Kontext der sozialen Beziehungen des antiken Stadtstaates voraussetzt, wie kann der Aristotelismus dann als moralische Gegenwart in einer Welt formuliert werden, in der es keine Stadtstaaten gibt? Oder um es anders auszudrücken: Ist es möglich, Aristoteliker zu sein und trotzdem den Stadtstaat unter historischer Perspektive als eine wenn auch sehr wichtige Form einer Reihe sozialer und politischer Formen zu sehen, in denen und durch die das Selbst gefunden und herangebildet werden kann, das die Tugenden beispielhaft zeigen kann, und in denen dieses Selbst sein Betätigungsfeld finden kann?

Drittens werden durch die Übernahme des Glaubens Platos an die Einheit und Harmonie sowohl der Seele des einzelnen wie auch des Stadtstaates durch Aristoteles und die konsequente Vorstellung von Aristoteles, daß Konflikte vermieden oder geregelt werden müssen, viele Fragen aufgeworfen. Das damit aufgeworfene Problem wurde ursprünglich im Gegensatz zwischen Aristoteles und Sophokles aufgeworfen. Für Aristoteles ist die tragische Erzählform, wie ich schon ausgeführt habe, nur dann verwirklicht, wenn wir einen Helden mit einem Makel haben, einem Makel der praktischen Intelligenz, dessen Ursache in unzureichendem Besitz unzureichender Ausübung irgendeiner Tugend liegt. In einer Welt, in der alle gut genug sind, müßte man demnach keinen tragischen Helden darstellen. Aristoteles leitet diese Ansicht zum Teil sicherlich von seiner Moralpsychologie ab, zum Teil aber auch von der eigenen Lektüre tragischer Dramen, insbesondere des *König Ödipus*. Aber wenn meine obige Darstellung von Sophokles zutrifft, dann hat die eigene Moralpsychologie Aristoteles dazu gebracht, Sophokles falsch zu verstehen. Denn die Konflikte der Tragödie können zwar *zum Teil* aufgrund der Makel von Antigone und Kreon, Odysseus und Philoktet die Form annehmen, die sie haben; aber was den *tragischen* Gegensatz und Konflikt dieser Einzelpersonen ausmacht, ist der Konflikt des Guten mit dem Guten, der in ihrem Zusammentreffen unabhängig von *allen* individuellen Charakteristika und ihnen vorausgehend verkörpert wird; und diesem Aspekt der Tragödie gegenüber ist Aristoteles in seiner *Poetik* blind und muß es sein. Das Fehlen dieser Sicht der zentralen Stellung von Widerstand und Konflikt im menschlichen Leben verbirgt vor Aristoteles auch eine wichtige Quelle für das menschliche Erlernen der Anwendung der Tugenden durch die Menschen und eine wichtige Umgebung dieser Anwendung.

Der große australische Philosoph John Anderson drängte uns, »bei einer sozialen Einrichtung nicht zu fragen: ›Welchem Ziel oder Zweck dient sie?‹, sondern ›Für welche Konflikte ist sie der Schauplatz?‹« (Passmore 1962, S. XXII). Hätte Aristoteles diese Frage sowohl über die *pólis* wie über den einzelnen Handelnden gestellt, hätte er eine zusätzliche Quelle zum Verstehen des teleologischen Charakters der Tugenden und der sozialen Formen gehabt, die ihnen den Kontext liefern. Denn die Erkenntnis Andersons – eine sophokleische Erkenntnis – besteht darin, daß wir durch den Konflikt, und manchmal nur durch den Konflikt lernen, was unsere Absichten und Ziele sind.

Kapitel 13
Standpunkte und Ereignisse des Mittelalters

Wir wenden uns deshalb späteren Autoren der aristotelischen Tradition mit einer Reihe bereits formulierter Fragen zu. Aber bevor wir diese Fragen einigen Autoren aus dem Mittelalter stellen, sind zwei Vorbemerkungen notwendig. Als erstes ist die Tatsache zu unterstreichen, daß die Tradition des Nachdenkens über die Tugenden, die ich zu skizzieren suche, nicht mit jener engeren Tradition des Aristotelismus verwechselt werden darf, die lediglich darin besteht, die Texte von Aristoteles zu kommentieren und auszulegen. Als ich erstmals in Kapitel 5 von der Tradition sprach, mit der ich mich befasse, habe ich den ebenso irreführenden Ausdruck »klassische Moral« verwendet, ebenso irreführend deshalb, weil »klassisch« zu weit gefaßt ist, so wie »aristotelisch« zu eng. Aber auch wenn diese Tradition nicht leicht zu benennen ist, ist sie doch unschwer zu erkennen. Nach Aristoteles verwendet sie, wenn immer möglich, die *Nikomachische Ethik* und die *Politik* als Schlüsseltexte, aber sie überläßt sich dennoch nie völlig dem Aristoteles. Denn diese Tradition setzt sich stets in eine Dialogbeziehung zu Aristoteles und nicht in eine Beziehung bloßer Zustimmung.

Als die Welt der Neuzeit achtzehn- oder neunzehnhundert Jahre nach Aristoteles schließlich systematisch die klassische Sicht der menschlichen Natur verwarf – und mit ihr letzendlich vieles, was für die Moral im Mittelpunkt gestanden hatte –, wurde sie ganz gezielt als Aristotelismus verworfen. Einen Possenreißer, der die Kirche in die Irre geführt hat, nannte Luther Aristoteles und gab damit den Ton an; und als Hobbes die Reformation erläuterte, schrieb er sie zum Teil dem »Nachlassen der priesterlichen Tugend« zu, zum Teil aber auch darin, »daß die Philosophie und die Lehre des *Aristoteles* durch die Scholastiker in die Religion eingeführt wurde« (*Leviathan,* Kap. 12). Tatsächlich – und das ist die zweite, notwendige Vorbemerkung – begegnete die Welt des Mittelalters Aristoteles natürlich erst relativ spät, und selbst Thomas von Aquin begegnete ihm nur in der Übersetzung; und als sie ihm begegnete, lieferte er bestenfalls eine Teillösung für ein Problem des Mittelalters, das schon wiederholt angesprochen worden war. Dieses Problem bestand darin, wie man die menschliche Natur in einer Kultur erziehen und kultivieren sollte, in der das menschliche Leben Gefahr lief, im Konflikt zu vieler Ideale, zu vieler Lebensweisen zerrissen zu werden.

Von allen mythologischen Denkweisen, die uns das Mittelalter in so falschem Licht erscheinen lassen, ist keine irreführender als die, welche eine einheitliche und monolithische christliche Kultur schildert, und das nicht nur, weil die mittelalterlichen Leistungen auch jüdische und islamische waren. Die Kultur des Mittelalters war, sofern sie überhaupt eine Einheit war, ein empfindliches und komplexes Gleichgewicht einer Vielzahl ungleicher und widersprüchlicher Elemente. Um die Stellung von Theorie und Praxis der Tugenden darin zu verstehen, ist es notwendig, einige unterschiedliche und widersprüchliche Stränge der mittelalterlichen Kultur zu erkennen, von denen jeder die eigenen Belastungen und Spannungen auf das Ganze übertrug.

Der erste leitet sich aus der Tatsache ab, daß die mittelalterliche Gesellschaft in vielfacher Hinsicht gerade erst den Übergang aus der heroischen Gesellschaft hinter sich hatte. Deutsche, Angelsachsen, Norweger, Isländer, Iren und Waliser hatten alle eine vorchristliche Vergangenheit, an die sie sich erinnern konnten, und viele ihrer sozialen Formen und vieles in ihrer Dichtkunst und ihren Geschichten verkörperte diese Vergangenheit. Oft wurden diese Formen und Geschichten christianisiert, so daß der heidnische Krieger-König erstaunlich unverändert als christlicher Ritter auferstehen konnte. Oft bestanden christliche und heidnische Elemente in variierendem Verhältnis von Kompromiß und Spannung gleichzeitig nebeneinander, ähnlich dem Nebeneinander der homerischen Werte und der des Stadtstaates im 5. vorchristlichen Jahrhundert. In einem Teil Europas waren es die isländischen Sagas, die im großen ganzen die gleiche Rolle spielten wie die Gedichte Homers, in einem anderen waren es die *Taín Bó Cuailnge* und die Erzählungen der Fenier, in einem dritten der bereits christianisierte König-Artus-Zyklus. So ist die Erinnerung in der Tradition gegenwärtig, die ich in zwei Fällen identifizieren kann: einmal als Hintergrund der athenischen Gesellschaft des 5. und 4. vorchristlichen Jahrhunderts, und einmal im Hintergrund für das Hochmittelalter. Diese doppelte Präsenz macht den moralischen Standpunkt der heroischen Gesellschaft zu einem notwendigen Ausgangspunkt moralischer Überlegungen innerhalb der Tradition, mit der wir uns befassen. Damit kann die mittelalterliche Ordnung die heroischen Tugenden nicht zurückweisen. Treue gegenüber der Familie und den Freunden, der Mut, der erforderlich ist, das Hauswesen oder ein kriegerisches Unternehmen aufrechtzuerhalten, und eine Frömmigkeit, die die moralischen Grenzen und Vorgaben der kosmischen Ordnung hinnimmt, sind zentrale Tugenden, die zum Teil im Sinne von Institutionen wie dem Rachekodex in den Sagas definiert werden.

Im frühmittelalterlichen deutschen Recht zum Beispiel ist Mord nur dann ein Verbrechen, wenn es sich um das heimliche Töten einer nicht identifizierten Person handelt. Wenn eine bekannte Person eine andere bekannte Person tötet, wird nicht das Strafrecht als angemessene Reaktion betrachtet, sondern die Rache durch einen Verwandten. Und diese Unterscheidung zwischen zwei Arten des Tötens scheint in England bis zur Herrschaft Edwards I. überlebt zu haben. Und dies ist nicht allein ein rechtlicher Punkt, der im Widerspruch zu moralischen Grundsätzen steht. Die Moralisierung der mittelalterlichen Gesellschaft besteht gerade in der Schaffung von allgemeinen Kategorien von Recht und Unrecht und allgemeinen Modi zum Verständnis von Recht und Unrecht – und damit einem Gesetzeskodex –, die die besonderen Bande und Brüche eines älteren Heidentums ersetzen könnten. Rückblickend betrachtet kommen Gottesurteile vielen modernen Autoren abergläubisch vor; aber als das Gottesurteil eingeführt wurde, hatte es auch die Aufgabe, Verfehlungen im privaten und lokalen Leben auf eine ganz neue Art in einen öffentlichen und kosmischen Kontext zu stellen.

Als daher im 12. Jahrhundert die Frage des Verhältnisses zwischen heidnischen und christlichen Tugenden von Theologen und Philosophen explizit gestellt wird, ist sie weit mehr als eine theoretische Frage. Es war tatsächlich die Wiederentdeckung klassischer Texte, und zwar in einer seltsamen Zusammenstellung – Macrobius Theodosius, Cicero, Vergil –, die das theoretische Problem erstmals aufwarf. Aber das Heidentum, mit dem Gelehrte wie Johann von Salisbury und Petrus Abaelard oder William von Conches rangen, lag zum Teil in ihnen selbst und ihrer eigenen Gesellschaft, wenn auch in einer ganz anderen Form als der der antiken Welt. Darüber hinaus mußten die Lösungen, die sie vortrugen, nicht nur in einen Lehrplan für die Domschulen oder die Klosterschulen übertragen werden, sondern auch für die Universitäten. Einige der Gelehrten wurden sogar die Lehrer der Mächtigen: Thomas Becket studierte in

Paris, als Abaelard dort lehrte, und William von Conches war der Erzieher Heinrichs II. von England. Es könnte William von Conches gewesen sein, der das *Moralium Dogma Philosophorum* geschrieben hat, ein Lehrbuch, das überwiegend auf Ciceros *De Officiis* zurückgeht, aber auch auf einige andere klassische Schriftsteller.

Diese Übernahme der klassischen Tradition, wenn auch in so lücken- und bruchstückhaft wiederentdeckter Form, war eine Bewegung, die in striktem Gegensatz zu der Form der christlichen Lehre stand, die im Mittelalter unterschiedlich einflußreich war, alle heidnischen Lehren als Teufelswerk abtat und in der Bibel einen für alles brauchbaren Führer suchte. Luther war tatsächlich Erbe *dieser* mittelalterlichen Tradition. Aber ihre negativen Zurückweisungen ließen das Problem der Gestaltung des christlichen Lebens in der Welt des 12. Jahrhunderts oder in einer anderen bestimmten sozialen Welt ungelöst. Das Problem ist die Übersetzung der Botschaft der Bibel in besondere und detaillierte Unterscheidungen unter zeitgenössischen Alternativen, und für diese Aufgabe braucht man Formen von Begriffen und Untersuchungen, die die Bibel selbst nicht bietet. Es gibt natürlich Zeiten und Orte, wo die Angebote der zeitgenössischen säkularen Welt nichts anderes verdienen als völlige Ablehnung, die Art von Ablehnung, mit der jüdische und christliche Gemeinden im Römischen Reich der Forderung begegnen mußten, den Kaiser zu verehren. Das sind die Augenblicke des Märtyrertums. Aber für lange Zeiträume der Geschichte des Christentums ist dieses totale Entweder-Oder nicht die Wahl, vor die die Welt die Kirche stellt; der Christ muß nicht lernen wie ein Märtyrer zu sterben, sondern wie eine Beziehung zu den Formen des Alltagslebens hergestellt werden kann. Für die Autoren des 12. Jahrhunderts stellt sich diese Frage in Gestalt der Tugenden. Wie soll die Ausübung der vier Kardinaltugenden Gerechtigkeit, Weisheit, Tapferkeit und Besonnenheit verbunden werden mit der der theologischen Tugenden Glaube, Hoffnung und Liebe? Bereits um 1300 findet sich diese Einteilung der Tugenden bei volkssprachlichen wie lateinischen Autoren.

In der *Ethik* Abaelards, die um 1138 geschrieben wurde, wird zur Beantwortung dieser Frage die wesentliche Unterscheidung zwischen Untugend und Sünde getroffen. Was Abaelard für die aristotelische Definition einer Tugend hielt – vermittelt durch Boethius –, wird genutzt, um eine entsprechende Definition einer Untugend zu entwickeln. An anderer Stelle, in Abaelards *Dialogus inter philosophum, Iudaeum et Christianum,* führt der Philosoph, der die Stimme der antiken Welt darstellt, die Kardinaltugenden in der Terminologie des Cicero, nicht des Aristoteles, auf und definiert sie. Abaelard wirft dem Philosophen nicht nur oder nur grundsätzlich positive Irrtümer vor; er hebt vielmehr Irrtümer durch Auslassungen in den heidnischen moralischen Ansichten hervor, die Unvollständigkeit der heidnischen Darstellung der Tugenden selbst bei den besten ihrer Vertreter. Diese Unvollständigkeit ist der inadäquaten Vorstellung des Philosophen vom höchsten Gut wie auch seinen Überzeugungen über die Beziehung des menschlichen Willens zu Gut und Böse zuzuschreiben. Aber gerade letzteres will Abaelard hervorheben.

Das Christentum verlangt nicht nur eine Vorstellung von charakterlichen Mängeln oder Untugenden, sondern von Übertretungen des göttlichen Gesetzes, von Sünden. Der Charakter des einzelnen kann zu einem bestimmten Zeitpunkt eine Mischung aus Tugenden und Untugenden sein, und diese Disposition zeichnet dem Willen vor, die eine oder andere Richtung einzuschlagen. Aber es steht dem Willen jederzeit frei, diesen Impulsen zu folgen oder sich ihnen zu widersetzen. Selbst das Vorhandensein einer Untugend führt nicht zwangsläufig zur Ausführung einer besonders schlechten Handlung. Alles dreht sich um den Charakter des inneren Willensaktes. Der Charakter, Tummelplatz der Tugenden und Untugenden, wird daher zu einem weiteren Umstand außerhalb des Willens. Der wahre Schauplatz der Moral ist der des Willens, und nur des Willens.

Die Verinnerlichung des moralischen Lebens mit ihrer Betonung von Wille und Gesetz greift nicht nur auf bestimmte Stellen des Neuen Testaments zurück, sondern auch auf den Stoizismus. Es lohnt sich, auf diese stoischen Wurzeln einzugehen, um die Spannung zwischen einer Ethik der Tugenden und einer bestimmten Ethik des Rechts deutlich machen zu können.

Anders als in aristotelischer ist *aretē* in stoischer Sicht im wesentlichen singulärer Ausdruck und ihr Besitz durch ein Individuum eine Frage des Alles oder Nichts; entweder besitzt jemand jene Vollkommenheit, die die *aretē* (*virtus* und *honestas* sind die im Lateinischen gebräuchlichen Übersetzungen) verlangt oder nicht. Mit Tugenden besitzt man moralischen Wert, ohne sie ist man moralisch wertlos. Zwischenstufen gibt es nicht. Da Tugend ein richtiges Urteil erfordert, ist ein guter Mensch in stoischer Sicht auch ein weiser Mensch. Aber seine Handlungen sind nicht notwendigerweise erfolgreich oder effektiv. Das zu tun, was richtig ist, muß nicht unbedingt Vergnügen oder Glück, körperliche Gesundheit, weltlichen oder auch anderen Erfolg erbringen. Keine unter ihnen sind wirkliche Güter, sie sind nur insofern Güter, als sie richtiges Handeln eines Handelnden mit richtig gestaltetem Willen unterstützen. Nur ein solcher Wille ist unbedingt gut. Der Stoizismus gab daher alle Vorstellungen von einem Telos auf.

Der Maßstab, dem ein richtig handelnder Wille genügen muß, ist das Recht, das in der Natur selbst verkörpert ist, die kosmische Ordnung. Tugend bedeutet also Anpassung an das kosmische Gesetz sowohl durch innere Disposition wie durch äußeres Handeln. Dieses Gesetz ist für alle rationalen Menschen gleich; es hat nichts zu tun mit lokalen Besonderheiten oder Umständen. Der gute Mensch ist ein Bürger des Universums; seine Beziehung zu allen anderen Kollektiven, zu Stadt, Königreich oder Imperium, ist sekundär und zufällig. Der Stoizismus fordert uns also auf, uns *gegen* die Welt der physischen und politischen Verhältnisse zu stellen, während er gleichzeitig von uns verlangt, in Übereinstimmung mit der Natur zu handeln. Es gibt an dieser Stelle Anzeichen eines Paradoxons, und sie täuschen nicht.

Denn auf der einen Seite findet die Tugend Zweck und Ziel außerhalb sich selbst; gut zu leben heißt, das göttliche Leben zu leben, nicht den persönlichen Zielen zu dienen, sondern der kosmischen Ordnung. Aber in jedem einzelnen Fall heißt das Richtige zu tun, ohne Blick auf meine späteren Ziele zu handeln; es heißt einfach, das zu tun, was das Richtige für einen selbst ist. Die Vielfalt der Tugenden und ihre teleologische Einordnung in das gute Leben – wie es Plato und Aristoteles und außer ihnen Sophokles und Homer verstanden hatten – verschwindet; ein einfacher Monismus der Tugenden tritt an ihre Stelle. Es überrascht nicht, daß die Stoiker und die späteren Anhänger des Aristoteles nie in argumentativem Frieden miteinander leben konnten.

Der Stoizismus ist natürlich nicht nur eine Episode der griechischen und römischen Kultur; er wird zum Vorbild für alle späteren europäischen Morallehren, die den Begriff des Rechts in den Mittelpunkt stellen, um Vorstellungen über die Tugenden abzulösen. Diese Gegenüberstellung wirkt überraschend angesichts meiner Diskussion im vorigen Kapitel über die Beziehung zwischen dem Teil der Moral, der aus negativen Verboten des Rechts besteht, und dem Teil, der die positiven Güter betrifft, zu denen uns die Tugenden führen; allerdings hat uns die anschließende Geschichte der Moral so vertraut damit gemacht, daß wir wahrscheinlich kaum noch überrascht sind. Bei der Behandlung der kurzen Anmerkungen zum Naturrecht bei Aristoteles habe ich angeführt, daß eine Gemeinschaft, die ihr Leben als auf ein gemeinsames Gut gerichtet versteht, das dieser Gemeinschaft ihre gemeinsamen Aufgaben gibt, ihr moralisches Leben sowohl im Sinne der Tugenden wie des Rechts ausrichten muß. Dies ist vielleicht ein Hinweis auf das, was dem Stoizismus widerfahren ist; denn unter der Voraussetzung, daß eine solche Form von Gemeinschaft verschwindet, in derselben Art und Weise, wie der Stadtstaat als Form des politischen Lebens zuerst durch das madekonische Königreich und später durch das Römische Imperium abgelöst wurde, würde jede vernünftige Beziehung zwischen Tugenden und Recht verschwinden. Es gäbe kein echtes gemeinsames Gut; die einzigen Güter wären die Güter der Individuen. Und das Streben nach *irgendeinem* persönlichen Gut, was unter diesen Umständen oft und zwangsläufig zu Kollisionen mit dem Gut anderer führt, widerspräche den Forderungen der Moral. Wenn ich mich also an das Gesetz halte, muß ich das eigene Selbst unterdrücken. Die Absicht des Gesetzes kann nicht die Erreichung eines Gutes jenseits des Gesetzes sein; deshalb scheint es jetzt kein solches Gut mehr zu geben.

Wenn ich darin recht habe, ist der Stoizismus eine Reaktion auf eine ganz bestimmte soziale und moralische Entwicklung, eine Form der Entwicklung, die auf verblüffende Weise einige Aspekte der Moderne vorwegnimmt. Wir sollten daher mit einem Wiederauftauchen des Stoizismus rechnen – und wir stoßen in der Tat darauf.

Wann immer die Tugenden anfangen, ihre zentrale Stellung zu verlieren, erscheinen sofort wieder stoische Denk- und Handlungsmuster. Der Stoizismus bleibt eine dauerhafte moralische Möglichkeit innerhalb der Kulturen des Westens. Daß er nicht das einzige oder gar wichtigste Vorbild jener Moralisten war, die später aus dem Begriff des Sittengesetzes die gesamte oder annähernd die gesamte Moral machen sollten, ist darauf zurückzuführen, daß eine andere, noch strengere Ethik des Rechts die Welt des Altertums verwandelte – die des Judentums. Natürlich, setzte sich das Judentum in der Gestalt des Christentums auf diese Weise durch. Aber diejenigen, die das Christentum wie Nietzsche und die Nazis als im wesentlichen jüdisch aufgefaßt haben, haben in ihrer Feindseligkeit eine Wahrheit erkannt, die vielen angeblichen Freunden des Christentums in der Moderne verborgen blieb. Denn die Thora bleibt das von Gott erlassene Gesetz im Neuen wie im Alten Testament; und aus der Sicht des Neuen Testaments ist Jesus als Messias, wie aus dem Konzil von Trient in einem Erlaß hervorgehoben wurde, Gesetzgeber und Gesetzesvermittler, dem wir Gehorsam schulden. »Wenn er nicht der Richter wäre«, so schreibt Karl Barth, und stimmt darin zumindest dieses eine Mal mit Trient überein, »wäre Er auch nicht der Erlöser« (*Kirchliche Dogmatik* IV 1, S. 216).

Wie kann dann eine Ethik des unnachgiebigen Gesetzes mit einer Vorstellung der Tugenden verbunden werden? Abaelards Rückzug in die Innerlichkeit ist aus der Sicht seiner Zeitgenossen eine Weigerung, sich den Aufgaben zu stellen, die den spezifischen Kontext ihrer Fragestellung liefern. Wie wir gesehen haben, war die äußere, soziale Welt aus der Sicht Abaelards lediglich eine Ansammlung unwesentlicher und zufälliger Umstände; aber für viele seiner Zeitgenossen definieren diese Umstände die moralische Aufgabe. Denn sie leben nicht in einer Gesellschaft, in der institutionelle Gegebenheiten als beinahe selbstverständlich angesehen werden können; im 12. Jahrhundert müssen Institutionen erst geschaffen werden. Es ist kein Zufall, daß sich Johann von Salisbury mit der Frage des Charakters eines Staatsmannes befaßt. Was im 12. Jahrhundert noch erfunden werden muß, ist eine institutionelle Ordnung, in der die Forderungen des göttlichen Gesetzes in einer weltlichen Gesellschaft außerhalb der Klöster leichter gehört und gelebt werden können. Die Frage der Tugenden wird damit unausweichlich: Welcher Mensch ist dazu imstande? Welche Erziehung kann einen solchen Menschen hervorbringen?

Vielleicht muß die Differenz zwischen Abaelard einerseits und zum Beispiel Alain de Lille andererseits im Sinne dieser Fragen verstanden werden. Alain, der in den 70er Jahren des 12. Jahrhunderts schreibt, sieht die heidnischen Autoren weniger als Vertreter eines rivalisierenden Moralsystems denn als Lieferanten von Quellen zur Beantwortung politischer Fragen. Die Tugenden, die die heidnischen Autoren behandeln, sind nützliche Eigenschaften, um eine irdische Sozialordnung zu schaffen und zu erhalten; Nächstenliebe kann sie in echte Tugenden verwandeln, deren Ausübung zum übernatürlichen und himmlischen Ziel des Menschen führt. Alain begründet damit eine Bewegung zur Vereinigung von antiker Philosophie und Neuem Testament. Seine Behandlung der Texte Platos und Ciceros nimmt die Verwendung von Passagen von Aristoteles durch Thomas von Aquin voraus, die erst gegen Ende des 12. und im 13. Jahrhundert zugänglich wurden; aber anders als Thomas von Aquin betont Alain den sozialen und politischen Gehalt der Tugenden.

Welches waren die politischen Probleme, deren Lösung die Anwendung der Tugenden erforderte? Es sind die Probleme einer Gesellschaft, in der sich eine zentrale und unparteiische Verwaltung des Rechtswesens, Universitäten und andere Mittel zur Erhaltung des Lernens, der Kultur und der Art von Höflichkeit, die charakteristischerweise zum städtischen Leben gehört, noch im Prozeß des Entstehens befinden. Die Institutionen, die dies einmal tragen werden, müssen größtenteils erst noch erfunden werden. Der kulturelle Raum, in dem sie werden existieren können, muß noch irgendwo zwischen den partikularistischen Forderungen der stark ausgeprägten lokalen, ländlichen Gemeinschaft, die droht, alles im Brauchtum und lokaler Macht zu absorbieren, und den universalen Ansprüchen der Kirche bestimmt werden. Die für diese Aufgabe verfügbaren Hilfsmittel sind bescheiden: Lehnseinrichtungen, klösterliche Disziplin, die lateinische Sprache, ursprünglich römische Vorstellungen von Ordnung und Recht und die neue Kultur der Renaissance des 12. Jahrhunderts: Wie kann so wenig Kultur in einem solchen Umfang Verhalten steuern und so viele Institutionen erfinden?

Ein Teil der Antworten lautet: durch den Aufbau von insgesamt und auf lange Sicht richtigen und eher konstruktiven als destruktiven Spannungen oder gar Konflikten zwischen Weltlichem und Geistlichem, Lokalem und Nationalem, Latein und Volkssprache, Stadt und Land. Im Kontext dieser Konflikte werden die moralische Erziehung weitergeführt und die Tugenden bewertet und neu definiert. Drei Aspekte dieses Prozesses müssen dadurch hervorgehoben werden, daß wir der Reihe nach die Tugenden der Treue und Gerechtigkeit, die kriegerischen und ritterlichen Tugenden und die Tugenden der Reinheit und Geduld betrachten.

Es ist leicht zu erkennen, daß Treue in der hierarchischen Ordnung einer feudalen Gesellschaft die zentrale Stellung einnehmen muß; ebenso leicht zu verstehen ist das Bedürfnis nach Gerechtigkeit in einer Gesellschaft mit einer bunten Vielfalt konkurrierender Ansprüche und naheliegender Unterdrückung. Aber Treue zu wem? Und Gerechtigkeit durch wen? Denken wir an den Konflikt zwischen Heinrich II. von England und Erzbischof Thomas Becket. Beide waren Männer voller Energie und Ungetüm. Beide standen für eine große Sache. Auch wenn es Heinrich in erster Linie darum ging, die königliche Macht zu vergrößern, erweiterte die Art, in der er das tat, ganz grundlegend die Herrschaft des Rechts und ersetzte Fehden, Selbstjustiz und lokales Gewohnheitsrecht durch ein stabileres, zentralisierteres, unparteiisches und gerechtes System aus Gerichten und Beamten, wie es vorher noch nie bestanden hatte. Dagegen verkörperte Becket mehr als die Manöver der kirchlichen Macht, so sehr ihn diese auch beherrschten. In die Selbstbehauptung der bischöflichen und päpstlichen Macht war der Anspruch eingebettet, daß das menschliche Recht der Schatten ist, den das göttliche Recht wirft, und daß die Institutionen des Rechts die Tugend der Gerechtigkeit verkörpern. Becket repräsentiert die Berufung auf einen absoluten Maßstab, der jenseits aller weltlichen und begrenzten Kodifizierungen liegt. In dieser mittelalterlichen Sicht gibt es ebenso wie in der antiken keinen Raum für die moderne liberale Unterscheidung zwischen Recht und Moral, und zwar aufgrund dessen, was das Königreich des Mittelalters mit der Polis nach Aristoteles gemein hat. Beide werden als Gemeinschaften begriffen, in denen die Menschen gemeinsam nach *dem* menschlichen Gut streben, und nicht nur als Schauplatz, auf dem jeder einzelne sein ganz persönliches Gut sucht – wofür sich der moderne liberale Staat hält.

Daraus folgt, daß der einzelne in weiten Teilen der antiken und mittelalterlichen Welt – wie auch in vielen anderen prämodernen Gesellschaften – durch einige seiner Rollen bestimmt und identifiziert wird, Rollen, die den einzelnen an die Gemeinschaften binden, in denen spezifisch menschliche Güter ausschließlich erlangt werden können; ich trete der Welt als Mitglied dieser Familie, dieses Hauswesens, dieser Sippe, dieses Stammes, dieser Stadt, dieser Nation, dieses Königreichs gegenüber. Es gibt kein anderes »Ich« getrennt davon. Darauf könnte erwidert werden: Aber was ist mit meiner unsterblichen Seele? In den Augen Gottes bin ich sicher ein Individuum, meinen Rollen vorgängig und von ihnen getrennt. Diese Erwiderung enthält ein Mißverständnis, das zum Teil auf eine Verwechslung des Platonischen Begriffs der Seele mit dem des katholischen Christentums zurückgeht. Für den Platoniker wie auch später für den Cartesianer muß die Seele, die jeder körperlichen und sozialen Existenz vorausgeht, eine Identität vor jeder sozialen Rolle haben; aber für den katholischen Christen sind Körper und Seele wie früher für den Aristoteliker nicht zwei miteinander verbundene Dinge. Ich bin mein Körper, und mein Körper ist sozial und wurde jenen Eltern in dieser Gemeinschaft mit einer besonderen sozialen Identität geboren. Einen Unterschied macht es für den katholischen Christen, daß ich, gleichgültig welcher irdischen Gemeinschaft ich angehöre, *auch* als Angehöriger einer ewigen himmlischen Gemeinschaft gelte, in der ich ebenfalls eine Rolle innehabe und die auf der Erde durch die Kirche vertreten wird. Selbstverständlich kann ich aus jeder dieser Gemeinschaften ausgeschlossen werden, kann von ihr abfallen oder meine Stellung darin auf andere Weise verlieren. Ich kann ein Verbannter, ein Fremder, ein

Wanderer werden. Auch dies sind zugeteilte soziale Rollen, in den Gemeinschaften der Antike wie des Mittelalters anerkannt. Aber ich habe immer als Teil einer geordneten Gemeinschaft das menschliche Gut zu suchen, und wenn Gemeinschaft so verstanden wird, sind der allein lebende Einsiedler und der Schäfer in den abgelegenen Bergen ebenso Mitglieder einer Gemeinschaft wie der Städter. Einsamkeit ist also nicht mehr das, was sie für Philoktet war. Der einzelne trägt seine Rollen in der Gemeinschaft als Teil der Definition seines Selbst bei sich, auch in der Abgeschiedenheit.

Als daher Heinrich II. und Becket aufeinandertrafen, hatte jeder im anderen nicht nur einen individuellen Willen zu erkennen, sondern ein Individuum, das Träger einer maßgeblichen Rolle war. Becket mußte anerkennen, was er dem König um der Gerechtigkeit willen schuldig war; und als der König 1164 einen Gehorsam von ihm verlangte, den er nicht geben konnte, war Becket einsichtig genug, die Rolle desjenigen einzunehmen, der den Märtyrertod sterben wird. Vorher wankte die weltliche Macht zumindest; es konnte niemand gefunden werden, der die Verwegenheit besessen hätte, dem Erzbischof das feindliche Urteil des königlichen Gerichtshofes zu überbringen. Als Heinrich schließlich Beckets Tod veranlaßte, konnte er sich am Ende nicht der Notwendigkeit entziehen, Buße zu tun, und mit Buße meine ich etwas mehr und etwas anderes als das, was für seine Aussöhnung mit Papst Alexander III. erforderlich war. Denn über ein Jahr vor dieser Aussöhnung, unmittelbar nachdem er von Beckets Tod erfuhr, zog er sich in sein Zimmer zurück, ging in Sack und Asche und fastete; und zwei Jahre danach tat er in Canterbury öffentlich Buße und wurde von den Mönchen gezüchtigt. Heinrichs Streit mit Becket fand in einem allgemein anerkannten Rahmen einer weitgehenden Übereinstimmung über menschliche und göttliche Gerechtigkeit statt. Heinrichs Streit mit Becket war nur aufgrund ihrer tiefen Übereinstimmung über das möglich, was Gewinnen und Verlieren für Gegner bedeutet, deren vergangene Geschichte sie an diesen Punkt gebracht hatte und die den Rang von König und Erzbischof innehatten. Als Becket daher in eine Position gezwungen wurde, in der er wirkungsvoll die Rolle des Märtyrers übernehmen konnte, waren er und Heinrich über die Kriterien, die Bedeutung und die Folgen des Märtyrertodes der gleichen Ansicht.

Es gibt somit einen entscheidenden Unterschied zwischen diesem Streit und dem späteren zwischen Heinrich VIII. und Thomas More, bei dem gerade umstritten ist, wie Ereignisse zu interpretieren sind. Heinrich II. und Thomas Becket leben in derselben Erzählstruktur; Heinrich VIII. und Thomas Cromwell einerseits und Thomas More und Reginald Pole andererseits leben in rivalisierenden Begriffswelten und geben, als sie handeln und nachdem sie gehandelt haben, unterschiedliche und unvereinbare Geschichten über das, was sie tun, wieder. Im mittelalterlichen Streit kommt die Übereinstimmung im narrativen Verständnis auch in der Übereinstimmung über Tugenden und Untugenden zum Ausdruck; im Tudor-Streit ist dieser Rahmen mittelalterlicher Übereinstimmung bereits verlorengegangen. Und gerade diesen Rahmen versuchten die Aristoteliker des Mittelalters zu artikulieren.

Dabei mußten sie natürlich Tugenden anerkennen, von denen Aristoteles nichts wußte. Eine von ihnen verdient besondere Beachtung. Es ist die theologische Tugend der Nächstenliebe. Aristoteles war bei der Betrachtung des Wesens der Freundschaft zu dem Schluß gekommen, daß ein guter Mensch nicht der Freund eines schlechten Menschen sein könne; und da das Band wahrer Freundschaft eine gemeinsame Treueverpflichtung gegenüber dem Guten darstellt, überrascht dies nicht. Aber im Mittelpunkt der biblischen Religion steht die Vorstellung einer Liebe zu denen, die sündigen. Was läßt das Universum des Aristoteles aus, daß der Begriff einer solchen Liebe darin undenkbar ist? Im Verlauf des Versuchs, die Beziehungen einer Moral der Tugenden zu einer Moral des Rechts zu verstehen, habe ich weiter oben angemerkt, daß der Kontext, der vorhanden sein mußte, damit diese Beziehung verstandesmäßig faßbar wird, in einer Form von Gemeinschaft bestand, die durch das gemeinsame Vorhaben gebildet wurde, ein gemeinsames Gut zu erlangen; damit verbunden war die Anerkennung sowohl mehrerer Arten von Charaktereigenschaften, die zur Erlangung dieses Gutes – der Tugenden – führen, als auch mehrerer Arten von Handlungen, die die Beziehungen verletzen, die in einer solchen Gemeinschaftsform erforderlich sind – die Vergehen, die das Gesetz der Gemeinschaft verfolgen muß. Die angemessene Reaktion auf letzteres war die Strafe, und so reagieren menschliche Gesellschaften allgemein auf solche Arten von Handlungen. Aber im Kulturkreis der Bibel wurde im Gegensatz zu dem des Aristoteles eine alternative Reaktion möglich, die der Vergebung.

Was ist die Voraussetzung für Vergebung? Sie verlangt, daß der Übeltäter das Urteil des Gesetzes über sein Handeln bereits als gerecht hinnimmt und sich wie jemand verhält, der die Gerechtigkeit der entsprechenden Strafe anerkennt; daher die gemeinsame Wurzel der Worte »Buße« und »Strafe« im Englischen (*penance* und *punishment*). Dem

Übeltäter kann dann vergeben werden, wenn es derjenige, der das Unrecht erleiden mußte, so wünscht. Die Anwendung von Vergebung setzt die Anwendung von Gerechtigkeit voraus, aber darin liegt der entscheidende Unterschied. Recht wird normalerweise durch einen Richter gesprochen, eine neutrale Autorität, die die gesamte Gemeinschaft vertritt; aber Vergebung kann nur durch die verletzte Partei gewährt werden. Die Tugend, die in der Vergebung zum Ausdruck kommt, ist die Nächstenliebe. Es gibt im Griechischen des Aristoteles kein Wort, um die Begriffe »Sünde«, »Reue« oder »Nächstenliebe« exakt zu übersetzen.

Vom Standpunkt der Bibel aus ist Nächstenliebe natürlich nicht nur eine weitere Tugend, die dem Katalog hinzuzufügen ist. Ihre Übernahme verändert die Vorstellung des Guten für den Menschen auf drastische Weise; denn die Gemeinschaft, in der das Gute erlangt wird, muß eine Gemeinschaft der Versöhnung sein. Sie ist somit eine Gemeinschaft mit einer Geschichte besonderer Art. Bei der Erörterung der Vorstellung und Rolle der Tugenden in heroischen Gesellschaften habe ich die Verbindung zwischen Vorstellung und Rolle einerseits und der Art hervorgehoben, in der das menschliche Leben als Verkörperung einer bestimmten narrativen Struktur verstanden wird. Es ist jetzt versuchsweise möglich, diese These zu verallgemeinern. Jede besondere Sicht der Tugenden ist mit einer besonderen Vorstellung der narrativen Struktur oder Strukturen des menschlichen Lebens verbunden. Im System des Hochmittelalters ist die Erzählung einer Suche oder Reise eine zentrale Gattung. Der Mensch ist grundsätzlich *in via,* unterwegs. Das Ziel, das er sucht, kann bei seiner Erreichung all das wiedergutmachen, was bis zu diesem Zeitpunkt schlecht in seinem Leben war. Diese Vorstellung vom Ziel des Menschen ist natürlich auf zumindest zwei entscheidende Arten nicht aristotelisch.

Erstens ist das Telos des menschlichen Lebens bei Aristoteles *ein Leben einer bestimmten Art;* das Telos ist nicht für einen zukünftigen Zeitpunkt anzustreben, sondern liegt in der Art und Weise, wie unser ganzes Leben aufgebaut ist. Es trifft zwar zu, daß das gute Leben, welches das Telos ist, in der Kontemplation des Göttlichen seinen Höhepunkt erreicht, und daß sich das gute Leben daher für Aristoteles wie für die Menschen des Mittelalters auf einen Höhepunkt zubewegt. Dennoch ist – wenn Gelehrte wie J.L. Ackrill recht haben (S. 16-18) – Aristoteles' Erörterung der Stellung der Kontemplation nach wie vor innerhalb einer Darstellung des guten Lebens als Ganzem angesiedelt, in dem zum jeweils maßgeblichen Zeitpunkt verschiedene vortreffliche menschliche Leistungen erbracht werden müssen. Aus diesem Grund hat die Vorstellung der schließlichen Sühne eines fast vollständig sündigen Lebens im System des Aristoteles keinen Platz; die Geschichte vom Dieb am Kreuz ist in aristotelischem Sinne unverständlich. Und das ist sie, weil Nächstenliebe für Aristoteles keine Tugend darstellt. Zweitens erfordert die Vorstellung des menschlichen Lebens als Suche oder Reise, bei der man auf verschiedene Formen des Übels trifft und es überwindet, einen Begriff des Übels, der bei Aristoteles bestenfalls andeutungsweise vorkommt. Untugendhaft zu sein bedeutet in der Sicht von Aristoteles das Scheitern, tugendhaft zu sein. Alles charakterlich Schlechte ist ein Mangel, ein Verlust. Es bereitet daher große Schwierigkeiten, in aristotelischen Kategorien zwischen dem *Scheitern, gut zu sein* einerseits und dem *positiven Übel* andererseits zu unterscheiden, zwischen dem Charakter eines Heinrichs II. und dem eines Gilles de Retz, oder dem in uns, das das eine oder das andere sein kann. Dieser Dimension des Übels mußte sich Augustinus auf eine Weise stellen, wie Aristoteles dies nicht mußte. Augustinus folgte der neuplatonischen Tradition und verstand alles Übel als Verlust des Guten; aber er sieht das Übel in der menschlichen Natur in der Zustimmung des Willens zum Übel, eine Zustimmung, die jeder einzelnen expliziten Wahl vorausgeht, weil sie von ihr vorausgesetzt wird. Das Übel ist auf die eine oder andere Weise so, und der menschliche Wille ist auf die eine oder andere Weise so, daß der Wille seine Freude am Übel haben kann. Das Übel kommt in der Verachtung des göttlichen Gesetzes und des menschlichen Gesetzes – soweit es der Spiegel des göttlichen Gesetzes ist – zum Ausdruck; denn die Zustimmung zum Übel ist der Wunsch, gegen das Gesetz zu verstoßen.

Die Erzählung, in der das menschliche Leben verkörpert wird, hat daher eine Form, in der dem Subjekt – das eine oder mehrere Einzelpersonen sein kann, oder etwa das Volk von Israel oder die Bürger von Rom – eine Aufgabe gestellt wird, in deren Erfüllung seine besondere Art der Aneignung des menschlichen Gutes liegt; der Weg zur Erfüllung dieser Aufgabe wird von einer Vielzahl innerer und äußerer Übel versperrt. Die Tugenden sind Eigenschaften, die es möglich machen, diese Übel zu überwinden und die Aufgabe zu erfüllen, die Reise zu beenden. Obwohl die Vorstellung der Tugenden folglich teleologisch bleibt, unterscheidet sie sich doch stark von der des Aristoteles durch und über das christliche und augustinische Verständnis des Übels hinaus auf wenigstens zwei wesentliche Arten.

Erstens geht Aristoteles von der Möglichkeit aus, daß die Erreichung des menschlichen Gutes – *eudaimonía* – durch äußeres Mißgeschick vereitelt werden kann. Die Tugenden, die er anerkennt, versetzen einen in die Lage, weitgehend mit Widrigkeiten fertig zu werden, aber ein großes Unglück wie das des Priamos schließt einen von der *eudaimonía* aus – was auch Häßlichkeit, geringe Geburt und Kinderlosigkeit tun. In der Sicht des Mittelalters zählt dagegen nicht nur der Glaube, daß kein menschliches Wesen durch solche Eigenschaften vom menschlichen Gut ausgeschlossen ist, sondern auch der Glaube, daß uns kein wie immer geartetes Unglück, das uns widerfahren kann, auszuschließen braucht, wenn wir nicht seine Komplizen werden.

Zweitens ist das mittelalterliche Bild auf eine Weise historisch, wie es Aristoteles nicht sein konnte. Es stellt unser Streben nach dem Guten nicht nur in einen spezifischen Kontext – Aristoteles siedelt dieses Streben innerhalb der Polis an –, sondern auch in einen Kontext, der selbst eine Geschichte hat. Sich auf das Gute zuzubewegen bedeutet, sich in der Zeit zu bewegen, und diese Bewegung beinhaltet vielleicht selbst ein neues Verständnis dessen, was es heißt, sich auf das Gute zuzubewegen. Moderne Historiker des Mittelalters betonen häufig die Schwäche und Unzulänglichkeit der mittelalterlichen Geschichtsschreibung; und die Erzählungen, die die wichtigsten Schriftsteller gebrauchen, um die Reise zu schildern, für die sie das Leben des Menschen halten, sind fiktiv und allegorisch. Aber das liegt zum Teil daran, daß die mittelalterlichen Denker das grundlegende historische Schema der Bibel für ein System hielten, auf das sie sich sicher verlassen konnten. Ihnen fehlte in der Tat eine Vorstellung von Geschichte als Heraufbeschwörung eines ständigen Entdeckens und Neuentdeckens dessen, was Geschichte ist; aber dadurch fehlte ihnen keineswegs eine historische Vorstellung des menschlichen Lebens.

Demnach sind Tugenden in dieser mittelalterlichen Sicht jene Eigenschaften, die den Menschen in die Lage versetzen, das Übel auf seiner geschichtlichen Reise zu überstehen. Ich habe schon darauf hingewiesen, daß mittelalterliche Gesellschaften im allgemeinen Gesellschaften waren, in denen Konflikte, Gesetzlosigkeit und eine bunte Vielfalt herrschten. John Gardner schrieb über den Kreis um Johann von Gent, den vierten Sohn Edwards III. von England: »Was sie sich von ihrer Welt erhofften, waren Recht und Ordnung, eine starke und unangefochtene Monarchie, ›der eine Wille, der die vielen faßt‹, um mit Dante zu reden; was sie überall um sich her sahen und zutiefst verabscheuten, waren Instabilität, verfälschte Werte, endlose Kämpfe, eine närrische Vermischung von

Hoch und Nieder, nicht Einheit, sondern Zersplitterung – was Chaucer in seiner glänzenden Ausarbeitung eines Gedichts von Boethius als kosmische Unzucht beschreiben würde.« (Gardner 1977, S. 227) Dieser Abschnitt läßt auf eine allgemeine Mehrdeutigkeit in der mittelalterlichen Sicht des moralischen Lebens schließen.

Einerseits ist dieses Leben durchdrungen von einer idealisierten Sicht der Welt als einer in sich geschlossenen Ordnung, in der das Zeitliche das Ewige spiegelt. Jedes Ding nimmt den ihm zustehenden Platz in der Ordnung der Dinge ein. Diese intellektuelle Vorstellung eines totalen Systems findet ihren höchsten Ausdruck bei Dante und Thomas von Aquin, aber auch ein großer Teil des normalen mittelalterlichen Denkens strebt beständig danach. Aber gerade das mittelalterliche Denken, vom mittelalterlichen Leben ganz zu schweigen, hat Schwierigkeiten, vollkommen systematisch zu sein. Es besteht nicht nur das Problem, den feudalen Gedanken mit seiner Erbschaft aus dem Heroischen und dem Christlichen in Übereinstimmung zu bringen, es gibt auch noch die Spannung zwischen der Bibel und Aristoteles. In seiner Abhandlung über die Tugenden teilt sie Thomas von Aquin, wie es üblich geworden war, in die Kardinaltugenden (Weisheit, Gerechtigkeit, Besonnenheit, Tapferkeit) und die Trias der theologischen Tugenden ein. Aber was ist dann zum Beispiel mit der Geduld? Thomas von Aquin zitiert aus dem Brief von Jakobus: »Die Geduld aber soll ihr Werk tun bis ans Ende« (Jakobus 1,4), und überlegt, ob deshalb Geduld nicht als Haupttugend aufgenommen werden sollte. Aber dann wird Cicero gegen Jakobus angeführt, und es wird argumentiert, daß alle anderen Tugenden in den vier Kardinaltugenden enthalten seien. Aber wenn dem so ist, kann Thomas von Aquin mit den lateinischen Namen der Kardinaltugenden selbstverständlich nicht genau dasselbe wie Aristoteles mit ihren griechischen Entsprechungen meinen, denn eine oder mehrere der Kardinaltugenden müssen sowohl Geduld enthalten wie auch eine andere biblische Tugend, die Thomas von Aquin explizit anerkennt, nämlich Demut. Doch an der einzigen Stelle der Aristotelischen Darstellung der Tugenden, wo etwas Ähnliches wie Demut erwähnt wird, geschieht dies als Untugend, und Geduld wird von Aristoteles überhaupt nicht erwähnt.

Aber selbst das zeigt die Weite und Vielfalt noch unvollkommen, die sich in mittelalterlichen Traktaten über die Tugenden finden. Als Giotto in Padua die Tugenden und Untugenden darstellte, tat er dies paarweise, und die Paare lassen in ihrer ursprünglichen und phantastischen Form der bildlichen Darstellung vermuten, daß eine neue Art der Abbildung vielleicht selbst eine Form des Umdenkens ist; und Berenson argumentierte, daß Giotto in seinen Fresken solcher Untugenden wie dem Geiz und der Ungerechtigkeit die Frage beantwortete, welche hervorstechenden Merkmale das Erscheinungsbild eines Menschen hat, der ausschließlich von diesen Untugenden beherrscht wird. Seine bildlichen Antworten zeigen eine Sicht der Untugenden, die sich einerseits mit dem aristotelischen System auseinanderzusetzen scheint und es andererseits voraussetzt. Ein schlagenderer Beweis für die Heterogenität des mittelalterlichen Denkens läßt sich kaum anführen.

Selbst eine ideelle Synthese ist daher einigermaßen unsicher. Die Übertragung der Tugenden in der mittelalterlichen Praxis auf die Konflikte und Übel des mittelalterlichen Lebens bewirkt unter verschiedenen Umständen völlig verschiedene Perspektiven der Rangordnung der Tugenden. Geduld und Reinheit können tatsächlich sehr wichtig werden. Die Reinheit ist von besonderer Bedeutung, denn die mittelalterliche Welt ist eine Welt, die erkennt, wie leicht das Verständnis der Vorstellung eines höchsten Gutes durch weltliche Ablenkung verloren gehen kann; auch die Geduld ist wesentlich, weil sie die Tugend der Ausdauer angesichts des Übels ist. Ein englischer Dichter aus dem 14. Jahrhundert, der sich mit diesen Themen beschäftigt, schrieb ein Gedicht, *Pearl,* in dem ein Mann, dem im Traum der Geist seiner toten Tochter begegnet, entdeckt, daß er sie mehr liebt als Gott, und ein anderes, *Patience,* in dem Jonas zunächst betrübt darüber ist, daß Gott die Zerstörung Ninives hinausschiebt, weil die Verzögerung Zweifel an den Prophezeiungen von Jonas aufkommen läßt; doch er muß erkennen, daß diese verderbte Welt überhaupt nur deshalb weiterbestehen darf, weil Gott geduldig und schwer zu erzürnen ist. Das mittelalterliche Bewußtsein erkennt, daß sein Halt in die Vorstellung des höchsten Gutes immer unsicher und bedroht ist. Die mittelalterliche Welt ist somit eine Welt, in der nicht nur das System der Tugenden über die aristotelische Perspektive hinaus ausgeweitet wird, sondern in der vor allem die Verbindung zwischen dem eindeutig narrativen Element des menschlichen Lebens und dem Wesen der Untugenden in den Vordergrund des Bewußtseins rückt, und das nicht nur im biblischen Sinne.

An dieser Stelle ist daher eine entscheidende Frage zu stellen. Wenn so viele Punkte der mittelalterlichen Theorie und Praxis im Gegensatz zu bestimmten zentralen Thesen von Aristoteles stehen, in welchem Sinn waren dann diese Theorie und Praxis aristotelisch – so sie es überhaupt waren? Oder um den gleichen Sachverhalt anders auszudrücken: macht meine Darstellung des mittelalterlichen Denkens über die Tugenden einen strengen Aristoteliker wie Thomas von Aquin nicht zu einer höchst inkonformen mittelalterlichen Gestalt? Das tut sie tatsächlich. Und es lohnt sich, einige zentrale Merkmale der Abhandlung über die Tugenden von Thomas von Aquin herauszugreifen, die ihn ganz unerwartet zur Randfigur in der Geschichte machen, die ich schreibe. Das soll keineswegs die Bedeutung Thomas von Aquins als Interpret von Aristoteles schmälern; seine Kommentare zur *Nikomachischen Ethik* sind nie übertroffen worden. Aber an einigen Schlüsselstellen übernimmt Thomas von Aquin eine Art der Behandlung der Tugenden, die fragwürdig ist.

Da ist zunächst einmal sein umfassendes Klassifikationssystem, das ich schon angesprochen habe. Thomas von Aquin legt die Auflistung der Tugenden in Form eines erschöpfenden und konsistenten Klassifikationssystems vor. Derart umfangreiche Klassifikationssysteme sollten immer unser Mißtrauen erregen. Ein Linné oder Mendelejew haben vielleicht tatsächlich aufgrund einer bestechenden Eingebung eine Systematisierung des empirischen Materials gefunden, die später von einer Theorie bestätigt wurde; aber wo unser Wissen wirklich empirisch ist, müssen wir aufpassen, daß das, was wir empirisch gelernt haben, nicht mit dem vermengt wird, was aus der Theorie folgt, selbst wenn die Theorie richtig ist. Und ein großer Teil unseres Wissens über die Tugenden ist in dieser Weise empirisch: wir lernen, was für eine Art von Eigenschaft Ehrlichkeit oder Mut sind, wozu ihre Anwendung führt, welche Schwierigkeiten sie schaffen und welche sie vermeiden und anderes mehr in wesentlichen Teilen, nur dadurch, daß wir andere und uns selbst bei der Ausübung dieser Tugenden beobachten. Und da wir in den Tugenden unterrichtet werden müssen und die meisten von uns über weite Strecken unseres Lebens unvollständig und mangelhaft in ihnen ausgebildet werden, haftet der Art, wie unser Wissen über die Tugenden geordnet ist, zwangsläufig eine gewisse empirische Unsauberkeit an, vor allem über das Verhältnis der Anwendung jeder einzelnen zur Anwendung aller anderen. Angesichts dieser Überlegungen wirft die Klassifikation der Tugenden durch Thomas von Aquin und ihre konsequente Behandlung als Einheit Fragen auf, auf die wir in seinem Text keine Antwort finden.

Denn zum einen hat der theoretische Hintergrund seines Klassifikationssystems zwei Seiten: die eine ist die Wiederholung der Aristotelischen Kosmologie, und die andere ist spezifisch christlich und theologisch. Aber wir haben allen Grund, die Physik und Biologie von Aristoteles zu verwerfen, und der Teil der christlichen Theologie, der das wahre Ziel des Menschen betrifft und keine aristotelische Metaphysik ist, ist nach Thomas von Aquins eigener Darstellung eine Sache des Glaubens, nicht der Vernunft. Betrachten wir in diesem Licht die Behauptung Thomas von Aquins, daß ein echter moralischer Konflikt stets auf einige frühere falsche Handlungen unsererseits zurückgeht. Das ist sicher *eine* Quelle des Konflikts. Aber trifft sie auch für Antigone und Kreon, Odysseus und Philoktet oder gar Ödipus zu? Trifft sie auf Heinrich II. und Thomas Becket zu? Denn wir müssen uns vor Augen führen, daß unter der Voraussetzung der annähernden Richtigkeit meiner Darstellung dieser Situationen jeder dieser Konflikte ebensogut *innerhalb* eines Individuums wie zwischen Individuen bestehen könnte.

Der Standpunkt Thomas von Aquins schließt ebenso wie Aristoteles die Tragödie aus, die nicht das Ergebnis menschlicher Mängel, von Sünde oder Irrtum ist. Und dies ist, anders als bei Aristoteles, das Ergebnis einer Theologie, die davon ausgeht, daß die Welt und der Mensch bei der Erschaffung gut waren und nur als Folge von Handlungen des menschlichen Willens Fehler bekommen. Wenn eine solche Theologie mit einer aristotelischen Darstellung des Wissens über die natürliche Welt verbunden wird, erfordert sie eine *scientia* sowohl der physischen wie der moralischen Ordnung, eine Form des Wissens, in der jedes Ding in eine deduktive Hierarchie eingeordnet werden kann, in der der höchste Rang von mehreren Grundprinzipien eingenommen wird, deren Wahrheit mit Sicherheit angenommen werden kann. Doch es stellt sich ein Problem für jeden, der diese aristotelische Sicht des Wissens teilt, ein Problem, das schon viele Kommentatoren beschäftigt hat. Denn nach Aristoteles' eigener Darstellung sind die Verallgemeinerungen der Politik und der Ethik nicht von der Art, daß sie in eine solche deduktive Darstellung passen. Sie gelten nicht notwendigerweise und universell, sondern nur *hōs epì to polý,* allgemein und meistens. Aber wenn das zutrifft, sollten wir weder erwarten, noch wünschen, die Art von Darstellung der Tugenden geben zu können, die Thomas von Aquin uns gibt.

Was hier auf dem Spiel steht, ist sowohl moralisch wie epistemologisch. P.T. Geach, ein zumindest in diesem Punkt zeitgenössischer Anhänger Thomas von Aquins, hat das Problem der Einheit der Tugenden wie folgt dargestellt (Geach 1977). Nehmen wir an, es wird behauptet, daß jemand, dessen Ziele und Absichten grundsätzlich schlecht seien – ein ergebener und intelligenter Nazi beispielsweise –, die Tugend der

Tapferkeit besäße. Wir sollten eigentlich darauf erwidern, meint Geach, daß es entweder keine Tapferkeit war, die er besaß, oder daß Tapferkeit in diesem Fall keine Tugend ist. Eine Antwort dieser Art muß in jedem Fall von jemandem gegeben werden, der eine ähnliche Ansicht über die Einheit der Tugenden vertritt wie Thomas von Aquin. Was ist daran falsch?

Überlegen wir, was in einer moralischen Umerziehung eines solchen Nazis impliziert wäre und was tatsächlich impliziert war: es gäbe viele Untugenden, die er vergessen, und viele Tugenden, die er erlernen müßte. Bescheidenheit und Nächstenliebe wären größtenteils, wenn nicht völlig neu für ihn. Aber entscheidend ist, daß er nicht vergessen oder neu lernen müßte, was er über die Vermeidung von Feigheit und Unbeherrschtheit angesichts von Leid und Gefahr wüßte. Außerdem gäbe es, gerade weil ein solcher Nazi nicht ohne Tugenden wäre, einen moralischen Anknüpfungspunkt zwischen ihm und denen, die die Aufgabe hätten, ihn umzuerziehen, es gäbe etwas, auf das man bauen könnte. Die Verleugnung des Umstandes, daß ein solcher Nazi tapfer und seine Tapferkeit eine Tugend wäre, verwischt den Unterschied zwischen dem, was eine moralische Umerziehung eines solchen Menschen erfordert, und was nicht. Ich meine daher, daß die Position des Aristotelismus einen schweren Mangel aufwiese, wenn jede Version des moralischen Aristotelismus notwendigerweise mit einer starken These über die Einheit der Tugenden verbunden wäre (wie nicht nur Thomas von Aquin, sondern auch Aristoteles selbst es waren).

Es ist daher wichtig zu betonen, daß Thomas von Aquins Version der Tugenden bei Aristoteles nicht die einzig mögliche Version ist, und daß Thomas von Aquin ein untypischer mittelalterlicher Denker ist, wenn auch der größte der mittelalterlichen Theoretiker. Und der Nachdruck, den ich selbst auf die Vielfalt und Ungereimtheiten des mittelalterlichen Umgangs mit Aristoteles, der Erweiterungen seines Werks und der Zusätze dazu gelegt habe, ist wesentlich für das Verständnis, daß das mittelalterliche Denken nicht nur Teil der Tradition der moralischen Theorie und Praxis war, die ich beschreibe, sondern auch einen echten Fortschritt darstellte. Dennoch war der mittelalterliche Abschnitt in dieser Tradition in einem starken Sinn aristotelisch, und das nicht nur in seinen christlichen Fassungen. Als Maimonides auf die Frage stieß, warum Gott in der Thora so viele Feiertage festgelegt habe, antwortete er, das sei deshalb geschehen, weil Feiertage die Gelegenheit bieten würden, Freundschaften zu schließen und zu pflegen, und daß Aristoteles erklärt habe, daß die Tugend der Freundschaft das Band der menschlichen Gemeinschaft sei. Diese Verbindung einer biblischen, historischen Perspektive mit einer aristotelischen bei der Behandlung der Tugenden ist die einzigartige Leistung des Mittelalters in jüdischer, islamischer wie christlicher Sicht.

Kapitel 14
Das Wesen der Tugenden

Eine Antwort auf die Geschichte, die ich bisher wiedergegeben habe, könnte durchaus in der Anmerkung bestehen, daß es selbst innerhalb der vergleichsweise zusammenhängenden Tradition des Denkens, die ich skizziert habe, zu viele unterschiedliche und unvereinbare Vorstellungen von Tugend gibt, als daß es eine wirkliche Einheit des Begriffs oder der Geschichte geben könnte. Homer, Sophokles, Aristoteles, das Neue Testament und mittelalterliche Denker unterscheiden sich auf zu viele Arten voneinander. Sie legen verschiedene und unvereinbare Zusammenstellungen von Tugenden vor; sie weisen den verschiedenen Tugenden einen jeweils unterschiedlichen Stellenwert ihrer Bedeutung zu; und sie verfügen über unterschiedliche und unvereinbare Theorien der Tugenden. Würden wir auch spätere westliche Schriftsteller berücksichtigen, würde die Liste der Unterschiede und Unvereinbarkeiten noch länger; und wenn wir unsere Untersuchung beispielsweise auf Japan oder die Kulturen der Indianer ausdehnen würden, nähmen die Unterschiede noch weiter zu. Man würde nur zu schnell zu dem Schluß kommen, daß es eine Reihe konkurrierender und alternativer Vorstellungen der Tugenden gibt, aber keinen eigentlichen Kern dieser Vorstellung, auch nicht innerhalb der Tradition, die ich aufgezeigt habe.

Die Begründung einer solchen Schlußfolgerung könnte gar nicht besser aufgebaut werden als dadurch, daß mit einer Betrachtung der ganz unterschiedlichen Aufzählungen begonnen wird, die verschiedene Autoren zu verschiedenen Zeiten und an verschiedenen Orten ihren Tugendkatalogen zugrunde gelegt haben. Einige dieser Kataloge – von Homer, von Aristoteles und aus dem Neuen Testament – habe ich schon mehr oder weniger ausführlich behandelt. Ich möchte – auch auf die Gefahr einer gelegentlichen Wiederholung hin – einige ihrer Schlüsselmerkmale ins Gedächtnis zurückrufen und dann zum weiteren Vergleich die Tugendkataloge zweier späterer westlicher Autoren – Benjamin Franklin und Jane Austen – einführen.

Das erste Beispiel liefert Homer. Zumindest einige Punkte in einer homerischen Aufzählung der *aretaí* würden von den meisten von uns heute überhaupt nicht als Tugenden gewertet – die Körperkraft wäre das offenkundigste Beispiel. Darauf ließe sich entgegnen, daß wir vielleicht das bei Homer vorkommende Wort *aretḗ* nicht mit unserem Begriff »Tugend« übersetzen sollten, sondern mit unserem Wort »Vortrefflichkeit«; durch diese Übersetzung würde der offensichtlich überraschende Unterschied zwischen Homer und uns vielleicht zunächst einmal ausgeräumt. Denn wir könnten ohne weiteres zugestehen, daß der Besitz von Körperkraft der Besitz einer Vortrefflichkeit ist. Aber in Wirklichkeit hätten wir den Unterschied zwischen Homer und uns nicht ausgeräumt, sondern nur verlagert. Denn wir scheinen jetzt zu behaupten, daß der Homerische Begriff von *aretḗ,* Vortrefflichkeit, eine Sache und unser Begriff der Tugend eine ganz andere sei, da eine bestimmte Eigenschaft in den Augen Homers eine Vortrefflichkeit sein kann, aber keine Tugend in den unseren und umgekehrt.

Aber natürlich geht es nicht nur darum, daß sich Homers Aufzählung der Tugenden von der unseren unterscheidet; sie weicht auch erheblich von der des Aristoteles ab. Und die von Aristoteles weicht natürlich von unserer ab. Denn einmal lassen sich einige griechische Tugendbegriffe, wie oben erwähnt, nicht so ohne weiteres aus dem Griechischen übersetzen. Denken wir darüber hinaus an die Bedeutung der Freundschaft als Tugend bei Aristoteles – wie sehr unterscheidet sie sich von unserer Freundschaft! Oder die Stellung der *phrónēsis* – welch ein Unterschied zu Homer und zu uns! Dem Geist wird von Aristoteles der Tribut gezollt, den der Körper bei Homer erhält. Aber der Unterschied zwischen Aristoteles und Homer liegt nicht nur darin, daß in ihren jeweiligen Tugendkatalogen einige Begriffe auftauchen beziehungsweise nicht auftauchen. Der Unterschied zeigt sich auch darin, wie diese Kataloge aufgebaut sind, welche der Punkte als relativ zentral und welche als nebensächlich für die menschliche Vortrefflichkeit eingeschätzt werden.

Darüber hinaus hat sich das Verhältnis der Tugenden zur sozialen Ordnung geändert. Für Homer ist das Paradigma menschlicher Vortrefflichkeit der Krieger; für Aristoteles ist es der vornehme Athener. Tatsächlich sind nach Aristoteles bestimmte Tugenden nur für die erreichbar, die über große Reichtümer und einen hohen sozialen Status verfügen; es gibt Tugenden, die für den Armen unerreichbar sind, auch wenn er ein freier Mensch ist. Und diese Tugenden sind in der Sicht des Aristoteles diejenigen, die für das menschliche Leben von zentraler Bedeutung sind; Großmut – auch hier ist jede Übersetzung von *megalopsychía* unbefriedigend – und Großzügigkeit sind nicht nur einfache Tugenden, sondern wichtige Tugenden innerhalb des Aristotelischen Systems.

An dieser Stelle drängt sich die Feststellung auf, daß der stärkste Gegensatz zum Katalog des Aristoteles weder bei Homer noch bei uns liegt, sondern im Neuen Testament. Denn das Neue Testament preist nicht nur Tugenden, von denen Aristoteles nichts weiß – Glaube, Hoffnung und Liebe –, und sagt nichts über Tugenden wie *phrónēsis,* die für Aristoteles sehr bedeutsam sind, sondern es preist zumindest eine Eigenschaft als Tugend, die Aristoteles als eine der Untugenden im Verhältnis zum Großmut zu betrachten scheint, nämlich Demut. Da das Neue Testament darüber hinaus die Reichen als für die Qualen der Hölle bestimmt betrachtet, sind die wichtigsten Tugenden für sie nicht erreichbar; dagegen *sind* sie für Sklaven erreichbar. Und natürlich weicht das Neue Testament nicht nur in den einzelnen Punkten, die sein Katalog umfaßt, von Homer und Aristoteles ab, sondern auch in seiner Rangordnung der Tugenden.

Vergleichen wir nun die drei bisher behandelten Tugendkataloge – den Homerischen, den Aristotelischen und den des Neuen Testaments – mit zwei sehr viel jüngeren: der eine kann aus den Romanen von Jane Austen zusammengestellt werden, und den anderen hat Benjamin Franklin für sich selbst erdacht. In der Aufzählung von Jane Austen fallen zwei Dinge ins Auge. Das eine ist die Bedeutung, die sie der Tugend beimißt, die sie »Beständigkeit« nennt, eine Tugend, über die ich in einem späteren Kapitel noch einiges sagen werde. In mancher Hinsicht spielt die Beständigkeit bei Jane Austen eine Rolle, die der der *phrónēsis* bei Aristoteles entspricht; es ist eine Tugend, deren Besitz Vorbedingung für den Besitz anderer Tugenden ist. Zweitens behandelt sie die Tugend des Angenehmseins bei Aristoteles (eine Tugend, für die es nach seinen Worten keinen Namen gibt) nur als Abbild einer wahren Tugend – die fragliche wahre Tugend nennt sie Liebenswürdigkeit. Denn der Mensch, der ein angenehmes Wesen an den Tag legt, tut dies laut Aristoteles unter dem Gesichtspunkt von Ehre und Zweckmäßigkeit; dagegen hielt es Jane Austen für möglich und nötig, daß der Besitzer dieser Tugend eine gewisse echte Liebe zu den Menschen an sich hat. (Es ist an dieser Stelle von Bedeutung, daß Jane Austen Christin ist.) Erinnern wir uns, daß auch Aristoteles die Tapferkeit des Kriegers als Abbild echter Tapferkeit behandelt hat. Damit stoßen wir hier auf eine weitere Art von Meinungsverschiedenheit über die Tugenden, nämlich welche menschlichen Eigenschaften echte Tugenden und welche bloße Abbilder sind.

In der Aufstellung Benjamin Franklins finden wir fast alle Arten von Unterschieden zu zumindest einem der Tugendkataloge, die wir erwähnt haben, und noch einen weiteren. Franklin schließt Tugenden ein, die für unsere Überlegungen ganz neu sind, so zum Beispiel Reinlichkeit, Ruhe und Fleiß; er berücksichtigt ganz eindeutig den Antrieb zur Erlangung selbst als Teil der Tugend, während das für die meisten Griechen die Untugend der *pleonexía* ist; er betrachtet einige Tugenden, die in früheren Zeiten wenig galten, als wichtig; aber er definiert auch einige vertraute Tugenden inhaltlich neu. In seinem Katalog aus dreizehn Tugenden, den Franklin als Teil seines Systems der persönlichen moralischen Rechenschaft zusammenstellte, erläutert er jede einzelne Tugend dadurch, daß er eine Maxime anführt, deren Befolgen die fragliche Tugend *ist*. Im Fall der Keuschheit lautet die Maxime, »Gebrauche die Sexualität selten und nur um der Gesundheit oder Nachkommen willen – nie zur Abstumpfung, Schwächung oder Schädigung des eigenen oder des Friedens oder Rufes eines anderen.« Das ist offensichtlich nicht das, was frühere Autoren unter »Keuschheit« verstanden.

Wir haben also in den fünf angeführten und miteinbezogenen Darstellungen der Tugenden erstaunlich viele Unterschiede und Unvereinbarkeiten zusammengetragen, so daß die Frage, die ich zu Beginn gestellt habe, immer dringlicher wird. Wenn verschiedene Autoren zu verschiedenen Zeiten an verschiedenen Orten, aber alle innerhalb der Geschichte der westlichen Kultur, so unterschiedliche Dinge in ihre Zusammenstellungen aufnehmen, welche Gründe haben wir dann zu der Annahme, daß sie tatsächlich Dinge ein und derselben Art zusammenstellen wollen, daß es überhaupt eine gemeinsame Vorstellung gibt? Eine zweite Überlegung bekräftigt die Vermutung, daß diese Frage negativ zu beantworten ist. Jeder dieser fünf Autoren stellt nicht nur verschiedene und voneinander abweichende Punkte zusammen, sondern jede dieser Aufzählungen verkörpert eine andere Theorie darüber, was eine Tugend ist.

In den Gedichten Homers ist eine Tugend eine Eigenschaft, deren Ausdruck jemanden in die Lage versetzt, genau das zu tun, was seine exakt definierte soziale Rolle verlangt. Die wichtigste Rolle ist die des Krieger-Königs, und die Zusammenstellung der Tugenden bei Homer wird dadurch verständlich, daß wir erkennen, daß die wichtigsten Tugenden folglich die sein müssen, die einen Menschen in die Lage versetzen, sich im Kampf und in den Spielen hervorzutun. Daraus folgt, daß wir die homerischen Tugenden nicht bestimmen können, bevor wir nicht zuvor die zentralen sozialen Rollen in der homerischen Gesellschaft und die Anforderungen jeder einzelnen Rolle bestimmt haben. Die Vorstellung darüber, *was jeder, der die und die Rolle innehat, tun sollte,* geht der Vorstellung einer Tugend voraus; die zweite Vorstellung findet nur in der ersten Anwendung.

In der Darstellung des Aristoteles verhalten sich die Dinge ganz anders. Obwohl einige Tugenden nur für bestimmte Menschen erreichbar sind, haften die Tugenden nicht dem Menschen als Inhaber einer sozialen Rolle an, sondern dem Menschen an sich. Das Telos des Menschen als Spezies legt fest, welche menschlichen Eigenschaften Tugenden sind. Obwohl Aristoteles die Aneignung und die Ausübung der Tugenden als Mittel zu einem Zweck betrachtet, müssen wir uns vor Augen halten, daß die Beziehung der Mittel zum Zweck innerlich und nicht äußerlich ist. Ich nenne ein Mittel im Verhältnis zu einem bestimmten Zweck dann innerlich, wenn der Zweck unabhängig von einer Charakterisierung des Mittels nicht hinreichend charakterisiert werden kann. So verhält es sich mit den Tugenden und dem Telos, das nach Aristoteles im guten Leben für den Menschen besteht. Die Ausübung der Tugenden ist selbst ein entscheidender Bestandteil des guten Lebens für den Menschen. Die Unterscheidung zwischen innerlichen und äußerlichen Mitteln im Verhältnis zum Zweck wird von Aristoteles selbst in der *Nikomachischen Ethik,* wie ich oben bemerkt habe, nicht getroffen, aber es ist eine wesentliche Unterscheidung, die gemacht werden muß, wenn wir verstehen sollen, was Aristoteles beabsichtigte. Explizit wird die Unterscheidung von Thomas von Aquin gemacht, als er die Definition von Tugend bei Augustinus verteidigt, und selbstverständlich wußte Thomas von Aquin, daß er damit einen aristotelischen Standpunkt aufrechterhielt.

Die Darstellung der Tugenden im Neuen Testament hat trotz großer inhaltlicher Abweichungen – Aristoteles hätte Jesus Christus ganz bestimmt nicht bewundert und wäre von Paulus entsetzt gewesen – den gleichen logischen und begrifflichen Aufbau wie bei Aristoteles. Eine Tugend ist, wie bei Aristoteles, eine Eigenschaft, deren Ausübung zur Erlangung des menschlichen Telos führt. Das Gute für den Menschen ist selbstverständlich ein übernatürliches und nicht nur ein natürliches Gut, aber das Übernatürliche erlöst und vervollständigt die Natur. Darüber hinaus ist die Beziehung der Tugenden als Mittel zum Zweck das Eingehen des Menschen in das Reich Gottes, das kommen wird – innerlich und nicht äußerlich, genau wie bei Aristoteles. Natürlich ist es diese Parallele, die es Thomas von Aquin erlaubt, Aristoteles und das Neue Testament miteinander zu verschmelzen. Ein zentrales Merkmal dieser Parallele ist die Art, wie die Vorstellung vom *guten Leben für den Menschen* der Vorstellung einer Tugend genau so vorausgeht, wie in der Darstellung Homers die Vorstellung einer sozialen Rolle vorausging. Noch einmal: die Art, wie die erste Vorstellung angewandt wird, entscheidet darüber, wie die zweite anzuwenden ist. In beiden Fällen ist die Vorstellung einer Tugend untergeordnet.

Die Absicht, die Jane Austen mit ihrer Theorie der Tugenden verfolgt, ist anderer Art. C.S. Lewis hat zu Recht betont, wie zutiefst christlich ihre moralische Sicht ist, und Gilbert Ryle hat ebenso zutreffend auf ihr Erbe von Shaftesbury und Aristoteles hingewiesen. Tatsächlich verbinden ihre Ansichten auch homerische Elemente, da sie sich in einer Art und Weise mit sozialen Rollen beschäftigt, wie das weder im Neuen Testament noch bei Aristoteles der Fall ist. Sie ist wichtig aufgrund der Art und Weise, in der sie es möglich macht, auf den ersten Blick grundverschiedene theoretische Darstellungen der Tugenden miteinander zu verbinden. Aber für den Augenblick müssen wir alle Versuche aufschieben, die Bedeutung der Synthese Jane Austens zu prüfen. Statt dessen müssen wir die völlig andere Art von Theorie betrachten, die in Benjamin Franklins Darstellung der Tugenden ihren Ausdruck findet.

Franklins Darstellung ist wie die von Aristoteles teleologisch; aber im Gegensatz zu Aristoteles ist sie utilitaristisch. Nach Franklin in *Autobiography* sind die Tugenden Mittel zum Zweck, aber er begreift das Mittel-Zweck-Verhältnis eher als äußerlich, weniger als innerlich. Das Ziel, dem die Pflege der Tugenden dient, ist das Glück, aber Glück verstanden als Erfolg und Wohlstand in Philadelphia und schließlich im Himmel. Die Tugenden sollen nützlich sein, und die Darstellung Franklins hebt immer wieder die Nützlichkeit als Kriterium in Einzelfällen hervor: »Mache keine Ausgaben, außer um anderen oder dir selbst etwas Gutes zu tun, d.h. verschwende nichts!«, »Sage nur, was anderen oder dir selbst nutzen kann! Vermeide leichtfertige Unterhaltungen!«, und, wie wir bereits erwähnt haben, »Gebrauche die Sexualität selten und nur um der Gesundheit oder der Nachkommen willen ...«. Als Franklin sich in Paris aufhielt, war er entsetzt über die Pariser Architektur: »Marmor, Porzellan und Vergoldung werden nutzlos vergeudet.«

Wir müssen somit mindestens drei grundverschiedene Tugendbegriffe einander gegenüberstellen: eine Tugend ist eine Eigenschaft, die den einzelnen in die Lage versetzt, seine soziale Rolle zu erfüllen (Homer); eine Tugend ist eine Eigenschaft, die den einzelnen in die Lage versetzt, sich auf das Erreichen des spezifisch menschlichen Telos zuzubewegen, gleichgültig ob es natürlich oder übernatürlich ist (Aristoteles, Neues Testament und Thomas von Aquin); eine Tugend ist eine Eigenschaft, die nützlich dafür ist, irdischen und himmlischen Erfolg zu erlangen (Franklin). Sollen wir dies als drei verschiedene, rivalisierende Darstellungen derselben Sache ansehen? Oder sind es nicht vielmehr Darstellungen dreier verschiedener Dinge? Vielleicht waren die moralischen Strukturen im archaischen Griechenland, im Griechenland des 4. vorchristlichen Jahrhunderts und im Pennsylvania des 18. Jahrhunderts derart verschieden voneinander, daß wir sie als Verkörperung ganz verschiedener Vorstellungen betrachten sollten, deren Unterschied uns zunächst durch die historisch zufällige Übernahme eines Vokabulars verborgen bleibt, das uns durch sprachliche Ähnlichkeiten in die Irre führt, nachdem begriffliche Identität und Ähnlichkeit längst nicht mehr bestehen. Unsere Eingangsfrage stellt sich nun mit verdoppelter Dringlichkeit.

Aber obwohl ich mich nicht auf den ersten Anschein verlassen habe, indem ich davon ausgehe, daß die Unterschiede und Unvereinbarkeiten zwischen verschiedenen Darstellungen zumindest nahelegen, daß es keine einheitliche zentrale Kernvorstellung von Tugend gibt, die einen Anspruch auf umfassende Übernahme stellen könnte, sollte ich doch auch darauf hinweisen, daß alle fünf moralischen Darstellungen, die ich zusammenfassend skizziert habe, gerade einen solchen Anspruch enthalten. Und es ist tatsächlich gerade dieses Merkmal jener Darstellungen, das sie mehr als nur soziologisch oder antiquarisch interessant erscheinen läßt. Jede einzelne dieser Darstellungen beansprucht nicht nur theoretische, sondern auch institutionelle Vorherrschaft. Für Odysseus sind die Zyklopen verdammt, weil sie keinen Ackerbau, keine *agorá* und keine *thémis* haben. Für Aristoteles sind die Barbaren verdammt, weil sie keine Polis haben und daher unfähig zur Politik sind. Für die Christen des Neuen Testaments gibt es keine Erlösung außerhalb der apostolischen Kirche. Und wir wissen, daß nach Benjamin Franklin die Tugenden in Philadelphia eher zu Hause waren als in Paris, und daß für Jane Austen der Prüfstein der Tugenden eine bestimmte Art von Ehe ist und sogar eine bestimmte Art von Marineoffizier (das heißt, eine bestimmte Art von *englischem* Marineoffizier).

Die Frage kann deshalb jetzt direkt gestellt werden: Können wir aus diesen rivalisierenden und unterschiedlichen Ansprüchen eine einheitliche Kernvorstellung der Tugenden herauslösen, die wir zwingender darstellen können als frühere Darstellungen? Ich argumentiere dafür, daß wir tatsächlich eine solche Kernvorstellung finden können und daß sie die Tradition, deren Geschichte ich beschrieben habe, in ihrer begrifflichen Einheit liefert. Sie wird uns tatsächlich in die Lage versetzen, ganz eindeutig zwischen den Ansichten über die Tugenden, die wirklich zur Tradition gehören, von denen zu unterscheiden, die nicht dazu gehören. Es ist, was vielleicht nicht überrascht, eine komplexe Vorstellung, deren verschiedene Teile sich aus verschiedenen Abschnitten in der Entwicklung dieser Tradition ableiten. Diese Vorstellung verkörpert damit selbst in mancher Hinsicht die Geschichte, deren Ergebnis sie ist.

Eines der Merkmale der Vorstellung einer Tugend, das mit einiger Klarheit aus der bisherigen Darlegung hervorgegangen ist, besteht darin, daß sie zu ihrer Anwendung stets der Annahme einer vorgängigen Darstellung bestimmter Merkmale des sozialen und moralischen Lebens bedarf, in dessen Sinn sie definiert und erklärt wird. In der Darstellung Homers ist die Vorstellung einer Tugend demnach derjenigen *einer sozialen Rolle* nachgeordnet, in der Darstellung des Aristoteles ist sie der *des guten Lebens des Menschen* nachgeordnet, das als das Telos menschlichen Handelns begriffen wird, und in Franklins sehr viel späterer Darstellung ist sie derjenigen der Nützlichkeit nachgeordnet. Was sorgt nun in meiner Darstellung in ähnlicher Weise für den notwendigen Hintergrund, vor dem die Vorstellung einer Tugend verständlich gemacht werden muß? Bei der Beantwortung eben dieser Frage wird der komplexe historische und vielschichtige Charakter der Kernvorstellung von Tugend deutlich. Denn es gibt nicht weniger als drei Abschnitte in der logischen Entwicklung dieser Vorstellung, die ihrer Reihenfolge nach bestimmt werden müssen, wenn die Kernvorstellung einer Tugend verstanden werden soll, und jeder dieser Abschnitte hat seinen eigenen begrifflichen Hintergrund. Der erste Abschnitt verlangt eine Hintergrunddarstellung dessen, was ich Praxis nennen werde, der zweite eine Darstellung dessen, was ich bereits als narrative Ordnung eines einzelnen menschlichen Lebens charakterisiert habe, und der dritte eine deutlich umfassendere Darstellung dessen, was eine moralische Tradition ausmacht. Jeder spätere Abschnitt setzt den vorigen voraus, aber nicht umgekehrt. Jeder frühere Abschnitt wird modifiziert und neu interpretiert im Lichte jedes späteren Abschnitts, für den er gleichzeitig einen wesentlichen Bestandteil liefert. Der Fortschritt in der Entwicklung der Vorstellung hängt eben mit der Geschichte der Tradition zusammen, deren Kern sie bildet, wenngleich er die Geschichte keineswegs direkt rekapituliert.

In der homerischen Darstellung der Tugenden – und in den heroischen Gesellschaften ganz allgemein – zeigt die Ausübung einer Tugend Eigenschaften, die verlangt werden, um eine soziale Rolle aufrechtzuerhalten und in einem exakt umrissenen Bereich sozialen Handelns Vortrefflichkeit zu zeigen: Vortrefflich sein heißt im Krieg oder bei Spielen vortrefflich sein – wie Achilles –, vortrefflich sein bei der Aufrechterhaltung eines Hauswesens – wie Penelope –, vortrefflich sein im Erteilen von Ratschlägen in einer Versammlung – wie Nestor –, vortrefflich sein beim Erzählen von Geschichten – wie Homer selbst. Wenn Aristoteles von Vortrefflichkeit im menschlichen Handeln spricht, bezieht er sich manchmal, wenn auch nicht immer, auf einige exakt definierte menschliche Tätigkeiten: auf das Flötenspiel oder den Krieg oder die Geometrie. Ich will damit andeuten, daß dieser Begriff eines bestimmten Typs von Praxis, die den Schauplatz liefert, auf dem die Tugenden gezeigt werden, und in deren Sinn die Tugenden ihre erste, wenn auch unvollständige Definition erhalten sollen, entscheidend für das gesamte Vorhaben ist, eine Kernvorstellung der Tugenden zu bestimmen. Ich möchte jedoch sofort zwei Warnungen anfügen.

Die erste soll zeigen, daß mein Argument in keiner Weise impliziert, daß Tugenden *ausschließlich* im Rahmen der von mir so benannten Praxis ausgeübt werden. Die zweite soll darauf aufmerksam machen, daß ich den Begriff »Praxis« in einer besonders definierten Weise gebrauche, die sich nicht ganz mit der herkömmlichen Verwendung deckt, meinen bisherigen Gebrauch des Wortes eingeschlossen. Was will ich damit zum Ausdruck bringen?

Mit »Praxis« meine ich jede kohärente und komplexe Form sozial begründeter, kooperativer menschlicher Tätigkeit, durch die dieser Form von Tätigkeit inhärenten Güter im Verlauf des Versuchs verwirklicht werden, jene Maßstäbe der Vortrefflichkeit zu erreichen, die dieser Form von Tätigkeit angemessen und zum Teil durch sie definiert sind, mit dem Ergebnis, daß menschliche Kräfte zur Erlangung der Vortrefflichkeit und menschliche Vorstellungen der involvierten Ziele und Güter systematisch erweitert werden. Schiffe-Versenken ist kein Beispiel für Praxis in diesem Sinn, und auch das geschickte Werfen des Balles beim Football nicht; aber das Footballspiel selbst ist ein Beispiel, und das Schachspiel auch. Mauern ist keine Praxis, wohl aber die Architektur. Rüben-setzen ist keine Praxis, wohl aber die Landwirtschaft. Und ebenso die Untersuchungen der Physik, Chemie und Biologie, und auch die Arbeit des Historikers, die Malerei und die Musik. In der Welt der Antike und des Mittelalters galten die Schaffung und Erhaltung menschlicher Gemeinschaften – von Haushalten, Städten, Nationen – allgemein als Praxis in dem Sinn, in dem ich sie definiert habe. Das Feld der Praxis ist demnach weit: Kunst, Wissenschaft, Spiele, Politik im Sinne von Aristoteles, die Pflege des Familienlebens, das alles fällt unter diesen Begriff. Aber die Frage der exakten Reichweite der Praxis steht in diesem Stadium nicht an erster Stelle. Statt dessen möchte ich einige Schlüsselbegriffe erklären, die in meiner Definition enthalten sind, wobei ich mit dem Begriff der Güter, die der Praxis inhärent sind, beginnen möchte.

Nehmen wir das Beispiel eines hochintelligenten, siebenjährigen Kindes, dem ich das Schachspielen beibringen möchte, obwohl das Kind kein besonderes Verlangen danach hat, das Spiel zu erlernen. Das Kind hat jedoch großes Verlangen nach Süßigkeiten und kaum eine Gelegenheit, dieses Verlangen zu stillen. Ich sage dem Kind daher, daß ich ihm für eine Mark Süßigkeiten schenke, wenn es einmal in der Woche Schach mit mir spielt; außerdem sage ich ihm, daß ich so spielen werde, daß es für das Kind schwer, aber nicht unmöglich sein wird, zu gewinnen, und daß es, wenn es gewinnt, zusätzlich Süßigkeiten im Wert von einer Mark bekommt. Auf diese Weise motiviert, spielt das Kind und spielt, um zu siegen. Aber solange nur die Süßigkeiten dem Kind einen guten Grund zum Schachspielen liefern, hat es keinen Grund, nicht zu betrügen, aber allen Grund zu betrügen, vorausgesetzt es ist dazu in der Lage. Es wird jedoch, so können wir hoffen, eine Zeit kommen, in der das Kind in den schachspezifischen Gütern – im Erreichen einer gewissen hochspezialisierten Art von analytischem Geschick, strategischer Vorstellungskraft und Kampfstärke – neue Gründe findet; Gründe dafür, nunmehr bei einer bestimmten Gelegenheit nicht nur einfach zu gewinnen, sondern sich darin hervorzutun, was das Schachspiel verlangt. Wenn das Kind jetzt betrügt, schlägt es nicht mich, sondern sich selbst.

Es gibt somit zwei Arten von Gütern, die möglicherweise im Schachspiel erreicht werden können. Zum einen gibt es die Güter, die äußerlich und zufälligerweise mit dem Schachspiel und anderen Praxisarten durch

Zufälle innerhalb der sozialen Umgebung verbunden werden – im Falle des vorgestellten Kindes die Süßigkeiten, im realen Fall für Erwachsene Güter wie Prestige, Status und Geld. Es gibt immer alternative Wege, solche Güter zu erreichen, und ihre Erlangung ist niemals *ausschließlich* an eine bestimmte Praxis gebunden. Auf der anderen Seite stehen die Güter, die der Praxis des Schachspiels inhärent sind; sie können nur durch das Spielen dieses oder eines anderen Spiels dieser Art erreicht werden. Wir bezeichnen sie aus zwei Gründen als inhärent: erstens können wir sie nur – wie ich schon angeführt habe – in Kategorien des Schachs oder eines anderen Spiels dieser speziellen Art und mit Hilfe von Beispielen aus solchen Spielen spezifizieren (anderenfalls zwingt uns unser magerer Wortschatz beim Schreiben über solche Güter dazu, bei solchen Floskeln wie der von mir verwendeten »eine gewisse, hochspezialisierte Art« Zuflucht zu suchen); zweitens können sie nur durch die Erfahrung der Teilnahme an der betreffenden Praxis bestimmt und erkannt werden. Wer nicht über die entsprechende Erfahrung verfügt, ist daher nicht fähig, über inhärente Güter zu urteilen.

Das trifft ohne Frage auf die wichtigsten Arten von Praxis zu: betrachten wir beispielsweise – wenn auch nur kurz und inadäquat – die Praxis der Portraitmalerei, wie sie sich in Westeuropa vom Spätmittelalter bis zum 18. Jahrhundert entwickelte. Der erfolgreiche Portraitmaler kann viele Güter erlangen, die im eben definierten Sinn der Praxis der Portraitmalerei äußerlich sind – Ruhm, Wohlstand, soziale Stellung, gelegentlich sogar ein gewisses Maß an Macht und Einfluß an Höfen. Aber diese äußerlichen Güter dürfen nicht mit denen verwechselt werden, die dieser Praxis inhärent sind. Letztere resultieren aus dem umfassenden Versuch zu zeigen, wie Wittgensteins Ausspruch in seinen *Philosophischen Untersuchungen* »Der menschliche Körper ist das beste Bild der menschlichen Seele« (Teil II, Abschnitt IV) vielleicht dadurch wahr gemacht werden könnte, daß er uns lehrt, »das Bild an unserer Wand, als das Objekt selbst (Mensch, Landschaft, etc.), welches auf ihnen dargestellt ist« (ebd., Abschn. XI), auf eine ganz neue Art zu betrachten. Irreführend am Ausspruch Wittgensteins, so wie er dasteht, ist die Vernachlässigung der Wahrheit in George Orwells These »Mit fünfzig hat jeder das Gesicht, das er verdient«. Maler von Giotto bis Rembrandt lernten darzustellen, wie ein Gesicht in jedem Alter als das Gesicht enthüllt werden kann, das der Portraitierte verdient.

Auf mittelalterlichen Heiligenbildern war das Gesicht ursprünglich ikonographisch; die Frage einer Ähnlichkeit zwischen dem dargestellten

Gesicht von Christus oder Petrus und dem Gesicht, das Jesus oder Petrus zu einer bestimmten Zeit besaßen, kam überhaupt nie auf. Der Gegensatz zu dieser Ikonographie war der relative Naturalismus bestimmter flämischer und deutscher Gemälde aus dem 15. Jahrhundert. Die schweren Augenlider, das Haar mit der Haube, die Linien um den Mund zeigen unzweifelhaft eine bestimmte, entweder reale oder imaginäre Frau. Die ikonische Beziehung wurde durch die Ähnlichkeit überwunden. Aber bei Rembrandt gibt es gewissermaßen eine Synthese: das naturalistische Portrait wird jetzt ikonographisch gestaltet, jedoch als Ikone einer neuen, bisher unfaßbaren Art. Ähnlich werden in einer ganz anderen Entwicklung mythologische Gesichter bestimmter französischer Gemälde des 17. Jahrhunderts im 18. Jahrhundert aristokratisch. Innerhalb jeder dieser Entwicklungen werden mindestens zwei verschiedene Arten von Gütern erlangt, die dem Malen menschlicher Gesichter und Körper inhärent sind.

Da ist zunächst einmal die Vortrefflichkeit des Produkts, sowohl als Vortrefflichkeit in der Ausführung durch den Maler wie auch als Vortrefflichkeit des Portraits selbst. Diese Vortrefflichkeit muß – wie das entsprechende englische Verb »to excel« (*übertreffen, hervorragend sein*) nahelegt – historisch verstanden werden. Die Entwicklungsstufen finden ihren Zweck und ihr Ziel im Fortschritt hin zu verschiedenen Arten und Formen von Vortrefflichkeit und über diese hinaus. Es gibt selbstverständlich sowohl Abschnitte des Rückschritts wie des Fortschritts, und der Fortschritt kann kaum als unbeirrt und geradlinig verstanden werden. Aber gerade in der Beteiligung an den Versuchen, den Fortschritt aufrechtzuerhalten und kreativ auf Probleme zu reagieren, findet sich das zweite Gut, das der Praxis der Portraitmalerei inhärent ist. Denn was der Künstler in seinem Streben nach Vortrefflichkeit in der Portraitmalerei entdeckt – und was für die Portraitmalerei gilt, gilt für die Praxis der schönen Künste generell –, ist das Gut einer bestimmten Art zu leben. Dieses Leben macht vielleicht nicht die Gesamtheit eines Lebens für jemanden aus, der sehr lange Maler ist, oder es kann ihn, wie Gauguin, zumindest einige Zeit derart vereinnahmen, daß fast alles andere dahinter zurücksteht. Aber dieses Leben *als Maler* in einem mehr oder weniger großen Abschnitt des Lebens eines Malers ist das zweite, der Malerei inhärente Gut. Und ein Urteil über diese Güter erfordert zumindest die Art von Kompetenz, die man entweder nur als Maler erwirbt oder als jemand, der bereit ist, systematisch das zu lernen, was der Portraitmaler zu lehren hat.

Eine Praxis schließt Maßstäbe für Vortrefflichkeit ebenso wie das Befolgen von Regeln und das Erreichen von Gütern ein. Eine Praxis aufnehmen bedeutet, die Autorität dieser Maßstäbe und die an ihnen gemessene Unzulänglichkeit meiner eigenen Leistung anzuerkennen. Es bedeutet, die eigenen Haltungen, Entscheidungen, Präferenzen und Neigungen den Maßstäben zu unterwerfen, die die Praxis ständig und teilweise definieren. Jede Praxis hat – wie ich gerade bemerkt habe – natürlich eine Geschichte: Spiele, Wissenschaften und Künste haben alle eine Geschichte. Somit sind die Maßstäbe selbst nicht gegen Kritik gefeit, aber trotzdem können wir nicht in eine Praxis eingeführt werden, ohne die Autorität der besten bisher verwirklichten Maßstäbe anzuerkennen. Wenn ich beginne, Musik zu hören, und meine eigene Unfähigkeit nicht akzeptiere, richtig zu urteilen, werde ich niemals lernen, Bartoks letzte Quartette zu hören, geschweige denn sie richtig einzuschätzen. Wenn ich beginne, Baseball zu spielen, und nicht akzeptiere, daß andere besser als ich wissen, wann ein Ball schnell zu spielen ist und wann nicht, werde ich niemals lernen, gute Würfe richtig einzuschätzen, geschweige denn zu werfen. Im Bereich der Praxis wirkt sich die Autorität sowohl der Güter wie der Maßstäbe so aus, daß alle subjektivistischen und emotivistischen Urteilsanalysen ausgeschlossen werden. De gustibus *est* disputandum.

Wir sind jetzt in der Lage, einen wichtigen Unterschied zwischen dem zu erkennen, was ich inhärente, und dem, was ich äußerliche Güter genannt habe. Es gehört zu der Eigenart der von mir als äußerlich bezeichneten Güter, daß sie stets Eigentum und Besitz dessen sind, der sie erlangt hat. Außerdem gehört zu ihrer Eigenart, daß um so weniger für andere bleibt, je mehr jemand von ihnen hat. Das ist manchmal zwangsläufig der Fall, wie bei Macht und Ruhm, und manchmal aufgrund zufallsbedingter Umstände, wie etwa bei Geld. Äußerliche Güter sind daher typischerweise Gegenstand des Wettbewerbs, in dem es Gewinner und Verlierer geben muß. Inhärente Güter sind in der Tat das Ergebnis eines Wettbewerbs, vortrefflich zu sein, aber es ist charakteristisch für sie, daß ihre Erlangung ein Gut für die gesamte Gemeinschaft ist, die an der Praxis teilhat. Als Turner daher das Seestück in der Malerei neu faßte, oder W.G. Grace die Kunst des Schlagens beim Kricket auf eine ganz neue Art verbesserte, bereicherte ihre Leistung die gesamte betroffene Gemeinschaft.

Aber was hat all das mit der Vorstellung von Tugenden zu tun? Es zeigt sich, daß wir jetzt in der Lage sind, eine erste, wenn auch nur partielle und vorläufige Definition von Tugend zu geben: *Eine Tugend ist eine erworbene menschliche Eigenschaft, deren Besitz und Ausübung uns im allgemeinen in die Lage versetzt, die Güter zu erreichen, die einer Praxis inhärent sind, und deren Fehlen wirksam verhindert, solche Güter zu erreichen.* Diese Definition bedarf später noch der Erweiterung und Verbesserung. Aber als erste Annäherung an eine adäquate Definition macht sie bereits die Stellung der Tugenden im menschlichen Leben deutlich. Denn es ist nicht schwer, für eine ganze Reihe von Schlüsseltugenden zu zeigen, daß uns ohne sie die einer Praxis inhärenten Güter verwehrt sind, aber nicht einfach nur allgemein verwehrt, sondern verwehrt auf eine ganz andere Art.

Es gehört zum Begriff der Praxis, wie ich sie umrissen habe – und wie wir alle im wirklichen Leben mit ihr vertraut sind, ob wir Maler sind oder Physiker oder Torwart beim Fußball, oder einfach nur Liebhaber guter Malerei oder großartiger Experimente oder einer guten Parade, daß ihre Güter nur dadurch erlangt werden können, daß wir uns in dieser Praxis in unserem Verhältnis zu anderen Beteiligten einordnen. Wir müssen lernen zu erkennen, was wem zusteht; wir müssen darauf vorbereitet sein, an selbstgefährdenden Risiken auf uns zu nehmen, was immer von uns verlangt wird; und wir müssen sorgfältig anhören, was man uns über unsere Unfähigkeiten sagt, und mit der gleichen Sorgfalt auf die Tatsachen reagieren. Wir müssen mit anderen Worten die Tugenden der Gerechtigkeit, der Tapferkeit und der Ehrlichkeit als notwendige Bestandteile jeder Praxis mit inhärenten Gütern und Maßstäben für Vortrefflichkeit akzeptieren. Denn dies nicht zu akzeptieren, bereit zu sein, zu betrügen, wie unser fiktives Kind am Anfang bereit war, beim Schachspiel zu betrügen, verwehrt uns insofern, die Maßstäbe für Vortrefflichkeit oder die der Praxis inhärenten Güter zu erreichen, als die Praxis dadurch außer als Mittel zur Erreichung äußerlicher Güter sinnlos wird.

Wir können den gleichen Sachverhalt auch anders ausdrücken. Jede Praxis erfordert ein bestimmtes Verhältnis zwischen denen, die an ihr teilhaben. Dann sind die Tugenden jene Güter, auf die wir uns – ob uns das gefällt oder nicht – beziehen, wenn wir unser Verhältnis zu jenen anderen Menschen definieren, mit denen wir die Ziele und Maßstäbe teilen, die die Praxis erfüllen. Betrachten wir ein Beispiel, wie dieser Bezug auf die Tugenden bei bestimmten Arten von menschlichen Beziehungen aussieht.

A, B, C und D sind Freunde in dem Sinn von Freundschaft, den Aristoteles für entscheidend hält: sie teilen das Streben nach bestimmten Gütern. In meinen Worten teilen sie eine Praxis. D stirbt unter mysteriösen Umständen, A entdeckt, wie D starb, und erzählt B die Wahrheit, belügt jedoch C. C. entdeckt die Lüge. A kann dann nicht glaubhaft behaupten, daß er zu B und C das gleiche freundschaftliche Verhältnis hat. Indem er dem einen die Wahrheit gesagt und den anderen angelogen hat, hat er teilweise einen Unterschied in der Beziehung definiert. Selbstverständlich hat A die Möglichkeit, diesen Unterschied auf verschiedene Arten zu erklären; vielleicht wollte er C Schmerz ersparen, vielleicht betrügt er C aber auch einfach nur. Aber als Folge der Lüge gibt es jetzt einen Unterschied in der Beziehung. Denn ihre Treue zueinander im Streben nach gemeinsamen Gütern ist in Frage gestellt worden.

Ebenso wie wir unter Bezugnahme auf Maßstäbe der Wahrheitsliebe und des Vertrauens definieren, solange wir die für die Praxis charakteristischen Maßstäbe und Ziele teilen, gleichgültig ob wir die Beziehung anerkennen oder nicht, so definieren wir auch die Praxis unter Bezugnahme auf Maßstäbe der Gerechtigkeit und Tapferkeit. Wenn A als Professor B und C die Zensuren gibt, die ihre Arbeiten verdient haben, aber D deshalb benotet, weil er sich von seinen blauen Augen angezogen fühlt oder weil er von dessen Schuppen abgestoßen wird, hat er seine Beziehung zu D anders als die zu den übrigen Klassenmitgliedern definiert, ob er das gewollt hat oder nicht. Die Gerechtigkeit verlangt, daß wir andere nach ihrem Verdienst oder Wert behandeln und dabei einheitliche und sachliche Maßstäbe anlegen; in einem bestimmten Fall von den Maßstäben der Gerechtigkeit abzuweichen, definiert unsere Beziehung zu dem Betreffenden als in bestimmter Art und Weise spezifisch oder abweichend.

Der Fall der Tapferkeit weicht ein wenig davon ab. Wir halten Tapferkeit deshalb für eine Tugend, weil die Sorge um und die Anteilnahme an Personen, Gemeinschaften und Angelegenheiten, die für so vieles in der Praxis entscheidend sind, das Vorhandensein einer solchen Tugend fordern. Wenn jemand erklärt, er kümmere sich um eine Person, eine Gemeinschaft oder eine Angelegenheit, aber nicht bereit ist, in ihrem Interesse Schaden oder Gefahren auf sich zu nehmen, stellt er die Echtheit seiner Sorge und Anteilnahme in Frage. Tapferkeit als Fähigkeit, Schaden oder Gefahren auf sich zu nehmen, spielt seine Rolle im menschlichen Leben aufgrund dieser Verknüpfung mit Sorge und Anteilnahme. Das heißt nicht, daß sich nicht jemand wirklich um einen anderen kümmern und trotzdem ein Hasenfuß sein kann. Es bedeutet dagegen zum Teil, daß sich jemand, der sich ernsthaft anderer annimmt und nicht die

Fähigkeit besitzt, Schaden oder Gefahren auf sich zu nehmen, vor sich selbst und vor anderen als Feigling definieren muß.

Ich meine daher, daß vom Standpunkt jener Arten von Beziehungen aus, ohne die eine Praxis nicht aufrechterhalten werden kann, Wahrheitsliebe, Gerechtigkeit und Tapferkeit – und vielleicht noch ein paar andere – echte Vortrefflichkeiten und Tugenden sind, in deren Licht wir uns und andere charakterisieren müssen, ungeachtet unserer persönlichen moralischen Ansichten und der besonderen Regeln unserer Gesellschaft. Denn die Erkenntnis, daß wir uns der Definition unserer Beziehungen im Sinne solcher Güter nicht entziehen können, steht vollständig im Einklang mit der Anerkennung dessen, daß unterschiedliche Gesellschaften unterschiedliche Regeln über Wahrheitsliebe, Gerechtigkeit und Tapferkeit haben und hatten. Lutherische Pietisten erzogen ihre Kinder in dem Glauben, daß man jedem jederzeit die Wahrheit sagen müsse, unabhängig von Umständen oder Folgen, und Kant war eines dieser Kinder. Traditionelle Bantueltern erzogen ihre Kinder dazu, unbekannten Fremden nicht die Wahrheit zu erzählen, weil sie meinten, das könnte die Familie anfällig für Zauberei machen. In unserer Kultur sind viele von uns von den Eltern dazu erzogen worden, ältlichen Großtanten, deren neue Hüte wir bewundern sollten, nicht die Wahrheit zu sagen. Aber jede dieser Regeln verkörpert eine Anerkennung der Tugend der Wahrheitsliebe. Ebenso verhält es sich mit verschiedenen Regeln für Gerechtigkeit und Tapferkeit.

Praxis könnte also in Gesellschaften mit sehr unterschiedlichen Regeln gedeihen; sie könnte allerdings nicht in Gesellschaften gedeihen, in denen die Tugenden nicht geschätzt werden, obwohl Institutionen und technische Fertigkeiten, die einheitlichen Zwecken dienen, durchaus weiterhin florieren könnten. (Es gibt noch einiges über den Gegensatz zwischen Institutionen und technischen Fertigkeiten, die für ein einheitliches Ziel eingesetzt werden, einerseits und Praxis andererseits zu sagen.) Denn die Zusammenarbeit, die Anerkennung von Autorität und Leistung, die Achtung von Maßstäben und das Eingehen eines Risikos, die typischerweise in die Praxis eingeschlossen sind, fordern zum Beispiel Fairneß in der Beurteilung der eigenen Person und anderer – die Art von Fairneß, die in meinem Beispiel mit dem Professor fehlt –, fordern rücksichtslose Wahrheitsliebe, ohne die Fairneß nicht möglich ist – die Art von Wahrheitsliebe, die in meinem Beispiel von A, B, C und D fehlt –, fordern Bereitschaft, den Urteilen derjenigen zu vertrauen, deren Leistungen in der Praxis ihrem Urteil Autorität verleiht – dies setzt Fairneß und Wahrheitsliebe bei diesen Urteilen voraus –, und fordern von Zeit zu Zeit, Risiken auf sich zu nehmen, die einen selbst und die Ausführung überhaupt gefährden. Meine These impliziert nicht, daß große Geiger nicht bösartig und große Schachspieler nicht niederträchtig sein könnten. Wo Tugenden gefordert werden, können auch Untugenden blühen. Es ist lediglich so, daß sich Bösartige und Niederträchtige notwendigerweise auf die Tugenden anderer stützen, damit die Praxis, in der sie sich betätigen, floriert, und daß sie sich auch die Erfahrung versagen, jene inhärenten Güter zu erreichen, die vielleicht sogar nicht besonders gute Schachspieler und Geiger belohnen.

Um die Stellung der Tugenden innerhalb der Praxis etwas näher zu bestimmen, ist es nun notwendig, das Wesen einer Praxis etwas eingehender zu klären, indem wir zwei wichtige Grundsätze aufzeigen. Die bisherige Erörterung hat, wie ich hoffe, klargestellt, daß eine Praxis im intendierten Sinn niemals allein aus technischen Fertigkeiten besteht, selbst wenn diese auf ein einheitliches Ziel ausgerichtet sind, und selbst wenn die Ausübung dieser Fertigkeiten gelegentlich um ihrer selbst willen geschätzt oder genossen werden kann. Wesentlich für eine Praxis ist zum Teil, in welcher Art und Weise die Vorstellungen über die relevanten Güter und Ziele, denen technische Fertigkeiten dienen – und jede Praxis erfordert die Ausübung technischer Fertigkeiten –, durch die Erweiterungen der menschlichen Kräfte und durch die Beachtung der ihr inhärenten Güter umgewandelt und bereichert werden, die zum Teil für jede einzelne Praxis oder Praxisform definitiv sind. Eine Praxis besitzt niemals ein oder mehrere für alle Zeiten festgelegte Ziele – weder die Malerei hat ein solches Ziel noch die Physik; vielmehr werden die Ziele selbst durch die Geschichte der Tätigkeiten verwandelt. Es ist daher kein Zufall, daß jede Praxis ihre eigene Geschichte hat, eine Geschichte, die mehr und anders ist als die der Verbesserung der relevanten technischen Fertigkeiten. Diese historische Dimension ist in Bezug auf die Tugenden wesentlich.

Der Eintritt in eine Praxis bedeutet, nicht nur zu denen in Beziehung zu treten, die sie gegenwärtig ausüben, sondern auch zu denen, die uns in dieser Praxis vorangegangen sind, insbesondere die, deren Leistungen die Reichweite der Praxis auf den jetzigen Stand ausgeweitet haben. Ich stehe dann also der Leistung und *a fortiori* der Autorität einer Tradition gegenüber, und habe von ihr zu lernen. Und für dieses Lernen und die dadurch verkörperte Beziehung zur Vergangenheit sind die Tugenden der Gerechtigkeit, der Tapferkeit und der Wahrheitsliebe in der gleichen

Weise und aus genau den gleichen Gründen erforderlich, wie sie es für die Aufrechterhaltung der gegenwärtigen Beziehungen innerhalb der Praxis sind.

Selbstverständlich sollte die Praxis nicht nur den technischen Fertigkeiten gegenübergestellt werden. Die Praxis darf auch nicht mit Institutionen verwechselt werden. Schach, Physik und Medizin sind Beispiele für Praxis; Schachklubs, Laboratorien, Universitäten und Krankenhäuser sind Institutionen. Institutionen befassen sich bezeichnender- und notwendigerweise mit dem, was ich als äußerliche Güte bezeichnet habe. Sie beschäftigen sich damit, Geld und andere materielle Güter zu erwerben; sie sind nach Macht- und Statuskategorien gegliedert und verteilen Geld, Macht und Status als Belohnung. Sie könnten auch dann nichts anderes tun, wenn sie nicht nur sich selbst, sondern auch die jeweilige Praxis aufrechterhalten sollen, deren Träger sie sind. Denn eine Praxis kann längere Zeit nicht ohne die Unterstützung von Institutionen überleben. Die Beziehung zwischen Praxis und Institutionen ist tatsächlich so eng – und entsprechend die zwischen äußerlichen Gütern und den Gütern, die der in Frage stehenden Praxis inhärent sind –, daß Institutionen und Praxisarten charakteristischerweise eine kausale Ordnung bilden, in der die Ideale und die Kreativität der Praxis stets anfällig gegenüber der Habgier der Institutionen sind und in der die kooperative Sorge um die gemeinsamen Güter der Praxis stets anfällig für die Konkurrenz unter den Institutionen ist. In diesem Zusammenhang ist die Hauptfunktion der Tugenden klar. Ohne sie, ohne Gerechtigkeit, Tapferkeit und Wahrheitsliebe, könnte die Praxis der korrumpierenden Macht der Institutionen nicht widerstehen.

Aber obwohl Institutionen tatsächlich korrumpierende Macht besitzen, weisen die Gründung und Aufrechterhaltung von Formen menschlicher Gemeinschaft – und daher von Institutionen – selbst alle Eigenschaften einer Praxis auf – einer Praxis zudem, die auf zwei bedeutsame Arten in einem besonders engen Verhältnis zur Ausübung der Tugenden steht. Die Ausübung der Tugenden neigt selbst dazu, eine äußerst entschiedene Haltung in sozialen und politischen Fragen zu fordern; und wir erlernen die Ausübung von Tugenden – oder erlernen sie nicht immer innerhalb einer bestimmten Gemeinschaft mit eigenen und besonderen institutionellen Formen. Es gibt natürlich einen entscheidenden Unterschied zwischen der Art, in der die Beziehung zwischen moralischem Charakter und politischer Gemeinschaft vom Standpunkt der liberalen, individualistischen Moderne aus gesehen wird, und der

Art, in der diese Beziehung vom Standpunkt der Art von antiker und mittelalterlicher Tradition der Tugenden aus betrachtet wurde, die ich umrissen habe. Für den liberalen Individualismus ist eine Gemeinschaft einfach ein Schauplatz, auf dem jeder einzelne seine selbstgewählte Vorstellung von gutem Leben verfolgt, und politische Institutionen existieren, um jenes Maß an Ordnung zu sichern, das eine solche frei gewählte Tätigkeit ermöglicht. Staat und Gesetz sind hinsichtlich konkurrierender Vorstellungen über das gute Leben für den Menschen neutral, oder sollten es sein: auch wenn es die Aufgabe des Staates ist, das Befolgen der Gesetze zu fördern, gehört es nach liberaler Ansicht nicht zur legitimen Funktion des Staates, irgend jemandem eine moralische Einstellung aufzudrängen.

Dagegen fordert die politische Gemeinschaft in der antiken und mittelalterlichen Sicht, die ich dargelegt habe, nicht nur die Ausübung der Tugenden zur eigenen Stärkung, sondern es gehört auch zu den Aufgaben der elterlichen Gewalt, die Kinder zu tugendhaften Erwachsenen zu erziehen. Die klassische Aussage dieser Analogie macht Sokrates im *Kriton*. Aus der Annahme der Sokratischen Ansicht über die politische Gemeinschaft und die politische Autorität folgt selbstverständlich nicht, daß wir dem modernen Staat die moralische Funktion übertragen sollten, die Sokrates der Stadt und ihren Gesetzen zuwies. Tatsächlich leitet sich die Kraft des liberalen, individualistischen Standpunkts zum Teil aus der offenkundigen Tatsache ab, daß der moderne Staat in der Tat völlig ungeeignet ist, als moralischer Erzieher einer Gemeinschaft zu fungieren. Aber die Geschichte der Entstehung des modernen Staates ist natürlich selbst eine moralische Geschichte. Wenn mein Darstellung der komplexen Beziehung zwischen Tugenden und Praxis und Institutionen richtig ist, dann folgt daraus, daß wir keine wahre Geschichte der Praxis und der Institutionen werden schreiben können, wenn dies nicht gleichzeitig eine Geschichte der Tugenden und Untugenden ist. Denn die Fähigkeit einer Praxis, ihre Integrität zu behalten, wird von der Art abhängen, in der die Tugenden bei der Aufrechterhaltung der institutionellen Formen, die die sozialen Träger der Praxis sind, ausgeübt werden können und ausgeübt werden. Die Integrität einer Praxis erfordert ursächlich, daß zumindest einige der Personen, die diese Praxis in ihren Tätigkeiten verkörpern, die Tugenden ausüben; umgekehrt ist die Korruption von Institutionen immer auch zumindest teilweise eine Folge von Untugend.

Die Tugenden selbst werden natürlich auch durch bestimmte soziale

Institutionen gefördert und durch andere gefährdet. Thomas Jefferson meinte, die Tugenden könnten nur in einer Gesellschaft aus Kleinbauern gedeihen; und Adam Ferguson betrachtete – schon um einiges differenzierter – die Institutionen der modernen kommerziellen Gesellschaft als Gefahr für zumindest einige traditionelle Tugenden. Fergusons Soziologie ist das empirische Gegenstück zur begrifflichen Darstellung der Tugenden, wie ich sie gegeben habe, zu einer Soziologie, die das Ziel hat, die empirischen, kausalen Verbindungen zwischen Tugenden, Praxisart und Institutionen offenzulegen. Denn diese Art begrifflicher Darstellung hat weitreichende empirische Folgen; sie liefert ein erklärendes System, das in bestimmten Fällen überprüft werden kann. Außerdem hat meine These auch noch auf andere Art empirischen Gehalt; sie hat zur Folge, daß ohne Tugenden im Kontext der Praxis nur das erkannt werden kann, was ich als äußerliche Güter bezeichnet habe, auf keinen Fall aber der Praxis inhärente Güter. Und in jeder Gesellschaft, die nur äußere Güter kennt, wäre Konkurrenz das beherrschende und sogar ausschließliche Merkmal. Wir besitzen eine bestechende Schilderung einer solchen Gesellschaft in Hobbes' Darstellung des Zustandes der Natur; und Professor Turnbulls Bericht über das Schicksal der Ik läßt vermuten, daß die soziale Wirklichkeit auf das schrecklichste sowohl meine These wie auch die von Hobbes bestätigt.

Tugenden stehen demnach in unterschiedlicher Beziehung zu äußerlichen und inhärenten Gütern. Der Besitz der Tugenden – nicht nur ihres Anscheins und ihrer Abbilder – ist notwendig zur Erreichung letzterer; doch der Besitz der Tugenden kann uns durchaus daran hindern, äußere Güter zu erlangen. Ich muß an dieser Stelle darauf hinweisen, daß äußere Güter wirklich Güter sind. Sie sind nicht nur charakteristische Gegenstände menschlichen Verlangens, deren Zuteilung den Tugenden der Gerechtigkeit und Großzügigkeit ihren Sinn verleiht, es kann sie auch niemand ohne eine gewisse Heuchelei völlig verachten, Doch ist es bekannt, daß uns die Pflege von Wahrheitsliebe, Gerechtigkeit und Tapferkeit oft daran hindern, reich oder berühmt oder mächtig zu werden, gleichgültig wie die Welt ist. Obwohl wir also hoffen können, durch den Besitz der Tugenden die Maßstäbe der Vortrefflichkeit und die bestimmten Praxisarten inhärenten Güter zu erreichen *und* reich, berühmt und mächtig zu werden, sind die Tugenden immer ein potentieller Stolperstein für diesen angenehmen Ehrgeiz. Wir sollten daher damit rechnen, daß der Begriff der Tugenden für den Fall, daß das Streben nach äußerlichen Gütern in einer bestimmten Gesellschaft überhand nehmen sollte, zunächst abgenützt werden könnte und dann womöglich nahezu ausgelöscht würde, auch wenn es vielleicht Abbilder im Überfluß gibt.

An dieser Stelle wirft sich die Frage auf, inwieweit diese teilweise Darstellung einer Kernvorstellung der Tugenden – und ich muß betonen, daß alles, was ich bisher vorgelegt habe, erst der erste Abschnitt einer solchen Darstellung ist – ehrlich gegenüber der Tradition ist, die ich skizziert habe. Wie weit zum Beispiel und auf welche Arten ist sie aristotelisch? Sie ist – glücklicherweise – auf zwei Arten nicht aristotelisch, auf die auch ein großer Teil der übrigen Tradition von Aristoteles abweicht. Erstens verlangt diese Darstellung der Tugenden, obwohl sie teleologisch ist, keine Treuepflicht gegenüber der metaphysischen Biologie des Aristoteles. Und zweitens werden Konflikte nicht nur Mängeln im individuellen Charakter entspringen, gerade aufgrund der Vielfältigkeit der menschlichen Praxis und der sich daraus ergebenden Vielfalt der Güter, bei deren Verfolgen die Tugenden ausgeübt werden können – Güter, die möglicherweise oft unvereinbar miteinander sein und daher konkurrierende Ansprüche an unsere Treue stellen werden. Aber gerade an diesen beiden Punkten schien die Darstellung der Tugenden bei Aristoteles am anfälligsten zu sein; wenn es sich also als der Fall erweist, daß diese sozial teleologische Darstellung die allgemeine Darstellung der Tugenden bei Aristoteles ebensogut unterstützen kann wie seine eigene biologisch teleologische Darstellung dies tut, können diese Abweichungen von Aristoteles selbst durchaus eher als Stärkung denn als Schwächung der Gründe für einen allgemein aristotelischen Standpunkt betrachtet werden.

Die Darstellung, die ich gegeben habe, ist auf mindestens drei Arten eindeutig aristotelisch. Erstens verlangt sie zu ihrer Vervollständigung eine überzeugende Ausarbeitung gerade jener Unterscheidungen und Vorstellungen, die auch die Darstellung des Aristoteles fordert: Freiwilligkeit, die Unterscheidung zwischen geistigen Tugenden und Tugenden des Charakters, die Beziehung beider zu natürlichen Fähigkeiten und zu den Leidenschaften und die Struktur des praktischen Urteilens. Bei jedem dieser Punkte muß etwas verteidigt werden, das der aristotelischen Sicht sehr ähnelt, wenn meine eigene Darstellung plausibel sein soll.

Zweitens kann sich meine Darstellung einer aristotelischen Sichtweise von Vergnügen und Freude anpassen, wohingegen sie interessanterweise unvereinbar mit jeder utilitaristischen Sicht und vor allem mit

Franklins Darstellung der Tugenden ist. Wir können uns diesen Fragen durch die Überlegung nähern, was wir jemandem antworten, der, nachdem er meine Darstellung über die Unterschiede zwischen den Gütern die einer Praxis inhärent, und denen, die ihr äußerlich sind, erwogen hat, untersuchen würde, in welche Gruppe, wenn überhaupt, Vergnügen oder Freude fallen. Die Antwort lautet: »Einige Arten des Vergnügens in die eine, einige in die andere Gruppe«.

Jemand, der in einer Praxis Vortrefflichkeit erreicht hat, der gut Schach oder Fußball spielt oder mit Erfolg eine physikalische Untersuchung durchführt oder ein experimentelles Malverfahren einführt, freut sich normalerweise über seine Leistung und seine Tätigkeit, sie zu erreichen. Das tut auch jemand, wenn er die Grenze zur Vollendung nicht überschreitet, aber auf eine Art und Weise spielt oder denkt oder handelt, die zum Überschreiten der Grenze der Vollendung führt. Nach Aristoteles sind die Freude an der Tätigkeit und die Freude an der Leistung nicht das Ziel, das der Handelnde anstrebt, sondern die Freude kommt noch dergestalt zu einer erfolgreichen Tätigkeit hinzu, daß die vollbringende Tätigkeit und die erfreuende Tätigkeit ein und derselbe Zustand sind. Das eine anzustreben bedeutet also auch, das andere anzustreben; und man verwechselt daher auch leicht das Streben nach Vortrefflichkeit mit dem Streben nach Freude *in diesem spezifischen Sinn*. Gerade diese Verwechslung ist harmlos; dagegen ist die Verwechslung der Freude *in diesem spezifischen Sinn* mit anderen Formen der Freude nicht harmlos.

Denn bestimmte Arten von Vergnügen sind natürlich ebenso wie Ansehen, Status, Macht und Geld äußerliche Güter. Nicht jedes Vergnügen ist die Freude, die noch zur vollbringenden Tätigkeit hinzukommt, sondern nur das Vergnügen psychologischer oder physischer Zustände unabhängig von jeder Tätigkeit. Solche Zustände – zum Beispiel der, der durch den dicht aufeinanderfolgenden und daher ineinander übergehenden Genuß von Colchester Austern, Cayennepfeffer und Champagner für einen normalen Gaumen erzeugt wird – werden vielleicht als äußerliche Güter, als äußerliche Belohnungen gesucht, die mit Geld gekauft oder durch Prestige erworben werden. Somit wird Vergnügen durch die Klassifikation in inhärente und äußerliche Güter treffend und in geeigneter Weise kategorisiert.

Gerade diese Klassifikation kann keinen Platz innerhalb der Darstellung der Tugenden durch Franklin finden, die ausschließlich aus Begriffen äußerlicher Beziehungen und äußerlicher Güter zusammengesetzt ist. Obwohl es also in diesem Stadium der Beweisführung möglich ist zu behaupten, daß meine Darstellung der Tugenden eine Vorstellung der Tugenden wiedergibt, die den Kern gerade der antiken und mittelalterlichen Tradition trifft, die ich umrissen habe, ist es doch ebenso klar, daß es mehr als eine mögliche Vorstellung der Tugenden gibt und daß Franklins Standpunkt wie jeder utilitaristische Standpunkt die Ablehnung der Tradition impliziert und umgekehrt.

Ein entscheidender Punkt der Unvereinbarkeit wurde schon vor langem von D.H. Lawrence festgehalten. Während Franklin erklärt: »Gebrauche die Sexualität selten und nur um der Gesundheit oder der Nachkommen willen...«, hält Lawrence entgegen: »*Gebrauche* die Sexualität nie«. Es gehört zum Charakter einer Tugend, daß sie ohne Berücksichtigung der Folgen ausgeübt wird, damit sie mit Erfolg die inhärenten Güter hervorbringen kann, die der Lohn der Tugenden sind. Denn es stellt sich heraus – und das ist zumindest zum Teil eine weitere empirische, faktische Behauptung –, daß wir die Tugenden überhaupt nicht besitzen können, obwohl sie gerade jene Eigenschaften sind, die meistens zur Erreichung einer bestimmten Art von Gütern führen, es sei denn, wir wenden sie ohne Rücksicht darauf an, ob sie unter bestimmten zufälligen Umständen jene Güter hervorbringen oder nicht. Wir können nicht wirklich tapfer oder wahrheitsliebend sein, aber das nur bei Gelegenheit. Darüber hinaus kann die Pflege der Tugenden, wie wir gesehen haben, das Erreichen jener äußerlichen Güter, die das Kennzeichen weltlichen Erfolges sind, jederzeit behindern und tut es oft auch. Der Weg zum Erfolg in Philadelphia und der Weg zum Himmel fallen am Ende vielleicht gar nicht zusammen.

Überdies können wir jetzt eine entscheidende Schwierigkeit *jeder* Version des Utilitarismus näher bestimmen – zusätzlich zu denen, die ich bereits oben festgehalten habe. Der Utilitarismus kann die Unterscheidung zwischen Gütern, die einer Praxis inhärent sind und Gütern, die ihr äußerlich sind, nicht integrieren. Diese Unterscheidung wird nicht nur von keinem der klassischen Utilitaristen erwähnt – sie findet sich weder in den Schriften Benthams noch in denen der Mills oder von Sidgwick –, sondern inhärente und äußerliche Güter sind auch nicht miteinander vereinbar. Daher macht der Gedanke, Güter zu summieren – und im Licht dessen, was ich über die Arten des Vergnügens und der Freude gesagt habe, erst recht der Gedanke, Glück zu summieren –, im Sinne einer einzigen Nützlichkeitsformel oder -vorstellung, sei es die Franklins, Benthams oder Mills, keinen Sinn. Obwohl *diese* Unterscheidung dem Denken J. S. Mills fremd ist, sollten wir festhalten, daß die Annahme einleuchtend und keineswegs herablassend scheint, daß dies ungefähr die Unterscheidung sein muß, die er im *Utilitarismus* machen wollte, als er zwischen »höherer« und »niederer« Lust unterschied. Bestenfalls können wir »ungefähr« sagen; denn aufgrund seiner Erziehung besaß J. S. Mill eine sehr begrenzte Sicht des menschlichen Lebens und seiner Fähigkeiten; seine Erziehung hatte ihn beispielsweise untauglich gemacht, Spiele zu schätzen, durch die Art, wie sie ihn tauglich gemacht hatte, die Philosophie zu schätzen. Trotzdem ist der Gedanke, daß das Streben nach Vortrefflichkeit auf eine Art, die die menschlichen Fähigkeiten erweitert, zum Kern des menschlichen Lebens gehört, nicht nur im politischen und sozialen Denken J. S. Mills zu Hause, sondern auch in seinem Leben und dem von Mrs. Taylor. Wenn ich ein paar typische Vertreter bestimmter Tugenden, wie ich sie verstehe, auswählen müßte, wären natürlich viele Namen zu nennen – der heilige Benedikt, der heilige Franz von Assisi, die heilige Theresa *und* Friedrich Engels, Eleanor Marx, Leo Trotzki und andere. Aber der Name John Stuart Mills müßte ebenso sicher genannt werden wie jeder andere.

Drittens ist meine Darstellung insoweit aristotelisch, als sie Bewertung und Erklärung auf eine typisch aristotelische Art verbindet. Gewisse Handlungen als Manifestation oder als gescheiterte Manifestation einer Tugend oder von Tugenden zu bestimmen, ist aus aristotelischer Sicht niemals nur Bewertung; es bedeutet auch, den ersten Schritt hin zu einer Erklärung zu tun, weshalb diese Handlungen und nicht andere durchgeführt wurden. Für einen Aristoteliker kann daher ebenso wie für einen Platoniker das Schicksal einer Stadt oder einer Person durch einen Hinweis auf die Ungerechtigkeit eines Tyrannen oder die Tapferkeit ihrer Verteidiger erklärt werden. Tatsächlich wird sich ohne Bezug auf die Stellung, die Gerechtigkeit und Ungerechtigkeit, Tapferkeit und Feigheit im menschlichen Leben spielen, nur sehr wenig wirklich erklären lassen. Daraus folgt, daß viele der erklärenden Vorhaben der modernen Sozialwissenschaft, deren methodologischer Grundsatz unter anderem die Trennung der »Tatsachen« von jeglicher Bewertung ist, scheitern müssen – diesen Begriff der »Tatsachen« habe ich in Kapitel 7 erläutert. Denn die Tatsache, daß jemand tapfer oder gerecht ist oder darin scheitert, tapfer oder gerecht zu sein, kann von denen nicht als »Tatsache« anerkannt werden, die diesen methodologischen Grundsatz akzeptieren. Die Darstellung der Tugenden, die ich gegeben habe, stimmt in diesem Punkt vollkommen mit Aristoteles überein. Aber jetzt könnte die Frage gestellt werden: Ihre Darstellung mag ja in vieler Hinsicht aristotelisch sein, aber ist sie nicht in mancher Hinsicht falsch? Betrachten wir folgenden wichtigen Einwand.

Ich habe die Tugenden zum Teil über ihre Stellung in der Praxis definiert. Aber sicherlich – so mag eingeworfen werden – sind einige Arten von Praxis schlecht, das heißt, einige kohärente menschliche Tätigkeiten, auf die die Beschreibung dessen paßt, was ich eine Praxis genannt habe. So ist in der Diskussion dieser Art der Darstellung der Tugenden von einigen Moralphilosophen gesagt worden, daß Folter und sadomasochistische sexuelle Handlungen Beispiele für Praxis sein könnten. Aber wie kann eine Disposition eine Tugend sein, wenn sie die Art von Disposition ist, die Praxisarten fördert, von denen einige zu etwas Schlechtem führen? Meine Antwort auf diesen Einwand gliedert sich in zwei Teile.

Erstens möchte ich zugestehen, daß es Arten von Praxis geben *kann*, die einfach schlecht *sind* – Praxis in dem Sinne, in dem ich diesen Begriff verstehe. Ich bin weit entfernt von der Überzeugung, daß es sie gibt, und ich glaube wirklich nicht, daß Folter oder sadomasochistische Sexualität auf die Beschreibung einer Praxis passen, wie sie meine Darstellung der Tugenden verwendet. Aber ich möchte meinen Beweis nicht auf dieses Fehlen einer Überzeugung stützen, zumal es offensichtlich ist, daß viele Arten von Praxis bei bestimmten Gelegenheiten zufällig etwas Schlechtes hervorbringen können. Denn die Reichweite von Praxis schließt die Kunst, die Wissenschaft sowie bestimmte geistige und körperliche Spiele mit ein. Und es ist offensichtlich, daß jeder dieser Bereiche unter bestimmten Umständen eine Quelle des Schlechten sein kann: Der Wunsch, vortrefflich zu sein und zu siegen kann jemanden korrumpieren; ein Mann kann sich so der Malerei hingeben, daß er seine Familie vernachlässigt; was ursprünglich ehrenvolle Flucht in den Krieg war, kann in roher Grausamkeit enden. Aber was folgt daraus?

Es ist sicher nicht so, daß meine Darstellung zur Folge hat, daß wir dieses Schlechte entschuldigen oder vergeben oder alles für richtig halten sollten, was sich aus einer Tugend ergibt. Ich muß gelten lassen, daß Tapferkeit manchmal Ungerechtigkeit unterstützt, daß Treue, wie man weiß, schon manchen mörderischen Aggressor gestärkt und Großzügigkeit manchmal die Fähigkeit zum Guten geschwächt hat. Aber das leugnen hieße die Augen verschließen angesichts jener empirischen Tatsachen, auf die ich mich bei der Kritik der Darstellung der Einheit der Tugenden bei Thomas von Aquin berufen habe. Daß die Tugenden zunächst unter Bezugnahme auf den Begriff der Praxis definiert und erklärt werden müssen, hat in keiner Weise die Zustimmung zu jeder Praxis unter allen Umständen zur Folge. Daß die Tugenden – wie der Einwand selbst voraussetzte – nicht im Sinne guter und richtiger Praxisarten, sondern im Sinne von Praxisarten definiert werden, hat nicht zur Folge und impliziert nicht, daß jede Form von Praxis, wie sie zu bestimmten Zeiten und an bestimmten Orten tatsächlich durchgeführt wird, keine moralische Kritik nötig hätte. Und Mittel für solche Kritik fehlen nicht. Vor allem ist die Berufung auf die Forderung einer Tugend zur Kritik einer Praxis nicht inkonsistent. Gerechtigkeit kann ursprünglich als Disposition definiert sein, die in bestimmter Weise notwendig ist, um Praxisarten aufrechtzuerhalten; aber daraus folgt nicht, daß bei der Erfüllung der Anforderungen einer Praxis Verletzungen der Gerechtigkeit nicht verurteilt werden sollen. Ich habe vielmehr schon in Kapitel 12 darauf hingewiesen, daß eine Ethik der Tugenden als Gegenstück eine Vorstellung vom moralischen Gesetz braucht. Auch dessen Anforderungen müssen durch die Praxis erfüllt werden. Aber impliziert dies nicht – so könnte man fragen –, daß etwas mehr über die Stellung der Praxis in einem größeren moralischen Kontext gesagt werden müßte? Läßt dies nicht zumindest vermuten, daß die Kernvorstellung einer Tugend weiter geht, als mit Hilfe der Praxis deutlich gemacht werden kann? Ich habe schließlich betont, daß die Reichweite jeder Tugend im menschlichen Leben über die Praxis hinausgeht, in deren Sinne sie zuerst definiert wird. Welche Stellung haben dann die Tugenden im weiteren Bereich des menschlichen Lebens?

Ich habe schon früher hervorgehoben, daß jede Darstellung der Tugenden mit Hilfe der entsprechenden Praxis nur eine erste und unvollständige Darstellung sein könne. Was ist notwendig, um sie zu vervollständigen? Der bisher wichtigste Unterschied zwischen meiner Darstellung und allen anderen Darstellungen, die man aristotelisch nennen könnte, liegt darin, daß ich den Zweck und die Funktion der Tugenden mit Hilfe der Praxis definiert habe, obwohl ich ihre Ausübung in keiner Weise auf den Rahmen der Praxis beschränkt habe. Dagegen legt Aristoteles diesen Zweck und diese Funktion mit Hilfe des Begriffs eines ganzen Menschenlebens, das gut genannt werden kann, fest. Und es hat tatsächlich den Anschein, als müßte die Frage »Was würde einem menschlichen Wesen fehlen, dem es an Tugenden fehlt?« eine Antwort erhalten, die über all das hinausgeht, was ich bisher gesagt habe. Denn ein solches Individuum würde nicht nur *in einer Vielzahl bestimmter Möglichkeiten* in der Art von Vortrefflichkeit scheitern, die durch die Teilnahme an einer Praxis erreicht werden kann, und in der Art von menschlicher Beziehung, die notwendig ist, diese Vortrefflichkeit aufrechtzuerhalten. Sein eigenes Leben *als Ganzes gesehen* wäre vielleicht unzulänglich; es wäre nicht das Leben, das jemand schildern würde als Antwort auf die Frage: »Welche Art von Leben ist für einen solchen Mann oder eine solche Frau die beste?« Und diese Frage kann nicht beantwortet werden, ohne nicht wenigstens Aristoteles' eigene Frage gestellt zu haben: »Worin besteht das gute Leben für den Menschen?« Betrachten wir drei Möglichkeiten, auf die das menschliche Leben, das nur von der bisher skizzierten Vorstellung der Tugenden durchdrungen ist, unzulänglich wäre.

Es wäre zunächst einmal erfüllt von *zu vielen* Konflikten und *zuviel* Willkür. Ich habe bereits argumentiert, daß es ein Vorzug einer Darstellung der Tugenden im Sinne einer Vielzahl von Gütern ist, daß sie die Möglichkeit eines tragischen Konflikts auf eine Art berücksichtigt, wie Aristoteles es nicht tut. Aber sie kann auch im Leben von jemandem, der tugendhaft und diszipliniert ist, zu viele Gelegenheiten heraufbeschwören, wo eine Treuepflicht in die eine, eine andere in die andere Richtung zeigt. Die Ansprüche einer Praxis können unvereinbar mit denen einer anderen sein, so daß man willkürlich zwischen beiden hin und her schwankt, anstatt rational zu wählen. So war es offenbar bei T.E. Lawrence. Die Verpflichtung, die Art von Gemeinschaft aufrechtzuerhalten, in der die Tugenden gedeihen können, kann unvereinbar sein mit der Hingabe, die eine bestimmte Praxis – beispielsweise die Kunst – verlangt. Es kann also zu Spannungen zwischen den Ansprüchen des Familienlebens und denen der Kunst kommen – das Problem, das Gauguin dadurch löste oder nicht löste, daß er sich nach Tahiti absetzte –, oder zwischen den Ansprüchen der Politik und denen der Kunst – das Problem, das Lenin dadurch löste oder nicht löste, daß er sich weigerte, Beethoven zu hören.

Wenn das Leben der Tugenden ständig durch Wahlen gebrochen wird, bei denen eine Treuepflicht die scheinbar willkürliche Aufgabe einer anderen nach sich zieht, kann es den Anschein haben, als würden die einer Praxis inhärenten Güter ihre Autorität letztlich aus unseren individuellen Entscheidungen herleiten; denn wenn verschiedene Güter in verschiedene und unvereinbare Richtungen deuten, muß »ich« zwischen ihren konkurrierenden Ansprüchen wählen. Das moderne Selbst taucht mit seinen kriterienlosen Wahlen anscheinend im fremden Kontext dessen wieder auf, was den Anspruch erhebt, eine aristotelische Welt zu sein. Diese Anschuldigung könnte zum Teil dadurch widerlegt werden, daß man auf die Frage zurückkommt, warum sowohl die Güter wie die Tugenden Autorität über unser Leben haben, und wiederholt, was weiter oben in diesem Kapitel bereits gesagt worden ist. Aber diese Erwiderung wäre nur teilweise erfolgreich; der eindeutig moderne Begriff der Wahl wäre in der Tat wieder aufgetaucht, wenn auch mit einem begrenzteren Geltungsbereich als dem, den er normalerweise beansprucht.

Zweitens muß unsere Vorstellung bestimmter individueller Tugenden ohne eine übergreifende Vorstellung vom Telos eines ganzen, als Einheit begriffenen Menschenlebens bruchstückhaft und unvollständig bleiben. Betrachten wir zwei Beispiele. Gerechtigkeit wird aus aristotelischer Sicht in dem Sinn definiert, daß jedem gegeben wird, was ihm zusteht oder was er verdient. Gut zu verdienen bedeutet, daß man wesentlich zur Erreichung jener Güter beigetragen hat, deren gemeinsamer Besitz und deren gemeinsames Verfolgen eine Grundlage für die menschliche Gemeinschaft schaffen. Aber die der Praxis inhärenten Güter, einschließlich der der Praxis der Gründung und Aufrechterhaltung von Formen von Gemeinschaft inhärenten Güter, müssen irgendwie geordnet und bewertet werden, wenn wir das relative Verdienst überprüfen sollen. Jede materielle Anwendung einer aristotelischen Vorstellung von Gerechtigkeit erfordert demnach ein Verständnis von Gütern und von dem Guten, das über die Vielzahl an Gütern hinausgeht, die die verschiedenen Arten der Praxis erfüllen. Dasselbe wie für die Gerechtigkeit gilt auch für die Geduld. Geduld ist die Tugend, aufmerksam und ohne Klagen zu warten, deshalb aber nicht auf überhaupt etwas zu warten. Die Geduld als eine Tugend zu behandeln setzt eine adäquate Antwort auf die Frage voraus: Warten worauf? Im Kontext der Praxis kann eine Teilantwort gegeben werden, die aber für viele Zwecke adäquat ist: die Geduld eines Handwerkers mit widerspenstigem Material, die Geduld eines Lehrers mit einem langsamen Schüler, die Geduld eines Politikers bei Verhandlungen sind Arten der Geduld. Aber wenn das Material zu widerspenstig ist, der Schüler zu langsam, die Verhandlung zu enttäuschend? Sollten wir an einer bestimmten Stelle im Interesse der Praxis selbst einfach aufgeben? Die mittelalterlichen Vertreter der Tugend der Geduld behaupteten, es gäbe bestimmte Situationen, in denen die Tugend der Geduld verlangt, niemals gegenüber einer Person oder einer Aufgabe aufzugeben, Situationen, in denen von mir, wie sie gesagt hätten, verlangt wird, in meiner Haltung gegenüber dieser Person oder Arbeit etwas von der geduldigen Haltung Gottes gegenüber seiner

Schöpfung zu verkörpern. Aber das konnte nur deshalb so sein, weil die Geduld einem übergeordneten Gut diente, einem Telos, das rechtfertigte, anderen Gütern eine untergeordnete Stellung zuzuweisen. Daraus folgt, daß der Gehalt der Tugend der Geduld davon abhängt, wie wir verschiedene Güter in einer Hierarchie ordnen, und erst recht davon, ob wir imstande sind, diese Güter rational so einzuordnen.

Ich habe bisher angedeutet, daß eine gewisse zerstörerische Willkür in das moralische Leben eindringt *und* daß wir nicht mehr in der Lage sein werden, den Kontext bestimmter Tugenden adäquat zu spezifizieren, wenn nicht ein Telos existiert, das die begrenzten Güter der Praxis transzendiert, indem es das Gute eines ganzen Menschenlebens darstellt, das Gute eines Menschenlebens als Einheit begriffen. Diese beiden Überlegungen werden durch eine dritte bekräftigt: daß es wenigstens eine von der Tradition anerkannte Tugend gibt, die nur unter Bezug auf die Gesamtheit des menschlichen Lebens spezifiziert werden kann – die Tugend der Rechtschaffenheit oder Beständigkeit. Die Reinheit des Herzens, sagt Kierkegaard, bestehe darin, eine Sache zu wollen. Dieser Gedanke der Einzigkeit eines Zieles für ein ganzes Leben kann nur auf ein ganzes Leben angewendet werden.

Es ist daher klar, daß meine einleitende Darstellung der Tugenden mit Hilfe der jeweiligen Praxis sehr viel, wenn auch längst nicht alles, von dem wiedergibt, was die aristotelische Tradition über die Tugenden lehrt. Es ist ebenfalls klar, daß man für eine Darstellung, die der Tradition adäquater und rational vertretbar ist, eine Frage stellen muß, auf die die aristotelische Tradition eine Antwort voraussetzte, eine Antwort, die in der prämodernen Welt so verbreitet ist, daß man sie gar nicht ausdrücklich näher hätte formulieren müssen. Die Frage lautet: ist es rational zu rechtfertigen, jedes menschliche Leben als Einheit zu begreifen, so daß wir versuchen können, jedes Leben als im Besitz seines Gutes zu spezifizieren, und wir die Funktion der Tugenden dahingehend verstehen können, daß sie den einzelnen in die Lage versetzen, aus seinem Leben eher eine Art von Einheit als eine andere zu machen?

Kapitel 15
Die Tugenden, die Einheit des menschlichen Lebens und der Begriff von Tradition

Jeder moderne Versuch, ein menschliches Leben als Ganzes, als Einheit zu betrachten, dessen Charakter den Tugenden ein adäquates Telos zuweist, stößt auf zwei verschiedene Hindernisse, auf ein soziales und ein philosophisches. Die sozialen Hindernisse rühren von der Art her, in der die Moderne jedes menschlichen Lebens in eine Vielzahl von Abschnitten unterteilt, von denen jeder seine eigenen Normen und Verhaltensweisen hat. So wird die Arbeit von der Freizeit getrennt, das private Leben vom öffentlichen, das gemeinschaftliche vom individuellen. So werden Kindheit und Alter aus dem übrigen Leben des Menschen herausgerissen und in getrennte Bereiche umgewandelt. Und diese Trennungen sind so ausgeprägt, daß wir im Sinne der Verschiedenheit jeder einzelnen Bereiche und Phasen und nicht der Einheit des Lebens des Individuums, das jene Teile durchschreitet, zu denken und zu empfinden gelernt haben.

Die philosophischen Hindernisse leiten sich aus zwei verschiedenen Tendenzen ab, einer überwiegend – wenn auch nicht ausschließlich – in der analytischen Philosophie beheimateten Tendenz und einer, die sowohl in der soziologischen Theorie wie auch im Existentialismus zu Hause ist. Erstere besteht in der Tendenz, das menschliche Handeln atomistisch zu sehen und komplexe Handlungen und Interaktionen mit Hilfe einfacher Bestandteile zu analysieren. Daher taucht in verschiedenen Kontexten der Begriff einer »Basis-Handlung« auf. Daß der Charakter einzelner Handlungen daherrührt, daß sie Teile eines größeren Ganzen sind, ist eine unseren geläufigen Denkweisen fremde Sicht, und doch eine Sicht, die wir wenigstens berücksichtigen müssen, wenn wir anfangen sollen zu verstehen, daß ein Leben mehr sein kann als eine Abfolge individueller Handlungen und Episoden.

Ebenso entzieht sich die Einheit des menschlichen Lebens unseren Blicken, wenn entweder eine scharfe Trennung zwischen dem einzelnen und den Rollen gemacht wird, die er spielt – eine Trennung, die nicht nur für Sartres Existentialismus charakteristisch ist, sondern auch für die soziologische Theorie Ralf Dahrendorfs –, oder zwischen den verschiedenen Rollen- (und Quasirollen-)darstellungen eines einzelnen Lebens, so daß das Leben nur noch als Aneinanderreihung unzusammenhängender Episoden erscheint, als eine Liquidierung des Selbst, die, wie ich schon erwähnt habe, typisch für die soziologische Theorie Goffmans ist. In Kapitel 3 habe ich zudem angeführt, daß die Vorstellung des Selbst sowohl Sartres wie Goffmans äußerst typisch für die Denkweisen und die Praxis der Moderne sind. Daher überrascht die Erkenntnis vielleicht nicht, daß das so begriffene Selbst nicht als Träger der aristotelischen Tugenden angesehen werden kann.

Denn das Selbst, das auf die Art Sartres von seinen Rollen getrennt wird, verliert den Bereich sozialer Beziehungen, in dem die aristotelischen Tugenden wirksam sind, wenn sie überhaupt wirksam sind. Das Muster eines tugendhaften Lebens fällt unter das Verdikt der Konventionalität, das Sartre Antoine Roquentin in *Der Ekel* in den Mund legt, und das er selbst in *Das Sein und das Nichts* ausspricht. Tatsächlich reduziert Sartre in seiner Darstellung die Rechtschaffenheit auf die Zurückweisung der Inauthentizität der den Konventionen unterworfenen sozialen Beziehungen.

Gleichzeitig läßt die Ablösung des Selbst durch abgegrenzte Bereiche des Rollenspiels keinen Spielraum für die Ausübung von Dispositionen, die in entfernt aristotelischem Sinn wirklich als Tugenden betrachtet werden könnten. Denn eine Tugend ist keine Disposition, der es nur in bestimmten Situationen auf Erfolg ankommt. Was als die Tugenden eines guten Komiteemitglieds, eines guten Verwaltungsmannes, eines Spielers oder Gauners bezeichnet wird, sind professionelle Fähigkeiten, die professionell in den Situationen eingesetzt werden, in denen sie von Nutzen sein können, aber keine Tugenden. Von jemandem, der wirklich eine Tugend besitzt, kann man erwarten, daß er sie in sehr unterschiedlichen Situationen zeigt, wobei man in vielen dieser Situationen nicht damit rechnen kann, daß die Anwendung einer Tugend in dem Sinn effektiv ist, wie wir das von einer professionellen Fähigkeit erwarten. Hektor zeigte bei seinem Abschied von Andromache die gleiche Tapferkeit wie beim Kampf mit Achilles; Eleanor Marx zeigte in der Beziehung zu ihrem Vater das gleiche Mitgefühl wie in ihrer Arbeit mit Gewerkschaftern und in ihrem Verhältnis mit Aveling. Und die Einheit einer Tugend im Leben eines Menschen ist nur als eine Eigenart eines einheitlichen Lebens verständlich, eines Lebens, das als Ganzes begriffen und bewertet werden kann. Ebenso wie in der Diskussion der Veränderungen und der Aufsplitterung der Moral, die das Aufkommen der Moderne begleitete, im ersten Teil dieses Buches, wurde daher jedes Stadium in der Entstehung der typisch modernen Sichtweisen des moralischen Urteils von einem entsprechenden Stadium in der Entstehung der typisch modernen Vorstellungen des Selbst begleitet. Zur Bestimmung des eigentlich prämodernen Begriffs der Tugenden, mit dem ich mich beschäftigt habe, ist es also jetzt notwendig geworden, etwas über die begleitende Vorstellung des Selbst zu sagen, einen Begriff des Selbst, dessen Einheit in der Einheit einer Erzählung ruht, die Geburt mit Leben und Tod wie die narrative Einleitung mit der Mitte und dem Ende verbindet.

Eine solche Vorstellung des Selbst ist vielleicht weniger ungewohnt, als sie auf den ersten Blick scheinen mag. Gerade weil sie eine Schlüsselrolle in den Kulturen gespielt hat, die historisch Vorläufer unserer eigenen sind, wäre es nicht überraschend, wenn sie sich als noch unerkannte Gegenwart in vielen unserer Denk- und Handlungsweisen herausstellen würde. Es ist daher nicht unpassend, damit zu beginnen, daß einige unserer als selbstverständlich geltenden, aber eindeutig richtigen begrifflichen Ansichten über menschliches Handeln und menschliches Selbst-Sein untersucht werden, um zu zeigen, wie natürlich es ist, das Selbst als narrative Form zu denken.

Es ist für Philosophen und normal Handelnde ein begrifflicher Allgemeinplatz, daß ein und derselbe Abschnitt menschlichen Verhaltens auf mehrere Arten richtig charakterisiert werden kann. Auf die Frage: »Was macht er gerade?« können die wahren und hinreichenden Antworten gegeben werden: »Er gräbt«, »Er arbeitet im Garten«, »Er schafft sich Bewegung«, »Er trifft Vorkehrungen für den Winter« oder »Er tut seiner Frau einen Gefallen«. Einige dieser Antworten geben Auskunft über die Intentionen des Handelnden, andere über unbeabsichtigte Folgen seines Handelns, und von diesen unbeabsichtigten Folgen sind einige vielleicht so, daß sich der Handelnde ihrer bewußt ist, andere nicht. Es muß sofort angemerkt werden, daß jede Antwort auf Fragen, wie wir einen bestimmten Verhaltensabschnitt verstehen oder erklären sollen, eine vorausgehende Antwort auf die Frage voraussetzt, wie diese verschiedenen richtigen Antworten auf die Frage »Was macht er gerade?« zueinander in

Beziehung stehen. Denn wenn jemand als eigentliche Intention den Garten vor Wintereinbruch in Ordnung bringen will, und er sich dabei nur zufällig Bewegung verschafft und seiner Frau einen Gefallen tut, haben wir eine bestimmte Verhaltensweise, die zu erklären ist; aber wenn die eigentliche Intention des Handelnden die ist, seiner Frau einen Gefallen zu tun, indem er sich Bewegung verschafft, haben wir eine ganz anders geartete Verhaltensweise zu erklären, und wir müssen in eine andere Richtung blicken, wenn wir sie verstehen und erklären wollen.

Im ersten Fall wird die Episode in einem Jahreszyklus häuslicher Tätigkeit angesiedelt, und das Verhalten verkörpert eine Intention, die einen bestimmten Rahmen – Haushalt mit Garten – mit der besonderen narrativen Geschichte dieses Rahmens voraussetzt, in dem dieses Segment des Verhaltens jetzt zur Episode wird. Im zweiten Fall ist die Episode in der narrativen Geschichte einer Ehe angesiedelt, einem ganz anderen, wenn auch verwandten sozialen Rahmen. Wir können damit Verhalten nicht unabhängig von den Intentionen charakterisieren, und wir können Intentionen nicht unabhängig von dem Rahmen charakterisieren, der diese Intentionen verständlich macht, sowohl den Handelnden selbst wie auch den anderen.

Ich gebrauche den Ausdruck »Rahmen« hier als relativ umfassenden Begriff. Ein sozialer Rahmen kann eine Institution sein, es kann das sein, was ich Praxis genannt habe, oder es kann irgendeine andersgeartete menschliche Umgebung sein. Aber wesentlich für den Begriff des Rahmens, wie ich ihn verstehe, ist, daß ein Rahmen eine Geschichte hat, eine Geschichte, innerhalb der die Geschichten der individuell Handelnden nicht nur angesiedelt sind, sondern angesiedelt sein müssen, weil die Geschichte eines individuell Handelnden und seiner Veränderungen in der Zeit ohne diesen Rahmen und dessen Veränderungen in der Zeit nicht zu verstehen ist. Selbstverständlich kann ein und dasselbe Verhalten zu mehr als nur einem Rahmen gehören. Es gibt mindestens zwei Arten, auf die dies möglich ist.

In meinem obigen Beispiel kann die Tätigkeit des Handelnden Teil der Geschichte sowohl des Zyklus der Haushaltstätigkeiten wie auch seiner Ehe sein, zwei Geschichten, die sich zufällig überschneiden. Der Haushalt hat vielleicht seine eigene Geschichte, die womöglich Jahrhunderte zurückreicht, wie die Geschichte einiger europäischer Bauernhöfe, wo der Bauernhof sein eigenes Leben hatte, auch wenn er zu verschiedenen Zeiten von verschiedenen Familien bewohnt wurde; und die Ehe hat sicher ihre eigene Geschichte, eine Geschichte, die selbst voraussetzt, daß in der Geschichte der Institution der Ehe ein bestimmter Punkt erreicht worden ist. Wenn wir ein bestimmtes Segment des Verhaltens auf exakte Weise in Beziehung zu den Intentionen eines Handelnden und damit zu den Rahmen setzen sollen, in denen dieser Handelnde lebt, müssen wir genau verstehen, wie die vielen richtigen Charakterisierungen des Verhaltens des Handelnden miteinander in Beziehung stehen, indem wir zuerst bestimmen, welche Eigenschaften uns auf eine Intention verweisen und welche nicht, und indem wir dann die Punkte in beiden Kategorien weiter klassifizieren.

Wo es sich um Intentionen dreht, müssen wir wissen, welche Intention oder welche Intentionen die primären waren, für die also gilt, daß der Handelnde, wenn er eine andere Intention gehabt hätte, diese Handlung nicht durchgeführt hätte. Wenn wir also wissen, daß jemand mit den selbst-anerkannten Zielen im Garten arbeitet, sich gesunde Bewegung zu verschaffen und seiner Frau einen Gefallen zu tun, können wir das, was er tut, so lange nicht verstehen, wie wir die Antwort auf solche Fragen nicht kennen wie die, ob er weiter im Garten arbeiten würde, wenn er weiterhin glauben würde, daß die Arbeit im Garten gesunde körperliche Betätigung ist, aber entdecken würde, daß seine Arbeit im Garten seiner Frau nicht mehr gefiele, *und* ob er weiter im Garten arbeiten würde, wenn er aufhören würde zu glauben, daß Gartenarbeit gesunde Bewegung verschaffe, aber auch weiterhin glauben würde, daß sie seiner Frau gefiele, *und* ob er weiter im Garten arbeiten würde, wenn sich seine Überzeugung in beiden Punkten änderte. Das heißt, wir müssen sowohl einige seiner Überzeugungen kennen als auch wissen, welche davon ursächlich wirksam sind; und das heißt, wir müssen wissen, ob bestimmte, den Tatsachen widersprechende hypothetische Aussagen richtig oder falsch sind. Und solange wir das nicht wissen, können wir nicht richtig charakterisieren, was der Handelnde tut.

Betrachten wir noch ein weiteres, ebenso triviales Beispiel für eine Reihe miteinander vereinbarer, richtiger Antworten auf die Frage »Was macht er gerade?«: »Er schreibt einen Satz«, »Er beendet sein Buch«, »Er nimmt an der Debatte über die Handlungstheorie teil«, »Er versucht, eine Anstellung zu bekommen«. Hier können die Intentionen mit Hilfe der zeitlichen Ausdehnung geordnet werden, auf die Bezug genommen wird. Jede der kurzfristigeren Intentionen ist nur durch den Bezug auf längerfristige Intentionen verständlich und kann nur dadurch verständlich gemacht werden; und die Charakterisierung des Verhaltens mit Hilfe von längerfristigen Intentionen kann nur korrekt sein, wenn einige der Charakterisierungen mit Hilfe von kurzfristigeren Intentionen ebenfalls korrekt sind. Das Verhalten wird also nur dann adäquat beschrieben, wenn wir wissen, welches die angeführten länger- und langfristigen Intentionen sind, und in welchem Verhältnis die kürzerfristigen zu den längerfristigen Intentionen stehen. Noch einmal, wir sind damit befaßt, eine narrative Geschichte zu schreiben.

Intentionen müssen also kausal und zeitlich geordnet werden, und beide Einordnungen werden Bezüge auf Rahmen herstellen, Bezüge, die bereits versteckt durch so elementare Begriffe wie »Gartenarbeit«, »Frau«, »Buch« und »Anstellung« hergestellt worden sind. Außerdem wird die richtige Bestimmung der Überzeugung des Handelnden ein wesentlicher Bestandteil dieser Aufgabe sein; ein Scheitern an dieser Stelle würde ein Scheitern des gesamten Unternehmens bedeuten. (Die Schlußfolgerung erscheint vielleicht offenkundig; aber sie zieht bereits eine wichtige Konsequenz nach sich. Es gibt kein »Verhalten«, das vor und unabhängig von Intentionen, Überzeugungen und Rahmen bestimmt werden muß. Das Projekt einer Verhaltenswissenschaft nimmt somit einen geheimnisvollen und etwas ausgefallenen Zug an. Nicht daß eine solche Wissenschaft unmöglich wäre; aber sie könnte nur eine Wissenschaft nicht gedeuteter körperlicher Bewegung seien, wie sie B.F. Skinner anstrebt. Es gehört hier nicht zu meinen Aufgaben, Skinners Probleme zu untersuchen; aber es muß festgehalten werden, daß überhaupt nicht klar ist, wie ein wissenschaftliches Experiment aussehen könnte, wenn man Skinner-Anhänger wäre; denn die Vorstellung von einem Experiment enthält doch sicher von Intentionen und Überzeugungen geleitetes Verhalten. Und ganz und gar zum Scheitern verurteilt wäre das Projekt einer Wissenschaft des *politischen* Verhaltens, die losgelöst wäre von einer Untersuchung der Intentionen, Überzeugungen und Rahmen. Es sollte vielleicht angemerkt werden, daß der Ausdruck »Verhaltenswissenschaften« zum erstenmal mit Folgen 1953 in einem Bericht der Ford Foundation verwendet wurde, in dem der Begriff »Verhalten« so definiert war, daß er auch das umfaßte, was »subjektives Verhalten wie Einstellungen, Überzeugungen, Erwartungen, Motivationen und Hoffnungen« und »offenkundige Handlungen« genannt wurde. Aber der Wortlaut des Berichts scheint zu implizieren, daß zwei verschiedene Gruppen von Punkten katalogisiert werden, die für eine unabhängige Untersuchung zur Verfügung stehen. Wenn die Argumentation bisher richtig ist, gibt es jedoch nur eine Gruppe von Punkten.)

Betrachten wir, was die Argumentation bis jetzt für die Wechselbeziehungen zwischen Intentionalem, Sozialem und Historischem impliziert. Wir bestimmen eine Handlung nur dadurch, daß wir uns implizit, wenn nicht explizit auf zwei Arten von Kontext berufen. Wir ordnen die Intentionen des Handelnden wie erwähnt kausal und zeitlich in Bezug auf ihre Rolle in der Geschichte des Handelnden ein. Und wir ordnen sie auch in Bezug auf ihre Rolle in der Geschichte des Rahmens oder der Rahmen ein, zu denen sie gehören, indem wir bestimmen, welche kausale Wirkung die Intentionen des Handelnden in einer oder mehreren Richtungen haben, und wie seine kurzfristigen Intentionen erfolgreich oder erfolglos langfristige Intentionen konstituieren, schreiben wir selbst einen weiteren Teil dieser Geschichten. Narrative Geschichte einer bestimmten Art erweist sich als die grundlegende und wesentliche Gattung der Charakterisierung menschlichen Handelns.

Es muß klargestellt werden, wie verschieden der Standpunkt, den die bisherige Argumentation voraussetzt, von dem jener analytischen Philosophen ist, die Darstellungen des menschlichen Handelns gegeben haben, in denen der Begriff »einer« menschlichen Handlung im Mittelpunkt steht. Ein Ablauf menschlicher Ereignisse wird dann als komplexe Abfolge individueller Handlungen gesehen, und es stellt sich die natürliche Frage: wie individualisieren wir menschliche Handlungen? Es gibt Kontexte, in die solche Begriffe gehören. In den Rezepten eines Kochbuchs werden die Handlungen beispielsweise in der Art individualisiert, die einige analytische Philosophen als für alle Handlungen möglich angenommen haben. »Man nehme sechs Eier. Dann schlage man sie in eine Schüssel. Man gebe Mehl, Salz und Zucker usw. hinzu.« Aber das entscheidende solcher Abfolgen ist, daß jedes ihrer Elemente als Handlung nur verständlich ist als ein-mögliches-Element-in-einer-Abfolge. Darüber hinaus verlangt selbst eine solche Abfolge einen Kontext, um verständlich zu sein. Wenn ich mitten in meiner Vorlesung über Kants Ethik plötzlich sechs Eier in eine Schüssel schlage und Mehl und Zucker hinzufüge, dabei aber mit meiner Exegese Kants fortfahre, habe ich allein aufgrund der Tatsache, daß ich einer Abfolge gefolgt bin, die mir mein Kochbuch vorgeschrieben hat, *keine* verständliche Handlung ausgeführt.

Darauf ließe sich erwidern, daß ich ohne Zweifel eine oder mehrere Handlungen ausgeführt habe, auch wenn sie unverständlich waren. Aber darauf möchte ich entgegnen, daß der Begriff einer verständlichen Handlung doch ein fundamentalerer Begriff als der einer Handlung an sich ist. Unverständliche Handlungen sind gescheiterte Anwärter auf den Status einer verständlichen Handlung; unverständliche und verständliche Handlungen in einer einzigen Gruppe von Handlungen zusammenzuwerfen und Handlungen dann mit Hilfe dessen zu charakterisieren, was beiden Handlungsarten gemeinsam ist, hieße in den Fehler verfallen, dies zu übersehen. Es hieße auch, die zentrale Bedeutung des Begriffs der Verständlichkeit mißachten.

Die Bedeutung des Begriffs der Verständlichkeit hängt eng mit der Tatsache zusammen, daß die grundlegendste Unterscheidung in unserer Erörterung und unserer Praxis dieses Bereichs die zwischen menschlichen und anderen Wesen ist. Menschliche Wesen können für das zur Rechenschaft gezogen werden, dessen Urheber sie sind; andere Wesen nicht. Ein Vorkommnis als Handlung zu bestimmen bedeutet im exemplarischen Fall, es in einer Form von Beschreibung zu bestimmen, mit deren Hilfe wir sehen können, daß dieses Vorkommnis auf verständliche Weise den Intentionen, Motiven, Leidenschaften und Zwecken des Handelnden entspringt. Eine Handlung muß deshalb als etwas verstanden werden, für das jemand verantwortlich ist und zu dem der Handelnde jederzeit nach einer verständlichen Erklärung gefragt werden kann. Wenn ein Vorkommnis offensichtlich die intendierte Handlung eines Menschen ist, die wir gleichwohl nicht als solche bestimmen können, sind wir geistig und praktisch verblüfft. Wir wissen nicht, wie wir reagieren sollen; wir wissen nicht, wie wir das erklären sollen; wir wissen nicht einmal, wie wir es zumindest ansatzweise als verständliches Handeln charakterisieren sollen; unsere Unterscheidung zwischen dem menschlich Erklärlichen und dem rein Natürlichen scheint aufgehoben zu sein. Und diese Verblüffung stellt sich tatsächlich in vielen verschiedenen Situationen ein: wenn wir in fremde Kulturen kommen oder nur in eine fremde soziale Struktur innerhalb unserer eigenen Kultur, bei Begegnungen mit bestimmten neurotischen oder psychotischen Patienten (gerade die unverständliche Handlungsweise dieser Patienten führt dazu, daß sie als Patienten betrachtet werden; Handlungen, die sowohl für den Handelnden wie für jeden anderen unverständlich sind, werden zu Recht als Leiden verstanden), aber auch in Alltagssituationen. Betrachten wir ein Beispiel.

Ich stehe an der Haltestelle und warte auf den Bus, als der junge Mann neben mir plötzlich sagt: »Der Name der gemeinen Wildente ist *Histrionicus histrionicus histrionicus*«. Die Bedeutung des geäußerten Satzes ergibt kein Problem: das Problem ist, wie wir die Frage beantworten, was er mit dieser Äußerung getan hat. Nehmen wir an, er habe solche Sätze einfach nur in unregelmäßigen Abständen geäußert; das wäre eine mögliche Form des Wahnsinns. Seine Sprachhandlung würde verständlich werden, wenn einer der folgenden Punkte zuträfe. Er hat mich mit jemandem verwechselt, der ihn gestern in der Bibliothek angesprochen und gefragt hat: »Kennen Sie zufällig den lateinischen Namen der gemeinen Wildente?« *Oder* er kommt gerade von einer Sitzung bei seinem Psychotherapeuten, der ihn dazu gedrängt hat, seine Schüchternheit abzulegen und einfach fremde Menschen anzusprechen. »Aber was soll ich sagen?« »Ach, einfach irgend etwas.« *Oder* er ist ein russischer Spion, der an einem vereinbarten Treffpunkt wartet und den schlechtgewählten Erkennungssatz äußert, der ihn gegenüber seinem Kontaktmann ausweist. In allen Fällen wird der Sprechakt dadurch verständlich, daß er in eine Erzählung eingeordnet wird.

Darauf könnte erwidert werden, daß eine Erzählung gar nicht nötig ist, um einen solchen Akt verständlich zu machen. Erforderlich ist nur, daß wir den entsprechenden Typ von Sprechakt bestimmen (z. B. »Er hat versucht, deine Aufmerksamkeit auf sich zu lenken«). Aber auch Sprechakte und Zwecke können verständlich oder unverständlich sein. Nehmen wir an, der Mann an der Bushaltestelle erklärt seine Sprachhandlung, indem er sagt: »Ich habe eine Frage beantwortet.« Ich entgegne: »Aber ich habe Ihnen gar keine Frage gestellt, auf die dies die Antwort sein könnte.« Er sagt: »Oh, *das* weiß ich.« Erneut wird sein Handeln unverständlich. Und er ließe sich ohne weiteres ein ähnliches Beispiel konstruieren, um zu zeigen, daß die bloße Tatsache, daß eine Handlung irgendwelchen Zwecken einer anerkannten Art dient, nicht ausreicht, um eine Handlung verständlich zu machen. Sowohl die Zwecke wie die Sprechakte erfordern einen Kontext.

Der vertrauteste Kontext, in dem und durch den Sprechakte und Zwecke verständlich werden, ist das Gespräch. Das Gespräch ist ein so allgegenwärtiger Bestandteil der menschlichen Welt, daß es dazu neigt, sich der philosophischen Aufmerksamkeit zu entziehen. Aber man nehme dem menschlichen Leben das Gespräch – was bliebe dann übrig? Betrachten wir also, was damit verbunden ist, einem Gespräch zu folgen und es verständlich oder unverständlich zu finden. (Ein Gespräch verständlich finden bedeutet nicht dasselbe wie es zu verstehen; denn ein Gespräch, das ich zufällig belausche, kann verständlich sein, und dennoch verstehe ich es vielleicht nicht.) Wenn ich einem Gespräch zwischen zwei Personen zuhöre, erfordert meine Fähigkeit, den Sinn der Unterhaltung zu erfassen, eine Fähigkeit, es einer von mehreren Beschreibungen zuzuordnen, in denen das Ausmaß und die Art der Kohärenz in dem Gespräch deutlich wird: »ein uferloser Streit Angetrunkener«, »eine ernsthafte intellektuelle Auseinandersetzung«, »ein tragisches gegenseitiges Mißverständnis«, »eine komische und absurde Falschauslegung der Motive des anderen«, »ein scharfsinniger Austauch von Ansichten«, »ein Ringen darum, den anderen zu beherrschen«, »ein trivialer Austauch von Klatsch«.

Der Gebrauch von Ausdrücken wie »tragisch«, »komisch« und »absurd« ist für solche Bewertungen nicht nebensächlich. Wir ordnen Gespräche bestimmten Gattungen zu, so wie wir es mit literarischen Erzählungen tun. Tatsächlich ist ein Gespräch ein dramatisches Werk, wenn auch nur ein sehr kurzes, in dem die Beteiligten nicht nur die Schauspieler sind, sondern auch gemeinsam die Autoren, die in gegenseitiger Übereinstimmung oder in fehlender Übereinstimmung die Form ihrer Produktion ausarbeiten. Denn Gespräche gehören nicht einfach so zu Gattungen wie Schauspiele und Romane; aber sie haben Anfang, Mittelteil und Ende genau wie literarische Werke. Sie verkörpern Aufhebungen und Bestätigungen, bewegen sich auf Höhepunkte zu und entfernen sich von ihnen. In einem längeren Gespräch kann es Abschweifungen und Nebenhandlungen geben, ja sogar Abschweifungen innerhalb der Abschweifungen und Nebenhandlungen innerhalb der Nebenhandlungen.

Aber wenn dies für Gespräche gilt, dann gilt es *mutatis mutandis* auch für Schlachten, Schachpartien, Brautwerbungen, Philosophieseminare, Familien am Eßtisch, Geschäftsleute bei Vertragsverhandlungen – das heißt, für menschliche Transaktionen im allgemeinen. Denn das Gespräch ist im weitesten Sinne die Form der menschlichen Transaktion generell. Gesprächsverhalten ist keine besondere Art oder Seite des menschlichen Verhaltens, auch wenn die Formen des Sprachgebrauchs und des menschlichen Lebens so sind, daß die Taten anderer ebenso für sie sprechen wie ihre Worte. Denn das ist nur möglich, weil es die Taten derjenigen sind, die Worte haben.

Ich stelle also sowohl Gespräche im einzelnen wie menschliche Handlungen im allgemeinen als dargestellte Erzählungen vor. Die Erzählung ist nicht das Werk von Dichtern, Dramatikern und Romanciers, die über Ereignisse nachdenken, die keine erzählerische Ordnung hatten, bevor der Sänger oder Schriftsteller ihnen eine gab: narrative Form ist weder Verkleidung noch Dekoration. Barbara Hardy hat zum selben Punkt folgendes geschrieben: »Wir träumen in der Erzählung, träumen in der Erzählung mit offenen Augen, wir erinnern *uns,* nehmen vorweg, hoffen verzweifeln, glauben, zweifeln, planen, ändern, kritisieren, bauen, klatschen, lernen, hassen und lieben durch die Erzählung.« (1968, S. 5)

Am Anfang dieses Kapitels habe ich argumentiert, daß wir uns, in dem wir mit Erfolg bestimmen und verstehen, was ein anderer tut, immer dahin bewegen, eine bestimmte Episode in den Kontext mehrerer narrativer Geschichten zu stellen, Geschichten sowohl der betroffenen Personen wie auch des Rahmens, in dem sie handeln und leiden. Es wird jetzt klar, daß wir die Handlungen anderer deshalb auf diese Weise verständlich machen, weil Handlung selbst einen grundlegenden historischen Charakter hat. Weil wir alle in unserem Leben Erzählungen ausleben und unser Leben mit Hilfe der Erzählungen, die wir ausleben, verstehen, eignet sich die Form der Erzählung dazu, die Handlungen anderer zu verstehen. Geschichten werden gelebt, bevor sie erzählt werden – außer in Romanen.

Das ist in den jüngsten Debatten natürlich bestritten worden. Louis O. Mink, der sich mit der Ansicht Barbara Hardys auseinandersetzt, hat behauptet: »Geschichten werden nicht gelebt, sondern erzählt. Das Leben hat keinen Anfang, keine Mitte, kein Ende; es gibt Begegnungen, aber der Anfang eines Verhältnisses gehört zu der Geschichte, die wir uns später erzählen, und es gibt Abschiede, aber endgültige Abschiede nur in der Geschichte. Es gibt Hoffnungen, Pläne, Kämpfe und Ideen, aber nur in retrospektiven Geschichten sind Hoffnungen unerfüllt, Pläne verunglückt, Kämpfe entscheidend und Ideen zukunftsträchtig. Nur in der Geschichte ist es Amerika, was Kolumbus entdeckte, und nur in der Geschichte geht das Königreich verloren, weil ein Nagel fehlt.« (1970, S. 557 f.)

Was müssen wir darauf antworten? Sicher müssen wir zustimmen, daß Hoffnungen nur im Rückblick als unerfüllt, Schlachten als entscheidend und so fort charakterisiert werden können. Aber so charakterisieren wir sie im Leben wie auch in der Kunst. Und jemandem, der sagt, daß es im Leben kein Ende gebe, oder daß endgültige Abschiede nur in Geschichten stattfinden, ist man versucht entgegenzuhalten: »Aber haben Sie denn noch nie etwas vom Tod gehört?« Homer mußte die Geschichte Hektors nicht erzählen, bevor Andromache unerfüllte Hoffnungen und einen endgültigen Abschied beklagen konnte. Es gibt zahllose Hektors und zahllose Andromaches, deren Leben die Form ihrer homerischen Namensbrüder und -schwestern verkörperte, aber die nie die Aufmerksamkeit eines Dichters erweckten. Richtig ist, daß wir einem

Ereignis, wenn wir es als Anfang oder Ende ansehen, eine Bedeutung zuerkennen, über die man streiten kann. Endete die römische Republik mit dem Tod Julius Cäsars, oder bei Philippi, oder mit der Schaffung des Prinzipats? Die Antwort lautet sicher, daß es ein langes Sterben war; aber diese Antwort impliziert die Wirklichkeit ihres Endes ebenso wie jede frühere. Das Prinzipat des Augustus, oder das Leisten des Eides auf dem Tennisplatz, oder die Entscheidung, in Los Alamos eine Atombombe zu bauen, konstituieren im strengen Sinn Anfänge; der Friede von 404 v. Chr., die Abschaffung des schottischen Parlaments und die Schlacht von Waterloo konstituieren auf gleiche Weise ein Ende; daneben gibt es viele Ereignisse, die sowohl Ende wie Anfang sind.

Wie mit Anfängen, Mitte und Enden, so verhält es sich auch mit Gattungen und dem Phänomen des Eingebettetseins. Nehmen wir die Frage, in welche Gattung das Leben Thomas Beckets gehört, eine Frage, die gestellt und beantwortet werden muß, bevor wir entscheiden können, wie es geschrieben werden muß. (Aus Minks paradoxer Sicht könnte diese Frage erst gestellt werden, *nachdem* das Leben beschrieben wäre.) In einigen der mittelalterlichen Fassungen wird der Aufstieg Beckets im Sinne der Grundsätze mittelalterlicher Hagiographie dargestellt. In der isländischen *Thomas-Saga* wird er als Sagaheld dargestellt. In der modernen Biographie von Dom David Knowles ist die Geschichte eine Tragödie, die tragische Beziehung zwischen Thomas und Heinrich II., von denen jeder die Forderung von Aristoteles erfüllt, daß der Held ein großer Mensch mit einem verhängnisvollen Fehler sei. Jetzt ist es sicher sinnvoll zu fragen, wer recht hat, wenn überhaupt jemand recht hat: der Mönch William von Canterbury, der Verfasser der Saga oder der Cambridge Regius Professor Emeritus? Die richtige Antwort scheint der letzte zu geben. Die wahre Gattung des Lebens ist weder die Hagiographie noch die Saga, sondern die Tragödie. So können wir auch bei so modernen narrativen Themen wie dem Leben Trotzkis oder Lenins, der Geschichte der Kommunistischen Partei der Sowjetunion oder der amerikanischen Präsidentschaft fragen: Zu welcher Gattung gehört ihre Geschichte? Und das ist die gleiche Frage wie die, welche Art von Darstellung ihrer Geschichte sowohl wahr als auch verständlich ist.

Oder betrachten wir erneut, wie eine Erzählung in einer anderen eingebettet sein kann. In Schauspielen und Romanen gibt es bekannte Beispiele: das Spiel im Spiel im *Hamlet,* Wandering Willie's Tale in *Redgauntlet,* die Erzählung des Aeneas für Dido im 2. Buch der *Aeneis,* und so fort. Aber auch aus dem wirklichen Leben gibt es berühmte Beispiele.

Denken wir noch einmal daran, wie der Aufstieg Beckets als Erzbischof und Kanzler in die Regierungszeit Heinrich II. eingebettet ist, oder das tragische Leben Maria Stuarts in dem Elisabeth I., oder die Geschichte der Konföderation in der Geschichte der Vereinigten Staaten. Manch einer entdeckt vielleicht (oder entdeckt es nicht), daß er eine Figur in mehreren Erzählungen gleichzeitig ist, von denen einige in andere eingebettet sind. Oder noch einmal: was eine verständliche Erzählung zu sein schien, in der man eine Rolle spielte, kann ganz oder teilweise zu einer Geschichte aus unverständlichen Episoden werden. Das letztere widerfuhr Kafkas Gestalt des K. in *Der Prozeß* und *Das Schloß*. (Es ist kein Zufall, daß Kafka seine Romane nicht beenden konnte, denn der Begriff des Endes findet wie der des Anfangs nur in einer verständlichen Erzählung seinen Sinn.)

Ich habe oben vom Handelnden nicht nur als Schauspieler, sondern auch als Autor gesprochen. Jetzt muß ich betonen, daß das, was der Handelnde als Schauspieler verständlich tun und sagen kann, weitgehend von der Tatsache beeinflußt wird, daß wir nie mehr (und manchmal weniger) als die Koautoren unserer eigenen Erzählungen sind. Nur in unserer Phantasie leben wir die Geschichte, die uns gefällt. Im Leben unterliegen wir, wie sowohl Aristoteles als auch Engels bemerkten, immer bestimmten Beschränkungen. Wir kommen auf eine Bühne, die wir nicht eingerichtet haben, und wir sehen uns als Teil einer Handlung, die nicht von uns stammt. Jeder von uns, der im eigenen Stück eine Hauptrolle spielt, hat in den Stücken anderer nur Statistenrollen, und jedes Stück schränkt die anderen ein. In meinem Stück bin ich vielleicht Hamlet oder Jago oder wenigstens der Schweinehirt, der noch Prinz werden kann, aber für Sie bin ich nur Ein Herr oder bestenfalls Der Zweite Mörder, während Sie mein Polonius oder mein Totengräber sind, aber Ihr eigener Held. Jedes unserer Stücke schränkt das der anderen ein und läßt das Ganze anders als die Teile, aber immer noch dramatisch erscheinen.

So komplexe Überlegungen wie diese sind damit verbunden, wenn der Begriff der Verständlichkeit zum begrifflichen Bindeglied zwischen dem Begriff der Handlung und dem der Erzählung gemacht wird. Sobald wir seine Bedeutung begriffen haben, wird die Behauptung, daß die Vorstellung einer Handlung der einer verständlichen Handlung untergeordnet ist, vielleicht weniger seltsam erscheinen, und dasselbe gilt auch für die Behauptung, daß der Begriff »einer« Handlung, auch wenn von höchster praktischer Bedeutung, stets eine potentiell irreführende Abstraktion ist. Eine Handlung ist ein Moment in einer möglichen oder tatsächlichen Geschichte oder einer Reihe solcher Geschichten. Der Begriff einer Geschichte ist ein ebenso grundlegender Begriff wie der einer Handlung. Jeder erfordert den anderen. Aber ich kann dies nicht sagen, ohne anzumerken, daß Sartre genau dies abstreitet – wie seine gesamte Theorie des Selbst, die den Geist der Moderne so gut einfängt, tatsächlich verlangt, daß er dies sollte. In *Der Ekel* läßt Sartre Antoine Roquentin nicht nur wie Mink argumentieren, daß die Erzählung ganz anders als das Leben ist, sondern daß die Darstellung des menschlichen Lebens in der Form einer Erzählung immer eine Verfälschung des Lebens bedeutet. Es gibt keine wahren Geschichten und es kann sie nicht geben. Das menschliche Leben besteht aus einzelnen Handlungen, die nirgendwohin führen, die kein System haben; der Geschichtenerzähler bringt die menschlichen Ereignisse rückblickend in ein System, das sie gar nicht hatten, als sie gelebt wurden. Falls Sartre/Roquentin recht hat – ich spreche von Sartre/Roquentin, um ihn von anderen, wohlbekannten Gestalten wie Sartre/Heidegger und Sartre/Marx zu unterscheiden –, muß meine zentrale Behauptung natürlich falsch sein. Dennoch gibt es einen wichtigen Punkt der Übereinstimmung zwischen meiner These und der von Sartre/Roquentin. Wir stimmen darin überein, die Verständlichkeit einer Handlung gleichzusetzen mit ihrer Stellung in einer narrativen Folge. Sartre/Roquentin meint allerdings, daß menschliche Handlungen als solche unverständliche Vorkommnisse seien: zur Realisierung der metaphysischen Implikationen dessen wird Roquentin in die Romanhandlung eingeführt, und die praktische Auswirkung auf ihn besteht darin, sein eigenes Vorhaben, das Schreiben einer historischen Biographie, zu Ende zu bringen. Dieses Vorhaben ergibt keinen Sinn mehr. Entweder schreibt er, was wahr ist, oder er schreibt eine verständliche Geschichte, aber die eine Möglichkeit schließt die andere aus. Hat Sartre/Roquentin recht?

Wir können auf zwei Arten feststellen, was an Sartres These falsch ist. Die erste besteht aus der Frage: Wie würde menschliches Handeln, ohne jede verfälschende, narrative Ordnung aussehen? Sartre selbst beantwortet diese Frage nie; es ist erstaunlich, daß er, um zu zeigen, daß es keine wahren Erzählungen gibt, selbst eine Erzählung schreibt, wenn auch eine fiktive. Aber das einzige Bild, das ich von der menschlichen Natur *an sich* zeichnen kann, das vor der angeblichen Mißdeutung durch die Erzählung liegt, ist die Art einer ungeordneten Folge, die Dr. Johnson uns in seinen Anmerkungen zu seinen Reisen in Frankreich bietet: »Dort warteten wir auf die Damen – Morville. – Spanien. Provinzstädte voller Bettler. In Dijon konnte er den Weg nach Orleans nicht finden. – Straßenkreuzungen in Frankreich sehr schlecht. – Fünf Soldaten. – Frauen. – Soldaten flohen. – Der Oberst würde nicht fünf Männer wegen einer Frau verlieren. – Der Magistrat kann einen Soldaten nur mit Genehmigung des Obersten festnehmen, etc., etc.« (zit. nach Hobsbaum 1973, S. 32). Das legt das nahe, was ich für wahr halte, daß nämlich die Charakterisierung von Handlungen, die angeblich vor jeder ihnen auferlegten narrativen Form liegt, sich stets als die Darstellung einfach nur zusammenhängender Teile einer möglichen Erzählung erweisen wird.

Wir können uns der Frage auch auf andere Weise nähern. Was ich eine Geschichte genannt habe, ist eine dargestellte dramatische Erzählung, in der die Figuren auch die Autoren sind. Die Figuren beginnen selbstverständlich nicht buchstäblich *ab initio,* sondern stürzen sich *in medias res,* wobei die Anfänge ihrer Geschichte schon durch das und den gemacht worden sind, was und wer ihnen vorausgegangen ist. Aber als Julian Grenfell oder Edward Thomas nach Frankreich in den Ersten Weltkrieg zogen, stellten sie nicht weniger eine Erzählung dar als Menelaos oder Odysseus, als *sie* in den Krieg zogen. Der Unterschied zwischen imaginären und wirklichen Figuren liegt nicht in der narrativen Form dessen, was sie tun; er liegt im Umfang ihrer Autorschaft an dieser Form und an ihren eigenen Taten. So wie sie natürlich nicht dort beginnen, wo es ihnen gefällt, können sie auch nicht genauso vorgehen, wie sie möchten; jede Figur wird eingeschränkt durch die Handlungen anderer und die sozialen Rahmen, die in ihren und deren Handlungen vorausgesetzt werden, etwas, worauf Marx mit Nachdruck hingewiesen hat in der klassischen, wenn auch nicht ganz befriedigenden Beschreibung des menschlichen Lebens als dargestellte dramatische Erzählung – *Der achtzehnte Brumaire des Louis Napoleon.*

Ich bezeichne die Darstellung von Marx deshalb als nicht befriedigend, weil er die Erzählung des menschlichen sozialen Lebens auf eine Art darlegen möchte, die vereinbar mit einer Sicht des Lebens als in bestimmter Art und Weise regel-geleitet und voraussagbar ist. Aber entscheidend ist, daß wir an jedem gegebenen Punkt einer dargestellten dramatischen Erzählung nicht wissen, was als nächstes passiert. Die Art von Unvoraussagbarkeit, die ich in Kapitel 8 nachgewiesen habe, wird durch die narrative Struktur des menschlichen Lebens verlangt, und die empirischen Verallgemeinerungen und Untersuchungen, die die Sozialwissenschaftler entdecken, liefern ein Verständnis des menschlichen Lebens, das vollständig vereinbar mit dieser Struktur ist.

Die Unvoraussagbarkeit besteht gleichzeitig neben einer zweiten entscheidenden Eigenschaft aller gelebten Erzählungen, einem gewissen teleologischen Charakter. Wir leben unser Leben – individuell und in unseren Beziehungen zu anderen – im Licht bestimmter Vorstellungen über eine mögliche gemeinsame Zukunft, eine Zukunft, an der uns bestimmte Möglichkeiten locken und andere uns zurückstoßen, von denen uns einige offenbar schon verwehrt und andere vielleicht unumgänglich für uns sind. Es gibt keine Gegenwart, die nicht von einem Bild irgendeiner Zukunft erfüllt ist, von einem Bild einer Zukunft, die sich immer in der Form eines Telos darstellt – oder einer Vielzahl von Absichten oder Zielen –, auf das wir uns in der Gegenwart entweder zubewegen oder darin scheitern. Unvoraussagbarkeit und Teleologie bestehen daher nebeneinander als Teil unseres Lebens; wie die Gestalten in einer fiktiven Erzählung wissen wir nicht, was als nächstes passiert, aber trotzdem hat unser Leben eine bestimmte Form, die sich auf unsere Zukunft projiziert. Die Erzählungen, die wir leben, haben also sowohl einen unvoraussagbaren als auch einen zum Teil teleologischen Charakter. Wenn die Erzählung unseres individuellen und sozialen Lebens verständlich fortgesetzt werden soll – und beide Arten von Erzählungen können in die Unverständlichkeit abgleiten –, ist es immer der Fall, daß es Einschränkungen dabei gibt, wie die Geschichte weitergehen kann, *und* daß es innerhalb dieser Beschränkungen unendlich viele Wege gibt, auf denen sie fortfahren kann.

Es beginnt sich also eine zentrale These abzuzeichnen: Der Mensch ist in seinen Handlungen und in seiner Praxis ebenso wie in seinen Fiktionen im wesentlichen ein Geschichten erzählendes Tier. Er ist im wesentlichen kein Erzähler von Geschichten, die nach der Wahrheit streben, aber er wird es durch seine Geschichte. Aber die Schlüsselfrage für die Menschen ist nicht die ihrer eigenen Autorschaft; ich kann die Frage »Was soll ich tun?« nur beantworten, wenn ich die vorgängige Frage beantworten kann: »Als Teil welcher Geschichte oder welcher Geschichten sehe ich mich?« Wir kommen mit einem oder mehreren zugeschriebenen Charakteren in die bestehende menschliche Gesellschaft – Rollen, in die wir hineingezwungen worden sind –, und wir haben zu lernen, was sie sind, damit wir verstehen können, wie andere auf uns reagieren und wie unsere Reaktionen auf sie erklärt werden können. Durch Geschichten – über schlechte Stiefmütter, verlorengegangene Kinder, gute, aber fehlgeleitete Könige, Wölfe, die Zwillinge säugen, jüngste Söhne, die nichts erben, sondern sich ihren Weg in der Welt allein suchen müssen, und älteste Söhne, die ihr Erbe durchbringen und auswandern, um unter Schweinen zu leben – lernen Kinder – oder lernen falsch –, was ein Kind und was Eltern sind, wie die Rollenverteilung in dem Drama sein könnte, in das sie hineingeboren worden sind, und wie es in der Welt zugeht. Man nehme Kindern die Geschichten, und sie bleiben nichtssagende, verängstige Stotterer, in ihren Handlungen wie in ihren Worten. Es gibt folglich keinen Weg zum Verständnis irgendeiner Gesellschaft einschließlich der eigenen, außer durch den Bestand an Geschichten, die ihre ursprünglichen dramatischen Wurzeln konstituieren. Mythologie – in der ursprünglichen Bedeutung – ist das Herz aller Dinge. Vico hatte recht, und Joyce ebenfalls. Und selbstverständlich auch jene moralische Tradition von der heroischen Gesellschaft bis zu ihren Erben im Mittelalter, derzufolge das Erzählen von Geschichten einen wesentlichen Anteil an unserer Erziehung zur Tugend hat.

Ich habe oben darauf hingewiesen, daß »eine« Handlung immer eine Episode in einer möglichen Geschichte ist: ich möchte nun einen damit verbundenen Hinweis zu einem anderen Begriff geben, zu dem der persönlichen Identität. Derek Parfit und andere haben in jüngster Zeit unsere Aufmerksamkeit auf den Gegensatz gelenkt zwischen den Kriterien der strengen Identität, die eine Sache des Alles oder Nichts ist (*entweder* ist der Kläger auf Anspruch gegenüber Tichborne der letzte Tichborne-Erbe *oder* nicht; *entweder* gehört das ganze Vermögen des letzten Erben dem Kläger *oder* der Kläger ist nicht der Erbe – das Gesetz von Leibniz gilt), und den psychologischen Kontinuitäten der Persönlichkeit, die eine Sache des Mehr oder Weniger sind (bin ich mit fünfzig hinsichtlich Gedächtnis, intellektuellen Fähigkeiten, kritischer Reaktion der gleiche, der ich mit vierzig war? Mehr oder weniger.) Aber entscheidend für menschliche Wesen als Figuren in dargestellten Erzählungen ist, daß wir – obwohl wir nur die Mittel der psychologischen Kontinuität besitzen – auf die Zuschreibung strenger Identität reagieren können müssen. Ich bin für immer das, was ich für andere zu irgendeiner Zeit war – und ich kann zu jeder Zeit gebeten werden, Rechenschaft dafür abzulegen – gleichgültig wie verändert ich vielleicht inzwischen bin. Es gibt keine Möglichkeit, meine Identität – oder ihr Fehlen – mit der psychologischen Kontinuität oder Diskontinuität des Selbst zu *begründen*. Das Selbst bewohnt einen Charakter, dessen Einheit als die Einheit eines Charakters gegeben ist. Auch hier besteht wieder eine tiefgreifende Meinungsverschiedenheit mit empirischen oder analytischen Philosophen auf der einen und mit Existentialisten auf der anderen Seite.

Empiriker wie Locke oder Hume versuchten, eine Darstellung der persönlichen Identität allein mit Hilfe psychologischer Zustände oder Ereignisse zu geben. Analytische Philosophen, in vieler Hinsicht ihre Erben wie auch ihre Kritiker, haben mit der Verbindung zwischen diesen Zuständen und Ereignissen und der strengen Identität im Sinne des Leibnizischen Gesetzes gerungen. Beide haben nicht erkannt, daß damit ein Hintergrund übergangen worden ist, dessen Fehlen die Probleme unlösbar macht. Dieser Hintergrund wird durch den Begriff der Geschichte und jener Einheit des Charakters geliefert, die eine Geschichte verlangt. So wie eine Geschichte keine Abfolge von Handlungen ist – der Begriff einer Handlung umfaßt vielmehr einen Augenblick in einer wirklichen oder möglichen Geschichte, der zu irgendeinem Zweck von jener Geschichte abstrahiert ist –, so bestehen die Charaktere einer Geschichte nicht aus einer Sammlung von Personen, sondern der Begriff einer Person umfaßt einen Charakter, der von einer Geschichte abstrahiert ist.

Der narrative Begriff des Selbst verlangt damit zwei Dinge: Einerseits befinde ich mich – was ich für andere vielleicht berechtigterweise bin – im Verlauf einer Lebensgeschichte, die von der Geburt zum Tod führt; ich bin das *Subjekt* einer Geschichte, die meine eigene und nicht die irgend eines anderen ist und die ihre ganz eigene Bedeutung hat. Wenn jemand beklagt – wie manche derjenigen, die Selbstmord begehen oder es versuchen –, daß sein Leben bedeutungslos sei, beklagt er häufig und vielleicht bezeichnenderweise, daß die Erzählung seines Lebens für ihn unverständlich geworden ist, daß ihr jedes Ziel fehlt, jede Bewegung hin zu einem Höhepunkt oder zu einem Telos. Folglich scheint für eine solche Person der Grund, in kritischen Augenblicken des Lebens dies eher als etwas anderes zu tun, verlorengegangen zu sein.

Das Subjekt einer Erzählung zu sein, die von der Geburt bis zum Tod reicht, bedeutet, wie ich bereits angemerkt habe, verantwortlich für die Handlungen und Erfahrungen zu sein, aus denen ein erzählbares Leben besteht. Es bedeutet sozusagen, offen gegenüber der Bitte zu sein, eine bestimmte Darstellung dessen zu geben, was man gemacht hat, oder was einem widerfahren ist, oder was man im Leben vor der Zeit, zu der die Frage gestellt worden ist, erlebt hat. Natürlich kann das jemand vergessen haben, oder er hat einen Gehirnschaden erlitten oder einfach zur entsprechenden Zeit nicht ausreichend aufgepaßt, so daß er keine relevante Darstellung geben kann. Aber von jemandem durch irgendeine

Beschreibung (»Der Gefangene von Chateau d'If«) zu behaupten, er sei dieselbe Person wie jemand, der ganz anders beschrieben worden ist (»Der Graf von Monte Cristo«), bedeutet zu behaupten, daß es einen Sinn hat ihn zu bitten, eine verständliche narrative Darstellung zu geben, die uns in die Lage versetzt zu verstehen, wie er zu verschiedenen Zeiten und an verschiedenen Orten ein und dieselbe Person sein und doch so unterschiedlich beschrieben werden konnte. Die persönliche Identität ist also gerade die Identität, die durch die Einheit des Charakters vorausgesetzt wird, die die Einheit einer Erzählung fordert. Ohne eine solche Einheit gäbe es keine Subjekte, von denen man Geschichten erzählen könnte.

Die andere Seite des narrativen Selbst hängt damit zusammen: Ich bin nicht nur verantwortlich, ich bin auch jemand, der jederzeit andere um Rechenschaft bitten, andere in Frage stellen kann. Ich bin Teil ihrer Geschichte, so wie sie Teil der meinen sind. Die Erzählung eines Lebens ist Teil einer ineinandergreifenden Reihe von Erzählungen. Darüber hinaus spielt dieses Bitten um und Ablegen von Rechenschaft selbst eine wichtige Rolle in der Konstituierung von Erzählungen. Die Frage an Sie, was Sie gemacht haben und warum, die Erklärung, was ich gemacht habe und warum, das Abwägen der Unterschiede zwischen Ihrer Darstellung von dem, was ich gemacht habe, und meiner Darstellung von dem, was ich gemacht habe, und umgekehrt, das alles sind wesentliche Bestandteile jeder Geschichte mit Ausnahme der allereinfachsten und -dürftigsten. Ohne die Verantwortlichkeit des Selbst könnte es also solche Folgen von Ereignissen, die mit Ausnahme des ganz einfachen und dürftigen sämtliche Geschichten ausmachen, nicht geben; und ohne dieselbe Verantwortlichkeit würde den Geschichten jene Kontinuität fehlen, die erforderlich ist, um sie und die Handlungen, die sie konstituieren, verständlich zu machen.

Es ist wichtig anzumerken, daß ich nicht behaupte, die Begriffe der Erzählung, der Verstehbarkeit oder der Verantwortlichkeit seien *noch* grundlegender als der der persönlichen Identität. Die Begriffe der Erzählung, der Verstehbarkeit und der Verantwortlichkeit setzen die Anwendbarkeit des Begriffs der persönlichen Identität voraus, so wie dieser ihre Anwendbarkeit voraussetzt, und so wie tatsächlich jeder dieser drei die Anwendbarkeit der beiden anderen voraussetzt. Es ist eine Beziehung wechselseitiger Voraussetzung. Daraus folgt natürlich, daß alle Versuche, den Begriff der persönlichen Identität unabhängig und isoliert von den Begriffen Erzählung, Verstehbarkeit und Verantwortlichkeit zu erhellen, scheitern müssen, so wie alle derartigen Versuche gescheitert sind.

Wir können jetzt auf die Frage zurückkommen, von der diese Untersuchung des Wesens des menschlichen Handelns und der menschlichen Identität ausging: Worin besteht die Einheit eines individuellen Lebens? Die Antwort lautet, daß diese Einheit in der Einheit einer in einem einzigen Leben verkörperten Erzählung besteht. Zu fragen »Was ist das Gute für mich?« bedeutet zu fragen, wie ich diese Einheit am besten leben und vervollständigen könnte. Zu fragen »Was ist das Gute für den Menschen?« bedeutet zu fragen, was allen Antworten auf die vorige Frage gemeinsam sein muß. Aber hier muß hervorgehoben werden, daß gerade das systematische Stellen dieser beiden Fragen und der Versuch, sie in Worten und Taten zu beantworten, dem moralischen Leben seine Einheit geben. Die Einheit eines menschlichen Lebens ist die Einheit einer narrativen Suche. Eine Suche scheitert manchmal, wird enttäuscht, aufgegeben oder durch Zerstreuungen abgelenkt; und menschliches Leben kann auf all diese Arten ebenfalls scheitern. Aber die einzigen Kriterien für Erfolg oder Scheitern im menschlichen Leben als Ganzem sind die Kriterien von Erfolg oder Scheitern in einer erzählten oder zu erzählenden Suche. Einer Suche wonach?

Hier müssen zwei wesentliche Merkmale der mittelalterlichen Vorstellung von Suche ins Gedächtnis zurückgerufen werden. Das erste ist, daß es ohne eine wenigstens zum Teil festgelegte Vorstellung des endgültigen Telos keinen Anfang einer Suche geben könnte. Irgendeine Vorstellung vom Guten für den Menschen ist nötig. Woher soll eine solche Vorstellung kommen? Eben von jenen Fragen, die uns zu dem Versuch veranlaßten, über den begrenzten Begriff der Tugenden hinauszugehen, der in der und durch die Praxis zur Verfügung steht. Indem wir Ausschau halten nach einer Vorstellung von *dem* Gut, das uns in die Lage versetzt, andere Güter zu ordnen, nach einer Vorstellung von *dem* Gut, das uns in die Lage versetzt, unser Verständnis von Zweck und Inhalt der Tugenden zu erweitern, nach einer Vorstellung von *dem* Gut, das uns in die Lage versetzt, die Stellung der Rechtschaffenheit und der Beständigkeit im Leben zu verstehen, definieren wir anfänglich die Art von Leben, die aus der Suche nach dem Guten besteht. Aber zweitens ist es klar, daß die mittelalterliche Vorstellung einer Suche ganz und gar nicht die einer Suche nach etwas ist, das schon adäquat charakterisiert ist, so wie Goldgräber nach Gold suchen oder Geologen nach Erdöl. Im Verlauf der Suche und nur durch das Zusammentreffen und Fertigwerden mit vielfältigen Leiden, Gefahren, Versuchungen und Ablenkungen, die jede Suche mit Episoden und Zwischenfällen ausstatten, wird das Ziel der Suche schließlich verstanden. Eine Suche ist immer auch Erziehung über das Wesen dessen, was gesucht wird, und zur Selbsterkenntnis.

Die Tugenden müssen daher als die Dispositionen verstanden werden, die nicht nur die Praxis aufrechterhalten und uns befähigen, die der Praxis inhärenten Güter zu erlangen, sondern die uns auch bei der relevanten Art von Suche nach dem Gut unterstützen, indem sie uns in die Lage versetzen, die Leiden, Gefahren, Versuchungen und Ablenkungen zu überwinden, denen wir begegnen, und die uns mit wachsender Selbsterkenntnis und wachsendem Wissen über das Gute ausstatten. Der Tugendkatalog umfaßt daher die Tugenden, die erforderlich sind, um die Art von Hauswesen und die Art von politischer Gemeinschaft aufrechtzuerhalten, in denen Männer und Frauen zusammen nach dem Guten suchen können, und die Tugenden, die für die philosophische Untersuchung des Charakters des Guten notwendig sind. Wir sind somit zu einer vorläufigen Schlußfolgerung über das gute Leben für den Menschen gekommen: Das gute Leben für den Menschen ist das Leben, das in der Suche nach dem guten Leben für den Menschen verbracht wird, und die für die Suche notwendigen Tugenden sind jene, die uns in die Lage versetzen, zu verstehen, worin darüber hinaus und worin sonst noch das gute Leben für den Menschen besteht. Wir haben damit auch den zweiten Abschnitt in unserer Darstellung der Tugenden abgeschlossen, indem wir sie in Beziehung zum guten Leben für den Menschen gesetzt haben und nicht nur in Beziehung zur Praxis. Aber unsere Untersuchung verlangt einen dritten Abschnitt.

Denn ich bin nie imstande, nur in meiner Eigenschaft als Individuum das Gute zu suchen oder die Tugenden auszuüben. Das liegt zum Teil daran, daß das Leben des guten Lebens sich im einzelnen von Mal zu Mal ändert, selbst wenn dem ein und dieselbe Vorstellung vom guten Leben und ein und dieselbe Gruppe von Tugenden zugrundeliegen, die in einem Menschenleben verkörpert sind. Was das gute Leben für einen athenischen Heerführer aus dem fünften vorchristlichen Jahrhundert bedeutet, ist nicht das gleiche wie das, was es für eine Nonne aus dem Mittelalter oder einen Bauern aus dem 17. Jahrhundert bedeutet. Aber es geht nicht nur darum, daß verschiedene Individuen unter verschiedenen sozialen Umständen leben; es geht auch darum, daß wir alle unsere eigenen Umstände als Träger einer besonderen sozialen Identität auffassen. Ich bin der Sohn oder die Tochter von jemandem, der Vetter oder

Onkel von irgendwem; ich bin ein Bürger dieser oder jener Stadt, ein Mitglied dieser oder jener Zunft oder Berufsgruppe; ich gehöre zu dieser Sippe, jenem Stamm, dieser Nation. Was also gut für mich ist, muß gut für jemanden sein, der diese Rollen innehat. Als solcher erbe ich aus der Vergangenheit meiner Familie, meiner Stadt, meines Stammes, meiner Nation eine Vielzahl von Schulden, Erbschaften, berechtigten Erwartungen und Verpflichtungen. Sie konstituieren das Gegebene meines Lebens, meinen moralischen Ausgangspunkt. Dies verleiht meinem Leben einen Teil seiner moralischen Besonderheit.

Dieser Gedanke wird aus der Sicht des modernen Individualismus wahrscheinlich fremd und sogar überraschend erscheinen. Aus der Sicht des Individualismus bin ich das ,was ich zu sein gewählt habe. Ich kann jederzeit in Frage stellen – wenn ich das will –, was als lediglich zufälliges, soziales Merkmal meines Daseins gilt. Ich kann biologisch der Sohn meines Vaters sein; aber ich kann nicht verantwortlich gemacht werden für das, was er getan hat, wenn ich mich nicht implizit oder explizit entschließe, eine solche Verantwortung zu übernehmen. Ich kann rechtlich Bürger eines bestimmten Landes sein; aber ich kann nicht verantwortlich gemacht werden für das, was mein Land tut oder getan hat, wenn ich mich nicht implizit oder explizit entschließe, eine solche Verantwortung zu übernehmen. Dieser Individualismus kommt bei jenen modernen Amerikanern zum Ausdruck, die jede Verantwortung für die Auswirkungen der Sklaverei auf die schwarzen Amerikaner ablehnen, indem sie erklären: »Ich habe nie Sklaven besessen«. Dies ist in noch subtilerer Weise auch der Standpunkt jener modernen Amerikaner, die eine genau kalkulierte Verantwortung für diese Auswirkungen übernehmen, die sich exakt an den Vorteilen bemißt, die sie selbst als Individuen indirekt aus der Sklaverei gezogen haben. In beiden Fällen wird »ein Amerikaner sein« für sich nicht als Teil der moralischen Identität des einzelnen genommen. Und natürlich liegt in dieser Haltung für die heutigen Amerikaner nichts Besonderes: Der Engländer, der erklärt, »ich habe mir nie ein Unrecht gegen Irland zuschulden kommen lassen; warum also diese alte Geschichte wieder hervorholen, als ob das alles etwas mit *mir* zu tun hätte?« oder der junge Deutsche, der meint, nach 1945 geboren zu sein bedeute, das, was die Nazis mit den Juden gemacht haben, sei moralisch belanglos für seine Beziehung zu seinen jüdischen Zeitgenossen, legen die gleiche Haltung an den Tag, nach der das Selbst von seinen sozialen und historischen Rollen und seinem sozialen und historischen Status gelöst werden kann. Und das so abgelöste Selbst ist natürlich ein Selbst, das sehr gut in das Bild Sartres oder Goffmans paßt, ein Selbst, das keine Geschichte haben kann. Der Gegensatz zur narrativen Sicht des Selbst ist deutlich. Denn die Geschichte meines Lebens ist stets eingebettet in die Geschichte jener Gemeinschaften, von denen ich meine Identität herleite. Ich wurde mit Vergangenheit geboren; und der Versuch, mich auf individualistische Art von dieser Vergangenheit abzunabeln, bedeutet die Deformierung meiner gegenwärtigen Beziehungen. Der Besitz einer historischen Identität und der Besitz einer sozialen Identität fallen zusammen. Man beachte, daß ein Aufstand gegen meine Identität immer eine Möglichkeit ist, sie auszudrücken.

Man beachte auch, daß aus der Tatsache, daß das Selbst seine moralische Identität in seiner und durch seine Zugehörigkeit zu Gemeinschaften wie der Familie, der Nachbarschaft, der Stadt und dem Stamm finden muß, nicht folgt, daß das Selbst die moralischen *Beschränkungen* der Besonderheit jener Gemeinschaftsformen anerkennen muß. Ohne diese moralischen Besonderheiten dort zu beginnen hieße, nie irgendwo zu beginnen; aber in der von solchen Besonderheiten ausgehenden Vorwärtsbewegung liegt die Suche nach dem Guten, nach dem Universellen. Trotzdem kann die Besonderheit nie einfach zurückgelassen oder ausgelöscht werden. Der Gedanke der Flucht aus der Besonderheit in einen Bereich aus völlig allgemeinen Grundsätzen, die zum Menschen an sich gehören, sei es in kantischer Form des 18. Jahrhunderts oder in der Darstellung einiger analytischer Moralphilosophen der Moderne, ist eine Illusion, und zwar eine Illusion mit schmerzlichen Folgen. Wenn Männer und Frauen das, was in Wirklichkeit ihre eigene und besondere Sache ist, zu schnell und zu umfassend mit der Sache eines allgemeinen Grundsatzes gleichsetzen, verhalten sie sich für gewöhnlich schlimmer, als sie es sonst täten.

Ich bin daher zu wesentlichen Teilen das, was ich erbe, eine spezifische Vergangenheit, die in gewissem Umfang in meiner Gegenwart gegenwärtig ist. Ich sehe mich als Teil einer Geschichte, und das heißt ganz allgemein, als einer der Träger einer Tradition, ob mir das gefällt oder nicht, ob ich es erkenne oder nicht. Als ich den Begriff der Praxis beschrieb, war es wichtig anzumerken, daß jede Praxis immer Geschichten hat und daß das, was eine Praxis ist, zu jedem Zeitpunkt von einer Art des sie Verstehens abhängt, die oft über viele Generationen hinweg vermittelt worden ist. Soweit die Tugenden also die für eine Praxis erforderlichen Beziehungen aufrechterhalten, müssen sie Beziehungen sowohl zur Vergangenheit – und zur Zukunft – als auch in der Gegenwart aufrechterhalten. Aber die Tradition, durch die eine bestimmte Praxis vermittelt und neugestaltet wird, existiert niemals in Isolation zu größeren sozialen Traditionen. Was konstituiert diese Tradition?

Wir lassen uns an diesem Punkt gerne durch den ideologischen Gebrauch des Begriffs Tradition durch konservative politische Theoretiker irreführen. Bezeichnenderweise sind diese Theoretiker Burke gefolgt, indem sie der Tradition die Vernunft und der Beständigkeit von Tradition den Konflikt gegenüberstellten. Beide Gegenüberstellungen verwirren. Denn jedes Folgern findet im Kontext einer traditionellen Weise des Denkens statt, indem es durch Kritik und Erfindung die Grenzen dessen überschreitet, was bisher in dieser Tradition gefolgert worden ist; das gilt für die moderne Physik ebenso wie für die mittelalterliche Logik. Wenn eine Tradition darüber hinaus in gutem Zustand ist, wird sie zum Teil immer durch eine Erörterung über die Güter konstituiert, nach denen zu streben dieser Tradition ihren besonderen Zweck und ihr Ziel verleiht.

Wenn also eine Institution – eine Universität zum Beispiel, oder ein Bauernhof oder ein Krankenhaus – Träger einer Tradition einer Praxis ist, wird ihr Alltagsleben zum Teil, aber auf ganz entscheidende Weise, aus einer ständigen Erörterung darüber bestehen, was eine Universität ist und sein sollte, was gute Landwirtschaft ist oder was gute Medizin ist. Traditionen verkörpern, wenn sie lebendig sind, kontinuierliche Konflikte. Immer wenn sich eine Tradition tatsächlich Burkes Vorstellungen nähert, stirbt sie oder ist schon tot.

Der Individualismus der Moderne konnte selbstverständlich für den Begriff der Tradition innerhalb des eigenen Begriffssystems nur als Gegenbegriff Verwendung finden; er überließ ihn daher nur zu gern den Anhängern Burkes, die sich Burkes eigenen Treuepflichten ergeben zeigten und versuchten, das Festhalten in der Politik an einer Vorstellung von Tradition, die die oligarchische Revolution des Eigentums von 1688 rechtfertigen würde, mit dem Festhalten in der Wirtschaft an der Doktrin und den Institutionen des freien Marktes zu kombinieren. Die theoretische Inkohärenz dieses Mißverhältnisses nahm ihm nichts von seiner ideologischen Brauchbarkeit. Aber das Ergebnis ist, daß sich moderne Konservative größtenteils in der Bewahrung eher älterer als späterer Versionen des liberalen Individualismus engagieren. Der Kern ihrer eigenen Lehre ist so liberal und so individualistisch wie der selbsternannter Liberaler.

Eine lebendige Tradition ist also eine historisch erweiterte und sozial verkörperte Argumentation, und zwar teilweise eine Argumentation gerade um die Güter, die diese Tradition konstituieren. Innerhalb einer Tradition erstreckt sich das Streben nach Gütern über Generationen, manchmal über viele Generationen. Die Suche des einzelnen nach seinem Gut erfolgt daher im allgemeinen und charakteristischerweise in einem Kontext, der durch die Traditionen definiert wird, für die das Leben des einzelnen ein Teil ist, und dies trifft sowohl auf die einer Praxis inhärenten Güter zu wie auf die Güter eines einzelnen Lebens. Wieder ist das narrative Phänomen des Eingebettetseins entscheidend: Die Geschichte einer Praxis in unserer Zeit ist im allgemeinen und charakteristischerweise in der umfassenderen und längeren Geschichte der Tradition eingebettet und wird durch die Geschichte der Tradition verständlich gemacht, durch die die Praxis in ihrer jetzigen Form auf uns übertragen wurde; die Geschichte jedes unserer Leben ist im allgemeinen und charakteristischerweise in der umfassenderen und längeren Geschichte einer Reihe von Traditionen eingebettet und wird durch sie verständlich gemacht. Ich muß eher »im allgemeinen und charakteristischerweise« als »immer« sagen, denn Traditionen verfallen, lösen sich auf und verschwinden. Was erhält und stärkt Traditionen dann? Was schwächt und zerstört sie?

Die Antwort lautet im wesentlichen: die Ausübung oder die fehlende Ausübung der relevanten Tugenden. Die Tugenden finden Ziel und Zweck nicht nur darin, die Beziehungen aufrechtzuerhalten, die notwendig sind, wenn die Vielzahl der einer Praxis inhärenten Güter erlangt werden soll, und auch nicht nur darin, die Form eines individuellen Lebens zu erhalten, in dem dieser einzelne sein Gut als das Gut seines ganzen Lebens suchen kann, sondern auch darin, jene Traditionen zu erhalten, die sowohl der Praxis wie dem Leben des einzelnen den notwendigen historischen Kontext liefern. Mangel an Gerechtigkeit, Mangel an Wahrheitsliebe, Mangel an Tapferkeit, Mangel an den relevanten intellektuellen Tugenden korrumpiert die Traditionen ebenso wie jene Einrichtungen und Praktiken, die ihr Leben von den Traditionen herleiten, deren zeitgenössische Verkörperungen sie darstellen. Das zu erkennen bedeutet natürlich auch, die Existenz einer weiteren Tugend zu erkennen, einer Tugend, deren Bedeutung vielleicht dann am offenkundigsten ist, wenn sie am wenigsten gegenwärtig ist, die Tugend, das adäquate Gefühl für die Traditionen zu haben, denen man angehört oder die einem gegenübertreten. Diese Tugend darf nicht mit einer Form konservativer Begeisterung für das Alte verwechselt werden; ich will nicht diejenigen loben, die sich die konventionelle konservative Rolle des *laudator temporis acti* ausgesucht habe. Es ist eher der Fall, daß sich ein adäquates Gefühl für Tradition im Zugriff auf jene Zukunftsmöglichkeiten manifestiert, die die Vergangenheit für die Gegenwart verfügbar gemacht hat. Lebendige Traditionen stehen, gerade weil sie eine noch nicht vollendete Erzählung fortsetzen, einer Zukunft gegenüber, deren bestimmter und bestimmbarer Charakter sich aus der Vergangenheit ableitet, sofern sie überhaupt einen hat.

Innerhalb des praktischen Urteilens äußert sich der Besitz dieser Tugend nicht so sehr in der Kenntnis einer Reihe von Verallgemeinerungen oder Grundsätzen, die unseren praktischen Folgerungen Prämissen liefern können; ihr Vorhanden- oder Nichtvorhandensein zeigt sich in der Art von Urteilsfähigkeit, die der Handelnde besitzt, wenn er weiß, was er aus dem relevanten Bestand an Grundsätzen wählen muß und wie diese in bestimmten Situationen anzuwenden sind. Kardinal Pole besaß sie, Maria Tudor nicht; Montrose besaß sie, Karl I. nicht. Was Kardinal Pole und der Marquis von Montrose besaßen, waren in der Tat jene Tugenden, die ihre Besitzer in die Lage versetzen, sowohl ihr eigenes Gut wie das der Tradition zu verfolgen, deren Träger sie selbst in Situationen sind, die durch die Notwendigkeit einer tragischen, dilemmatischen Wahl definiert werden. Solche Wahlen, begriffen im Kontext der Tradition der Tugenden, unterscheiden sich deutlich von denen, denen die modernen Anhänger konkurrierender und inkommensurabler moralischer Prämissen in den Debatten gegenüberstehen, über die ich im Kapitel 2 geschrieben habe. Worin liegt der Unterschied?

Es ist oft darauf hingewiesen worden – z.B. durch J.L. Austin –, daß wir *entweder* die Existenz rivalisierender und möglicherweise unvereinbarer Güter zulassen können, die unvereinbare Ansprüche auf unsere praktische Treuepflicht erheben, *oder* an eine festgelegte Vorstellung über *das* gute Leben für den Menschen glauben können, daß dies jedoch sich gegenseitig ausschließende Alternativen sind. Niemand kann konsistent beide Ansichten vertreten. Diese Behauptung ist jedoch blind dafür, daß es für den einzelnen bessere oder schlechtere Wege geben kann, die tragische Konfrontation des Guten mit dem Guten durchzustehen, und daß das Wissen darum, was das gute Leben für den Menschen ist, die Kenntnis dessen erfordern kann, welches die besseren und welches die schlechteren Wege sind, in solchen Situationen zu leben und sie durchzustehen. Nichts schließt diese Möglichkeit *a priori* aus; und das legt nahe, daß in einer Ansicht wie der vor Austin eine uneingestandene empirische Prämisse über den Charakter tragischer Situationen versteckt ist.

Eine Art, in der sich die Wahl zwischen konkurrierenden Gütern in einer tragischen Situation von der modernen Wahl zwischen inkommensurablen moralischen Prämissen unterscheidet, besteht darin, daß *beide* alternative Handlungsabläufe, mit denen der einzelne konfrontiert wird, als zu einem authentischen und substantiellen Gut führend erkannt werden müssen. Indem ich einen wähle, trage ich nichts dazu bei, den Anspruch des anderen an mich zu verringern oder abzuwerten; und daher habe ich, was immer ich tue, nicht getan, was ich hätte tun sollen. Der tragische Protagonist wählt, anders als der moralisch Handelnde bei Sartre oder Hare, nicht zwischen der Treuepflicht gegenüber einem moralischen Grundsatz zu Lasten eines anderen, und er entscheidet auch nicht über ein Prinzip der Priorität zwischen moralischen Grundsätzen. Das darin enthaltene »sollte« hat daher eine andere Bedeutung und Kraft als das »sollte« in moralischen Grundsätzen im modernen Sinne. Denn der tragische Protagonist kann nicht alles tun, was er tun sollte. Dieses »sollte« impliziert nicht wie bei Kant das »können«. Darüber hinaus muß jeder Versuch scheitern, die Logik solcher »sollte«-Erklärungen in ein modales Kalkül zu übertragen, um damit eine Version deontischer Logik hervorzubringen (vgl. von einem ganz anderen Standpunkt aus Bas C. van Fraasen 1973).

Doch es ist klar, daß die moralische Aufgabe des tragischen Protagonisten besser oder schlechter erfüllt werden kann, unabhängig von der Wahl zwischen Alternativen, die er trifft – *ex hypothesi* muß er keine *richtige* Wahl treffen. Der tragische Protagonist kann sich heroisch oder unheroisch verhalten, großherzig oder kleinlich, anmutig oder plump, klug oder unklug. Seine Aufgabe eher besser als schlechter zu erfüllen bedeutet für jemanden, einerseits das zu tun, was besser für ihn *als* Individuum ist, als auch das zu tun, was besser ist *als* Vater oder Mutter oder Kind, *als* Bürger oder Angehöriger eines Berufsstandes, oder vielleicht *als* einige oder alle von diesen. Die Existenz tragischer Dilemmata wirft keine Zweifel an der These auf – und liefert keine Gegenbeispiele zu ihr –, daß Erklärungen der Form »Dies so zu tun, wäre für X und/oder seine Familie, Stadt oder Berufsgruppe besser« anfällig gegenüber objektiver Wahrheit oder Unwahrheit sind – nicht mehr als die Existenz alternativer und möglicherweise unvereinbarer Formen ärztlicher Behandlung Zweifel an der These aufwirft, daß Erklärungen der Form »Sich dieser ärztlichen Behandlung so zu unterziehen, wäre für X und/oder seine Familie besser« anfällig gegenüber objektiver Wahrheit und Unwahrheit sind. (Vgl. dazu von einem anderen Standpunkt aus die aufschlußreiche Diskussion bei Samuel Guttenplan 1979-80, S. 61-80.)

Die Voraussetzung für diese Objektivität ist selbstverständlich, daß wir den Begriff »gut für X« und verwandte Begriffe im Sinne von Vorstellungen über die Einheit des Lebens von X verstehen können. Was besser oder schlechter für X ist, hängt von der Art jener verständlichen Erzählung ab, die dem Leben von X seine Einheit liefert. Es überrascht nicht, daß das Fehlen jeder Vorstellung von der Einheit des menschlichen Lebens der modernen Ablehnung des faktischen Charakters des moralischen Urteils zugrunde liegt, insbesondere jene Urteile, die dem einzelnen Tugenden oder Untugenden zuschreiben.

Ich habe weiter oben argumentiert, daß jede Moralphilosophie eine besondere Soziologie als Gegenstück hat. Ich habe in diesem Kapitel versucht, die Art von Verständnis des sozialen Lebens zu verdeutlichen, die von der Tradition der Tugenden verlangt wird, eine ganz andere Art von Verständnis als die, die in der Kultur des bürokratischen Individualismus vorherrscht. Innerhalb dieser Kultur werden Vorstellungen von den Tugenden nebensächlich, und die Tradition der Tugenden bleibt nur im Leben der sozialen Gruppe im Mittelpunkt, die an den Rändern der zentralen Kultur existieren. Innerhalb der zentralen Kultur des liberalen oder bürokratischen Individualismus kommen neue Vorstellungen der Tugenden auf, und der Begriff einer Tugend selbst wandelt sich. Der Geschichte dieser Umwandlung wende ich mich daher jetzt zu; denn wir werden die Tradition der Tugenden nur dann ganz verstehen, wenn wir verstehen, für welche Erwartungen sie sich als anfällig erwiesen hat.

Kapitel 16
Von den Tugenden zur Tugend und nach der Tugend

Am Anfang dieses Buches habe ich angedeutet, daß der endlose und gestörte Charakter vieler moderner Moraldebatten durch die Vielzahl heterogener und nicht vergleichbarer Vorstellungen entsteht, die die Obersätze durchdringen, von denen aus die Protagonisten solcher Debatten argumentieren. In dieser Mischung aus Begriffen findet sich, im Kampf mit modernen Begriffen wie Nützlichkeit und Recht, eine ganze Reihe von Tugendbegriffen, die in einer Vielzahl unterschiedlicher Arten wirken. Es fehlt allerdings jeder klare Konsens sowohl über die Stellung der Tugendbegriffe im Verhältnis zu anderen Moralbegriffen als auch darüber, welche Dispositionen in den Katalog von Tugenden oder von Anforderungen, die bestimmte Tugenden stellen, aufgenommen werden sollen. In einigen modernen Subkulturen überleben allerdings Versionen des traditionellen Systems der Tugenden; doch unter den Bedingungen der heutigen öffentlichen Debatte werden die repräsentativen Stimmen jener Subkulturen bei dem Versuch, sich an dieser Debatte zu beteiligen, zu leicht im Sinne des Pluralismus interpretiert und falsch interpretiert, eines Pluralismus, der droht, uns alle zu überrollen. Diese falsche Auslegung ist das Ergebnis einer langen, vom späten Mittelalter bis in die Gegenwart reichenden Geschichte, in deren Verlauf sich die beherrschenden Aufstellungen von Tugenden geändert haben, sich die Vorstellung von individuellen Tugenden geändert hat und der Begriff der Tugend selbst ein anderer geworden ist als früher. Es hätte kaum anders kommen können. Die beiden Begriffe, die – wie ich in den vorangegangenen Kapiteln ausgeführt habe – den erforderlichen Hintergrund für eine traditionsbezogene Darstellung der Tugenden liefern, der Begriff der narrativen Einheit und der Begriff der Praxis, wurden im selben Zeitraum selbst verdrängt. Literaturhistoriker von Auerbach bis John

Gardner haben den Weg verfolgt, wie die kulturelle Stellung der Erzählung geringer und die Art und Weise der Interpretation von Erzählungen verändert wurde, bis es so unterschiedlichen modernen Theoretikern wie Sartre – dessen Ansichten ich schon diskutiert habe – und William Gass möglich war, die Form der Erzählung *nicht* als das zu verstehen, was das Geschichtenerzählen mit der Form des menschlichen Lebens verbindet, sondern als das, was die Erzählung vom Leben trennt, was sie auf den als gesondert und eigenständig betrachteten Bereich der Kunst beschränkt.

Der Gegensatz, ja die Gegnerschaft zwischen Kunst und Leben, der allerdings häufig eher die Prämisse als die Schlußfolgerung solcher Theoretiker ist, liefert eine Möglichkeit, die Kunst – einschließlich der Erzählung – von ihren moralischen Aufgaben zu befreien. Und die Verbannung der Kunst durch die Moderne auf den Status einer Tätigkeit und eines Interesses einer Minderheit tut ein weiteres, uns vor einem narrativen Verständnis unserer selbst zu bewahren. Aber da ein solches Verständnis nicht endgültig und vollständig ausgeschlossen werden kann, ohne daß das Leben selbst ausgeschlossen wird, taucht es in der Kunst immer wieder auf; in den realistischen Romanen des 19. Jahrhunderts, in den Filmen des 20. Jahrhunderts, in der halbunterdrückten Hintergrundinformation, die der allmorgendlichen Lektüre der Tageszeitung Kohärenz verleiht. Das menschliche Leben als narrative Einheit zu denken bedeutet dennoch, auf eine Art und Weise zu denken, die den herrschenden individualistischen und bürokratischen Formen der heutigen Kultur fremd ist.

Auch der Begriff der Praxis mit den ihr inhärenten Gütern, so verstanden, wie ich ihn versucht habe zu verstehen, wird in ähnlicher Weise in die Randbereiche unseres Lebens abgeschoben. Als ich den Begriff zuerst einführte, habe ich das mit Hilfe von Beispielen aus der Kunst, der Wissenschaft und dem Spiel gemacht und angemerkt, daß die Gründung und Neugründung von menschlichen Gemeinschaften in Familien, Hauswesen, Stämmen, Städten und Königreichen in der Zeit der Antike und des Mittelalters im gleichen Sinn als Form der Praxis galt, aber nicht in der modernen Welt. Politik ist nach Aristoteles eine Praxis mit ihr selbst inhärenten Gütern. Politik nach James Mill ist das nicht. Darüber hinaus kann die Arbeit, die die große Mehrheit der Bewohner der modernen Welt verrichtet, nicht im Sinne des Wesens einer Praxis mit ihr inhärenten Gütern verstanden werden, und das aus gutem Grund. Einer der wichtigsten Augenblicke in der Entstehung der Moderne war der, als die Produktion die Hauswirtschaft verließ. Solange produktive Arbeit innerhalb der Struktur der Hauswirtschaft verrichtet wird, ist es einfach und richtig, diese Arbeit als Teil der Aufrechterhaltung der Hausgemeinschaft und jener größeren Formen von Gemeinschaft zu verstehen, die die Hausgemeinschaft seinerseits aufrechterhält. In dem Maße, wie die Arbeit aus dem Haus nach draußen verlagert und in den Dienst des unpersönlichen Kapitals gestellt wird, neigt der Bereich der Arbeit dazu, von allen anderen getrennt zu werden, außer von der Aufrechterhaltung des biologischen Überlebens und der Reproduktion der Arbeitskraft einerseits und der institutionalisierten Habgier andererseits. *Pleonexía,* eine Untugend im aristotelischen System, ist jetzt die treibende Kraft der modernen Produktionsweisen. Die Mittel-Zweck-Beziehungen, die zum größten Teil in dieser Arbeit verkörpert sind – an einer Fertigungsstraße zum Beispiel –, bleiben notwendigerweise den Gütern äußerlich, nach denen die Arbeitenden streben; auch die Arbeit wurde systematisch aus dem Bereich der Praxis mit den ihr inhärenten Gütern ausgeschlossen. Und entsprechend wurden die verschiedenen Arten der Praxis selbst an den Rand des sozialen und kulturellen Lebens gedrängt. Kunst, Wissenschaft und Spiel gelten nur für eine Minderheit von Spezialisten als *Arbeit:* wir übrigen können nur als Zuschauer oder Konsumenten in unserer Freizeit beiläufig Nutzen daraus ziehen. Wo einst der Gedanke der Teilnahme an einer Praxis sozial im Mittelpunkt stand, ist es heute der Gedanke des ästhetischen Konsums, zumindest für die Mehrheit.

Der historische Prozeß, in dem und durch den der Ästhet, der bürokratische Manager – das wesentliche Instrument zur Organisation der modernen Arbeit – und ihre sozialen Verwandten die zentralen *Charaktere* der modernen Gesellschaft werden (ein Prozeß, den ich, wenn auch zu kurz, in Kapitel 3 beschrieben habe), und der historische Prozeß, durch den das narrative Verständnis der Einheit des menschlichen Lebens und der Begriff von Praxis an den Rand der modernen Kultur gedrängt wurden, erweisen sich also als ein und derselbe. Es ist eine Geschichte, deren einer Aspekt die Umwandlung der Formen des sozialen Lebens ist: Die kontinuierlich neu errichtete Herrschaft von Märkten, Fabriken und schließlich Bürokratien über Individuen, die sich selbst manchmal als unabhängige, rationale Wesen begreifen, indem sie sich ihren moralischen Standpunkt selbst vorschreiben, und manchmal als anomische Produkte der Umstände, deren Glück für sie geplant werden muß. Und es ist eine Geschichte, von der ein weiterer Aspekt gerade in jener Umwandlung der Tugenden in Begriff und Praxis besteht, mit der ich mich jetzt befasse.

Denn wenn man die Hintergrundbegriffe der narrativen Einheit des menschlichen Lebens und der Praxis mit den ihr inhärenten Gütern aus den Bereichen ausgrenzt, in denen das menschliche Leben überwiegend gelebt wird, was können die Tugenden dann noch werden? Die explizite und kompromißlose Ablehnung des Aristotelismus, die auf der Ebene der Philosophie das Gegenstück zu jenen sozialen Veränderungen war, deren Ergebnis die Tugenden ihres begrifflichen Hintergrundes berauben sollte, machte es gegen Ende des 17. Jahrhunderts unmöglich, so etwas wie eine traditionelle Darstellung oder Rechtfertigung der Tugenden zu liefern. Doch das Lob und die Praxis der Tugenden erfüllten noch immer das soziale Leben, oft auf höchst traditionelle Art, obwohl sich für diejenigen ganz neue Probleme ergaben, die eine systematische Darstellung oder Rechtfertigung ihrer Stellung in diesem Leben geben wollten. Dem Verständnis der Tugenden stand in der Tat ein ganz neuer Weg offen, sobald sie im Denken und in der Praxis aus ihrem traditionellen Kontext herausgelöst waren, und zwar als Dispositionen, die auf eine von zwei alternativen Arten mit der Psychologie jener neuentdeckten sozialen Institution verbunden waren, dem Individuum. *Entweder* konnten die Tugenden – oder einige von ihnen – als Ausdruck der natürlichen Leidenschaften des einzelnen verstanden werden, *oder* sie – oder einige von ihnen – konnten als Dispositionen verstanden werden, die notwendig waren, die destruktiven Auswirkungen einiger dieser natürlichen Leidenschaften zu zügeln und zu begrenzen.

Im 17. und 18. Jahrhundert wurde die Ethik allgemein so verstanden, als biete sie eine Lösung für die Probleme, die der menschliche Egoismus schuf, und der Inhalt der Ethik wurde weitgehend mit dem Altruismus gleichgesetzt. Denn im selben Zeitraum wurde der Mensch auch als in gefährlichem Ausmaß von Natur aus egoistisch gedacht; und nur wenn wir die Menschheit von Natur aus in gefährlichem Umfang für egoistisch halten, wird der Altruismus auf einmal sozial notwendig und doch anscheinend unmöglich und, falls er erscheint, unerklärlich. In der traditionellen aristotelischen Sicht kommen solche Probleme nicht auf. Denn die Erziehung zur Tugend lehrt mich, daß mein Gut als Mensch das gleiche wie das Gut jener anderen ist, mit denen ich in der menschlichen Gemeinschaft verbunden bin. Es gibt keine Art und Weise, in der ich nach meinem Gut strebe, die notwendigerweise der Art und Weise entgegensteht, in der Sie nach dem Ihren streben, denn *das* Gut gehört weder speziell mir noch Ihnen – Güter sind kein Privatbesitz.

Daher hat Aristoteles die Freundschaft, die grundlegende Form menschlicher Beziehungen, im Sinne geteilter Güter definiert. Der Egoist ist daher in der Antike wie im Mittelalter immer jemand, der darin grundlegend irrt, wo sein eigenes Gut liegt, jemand, der sich demzufolge und in diesem Umfang aus der menschlichen Gemeinschaft ausgeschlossen hat.

Für viele Denker des 17. und 18. Jahrhunderts ist der Gedanke eines geteilten Gutes der Menschen jedoch ein aristotelisches Hirngespinst; jeder Mensch strebt von Natur aus danach, seine eigenen Wünsche zu befriedigen. Aber wenn dem so ist, gibt es zumindest gute Gründe für die Annahme, daß daraus ein wechselseitig zerstörender Zustand der Anarchie entsteht, es sei denn, die Wünsche werden durch eine intelligentere Version des Egoismus begrenzt. Im Kontext der Erörterung dieser Punkte bewegt sich ein großer Teil des Nachdenkens über die Tugenden im 17. und 18. Jahrhundert. So muß beispielsweise David Hume zwischen natürlichen Tugenden – Tugenden, die nützliche oder angenehme Eigenschaften oder beides für den Menschen sind, dessen Leidenschaften und Wünsche normal beschaffen sind – und künstlichen Tugenden unterscheiden, die sozial und kulturell konstruiert werden, um den Ausdruck jener Leidenschaften und Wünsche zu verhindern, die dem dienen würden, was wir normalerweise als sozial destruktiven Eigennutz auffassen. Wir selbst empfinden Großherzigkeit bei anderen natürlich als nützlich und angenehm; wir halten uns und andere künstlich dazu an, die Regeln der Gerechtigkeit zu beachten, auch wenn es vielleicht nicht immer in unserem unmittelbaren Interesse liegt, diese Regeln zu befolgen. Aber warum sollten wir bei anderen bestimmte Eigenschaften schätzen, die uns nichts nützen – Hume ist sich sicher, daß wir das tun–, und warum sollten wir Regeln in Situationen befolgen, wo es nicht in unserem Interesse liegt, dies zu tun?

Die Antworten Humes auf diese Fragen offenbaren die seiner Darstellung zugrunde liegende Schwäche. Denn er versucht im *Traktat* die Schlußfolgerung zu ziehen, daß es auf lange Sicht zu unserem Vorteil ist, gerecht zu sein, während seine Prämissen lediglich die Schlußfolgerung des jungen Rameau bestätigen, daß es auf lange Sicht oft zu unserem Vorteil ist, daß Menschen allgemein gerecht sein sollten. Und er muß sich, in einem gewissen Maß im *Traktat,* aber noch stärker in der *Untersuchung,* auf das berufen, was er »die mitgeteilte Leidenschaft der Sympathie« nennt: wir empfinden es als angenehm, daß manche Eigenschaften anderen angenehm sind, weil wir so veranlagt sind, daß wir von Natur aus Sympathie für diese anderen empfinden. Der jüngere Rameau hätte geantwortet: »Manchmal empfinden wir sie, manchmal nicht; und wenn wir sie nicht empfinden, warum sollten wir es dann?«

In der Form der Einwände gegen Humes These jene Selbstzweifel in Erinnerung zu rufen, die Diderot Rameau in den Mund legt, ist allerdings nicht nur für den Punkt der Unfähigkeit Humes von Bedeutung, die egoistischen Voraussetzungen des 18. Jahrhunderts zu überwinden. Damit wird auf eine grundlegendere Schwäche hingewiesen, die deutlich wird, wenn wir Humes Haltung zu konkurrierenden Aufstellungen der Tugenden betrachten. Auf der einen Seite schreibt Hume manchmal so, als ob die Kenntnis dessen, was tugend- und was untugendhaft ist, eine Sache simpler Überlegung sei, die jedem offensteht: »Es ist wahrscheinlich, daß das endgültige Urteil, das Charaktere für liebens- und hassenswert, für lobens- und tadelnswert erklärt, das sie mit dem Stempel des Ehrenhaften oder Unehrenhaften, der Billigung oder Mißbilligung versieht, das die moralische Gesinnung zu einem aktiven Prinzip erhebt, die Tugend zu unserem Glück, das Laster zu unserem Unglück macht, es ist wahrscheinlich, sage ich, daß dieses endgültige Urteil von einem inneren Sinn oder Gefühl abhängt, das allen Menschen von Natur aus gemeinsam ist.« (*Eine Untersuchung über die Prinzipien der Moral,* I. Abschnitt) Und so bemerkt er, als er überlegt, wie bestimmt werden soll, welche Eigenschaften in den Tugendkatalog aufzunehmen seien: »Die spontane Empfänglichkeit, die in diesem Punkte unter den Menschen so allgemein verbreitet ist, gibt einem Philosophen ausreichende Gewißheit, daß er sich bei der Erstellung eines solchen Verzeichnisses nie erheblich irren kann oder Gefahr läuft, die Gegenstände seiner Betrachtung falsch anzuordnen: Er braucht nämlich nur für einen Augenblick in sich hineinzuhören und zu überlegen, ob er diese oder jene Eigenschaft sich beigelegt wissen möchte oder nicht ...« (Ebd.) Über die Tugenden können wir uns offenbar nicht irren. Aber wer sind *wir?* Denn Hume ist gleichzeitig der festen Meinung, daß einige Darstellungen der Tugenden tatsächlich irrig *sind.* Diogenes, Pascal und andere, die das vertreten, was er als »Pfaffentugenden« verabscheut, und die Leveller des vorangegangenen Jahrhunderts ziehen sich alle seinen strengen Tadel zu.

Solche Beispiele behandelt Hume *nicht* im Sinne einer allgemeinen These, an der er ansonsten festhält: daß offensichtliche Abweichungen und Unterschiede in der Moral vollständig als *dieselbe* menschliche Natur zu erklären sind, die auf *unterschiedliche* Umstände reagiert. Ein hartnäckiger Realismus zwingt ihn dazu, das Vorkommen von Fällen anzuerkennen, die auf diese Weise nicht behandelt werden können. Er kann natürlich nicht anerkennen, daß diese Fälle innerhalb der durch sein eigenes Tugendverständnis gesteckten Grenzen kaum je behandelt werden könnten. Warum das so ist, wird klar, wenn wir zwei miteinander unvereinbare Haltungen untersuchen, die Hume den Tugenden gegenüber einnimmt.

Denn einerseits beharrt Hume darauf, daß die Urteile über Tugend und Untugend nur Ausdruck von Gefühlen der Zustimmung und Ablehnung sind. Es kann also keine Kriterien geben, die diesen Gefühlen äußerlich sind und auf die wir unser Urteil über sie stützen können. Hume erkennt sehr wohl, daß Diogenes und Pascal eine philosophische Theorie hatten, die sie zu dem Glauben führte – oder verführte, wie er meint –, daß es ein solches Kriterium gebe. Aber seine eigene Theorie muß die Möglichkeit eines solchen Kriteriums ausschließen. Gleichzeitig möchte er jedoch diejenigen in manchmal schärfster Weise verurteilen, die alternative Ansichten über die Tugenden haben. Vielleicht hätten wir erwarten können, daß eine solche Verurteilung auf der Berufung auf Humes metaphysische Ansichten beruht. In einem Brief an Francis Hutcheson bringt er seine eigenen moralischen Präferenzen zum Ausdruck und schreibt, daß er seinen Tugendkatalog insgesamt lieber Ciceros *Über die Pflichten* als dem *Whole Duty of Man* entnehme (Brief B vom 17.9.1739, in: Greig 1932). Daß er Cicero dem christlichen Werk vorzieht, folgt zumindest in der Hauptsache ganz klar aus der Tatsache, daß er zentrale christliche Überzeugungen auf eine Weise und in einem Umfang für falsch hält, wie es die Ciceros nicht waren. Und an früherer Stelle dieses Briefes hatte Hume jede teleologische Sicht der menschlichen Natur angegriffen und damit explizit jede Art von aristotelischer Sicht verworfen. Aber obwohl die Unrichtigkeit bestimmter metaphysischer Ansichten notwendig ist, falls Humes Stellung zu den Tugenden verteidigt werden soll, ist diese Unrichtigkeit doch nicht hinreichend. Und Humes Problem damit, wie »sollte« aus »ist« abgeleitet werden kann, verwehrt ihm eine offene Berufung auf sein eigenes Verständnis des Wesens der Dinge, um diese Unzulänglichkeit auszugleichen. Obwohl also Hume in dem, was er für die Unrichtigkeit der christlichen Religion hält, einen Grund dafür finden kann, um die Anhänger der Pfaffentugenden zu verurteilen – Hume verurteilt zum Beispiel die Demut als sinnlos –, kann seine letzte Berufungsinstanz nur in der Berufung auf die Leidenschaften der Menschen mit Vernunft, auf das Zusammenwirken der Gefühle im Weltlichen liegen.

Die Berufung auf ein allgemeines Urteil der Menschheit erweist sich demnach als Maske, die die Berufung auf diejenigen verbirgt, die physiologisch und sozial Humes Haltungen und *Weltanschauung* teilen. Die Leidenschaften einiger sollen den Leidenschaften anderer vorgezogen werden. Wessen Präferenzen gelten? Die Präferenzen derer, die die Beständigkeit des Eigentums akzeptieren, derer, die die Keuschheit der Frau als Tugend verstehen, aus dem einzigen Grund, weil es eine nützliche Einrichtung ist, sicherzustellen, daß das Eigentum nur auf die legitimen Erben übergeht, derer, die glauben, daß das Verstreichen der Zeit dem Rechtmäßigkeit verleiht, was einmal durch Gewalt und Aggression erworben worden ist. Was Hume als Standpunkt der universalen menschlichen Natur bestimmt, erweist sich in Wirklichkeit als der der Vorurteile der herrschenden Elite aus dem Haus Hannover. Die Moralphilosophie Humes setzt ebenso Treue gegenüber einer bestimmten Sozialstruktur voraus wie die des Aristoteles, aber Treue einer äußerst ideologischen Art.

Hume versucht damit – und ich wiederhole hier zum Teil die Argumentation aus Kapitel 4 – auf unbefriedigende Weise, den Anspruch auf allgemeine rationale Autorität für etwas zu untermauern, das in Wirklichkeit die lokale Moral von Teilen Nordeuropas im 18. Jahrhundert ist. Es überrascht kaum, daß sich rivalisierende Versuche, das gleiche Ziel zu erreichen, häufen. Einige dieser Versuche – den Diderots zum Beispiel und den Kants – habe ich ebenfalls schon erwähnt. Auf andere werde ich gleich zu sprechen kommen. Aber vorher ist es wichtig, drei Merkmale der Behandlung der Tugenden durch Hume aufzuführen, die in anderen Moralphilosophien des 18. und 19. Jahrhunderts wieder auftauchen.

Das erste betrifft die Charakterisierung bestimmter Tugenden. In einer Gesellschaft, in der es keine geteilte Vorstellung über das Gut der Gemeinschaft mehr gibt, wie es im Guten für den Menschen spezifiziert ist, kann es auch keine substantielle Vorstellung mehr darüber geben, was es heißt, mehr oder weniger zur Erreichung dieses Gutes beizutragen. Begriffe wie Verdienst und Ehre werden daher aus dem Kontext herausgelöst, in dem sie ursprünglich zu Hause waren. Ehre wird lediglich zu einem Kennzeichen von aristokratischem Status, und Status selbst, nunmehr fest an Besitz gebunden, hat nur sehr wenig mit Verdienst zu tun. Auch die ausgleichende Gerechtigkeit kann nicht mehr mit Hilfe des Verdienstes definiert werden, so daß sich die Alternativen anbieten, Gerechtigkeit im Sinne einer Art von Gleichheit zu definieren (ein Vorgehen, das Hume selbst verwirft) oder im Sinne rechtlicher Ansprüche. Und Gerechtigkeit ist nicht die einzige Tugend, die neu definiert werden muß.

Jede Vorstellung von Keuschheit als Tugend – in jeder traditionellen Bedeutung des Wortes – in einer Welt, die weder von aristotelischen noch von biblischen Werten erfüllt ist, wird den Anhängern der herrschenden Kultur kaum einleuchten, und Humes Verbindung von weiblicher Keuschheit mit Eigentum ist lediglich der erste einer Reihe verzweifelter Versuche, ihr eine Stellung zuzuweisen. Anderen Tugenden ergeht es ein wenig besser; seit die Nützlichkeit zum Kennzeichen einer Tugend nicht nur bei Hume, sondern beispielsweise auch bei Franklin wird, beeinflussen allerdings Unbestimmtheit und Allgemeinheit des Begriffs der Nützlichkeit jede Vorstellung von »Gutes tun«, insbesondere die neue Vorstellung der Tugend der Wohltätigkeit. Der Wohltätigkeit wird im 18. Jahrhundert weitgehend der Geltungsbereich zugewiesen, den das christliche Tugendsystem der Nächstenliebe zuwies. Aber im Gegensatz zur Nächstenliebe wurde die Wohltätigkeit als Tugend zu einem Freibrief für fast jede Art von manipulativem Eingriff in die Angelegenheit anderer.

Ein zweites Merkmal der Behandlung der Tugenden bei Hume, das in Theorie und Praxis später wiederkehrt, ist eine ganz neue Vorstellung über die Beziehung zwischen Tugenden und Regeln. Ich habe weiter oben bereits auf das Ausmaß hingewiesen, in dem der Begriff der Regel zur zentralen Bedeutung in der modernen individualistischen Moral gelangt. Tugenden werden jetzt tatsächlich nicht, wie im aristotelischen System, als Besitz einer Rolle und Funktion verstanden, getrennt vom Besitz von Regeln oder Gesetzen und ihnen gegenüberzustellen, sondern eher als gerade jene Dispositionen, die notwendig sind, Gehorsam gegenüber den Regeln der Moral zu erzeugen. Die Tugend der Gerechtigkeit, wie Hume sie charakterisiert, *ist* nichts anderes als eine Disposition, die Regeln der Gerechtigkeit zu befolgen. Hume wird in diesem Punkt viele Nachfolger haben, unter anderem Kant und Mill; und ein zeitgenössischer Schriftsteller, der Erbe dieser modernen Tradition ist, *definiert* den Begriff einer Tugend sogar mit Hilfe des Begriffs eines moralischen Prinzips: »Die Tugenden sind Empfindungen, das heißt verwandte Familien von Dispositionen und Neigungen, die von einem höherrangigen Wunsch gesteuert werden, in diesem Fall einem Wunsch, nach den entsprechenden moralischen Prinzipien zu handeln.« (Rawls 1971, S. 192) Es ist kein Zufall, daß derselbe Schriftsteller unsere Verpflichtung gegenüber Prinzipien und Tugenden von jedem substantiellen Glauben an das Gute für den Menschen entbindet. (Vgl. hierzu das nächste Kapitel.)

Ein drittes Merkmal der Humeschen Behandlung der Tugenden, das später noch stärker ins Auge springt, ist die Verlagerung von einer pluralischen zu einer primär singularischen Vorstellung der Tugend. Als sprachliches Phänomen ist dies Teil eines allgemeinen Prozesses, durch den der moralische Wortschatz nach und nach vereinfacht und homogener gemacht wurde. Im aristotelischen System war »moralische Tugend« kein tautologischer Ausdruck; doch am Ende des 18. Jahrhunderts werden »moralisch« und »tugendhaft« als Synonyme verwendet. Später wurden auch noch »Pflicht« und »Verpflichtung« als weitgehend austauschbar behandelt, genau wie »pflichtbewußt« und »tugendhaft«. Wo einst die allgemeine Sprache der Moral selbst im Alltagsgespräch eine Reihe exakter Unterscheidungen verkörperte, die ein komplexes Moralsystem voraussetzten, entsteht eine Art sprachlicher Melange, die nur noch wenig auszudrücken gestattet. Innerhalb dieses Trends kommen natürlich neue sprachliche Unterscheidungen einer spezialisierteren Art auf: »unmoralisch« und »Untugend« werden im 19. Jahrhundert mit allem assoziiert, was die Heiligkeit der viktorianischen Ehe bedroht – die letzte Zuflucht derer, die außerhalb des häuslichen Bereichs durchaus bereit waren, sich wie Gauner zu verhalten –, und erlangten daher in einigen Kreisen einen ausschließlich sexuellen Bedeutungsumfang. Die Gesellschaft zur Bekämpfung der Untugend zählte zu ihren Aufgaben weder die Bekämpfung der Ungerechtigkeit noch die der Feigheit. Diese sprachlichen Verrenkungen und Purzelbäume belegen die Art und Weise, in der das moralische Vokabular aus jedem exakten, zentralen Kontext des Verständnisses gelöst und verschiedenen miteinander wetteifernden moralischen Gruppen für deren spezielle und unterschiedliche Zwecke verfügbar gemacht worden war. Doch dieses Schicksal lag noch in der Zukunft, als »Tugend« zum primär im Singular gebrauchten Wort wurde. Denn ursprünglich war diese sprachliche Veränderung mit einer ganz konkreten moralischen Tendenz verbunden.

Wie ich in Kapitel 13 angemerkt habe, besteht immer dann, wenn die Teleologie – ob aristotelisch oder christlich – aufgegeben wird, eine Neigung dazu, sie durch eine Version des Stoizismus zu ersetzen. Die Tugenden sollen jetzt um keines anderen Gutes willen als der Ausübung der Tugenden selbst ausgeübt werden. Tugend ist Selbstzweck, ihr eigener Lohn, ihr eigener Beweggrund und muß es sein. Zentral in dieser stoischen Tendenz ist der Glaube, daß es einen einzigen Maßstab für Tugend gibt und daß moralische Vollendung in völliger Übereinstimmung damit besteht. Wie wiederholt in der antiken Welt und im 12. Jahrhundert, so gilt dies auch für alle Versionen des Stoizismus im 18. Jahrhundert. Und das überrascht nicht, da der Hintergrund der stoischen Ethik im 18. Jahrhundert eine Naturlehre war, die der Metaphysik des alten Stoizismus ähnelte und in ihrer Schuld stand.

Die Natur wird für viele Autoren das, was Gott für das Christentum gewesen war. Die Natur wird als eine aktiv wohltätige Kraft begriffen; die Natur ist Gesetzgeber für unser Gut. Diderot, der oft in dieser Weise über die Natur denkt, muß dadurch das Problem, wieso die wohltätige und mächtige Natur das Schlechte zulassen kann, auf eine Art und Weise aufwerfen, die genau dem Problem entspricht, wie es sich den christlichen Theologen durch die Existenz des Bösen in einer Welt stellte, die von einer allmächtigen und wohltätigen Gottheit erschaffen wurde und beherrscht wird. Und dadurch enthüllt Diderot vollständiger als andere, wie sehr die Natur selbst zu einer neuen Gottheit geworden ist. Die Natur gleicht aus, die Natur schafft Ordnung, die Natur liefert uns eine Regel des Lebens. Auf diese Weise sind auch einige Christen geneigt, das zu sehen, was entscheidend für ihre Ethik als Maxime ist, ihre Natur zu verstehen und im Einklang mit ihr zu leben. Daraus erwächst eine eigenartige Mischung aus Stoizismus und Christentum, am anschaulichsten bei Johnson verdeutlicht.

In Johnsons Schriften wird der Einfluß von Juvenal und Epiktet durch das Urteil modifiziert, die Stoiker hätten eine zu hohe Meinung von der menschlichen Natur gehabt, und dennoch kommt er in der sechsten Nummer des *Rambler* zu dem Schluß: »Wer so geringe Kenntnis von der menschlichen Natur hat, daß er das Glück sucht, indem er alles außer seiner eigenen Disposition ändert, wird sein Leben mit nutzlosen Anstrengungen vergeuden und die Sorgen vermehren, die er zu beseitigen gedenkt.« Die Pflege der Tugenden kann nicht in weiterem Glück enden. Wenn Johnson folglich die Geduld lobt, ist seine Vorstellung der Geduld von der der mittelalterlichen Tradition ebensoweit entfernt, wie Humes Vorstellung der Gerechtigkeit von der des Aristoteles. Für die Menschen des Mittelalters hängt, wie ich bereits angedeutet habe, die Tugend der Geduld aufs engste mit der Tugend der Hoffnung zusammen; geduldig sein bedeutet bereit sein zu warten, bis das Versprechen des Lebens erfüllt ist. Für Johnson bedeutet geduldig sein – zumindest soweit es sein Leben betrifft – bereit zu sein, ohne Hoffnung zu leben. Die Hoffnung wird notwendigerweise für eine andere Welt aufgehoben. Wieder wird die Vorstellung einer bestimmten Tugend auf eine Art umgewandelt, die einer Veränderung im allgemeinen Verständnis der Tugenden entspricht.

Eine weit optimistischere Version des Stoizismus findet sich in den Schriften von Adam Smith, eher Deist als Christ; und Smith expliziert den zentralen Punkt, in dem er sich an die stoische Moralphilosophie anlehnt. Für ihn zerfallen die Tugenden in zwei Klassen. Da sind einmal jene drei Tugenden, die den, der sie in Vollkommenheit besitzt, in die Lage versetzen, sich vollkommen tugendhaft zu verhalten. »Ein Mensch, der in Übereinstimmung mit den Regeln vollkommener Klugheit, strenger Gerechtigkeit und richtigen Wohlwollens handelt, mag vollkommen tugendhaft genannt werden.« (*Theorie der ethischen Gefühle,* 6. Teil, 3. Abschn.) Daran ist natürlich bemerkenswert, daß tugendhaft sein wieder gleichgesetzt wird mit dem Befolgen von Regeln. Als Smith auf die Gerechtigkeit zu sprechen kommt, hält er den »alten Moralisten« vor, daß wir dort »keinen Versuch finden, die Regeln der Gerechtigkeit im einzelnen aufzuzählen«. Aber nach Smith reicht die Kenntnis dessen, was die Regeln sind, seien es die Regeln der Gerechtigkeit, der Klugheit oder der Wohltätigkeit, nicht aus, uns in die Lage zu versetzen, sie zu befolgen; dazu brauchen wir eine weitere Tugend einer ganz anderen Art, die stoische Tugend der Selbstbeherrschung, die uns befähigt, unsere Leidenschaften zu zügeln, wenn diese uns von dem ablenken, was die Tugend verlangt.

Der Tugendkatalog von Smith ist demnach nicht der gleiche wie der Humes. Wir haben bereits einen Punkt erreicht, an dem rivalisierende und unvereinbare Aufstellungen von Tugenden gebräuchlicher geworden sind. Und Umfang und Art der Abweichung sind nicht auf die Moralphilosophie beschränkt. Zumindest für England sind eine Quelle der Kenntnisse über allgemeine Ansichten über die Tugenden im 17. und 18. Jahrhundert Grabsteine oder Gedenkstätten auf Kirch- oder Friedhöfen der Kirche von England. Weder die protestantischen Dissenter noch die Katholiken haben in diesem Zeitabschnitt den Brauch der Grabinschriften systematisch fortgeführt, so daß das, was wir den Grabsteinen entnehmen, nur einen Teil der Bevölkerung betrifft, und dazu einen, der scheinbar noch in seine religiöse Treue zur christlichen Teleologie eingebunden ist. Aber das macht das Ausmaß der Abweichungen in den Tugendkatalogen auf Grabsteinen nur noch beeindruckender. Es existieren zum Beispiel Humesche Inschriften: Der Gedenkstein, den Sir Hugh Palliser 1780 auf seinem eigenen Grund für Captain Cook aufgestellt hat, spricht von Cook als im Besitz »jeder nützlichen und liebenswerten Eigenschaft«. Es gibt Inschriften, in denen »moralisch« schon eine ganz eng begrenzte Bedeutung erlangt hat, so daß man, wenn man die Tugenden eines anderen loben will, mehr als seine Moral loben muß: »Untadelig in seiner Moral, gepflegt in seinem Benehmen, verläßlich in seiner Freundschaft, umfassend in seiner Wohltätigkeit« heißt es auf einer Tafel aus dem Jahr 1797 zur Erinnerung an Sir Francis Lumm in St. James's Piccadilly in einer Art, die vermuten läßt, daß das aristotelische Ideal des großherzigen Menschen noch lebendig ist. Und es gibt eindeutig christliche Inschriften: »Liebe, Frieden, Güte, Treue, Hoffnung, Nächstenliebe, Bescheidenheit, Aufrichtigkeit, Sanftmut« sind die Tugenden, die Margaret Yates 1817 in derselben Kirche zugeschrieben werden. Wir sollten festhalten, daß Aufrichtigkeit in dieser Aufzählung von Tugenden relativ neu ist – aus Gründen, die Lionel Trilling in *Sincerity and Authenticity* in brillanter Weise analysiert hat –, und daß die Gedenkstätte für Cook Hume (und natürlich Aristoteles) darin folgt, daß die intellektuelle Tugend des praktischen Urteils ebenso wie die Tugenden des Charakters gepriesen werden, während die Inschrift für Margaret Yates vielleicht vermuten läßt, daß »Sei gut, mein Kind, und klug sein laß, wer will« eine der zugrunde liegenden Maximen ist.

Es wird überdeutlich, daß der Ersatz der aristotelischen oder christlichen Teleologie im Alltag wie in der Moralphilosophie durch eine Definition der Tugenden mit Hilfe der Leidenschaften nicht so sehr oder überhaupt nicht im Austausch einiger Kriterien durch andere besteht, sondern eher eine Bewegung hin zu einer und in eine Situation ist, in der es überhaupt keine klaren Kriterien mehr gibt. Es überrascht nicht, daß die Anhänger der Tugend anfangen, nach einer anderen Grundlage für moralische Überzeugungen Ausschau zu halten und daß verschiedene Formen des moralischen Rationalismus und Intuitionismus wieder in Erscheinung treten, zum Ausdruck gebracht durch Philosophen wie Kant – der sich für den überragenden modernen Erben der Stoiker hielt – und Richard Price, Philosophen, durch die die Entwicklung hin zu einer ausschließlich regelhaften Ethik auch weiterhin deutlich markiert ist. Adam Smith ließ tatsächlich einen moralischen Bereich zu, in dem uns Regeln nicht das liefern, was wir brauchen: Es gibt immer Grenzfälle, in denen wir nicht wissen, wie wir die entsprechende Regel anwenden sollen, und in denen uns deshalb Feingefühl leiten muß. Smith greift den gesamten Begriff von Kasuistik als verkehrten Versuch an, selbst in solchen Fällen eine Anwendung von Regeln zu liefern. In Kants moralischen Schriften haben wir dagegen einen Punkt erreicht, an dem der Gedanke, daß Moral etwas anderes als Befolgen von Regeln ist, fast, wenn nicht sogar ganz aus dem Blickfeld verschwunden ist. Und so bündeln sich die zentralen Probleme der Moralphilosophie in der Frage »Wie sollen wir wissen, *welchen* Regeln wir folgen sollen?« Tugend-Begriffe werden für den Moralphilosophen ebenso nebensächlich, wie sie es für die Moral der Gesellschaft sind, in der er lebt.

Es gibt aber noch einen weiteren Grund für dieses Abdrängen an den Rand. Die Autoren des 18. Jahrhunderts, die über die Tugenden schreiben und sie mit Hilfe ihres Verhältnisses zu den Leidenschaften definieren, betrachten die Gesellschaft längst ausschließlich als Arena, in der Individuen das für sich zu sichern versuchen, was ihnen nützlich oder angenehm erscheint. Sie neigen demnach dazu, jede Vorstellung von Gesellschaft als Gemeinschaft auszugrenzen, die durch eine allgemein geteilte Sicht des Guten für den Menschen (vor und unabhängig von jeder Summe von Einzelinteressen) und durch eine *konsequenterweise* geteilte Praxis der Tugenden vereint wird, aber sie grenzen diese Vorstellung nicht immer und vollständig aus. Der Stoizismus hat bezeichnenderweise eine politische Dimension, und Adam Smith zum Beispiel war ein Leben lang Republikaner. Und die Verbindung zwischen seiner Beschäftigung mit den Tugenden und seinem Republikanismus war nicht allein für sein Denken typisch. Republikanismus ist im 18. Jahrhundert das Projekt, eine Gemeinschaft der Tugend wiederherzustellen; aber er faßt dieses Projekt in eine Sprache, die eher aus römischen als aus griechischen Quellen entnommen und durch die italienischen Republiken des Mittelalters vermittelt worden ist. Machiavelli bringt mit seiner Erhebung der bürgerlichen Tugend über die christlichen wie die heidnischen Tugenden einen Aspekt der republikanischen Tradition zum Ausdruck, aber nur einen. Im Zentrum dieser Tradition steht tatsächlich der Gedanke eines öffentlichen Gutes, das der Summe der individuellen Wünsche und Interessen vorausgeht und unabhängig von ihnen charakterisiert werden kann. Die Tugend des Individuums besteht in nichts anderem als zuzulassen, daß das öffentliche Gut den Maßstab für das individuelle Verhalten liefert. Die Tugenden sind jene Dispositionen, die diese vorrangige Treuepflicht aufrechterhalten. Damit werden für den Republikanismus wie für den Stoizismus die Tugend primär und die Tugenden sekundär. Die Verbindung zwischen dem Republikanismus des 18. Jahrhunderts und dem Stoizismus des 18. Jahrhunderts ist locker; viele Stoiker waren keine Republikaner – Dr. Johnson war den Hannoveranern treu ergeben –, und viele Republikaner waren keine Stoiker. Aber sie teilen eine Sprache, sie benutzen dasselbe moralische Vokabular, und es ist nicht verwunderlich, wenn wir auf jemanden wie Adam Smith stoßen, der beide Bindungen teilt.

Der Republikanismus stellt daher einen Versuch zu einer teilweisen Wiederherstellung dessen dar, was ich klassische Tradition genannt habe. Aber er betritt die moderne Welt ohne eines der zwei wichtigen negativen Merkmale, die soviel mit der Diskreditierung der klassischen Tradition in der Renaissance und der frühen Neuzeit zu tun hatten. Er benutzte – wie ich eben bemerkt habe – keine aristotelische Sprache und trug deshalb auch nicht die Last einer scheinbaren Verknüpfung mit einer zurückgewiesenen Version von Naturwissenschaft. Und er wurde nicht durch die Gunst jener absoluten Diktaturen in Staat und Kirche verunstaltet, die zur gleichen Zeit, zu der sie das mittelalterliche Erbe zerstörten, den Versuch unternahmen, sich in die Sprache der Tradition zu kleiden, indem sie Grundsätze wie jene Perversion des 16. und 17. Jahrhunderts erfanden, den Grundsatz vom absoluten Königtum von Gottes Gnaden.

Der Republikanismus übernahm dagegen von den Institutionen der Republik des Mittelalters und der Renaissance, was auf eine leidenschaftliche Parteinahme für die Gleichheit hinauslief. »Das korporative Ethos«, hat Gene Brucker geschrieben, »war grundlegend egalitär. Mitglieder der Zunft, der politischen Gesellschaft (*parte*) oder der Bürgerwehr (*gonfalone*) besaßen, wie unterstellt wurde, gleiche Rechte und Privilegien und hatten die gleichen Verpflichtungen gegenüber der Gesellschaft und ihren Gefährten.« (1977, S. 15) Die Gleichheit der Achtung lieferte die Grundlage für den Dienst an der korporativen Gemeinschaft. Deshalb wurde die republikanische Vorstellung von Gerechtigkeit grundsätzlich im Sinne von Gleichheit definiert, aber auch im Sinne des öffentlichen Verdienstes und öffentlicher Auszeichnung, ein Begriff, für den wieder ein Platz gefunden werden muß. Die aristotelische Tugend der Freundschaft und die christliche Nächstenliebe leisteten beide im 18. Jahrhundert ihren Beitrag zur neubenannten Tugend der Brüderlichkeit. Und die republikanische Vorstellung der Freiheit war ebenfalls christlich: *Cui servire est regnare,* heißt es im Gebet über Gott, oder »Die vollkommene Freiheit besteht darin, ihm zu dienen«, und was der Christ über Gott sagte, sagt der Republikaner über die Republik. Es gibt einige spätere Autoren – J.L. Talmon, Isaiah Berlin und Daniel Bell sind Beispiele –, die in dieser republikanischen Verpflichtung gegenüber der öffentlichen Tugend den Ursprung des Totalitarismus und sogar des Terrors sehen. Jede kurze Erwiderung auf ihre These wird zwangsläufig ungenügend erscheinen; trotzdem möchte ich ihr entgegenhalten, daß ich mir wünschte, jede Verpflichtung gegenüber der *Tugend* wäre so stark, aus sich heraus so außerordentliche Wirkungen erzielen zu können. Es war eher, wie ich meine, die Art, wie die Verpflichtung gegenüber der Tugend politisch institutionalisiert wurde – hierüber werde ich gleich noch etwas mehr sagen –, und nicht die Verpflichtung an sich, die zumindest einige der Folgen zeitigte, die sie verabscheuen; aber in Wirklichkeit haben moderner Totalitarismus und Terror meistens nichts mit Verpflichtung gegenüber der Tugend zu tun. Ich schätze daher den Anspruch des Republikanismus des 18. Jahrhunderts auf moralische Treue als seriöser ein wie jene Autoren. Und es lohnt sich durchaus, *seinen* Tugendkatalog etwas eingehender zu untersuchen, wie er etwa bei den Jakobinerklubs zum Ausdruck kommt.

Freiheit, Brüderlichkeit und Gleichheit waren nicht die einzigen jakobinischen Tugenden. Patriotismus und Liebe zur Familie waren ebenfalls wichtig: Der ewige Junggeselle wurde als Feind der Tugend angesehen. Ebenso jeder, der darin scheiterte, eine nützliche produktive Arbeit zu leisten oder ein gutes Werk zu tun. Es galt als Tugend, sich einfach zu kleiden, bescheiden zu wohnen, – natürlich – regelmäßig seinen Klub aufzusuchen und sonstigen bürgerlichen Pflichten nachzukommen, tapfer und eifrig die Aufgabe wahrzunehmen, die einem die Revolution auftrug. Die äußeren Kennzeichen der Tugend waren lange Haare – der Gang zum Friseur war eine Form der Untugend, ebenso übermäßige Beachtung des eigenen Äußeren – und das Fehlen eines Bartes. Bärte wurden mit dem *Ancien régime* assoziiert (vgl. Cobb 1969). Es fällt nicht schwer, darin eine Neuauflage des klassischen Ideals durch Gesellschaften demokratisch beeinflußter Handwerker und Händler zu erkennen. In den Jakobinerklubs lebte etwas von Aristoteles – und einiges mehr von Rousseau –, aber mit nur eng begrenztem kulturellem Einfluß. Wieso? Die Jakobinerklubs und ihr Niedergang lehren uns, daß man nicht darauf hoffen kann, die Moral mit Gültigkeit für eine ganze Nation wiederzuentdecken, wenn die eigentliche Sprache der Moral, die man wiederentdecken möchte, einerseits der breiten Masse der Bevölkerung und andererseits der geistigen Elite fremd ist. Der Versuch, Moral durch Terror zu erzwingen – die Lösung von Saint-Just –, ist der verzweifelte Ausweg derer, die diese Tatsache bereits erahnen, sie aber nicht zulassen wollen. (Ich würde meinen, daß dies und *nicht* das Ideal der öffentlichen

Tugend den Totalitarismus erzeugt.) Dies zu verstehen bedeutet den wesentlichen Schlüssel zur mißlichen Lage all jener Anhänger der älteren Tradition der Tugenden zu erhalten – einige von ihnen können nicht einmal mehr erkennen, daß sie das sind –, die versuchen, die Tugenden wiedereinzuführen. Beschäftigen wir uns ganz kurz mit nur zweien von ihnen, mit William Cobbett und mit Jane Austen.

Cobbett – der letzte Mensch des alten England und der erste des neuen, wie Marx ihn genannt hat – führte einen Kampf, die Gesellschaft als Ganzes zu ändern; Jane Austen versuchte, Enklaven für das Leben der Tugenden in der Gesellschaft aufzuspüren. Cobbett blickte zurück auf das England seiner Kindheit, darüber hinaus auf das England vor der oligarchischen Regelung von 1688 und noch weiter zurück auf das England vor der Reformation, und sah in jedem Abschnitt einen Abschnitt des Niedergangs bis zu seiner Zeit. Wie Jefferson glaubte auch Cobbett, daß der arbeitende Kleinbauer der soziale Typus des tugendhaften Menschen wäre. »Wenn Besteller des Landes, allgemein gesprochen, nicht die tugendhaftesten und glücklichsten Menschen wären, müßte in der Gesellschaft etwas am Werk sein, das das Wirken der Natur vereitelt.« (*Political Register* XXXIX, 5. Mai 1821) Die Natur bezwingt den Bauern, so daß er praktische Klugheit braucht: »Die Natur und die Beschaffenheit aller lebenden Dinge sind dem Landjungen besser bekannt als den Philosophen.« Wenn Cobbett von »Philosophen« spricht, bezieht er sich gewöhnlich auf Malthus und den Adam Smith in *The Wealth of Nations (Natur und Ursachen des Volkswohlstands),* wie dieses Buch inzwischen im Licht der Lehre Ricardo, auf den er sich bezieht, gelesen wurde. Tugenden, die Cobbett ganz besonders lobt, sind das Fehlen von Neid, die Freiheitsliebe, Beharrlichkeit und Fleiß, Patriotismus, Rechtschaffenheit und Gerechtigkeit. Das »Etwas«, das »in der Gemeinschaft ... am Werk« ist und die Entwicklung vereitelt, eine tugendhafte und glückliche Gemeinschaft hervorzubringen, ist der allgegenwärtige Einfluß der *pleonexia* (auch wenn das nicht Cobbetts Ausdruck ist) in der Form des Wuchers (das ist Cobbetts Ausdruck), die der Gesellschaft durch eine individualistische Wirtschaft und einen Markt aufgedrängt wird, auf dem Land, Arbeit und Geld in Güter umgewandelt worden sind. Gerade weil Cobbett über den großen Trennungsstrich in der menschlichen Geschichte hinaus auf die Vergangenheit vor dem Individualismus und der Macht der Märkte zurückblickt, über das hinaus, was Karl Polanyi »the great transformation« nannte, sah Marx ihn als so bedeutend für die englische Geschichte an.

Jane Austen dagegen bestimmt jenen sozialen Bereich, in dem die Tugenden weiterhin ausgeübt werden können. Natürlich ist sie nicht blind gegenüber der wirtschaftlichen Wirklichkeit, gegen die Cobbett zu Felde zog. Wir erfahren irgendwo in all ihren Romanen, woher das Geld der Hauptfiguren kommt; wir erleben sehr viel wirtschaftliche Selbstsucht, sehr viel *pleonexia,* die im Mittelpunkt der Sicht Cobbetts steht. Soviel, daß David Daiches sie einmal als »Marxistin vor Marx« bezeichnete. Ihre Heldinnen müssen – wenn sie überleben sollen – wirtschaftliche Sicherheit suchen. Aber das ergibt sich nicht nur aus der Bedrohung durch die äußere, wirtschaftliche Welt; es ergibt sich daraus, daß das Telos ihrer Heldinnen ein Leben in einer bestimmten Art von Ehe und in einer bestimmten Art von Hauswesen liegt, dessen Brennpunkt diese Ehe ist. Ihre Romane sind eine moralische Kritik an Eltern und Vormündern ebenso wie an jungen Verliebten; im schlimmsten Fall sind Eltern und Vormünder – die dümmliche Mrs. Bennet und der verantwortungslose Mr. Bennet zum Beispiel – das, was die verliebten jungen Leute werden können, wenn sie auf dem Weg zur Ehe nicht lernen, was sie lernen sollten. Aber warum ist die Ehe so wichtig?

Gegen Ende des 18. Jahrhunderts, als die Produktion aus dem Hauswesen hinaus verlagert wird, verrichten Frauen größtenteils keine Arbeit mehr, die sich in der Art oder im Arbeitsverhältnis nicht von der der Männer unterscheidet, sondern zerfallen in zwei Gruppen: in eine kleine Gruppe unbeschäftigter Frauen, deren Tag nicht durch Arbeit ausgefüllt ist, und für die Beschäftigungen erfunden werden müssen – feine Nähereien, das Lesen schlechter Romane und organisierte Gelegenheiten zum Klatschen, was damals sowohl Männer wie Frauen als »im wesentlichen weiblich« betrachteten –, und in eine riesige Gruppe von Frauen, die zur Fronarbeit im Haus, in der Spinnerei oder in der Fabrik oder zur Prostitution verurteilt sind. Als sich die Produktion noch innerhalb des Hauswesens befand, war die unverheiratete Schwester oder Tante ein nützliches und geschätztes Mitglied des Hauswesens; die unverheiratet gebliebenen Frauen besorgten das Spinnen. Erst zu Beginn des 18. Jahrhunderts muß die Frau, die nicht heiratet, das Ausgestoßenwerden in die Fronarbeit als typisches Los befürchten. Folglich ist die Ablehnung selbst einer schlechten Ehe eine tapfere Tat, eine Tat, die zentral für die Handlung von *Mansfield Park* ist. Den Romanen Jane Austens liegt als Hauptgefühl etwas zugrunde, was D. W. Harding als »gesteuerten Haß« auf die Haltung der Gesellschaft gegenüber unverheirateten Frauen bezeichnete: »Ihre Tochter erfreute sich einer Beliebtheit, die für eine weder junge, noch hübsche, noch reiche, noch verheiratete Frau ganz außerordentlich war. Miss Bates besaß wahrlich die allerkläglichsten Chancen von der Welt, die Gunst der Leute zu gewinnen, und keinerlei Geistesgaben, um sich daran schadlos zu halten und Übelgesinnten wenigstens äußeren Respekt einzujagen. Nie hatte sie durch Schönheit oder Klugheit geglänzt. Ihre Jugend war unbemerkt dahingegangen, und ihre mittleren Jahre hatte sie der Pflege ihrer hinfälligen Mutter gewidmet und dem Bemühen, mit einem schmalen Beutel so weit wie möglich zu kommen. Und doch war sie eine glückliche Frau, und niemand sprach ohne Wohlwollen von ihr. Es war ihr eigenes allumfassendes Wohlwollen und ihr zufriedenes Gemüt, das solche Wunder wirkte.« (*Emma*, 3. Kap.) Miss Bates ist *ungewöhnlich* begünstigt, weil sie *ungewöhnlich* gut ist. Normalerweise wird man, wenn man nicht reich oder schön oder jung oder verheiratet ist, äußeren Respekt im allgemeinen nur dadurch gewinnen, daß man seine geistige Überlegenheit einsetzt, um die einzuschüchtern, die einen sonst verachten würden. Wie es – können wir erahnen – Jane Austen gemacht hat.

Wenn Jane Austen vom »Glück« spricht, tut sie das als Aristotelikerin. Gilbert Ryle glaubte, ihr Aristotelismus – in dem er den Schlüssel zum moralischen Charakter ihrer Romane sah – könnte durch die Lektüre von Shaftesbury beeinflußt worden sein. C.S. Lewis betrachtete sie mit gleichem Recht als im Grunde christliche Schriftstellerin. Die Vereinigung christlicher und aristotelischer Themen in einem bestimmten sozialen Kontext macht Jane Austen zur letzten großen, einflußreichen, phantasievollen Sprecherin der Tradition des Denkens über die (und der Praxis der) Tugenden, die zu bestimmen ich versucht habe. Sie wendet sich damit von den miteinander wetteifernden Tugendkatalogen des 18. Jahrhunderts ab und stellt wieder eine teleologische Perspektive her. Ihre Heldinnen suchen das Gute, indem sie ihr eigenes Gut in der Ehe suchen. Die begrenzten Hauswesen von Highbury und Mansfield Park müssen als Ersatz für den griechischen Stadtstaat und das mittelalterliche Königreich dienen.

Vieles von dem, was sie über die Tugenden und Untugenden darlegt, ist daher äußerst traditionell. Sie preist wie Aristoteles die Tugend, sozial angenehm zu sein, obwohl sie – in ihren Briefen wie Romanen – die Tugend der Liebenswürdigkeit noch höher schätzt, die eine wahrhaft liebevolle Achtung vor anderen an sich verlangt, und nicht nur den in Umgangsformen verkörperten Eindruck einer solchen Achtung. Sie ist letztlich Christin und deshalb äußerst mißtrauisch gegen eine Angenehmheit, die einen Mangel an echter Liebenswürdigkeit verdeckt. Sie lobt praktische Intelligenz auf aristotelische Weise und Demut auf christliche Weise. Aber sie wiederholt die Tradition nie einfach nur; sie erweitert sie ständig, und in dieser Erweiterung hat sie drei zentrale Anliegen.

Das erste habe ich bereits erwähnt. Sie befaßt sich auf eine ganz neue Art mit Nachahmungen der Tugenden – angesichts des moralischen Klimas ihrer Zeit muß sie das tun. Moral ist bei Jane Austen nie bloßes Verbot und Steuerung der Leidenschaften; auch wenn das denen wie Marianne Dashwood so erscheinen mag, die sich auf romantische Weise mit einer herrschenden Leidenschaft identifiziert haben und auf von Hume abweichende Art die Vernunft zum Diener der Leidenschaften machen. Die Moral ist eher dazu da, die Leidenschaften zu erziehen; aber die äußere Erscheinung der Moral kann ungezügelte Leidenschaften jederzeit verbergen. Und die Launenhaftigkeit Marianne Dashwoods ist die Launenhaftigkeit eines Opfers, während der oberflächliche Anstand von Henry und Mary Crawford zusammen mit ihrer Eleganz und ihrem Charme, die eine Maske für moralisch ungezügelte Leidenschaften liefern, andere wahrscheinlich ebenso zu Opfern machen können wie sie selbst. Henry Crawford ist der Heuchler schlechthin. Er brüstet sich mit seiner Fähigkeit, Rollen zu spielen, und in einem Gespräch wird deutlich, daß *Geistlicher-Sein* für ihn darin besteht, *den Anschein zu erwecken, Geistlicher zu sein.* Das Selbst löst sich fast oder ganz in der Darstellung des Selbst auf, aber was in Goffmans sozialer Welt *die* Form des Selbst wird, ist in der Welt Jane Austens noch ein Symptom für Untugend.

Das Gegenstück zu Jane Austens Beschäftigung mit der Nachahmung ist die zentrale Stellung, die sie der Selbsterkenntnis einräumt, einer eher christlichen als sokratischen Selbsterkenntnis, die nur durch eine Art Reue erreicht werden kann. In vier ihrer sechs großen Romane gibt es eine Erkennungsszene, in der die Person, die der Held oder die Heldin erkennt, er oder sie selbst ist. »Bis zu diesem Augenblick habe ich mich nicht gekannt«, sagt Elizabeth Bennet. »Wie sollte sie die Täuschungen verstehen, die sie an sich selbst verübt, und unter denen sie gelebt hatte!« überlegte Emma. Selbsterkenntnis ist für Jane Austen eine intellektuelle und eine moralische Tugend, und sie hängt eng mit einer anderen Tugend zusammen, die Jane Austen in den Mittelpunkt rückt und die relativ neu im Tugendkatalog ist.

Als Kierkegaard in *Entweder-Oder* die ethische und ästhetische Lebensart einander gegenüberstellte, argumentierte er, das ästhetische Leben sei ein Leben, in dem ein menschliches Leben in eine Reihe getrennter, gegenwärtiger Augenblicke aufgelöst werde, in dem die Einheit des menschlichen Lebens aus dem Blick verschwindet. Im ethischen Leben dagegen vereinen die Verpflichtungen und Verantwortlichkeiten gegenüber der Zukunft, die aus Episoden der Vergangenheit entspringen, in denen Pflichten begriffen und Verpflichtungen übernommen wurden, die Gegenwart mit der Vergangenheit und der Zukunft in einer Weise, die aus einem menschlichen Leben eine Einheit macht. Die Einheit, auf die Kierkegaard sich bezieht, ist jene narrative Einheit, deren zentrale Stellung im Leben der Tugenden ich im vorigen Kapitel bestimmt habe. In der Zeit, in der Jane Austen schreibt, kann diese Einheit nicht mehr als reine Voraussetzung oder als Kontext für ein tugendhaftes Leben betrachtet werden. Sie muß selbst ständig erneut bestätigt werden, und ihre erneute Bestätigung durch die Tat, weniger durch das Wort, ist die Tugend, die Jane Austen Beständigkeit nennt. Beständigkeit ist zumindest in zwei Romanen von Bedeutung, in *Mansfield Park* und *Persuasion*; in beiden Büchern ist sie zentrale Tugend der Heldin. Beständigkeit, so läßt Jane Austen Anne Elliot in letzterem überzeugend argumentieren, ist eine Tugend, deren Anwendung Frauen leichter fällt als Männern. Und ohne Beständigkeit verlieren alle anderen Tugenden bis zu einem gewissen Grad ihren Sinn. Beständigkeit wird verstärkt durch und verstärkt die christliche Tugend der Geduld, aber sie ist nicht dasselbe wie Geduld, so wie die Geduld, die durch die aristotelische Tugend der Tapferkeit verstärkt wird und diese verstärkt, nicht dasselbe wie Tapferkeit ist. Denn ebenso wie die Geduld notwendigerweise ein Erkennen des Wesens der Welt umfaßt, in einer Art, die die Tapferkeit nicht unbedingt verlangt, so erfordert auch die Beständigkeit ein Erkennen einer bestimmten Bedrohung der Integrität der Persönlichkeit innerhalb der eigentlich modernen sozialen Welt, ein Erkennen, das die Geduld nicht unbedingt verlangt.

Es ist kein Zufall, daß die beiden Heldinnen, die Beständigkeit am deutlichsten zeigen, nicht so charmant wie Jane Austens andere Heldinnen sind, und daß viele Kritiker eine von ihnen, nämlich Fanny Price, ausgesprochen unattraktiv fanden. Doch Fannys Mangel an Charme ist für Jane Austens Intentionen entscheidend. Denn Charme ist die typisch moderne Eigenschaft, die diejenigen, die keine Tugenden besitzen oder sie vorspiegeln, benutzen, um in Situationen des typisch modernen sozialen Lebens zu bestehen. Camus definierte Charme einmal als die Eigenschaft, die die Antwort »Ja« hervorbringt, bevor überhaupt eine Frage gestellt worden ist. Und der Charme einer Elizabeth Bennet oder selbst einer Emma kann uns, wenn er wirklich anziehend ist, in unserem Urteil über ihren Charakter in die Irre führen. Fanny ist ohne Charme; sie hat nur die Tugenden, die wahren Tugenden, die sie schützen, und als sie ihrem Vormund, Sir Thomas Bertram, nicht gehorcht und sich weigert, Henry Crawford zu heiraten, kann das seinen Grund nur in dem haben, was die Beständigkeit fordert. Durch diese Weigerung stellt sie die Gefahr, ihre Seele zu verlieren, vor den Lohn, etwas zu gewinnen, was für sie eine ganze Welt wäre. Sie folgt der Tugend um einer bestimmten Art von Glück und nicht um der Nützlichkeit willen. Jane Austen weist durch Fanny Price jene alternativen Tugendkataloge zurück, die wir bei David Hume oder Benjamin Franklin finden.

Jane Austens moralischer Standpunkt und die narrative Form ihrer Romane fallen zusammen. Ihre Romane haben die Form ironischer Komödien. Jane Austen schreibt aus dem gleichen Grund eher Komödien als Tragödien, aus dem Dante es tat; sie ist Christin, und sie betrachtet das Telos des menschlichen Lebens als impliziert in seiner alltäglichen Form. Ihre Ironie liegt darin, daß sie ihre Gestalten und ihre Leser mehr und anderes sehen und sagen läßt, als sie vorhatten, so daß sie und wir uns selbst korrigieren. Die Tugenden und die Leiden und Übel, die nur die Tugenden überwinden, liefern die Struktur sowohl eines Lebens, in dem das Telos erreicht werden kann, als auch einer Erzählung, in der die Geschichte eines solchen Lebens entfaltet werden kann. Wieder zeigt sich, daß jede spezifische Darstellung der Tugenden eine ebenso spezifische Darstellung der narrativen Struktur und Einheit eines menschlichen Lebens voraussetzt und umgekehrt.

Jane Austen ist auf entscheidende Art, zusammen mit Cobbett und den Jakobinern, die letzte große Vertreterin der klassischen Tradition der Tugenden. Es hat sich für spätere Generationen als einfach erwiesen, ihre Bedeutung als Moralistin nicht zu verstehen, weil sie ja schließlich Romanautorin ist. Und sie ist ihnen nicht nur oft »nur« als Autorin von Romanen erschienen, sondern als Autorin von Romanen, die sich mit einer sehr begrenzten sozialen Welt befaßten. Was sie nicht beobachtet haben, und was die Nebeneinanderstellung ihrer Einsichten mit denen von Cobbett und den Jakobinern uns beobachten lehren sollte, ist die Tatsache, daß sowohl zu ihrer eigenen Zeit wie auch danach dem Leben der Tugenden zwangsläufig ein sehr begrenzter kultureller und sozialer Raum gewährt wird. In der öffentlichen und der privaten Welt werden die klassischen und mittelalterlichen Tugenden zum größten Teil durch den mageren Ersatz abgelöst, den die moderne Moral gewährt. Wenn ich sage, daß Jane Austen auf entscheidende Art die letzte Vertreterin der klassischen Tradition ist, will ich damit natürlich nicht bestreiten, daß sie keine Nachfolger hätte. In einer Kurzgeschichte, die heute nur noch selten gelesen wird, ließ Kipling mit großer Einsicht eine seiner Gestalten sagen, sie sei die Mutter von Henry James – er hätte wohl besser Großmutter gesagt. Doch James schreibt über eine Welt, in der – und die Entwicklung seiner Romane belegt dies – das Wesen der Moral immer schwerer faßbar wird. Diese Schwierigkeit, das Wesen der Moral zu fassen, verändert den Charakter sowohl des privaten wie des öffentlichen Lebens. Wozu dies im öffentlichen Leben führen wird, hängt besonders vom Schicksal der Vorstellung einer bestimmten Tugend ab, der Gerechtigkeit. Der Frage, was mit unserer Vorstellung von Gerechtigkeit geschehen ist, wende ich mich daher jetzt zu.

Kapitel 17
Gerechtigkeit als Tugend: Wandel der Vorstellungen

Als Aristoteles die Gerechtigkeit als wichtigste Tugend des politischen Lebens pries, tat er das, um anzudeuten, daß einer Gemeinschaft, der die praktische Übereinstimmung über eine Vorstellung von Gerechtigkeit fehlt, auch die notwendige Grundlage einer politischen Gemeinschaft fehlen muß. Gerade das Fehlen einer solchen Grundlage bedroht daher unsere eigene Gesellschaft. Denn das Ergebnis der Geschichte, von der ich im vorigen Kapitel einige Aspekte umrissen habe, bestand nicht nur in der Unfähigkeit, sich über einen Tugendkatalog zu einigen, und in der noch grundlegenderen Unfähigkeit, sich über die relative Bedeutung der Tugendbegriffe innerhalb eines Moralsystems zu einigen, in dem auch die Begriffe des Rechts und der Nützlichkeit eine zentrale Stellung einnehmen. Es bestand auch in der Unfähigkeit, sich auf den Inhalt und den Charakter bestimmter Tugenden zu einigen. Da eine Tugend heute allgemein als Disposition oder als Empfindung verstanden wird, die in uns Gehorsam gegenüber bestimmten Regeln erzeugt, ist Übereinstimmung darüber, was die relevanten Regeln sind, stets eine Voraussetzung für die Übereinstimmung hinsichtlich Wesen und Inhalt einer bestimmten Tugend. Aber diese vorausgehende Übereinstimmung über die Regeln ist etwas, wie ich im ersten Teil dieses Buches hervorgehoben habe, was unsere individualistische Kultur nicht sichern kann. Dies wird nirgends deutlicher – und nirgends sind die Folgen bedrohlicher – wie im Fall der Gerechtigkeit. Das Alltagsleben ist von ihnen erfüllt, und grundlegende Kontroversen können deshalb nicht rational aufgelöst werden. Betrachten wir eine solche Kontroverse, wie sie in der Politik der Vereinigten Staaten heute vorkommt – ich stelle sie in Form einer Debatte zwischen zwei idealtypischen Figuren vor, die ich, nicht sehr einfallsreich, A und B nenne.

A, der vielleicht ein Geschäft besitzt, aber auch Polizeibeamter oder Bauarbeiter sein kann, hat mit einiger Mühe genug von seinem Verdienst gespart, um sich ein Häuschen zu kaufen, seine Kinder aufs lokale College zu schicken, seinen Eltern eine medizinische Spezialbehandlung zu bezahlen. All diese Projekte werden plötzlich durch steigende Steuern bedroht. Er betrachtet diese Bedrohung seiner Projekte als *ungerecht;* er behauptet, ein Recht auf das zu haben, was er verdient hat, und daß niemand ein Recht hat, ihm wegzunehmen, was er sich ehrlich erworben und worauf er einen berechtigten Anspruch hat. Er beabsichtigt, die Politiker zu wählen, die sein Eigentum, seine Projekte *und* seine Vorstellung von Gerechtigkeit verteidigen werden.

B, der vielleicht Freiberufler, Sozialarbeiter oder jemand mit ererbtem Vermögen ist, ist beeindruckt von den willkürlichen Ungleichheiten in der Verteilung von Wohlstand, Einkommen und Chancen. Noch beeindruckter ist er womöglich von der Unmöglichkeit für die Armen und Benachteiligten, sehr viel an ihrer Lage zu ändern, als Folge eben dieser Ungleichheiten in der Verteilung der Macht. Er hält diese beiden Arten der Ungleichheit für *ungerecht* und meint, daß sie ständig weitere Ungerechtigkeit nach sich ziehen. Allgemeiner glaubt er, daß jede Ungleichheit dringend der Rechtfertigung bedarf und daß die einzig mögliche Rechtfertigung der Ungleichheit darin besteht, die Lage der Armen und Benachteiligten zu verbessern – zum Beispiel durch die Förderung des Wirtschaftswachstums. Er kommt zu dem Schluß, daß die Gerechtigkeit unter den gegenwärtigen Umständen umverteilende Steuern erfordert, die Wohlfahrt und soziale Dienste finanzieren. Er beabsichtigt, die Politiker zu wählen, die umverteilende Steuern *und* seine Vorstellung von Gerechtigkeit verteidigen werden.

Es ist klar, daß unter den aktuellen Umständen unserer sozialen und politischen Ordnung A und B über Politik und Politiker verschiedener Meinung sein werden. Aber *müssen* sie derart verschiedener Meinung sein? Die Antwort lautet offenbar, daß sich ihre Meinungsverschiedenheit unter bestimmten wirtschaftlichen Bedingungen nicht auf der Ebene des politischen Konflikts zu manifestieren braucht. Wenn A und B einer Gesellschaft angehören, in der die wirtschaftlichen Ressourcen so sind, oder zumindest für so gehalten werden, daß B's öffentliche Umverteilungsprojekte wenigstens in einem gewissen Umfang verwirklicht werden können, ohne A's private Projekte zu gefährden, könnten A und B vielleicht einige Zeit die gleichen Politiker und die gleiche Politik wählen. Tatsächlich könnten sie unter Umständen ein und dieselbe

Person sein. Aber wenn die wirtschaftlichen Umstände so sind oder sich so entwickeln, daß entweder A's Projekte denen von B geopfert werden müssen oder umgekehrt, wird sofort klar, daß A und B Ansichten über Gerechtigkeit haben, die nicht nur logisch unvereinbar miteinander sind, sondern sich auch auf Überlegungen berufen, die nicht vergleichbar mit denen sind, die von der Gegenseite vorgebracht werden – wie die Überzeugung der Parteien in den Kontroversen, die ich in Kapitel 2 diskutiert habe.

Die logische Unvereinbarkeit ist nicht schwer zu bestimmen. A vertritt die Ansicht, daß die Prinzipien des gerechten Erwerbs und rechtlichen Anspruchs den Möglichkeiten von Umverteilung Grenzen setzen. Wenn das Ergebnis der Anwendung der Prinzipien des gerechten Erwerbs und rechtlichen Anspruchs grobe Ungleichheit ist, ist die Tolerierung dieser Ungleichheit der Preis, der für die Gerechtigkeit gezahlt werden muß. B ist der Ansicht, daß die Prinzipien der gerechten Verteilung dem legitimen Erwerb und rechtlichen Anspruch Grenzen setzen. Wenn das Ergebnis der Anwendung der Prinzipien der gerechten Verteilung Eingriffe – durch Steuern oder Enteignung – in das sind, was in dieser Sozialordnung bisher als legitimer Erwerb und Anspruch galt, ist die Tolerierung solcher Eingriffe der Preis, der für die Gerechtigkeit gezahlt werden muß. Nebenbei können wir festhalten – was später nicht unwichtig sein wird –, daß im Fall der Prinzipien von A und von B der Preis dafür, daß einer Person oder Personengruppe Gerechtigkeit widerfährt, immer von anderen bezahlt wird. Unterschiedliche, bestimmbare soziale Gruppen haben somit ein Interesse an der Annahme eines dieser Prinzipien und an der Ablehnung des anderen. Keines dieser Prinzipien ist sozial oder politisch neutral.

Darüber hinaus ist es nicht einfach so, daß A und B Prinzipien geltend machen, die unvereinbare praktische Schlußfolgerungen erzeugen. Der Begriff, mit Hilfe dessen jeder seinen Anspruch formuliert, ist so verschieden von dem des anderen, daß die Frage, wie und ob der Streit zwischen ihnen rational beigelegt werden kann, Schwierigkeiten aufzuwerfen beginnt. Denn A strebt an, den Gedanken der Gerechtigkeit auf eine Darstellung dessen zu gründen, worauf und wie eine gegebene Person Anspruch kraft dessen hat, was sie erworben und verdient hat; B strebt an, den Gedanken der Gerechtigkeit auf eine Darstellung der Gleichheit der Ansprüche jeder Person bezüglich der Grundbedürfnisse sowie der Mittel zu gründen, solche Bedürfnisse zu befriedigen. Gegenüber bestimmtem Eigentum oder Geldmitteln wird A dazu neigen, zu behaupten, daß dies gerechterweise seins sei, weil er es besitzt – er hat es rechtmäßig erworben, hat es verdient; B wird dazu neigen zu behaupten, daß es gerechterweise jemand anderem gehören sollte, weil andere es sehr viel dringender brauchen, und wenn sie es nicht haben, werden ihre grundlegendsten Bedürfnisse nicht befriedigt. Doch unsere pluralistische Kultur besitzt keine Methode abzuwägen, kein rationales Kriterium, um zwischen Ansprüchen, die auf Rechtstiteln beruhen, und Ansprüchen, die auf Bedürfnissen beruhen, zu entscheiden. Diese beiden Arten von Ansprüchen sind tatsächlich unvereinbar, wie ich schon angedeutet habe, und der Ausdruck, moralische Ansprüche »abzuwägen«, ist nicht nur unpassend, sondern irreführend.

Genau an dieser Stelle erhebt die neuere analytische Moralphilosophie wichtige Ansprüche. Denn sie strebt an, rationale Prinzipien zu liefern, auf die sich streitende Parteien mit gegensätzlichen Interessen berufen können. Und die beiden bemerkenswertesten neueren Versuche, dieses Vorhaben durchzuführen, haben besondere Bedeutung für die Auseinandersetzung zwischen A und B. Denn Robert Nozicks Darstellung der Gerechtigkeit (1974) ist zumindest in weiten Teilen eine rationale Ausführung wesentlicher Elemente der Position von A, während die Darstellung von John Rawls (1971) auf diesselbe Weise eine rationale Ausführung der wesentlichen Elemente der Position von B ist. Wenn sich also die philosophischen Überlegungen, die uns Rawls oder Nozick nahelegen, als rational zwingend erweisen, ist die Auseinandersetzung zwischen A und B rational so oder so entschieden und meine Beschreibung der Kontroverse demzufolge vollkommen falsch.

Ich beginne mit der Darstellung von Rawls. Rawls argumentiert, daß die Prinzipien der Gerechtigkeit jene sind, die ein rational Handelnder wählen würde, »der sich hinter einem Schleier aus Unwissenheit befindet« (S. 136), so daß er nicht weiß, welchen Platz er in der Gesellschaft einnimmt – das heißt, was seine Klasse oder sein Status ist, welche Begabungen und Fähigkeiten er besitzt, wie seine Vorstellung vom Guten oder seine Ziele im Leben sind, welches Temperament er hat oder in welcher wirtschaftlichen, politischen, kulturellen oder sozialen Ordnung er lebt. Rawls argumentiert, daß jeder rational Handelnde in einer solchen Situation die gerechte Verteilung von Gütern in *jeder* Gesellschaftsordnung mit Hilfe zweier Prinzipien und einer Regel definieren wird, um Prioritäten zuweisen zu können, wenn die beiden Prinzipien in Konflikt miteinander geraten.

Das erste Prinzip heißt: »Jeder Mensch soll das gleiche Recht auf das umfassendste Gesamtsystem gleicher Grundfreiheiten haben, das vereinbar mit einem ähnlichen System der Freiheit für alle ist.« Das zweite Prinzip lautet: »Soziale und wirtschaftliche Ungleichheiten sollen so geregelt werden, daß sie (a) zum größten Nutzen der am wenigsten Bevorteilten sind, in Übereinstimmung mit dem Prinzip des gemeinsamen Sparens [das Prinzip des gemeinsamen Sparens sorgt für gerechte Investitionen in die Interessen zukünftiger Generationen], und (b) an Ämter und Parteien gebunden sind, die allen unter den Bedingungen der Chancengleichheit offenstehen« (S. 302). Das erste Prinzip hat Vorrang vor dem zweiten; Freiheit soll nur um der Freiheit willen eingeschränkt werden. Und Gerechtigkeit hat grundsätzlich Vorrang vor der Leistungsfähigkeit. Damit gelangt Rawls zu seinem allgemeinen Konzept: »Alle primären sozialen Güter – Freiheit und Chancen, Einkommen und Wohlstand, und die Grundlagen der Selbstachtung – sollen gleich verteilt werden, es sei denn eine ungleiche Verteilung eines oder aller dieser Güter ist zum Vorteil der am wenigsten Begünstigten.« (S. 303)

Viele, die Rawls kritisiert haben, haben ihre Aufmerksamkeit darauf gerichtet, wie Rawls seine Prinzipien der Gerechtigkeit von seiner Aussage über die Ausgangsposition des rational Handelnden herleitet, »der sich hinter einem Schleier aus Unwissenheit befindet«. Diese Kritiker haben auf einige aufschlußreiche Punkte hingewiesen, auf die ich allerdings nicht näher eingehen möchte, allerdings nur, weil ich nicht nur meine, daß ein rational Handelnder in *einigen derartigen* Situationen wie der des Schleiers aus Unwissenheit tatsächlich *einige derartige* Prinzipien der Gerechtigkeit wählen würde, wie Rawls behauptet, sondern auch, daß *nur* ein rational Handelnder in einer solchen Situation solche Prinzipien wählen würde. Dieser Punkt wird später noch von Bedeutung in meiner Argumentation sein. Für den Augenblick will ich ihn jedoch beiseite lassen, um mich der Beschreibung der Ansicht von Nozick zuzuwenden.

Nozick behauptet folgendes: »Wenn die Welt vollkommen gerecht wäre«, (S. 151) wären die einzigen Menschen, die berechtigt wären, etwas zu besitzen – das heißt, sich etwas zu dem Gebrauch anzueignen, wie sie und nur sie allein es wünschen –, diejenigen, die das, was sie besitzen, gerecht erworben haben durch einen gerechten Akt einer ersten Aneignung, und diejenigen, die das, was sie besaßen, gerecht erworben hatten durch einen gerechten Akt der Übergabe von jemand anderem, der es entweder durch einen gerechten Akt einer ersten Aneignung oder durch eine gerechte Übergabe erworben hatte … und so fort. Mit an-

deren Worten, die rechtfertigende Antwort auf die Frage: »Warum bist du berechtigt, diese Muschel so zu verwenden, wie du willst?«, lautet entweder: »Ich habe sie am Strand aufgelesen, wo sie niemandem gehört, und wo es noch genügend für andere gab« (ein gerechter Akt einer ersten Aneignung) *oder:* »Jemand anders hat sie am Strand aufgelesen und frei verkauft oder jemand anderem gegeben ... jemand anderem ..., der sie frei verkauft oder nur gegeben hat« (eine Reihe gerechter Akte der Übergabe). Aus Nozicks Ansicht folgt, wie er auch selbst sofort bemerkt: »Das ganze Prinzip der ausgleichenden Gerechtigkeit würde einfach besagen, daß eine Verteilung dann gerecht ist, wenn jeder ein Anrecht auf das hat, was er aufgrund der Verteilung besitzt.« (S. 153)
Nozick leitet diese Schlußfolgerungen von Prämissen über die unveräußerlichen Rechte des Individuums ab, Prämissen, für die er selbst keine Argumente liefert. Wie schon im Fall von Rawls möchte ich mich auch hier nicht mit Nozicks Ableitung seiner Prinzipien aus seinen Prämissen auseinandersetzen; wieder möchte ich statt dessen betonen, daß diese Prinzipien rational *nur* von solchen Prämissen abgeleitet werden konnten. Das bedeutet in beiden Fällen – sowohl für Nozicks Darstellung der Gerechtigkeit wie für die Darstellung der Gerechtigkeit bei Rawls –, daß die Probleme, die ich anschneiden will, nicht die Kohärenz der inneren Struktur ihrer Argumentation betreffen. Tatsächlich erfordert meine eigene Argumentation, daß ihren Darstellungen diese Kohärenz nicht fehlt.

Ich möchte drei Dinge anführen: erstens, daß die Unvereinbarkeit der Darstellungen von Rawls und Nozick bis zu einem gewissen Punkt wirklich die Unvereinbarkeit der Positionen von A und B widerspiegelt, und daß Rawls und Nozick wenigstens insoweit den Meinungsunterschied zwischen so normalen nicht-philosophischen Bürgern wie A und B auf der Ebene der Moralphilosophie mit Erfolg zum Ausdruck bringen; Rawls und Nozick wiederholen genau die gleiche Unvereinbarkeit und Unvergleichbarkeit auf der Ebene des philosophischen Arguments, die die Debatte zwischen A und B auf der Ebene der sozialen Auseinandersetzung unentscheidbar machten. Zweitens gibt es dennoch sowohl in der Positon von A wie in der von B ein Element, das weder in der Darstellung von Rawls noch in der von Nozick enthalten ist, ein Element, das aus der älteren, klassischen Tradition stammt, in der die Tugenden im Mittelpunkt standen. Wenn wir über diese beiden Punkte nachdenken, ergibt sich ein dritter: daß wir nämlich in der Verbindung dieser beiden einen wichtigen Schlüssel zu den sozialen Voraussetzungen besitzen, die Rawls und Nozick bis zu einem gewissen Grad teilen.

Rawls stellt in den Vordergrund, was tatsächlich ein Prinzip der Gleichheit in bezug auf die Bedürfnisse ist. Seine Vorstellung des Sektors der Gemeinschaft, der »am schlimmsten dran ist«, ist eine Vorstellung derer, deren Bedürfnisse in bezug auf Einkommen, Wohlstand und andere Güter am dringlichsten sind. Nozick hebt hervor, was ein Prinzip der Gleichheit in bezug auf Anrechte ist. Für Rawls ist es irrelevant, wie diejenigen, die jetzt in großer Not sind, in diese Lage kamen; Gerechtigkeit wird zu einer Angelegenheit aktueller Umverteilungsmodelle, für die die Vergangenheit irrelevant ist. Für Nozick ist als Beweis nur das relevant, was in der Vergangenheit rechtmäßig erworben worden ist; aktuelle Umverteilungsmodelle müssen an sich für die *Gerechtigkeit* irrelevant sein (wenn auch vielleicht nicht für Freundlichkeit oder Großzügigkeit). Allein diese Aussagen machen deutlich, wie nahe Rawls B kommt und Nozick A. Denn A berief sich gegenüber den Maßstäben der Umverteilung auf eine Gerechtigkeit von Anrechten, und B berief sich gegenüber den Maßstäben von Anrechten auf eine Gerechtigkeit, die Bedürfnisse berücksichtigt. Aber es wird daneben nicht nur deutlich, daß die Prioritäten von Rawls unvereinbar mit denen Nozicks sind, und zwar auf die gleiche Weise, in der die Position von B unvereinbar mit der von A ist, sondern auch, daß die Position von Rawls unvergleichbar mit der Nozicks ist, und zwar auf eine ähnlich gleiche Weise, in der die Positon von B unvergleichbar mit der von A ist. Denn wie kann eine Forderung, die der Gleichheit der Bedürfnisse Priorität einräumt, gegen eine Forderung abgewogen werden, die Anrechten Priorität einräumt? Falls Rawls argumentieren sollte, daß jemand *hinter dem Schleier aus Unwissenheit*, der weder wüßte, ob und wie seine Bedürfnisse befriedigt werden müßten, noch was seine Anrechte sind, rational ein Prinzip, das die Bedürfnisse berücksichtigt, einem Prinzip vorziehen würde, das die Anrechte berücksichtigt, indem er sich vielleicht auf Prinzipien der rationalen Entscheidungstheorie beruft, müßte die direkte Antwort nicht nur lauten, daß *wir* uns *nie* hinter einem solchen Schleier aus Unwissenheit befinden, sondern auch, daß dies Nozicks Prämisse der unveräußerlichen Rechte unangefochten läßt. Und falls Nozick argumentieren sollte, daß jedes Prinzip der Umverteilung, wenn erzwungen, eine Freiheit verletzen könnte, auf die jeder von uns ein Anrecht hat – er argumentiert tatsächlich so –, muß die direkte Antwort lauten, daß er dadurch, daß er die Unverletzbarkeit der Grundrechte so interpretiert, einer Entscheidung zugunsten seiner eigenen Beweisführung ausweicht und die Prämissen von Rawls unangefochten läßt.

Trotzdem gibt es etwas Wichtiges, wenn auch Negatives, das die Darstellung von Rawls mit der von Nozick teilt. Keiner von ihnen bezieht sich in seiner Darstellung der Gerechtigkeit auf *Verdienst*, und strenggenommen könnten sie es auch nicht. Und doch haben A und B einen solchen Bezug geschaffen – und es drängt sich hier die Bemerkung auf, daß »A« und »B« nicht die Namen von rein willkürlichen Konstruktionen meines Denkens sind; ihre Argumente reproduzieren treu beispielsweise einen großen Teil dessen, was in jüngster Zeit tatsächlich bei Haushaltsdebatten in Kalifornien, New Jersey und anderswo vorgebracht worden ist. Worüber A sich in eigener Sache beklagt, ist nicht nur, daß er ein Anrecht auf das hat, was er sich erarbeitet hat, sondern daß er es durch lebenslange, harte Arbeit auch *verdient* hat; und B beklagt im Namen der Armen und Benachteiligten, daß ihre Armut und Not *unverdient* und daher ungerechtfertigt ist. Und es scheint klar zu sein, daß im Fall der Entsprechungen von A und B im wirklichen Leben der Bezug auf das Verdienst ihnen das Gefühl vermittelt, daß das, worüber sie sich beklagen, Ungerechtigkeit ist – und nicht irgendeine andere Art von Unrecht oder Leiden.

Weder die Darstellung von Rawls noch die von Nozick räumt dem Verdienst in ihren Thesen über Gerechtigkeit und Ungerechtigkeit diese zentrale, oder überhaupt eine Stellung ein. Rawls läßt zu (S. 310), daß Gerechtigkeit vom Standpunkt des gesunden Menschenverstandes aus mit Verdienst verknüpft wird, argumentiert aber erstens, daß wir nicht wissen, was jemand verdient, bevor wir Regeln über Gerechtigkeit aufgestellt haben (und daher können wir unser Verständnis von Gerechtigkeit nicht auf Verdienst gründen), und zweitens, daß sich nach der Aufstellung von Regeln über Gerechtigkeit herausstellt, daß nicht das Verdienst zur Debatte steht, sondern nur berechtigte Erwartungen. Er argumentiert außerdem, daß der Versuch, Begriffe des Verdienstes anzuwenden, undurchführbar sei – an diesem Punkt geistert Hume durch die Seiten seines Buchs.

Nozick drückt sich nicht so explizit aus, aber sein System der Gerechtigkeit, das sich ausschließlich auf Anrechte stützt, kann dem Verdienst keinen Platz einräumen. An einer Stelle diskutiert er die Möglichkeit eines Prinzips zur Richtigstellung von Ungerechtigkeit, aber was er dort schreibt, ist derart zaghaft und dunkel, daß es keine Anleitung zur Berichtigung seiner allgemeinen Ansicht gibt. Es steht auf jeden Fall fest, daß sich eine Gesellschaft sowohl für Nozick wie für Rawls aus Individuen mit jeweils eigenen Interessen zusammensetzt, die dann zusammenkommen und gemeinsame Lebensregeln entwerfen müssen. In Nozicks Fall gibt es als zusätzliche negative Einschränkungen eine Reihe von Grundrechten. Im Fall von Rawls sind die einzigen Einschränkungen die, die eine umsichtige Vernunft auferlegen würde. Die Individuen sind somit in beiden Darstellungen primär und die Gesellschaft sekundär, und die Identifizierung individueller Interessen geht der Schaffung aller moralischen oder sozialen Bindungen zwischen ihnen voraus und ist unabhängig von ihr. Aber wir haben bereits gesehen, daß der Begriff des Verdienstes nur im Kontext einer Gemeinschaft zu Hause ist, deren primäre Bindung aus einem geteilten Verständnis sowohl des Guten für den Menschen wie des Guten für diese Gemeinschaft besteht, und in der die Individuen ihre primären Interessen unter Bezug auf diese Güter bestimmen. Rawls macht explizit zu einer Voraussetzung seiner Ansicht, daß wir damit rechnen müssen, nicht mit anderen darüber übereinzustimmen, was das gute Leben für den Menschen ist, und daß wir daher jedes Verständnis dessen ausschließen müssen, das wir vielleicht von unserer Formulierung der Prinzipien der Gerechtigkeit haben. Nur die Güter, an denen jeder, ungeachtet seiner Ansicht vom guten Leben, ein Interesse hat, sollen berücksichtigt werden dürfen. Auch in der Argumentation von Nozick fehlt die Vorstellung von Gemeinschaft, die für die Anwendung des Begriffs des Verdienstes notwendig wäre. Um das zu verstehen, müssen zwei weitere Punkte beleuchtet werden.

Der erste betrifft die geteilten sozialen Voraussetzungen von Rawls und Nozick. Aus der Sicht beider verhält es sich so, als hätte uns ein Schiffsunglück mit einer Gruppe anderer Individuen auf eine unbewohnte Insel verschlagen, von denen jeder für mich und auch alle anderen ein Fremder ist. Es müssen Regeln ausgearbeitet werden, die jeden von uns in einer derartigen Lage am besten schützen. Nozicks Prämisse über die Rechte führt eine Reihe starker Einschränkungen ein; wir wissen, daß bestimmte Formen der Einmischung untereinander strikt verboten sind. Aber es gibt eine Grenze für die Bindungen unter uns, gesetzt durch unsere persönlichen und miteinander konkurrierenden Interessen. Diese individualistische Sicht verfügt natürlich, wie ich schon erwähnt habe, über eine bemerkenswerte Ahnenreihe: Hobbes, Locke (dessen Ansichten Nozick mit großer Achtung begegnet), Machiavelli und andere. Und sie enthält eine gewisse Art von Realismus über die moderne Gesellschaft; die moderne Gesellschaft ist häufig, zumindest an der

Oberfläche, nichts als eine Ansammlung Fremder, von denen jeder unter minimalen Einschränkungen den eigenen Interessen nachjagt. Natürlich fällt es uns schwer – selbst in der modernen Gesellschaft –, auf diese Weise über die Famlie, die Schule oder andere wirkliche Gemeinschaften zu denken; aber selbst unser Denken über sie wird inzwischen in immer stärkerem Maß von individualistischen Vorstellungen durchdrungen, vor allem in den Gerichtssälen. So artikulieren Rawls und Nozick mit großem Nachdruck eine gemeinsame Ansicht, nach der der Eintritt in das soziale Leben – zumindest im Idealfall – der freiwillige Akt zumindest potentiell rationaler Individuen mit vorgängigen Interessen ist, die sich die Frage stellen müssen: »Welche Art von sozialem Vertrag soll ich vernünftigerweise mit anderen eingehen?« Eine Konsequenz daraus liegt darin, daß ihre Ansichten jede Darstellung der menschlichen Gemeinschaft ausschließen, in der der Begriff des Verdienstes in Verbindung mit Beiträgen zu den gemeinsamen Aufgaben dieser Gemeinschaft beim Streben nach gemeinsamen Gütern eine Grundlage für Urteile über Tugend und Gerechtigkeit liefern könnte.

Verdienst wird auch noch auf eine andere Weise ausgeschlossen. Ich habe angemerkt, wie die Prinzipien der Umverteilung von Rawls eine Bezugnahme auf die Vergangenheit und damit Ansprüche auf ein Verdienst ausschließen, die auf Handlungen und Leiden der Vergangenheit gründen. Nozick schließt ebenfalls das aus der Vergangenheit aus, worauf solche Ansprüche gegründet werden könnten, indem er den Bezug auf die Rechtmäßigkeit von Anrechten zum einzigen Grund dafür macht, ein Interesse an der Vergangenheit in Verbindung mit der Gerechtigkeit zu entwickeln. Dies wird dadurch wichtig, daß Nozicks Darstellung dem Interesse einer besonderen Mythologie der Vergangenheit gerade durch das dient, was sie dem Blick entzieht. Denn im Mittelpunkt der Darstellung Nozicks steht die These, daß alle berechtigten Ansprüche zurückgeführt werden können auf berechtigte Akte einer ersten Aneignung. Aber wenn dem so ist, dann gibt es tatsächlich nur sehr wenige, und in einigen großen Bereichen der Welt überhaupt *keine* berechtigten Ansprüche. Die Besitzenden der modernen Welt sind nicht die rechtmäßigen Erben Lockescher Individuen, die quasi-Lockesche (»quasi«, um die Korrekturen Lockes durch Nozick zu berücksichtigen) Akte einer ersten Aneignung vollzogen haben; sie sind die Erben derjenigen, die zum Beispiel das Gemeindeland in England den gemeinen Leuten stahlen oder mit Gewalt an sich brachten, die den Indianern riesige Gebiete Nordamerikas raubten, den Iren große Teile Irlands und den ursprünglich nichtgermanischen Preußen das Land Preußen. Das ist die historische Wirklichkeit, die durch jede Lockesche These ideologisch verschleiert wird. Das Fehlen jedes Prinzips zur Richtigstellung von Ungerechtigkeit ist somit für eine These wie die von Nozick alles andere als ein unbedeutender Nebenaspekt; es tendiert dahin, die Theorie als Ganzes ungültig zu machen – selbst wenn wir die erheblichen Einwände gegen jeden Glauben an unveräußerliche Menschenrechte unterdrücken müßten.

A und B weichen um den Preis der Inkonsistenz von Rawls und Nozick ab. Beide verbinden entweder die Prinzipien von Rawls oder die von Nozick mit einem Apell an das Verdienst und geben damit zu erkennen, daß sie einer älteren, traditionelleren, stärker aristotelischen und christlichen Sicht von Gerechtigkeit anhängen. Diese Inkonsistenz ist somit ein Tribut an die übrig gebliebene Kraft und den Einfluß der Tradition, eine Kraft und ein Einfluß mit zwei verschiedenen Quellen. In der begrifflichen *Melange* moralischen Denkens und Handelns finden sich heute noch Bruchstücke aus der Tradition – überwiegend Tugendbegriffe – neben ganz modernen und individualistischen Begriffen wie dem des Rechtsanspruchs oder der Nützlichkeit. Aber die Tradition überlebt auch in weit weniger bruchstückhafter, nicht so entstellter Form im Leben bestimmter Gemeinschaften, deren historische Bindungen an die Vergangenheit stark bleiben. So ist die ältere moralische Tradition in den Vereinigten Staaten und anderswo zum Beispiel erkennbar bei gewissen katholischen Iren, orthodoxen Griechen und Juden einer orthodoxen Richtung, alles Gemeinschaften, die ihre moralische Tradition nicht nur durch die Religion erben, sondern auch aus der Struktur der ländlichen Dörfer und Hauswesen, die ihre unmittelbaren Vorfahren in den Randgebieten des modernen Europa bewohnten. Im übrigen wäre es falsch, aus dem Gewicht, das ich dem mittelalterlichen Hintergrund beigemessen habe, zu schließen, daß nicht auch der Protestantismus in einigen Bereichen zum Träger genau der gleichen moralischen Tradition wurde; in Schottland beispielsweise waren die *Nikomachische Ethik* und die *Politik* des Aristoteles die weltlichen Moraltexte an den Universitäten bis 1690 und noch danach, indem sie glücklicherweise neben einer calvinistischen Theologie existierten, die ihnen anderswo oft feindlich gegenüberstand. Und in den Vereinigten Staaten gibt es heute schwarze und weiße protestantische Gemeinschaften, insbesondere vielleicht jene im oder aus dem Süden, die in der Tradition der Tugenden einen wesentlichen Teil ihres eigenen kulturellen Erbes sehen.

Doch selbst in solchen Gemeinschaften erzwingt die Notwendigkeit, an der öffentlichen Diskussion teilzunehmen, die Beteiligung an der kulturellen *Melange* einer Suche nach einem gemeinsamen Bestand an Vorstellungen und Normen, die jeder anwenden und auf die sich jeder berufen kann. Konsequenterweise ist die Treue solcher Randgemeinschaften gegenüber der Traditon in steter Gefahr, allmählich ausgehöhlt zu werden, und das, wenn mein Argument richtig ist, durch die Suche nach einem Hirngespinst. Denn die Analyse der Positionen von A und B macht erneut deutlich, daß wir alle zu viele unterschiedliche und miteinander konkurrierende moralische Begriffe haben, in diesem Fall rivalisierende und unterschiedliche Begriffe der Gerechtigkeit, und daß uns die moralischen Mittel der Kultur keinen Weg lassen, den Konflikt zwischen ihnen rational zu klären. Moralphilosophie, wie sie überwiegend verstanden wird, spiegelt die Debatten und Meinungsverschiedenheiten der Kultur so getreulich wider, daß sich ihre Kontroversen als genauso unlösbar erweisen, wie es die politischen und moralischen Diskussionen selbst sind.

Daraus folgt, daß unsere Gesellschaft nicht darauf hoffen kann, moralische Übereinstimmung zu erreichen. Aus ganz nichtmarxistischen Gründen hatte Marx recht, als er den englischen Gewerkschaftlern der 60er Jahre des vorigen Jahrhunderts entgegenhielt, daß Appelle an die Gerechtigkeit sinnlos wären, weil es rivalisierende Vorstellungen von Gerechtigkeit gibt, die durch das Leben rivalisierender Gruppen gebildet werden und dieses Leben erfüllen. Marx irrte sich selbstverständlich in der Annahme, daß solche Meinungsverschiedenheiten über Gerechtigkeit lediglich sekundäre Phänomene wären, daß sie lediglich die Interessen rivalisierender ökonomischer Klassen widerspiegelten. Vorstellungen von Gerechtigkeit und die Treue gegenüber solchen Vorstellungen konstituieren zum Teil das Leben von sozialen Gruppen, und wirtschaftliche Interessen werden oft zum Teil mit Hilfe solcher Vorstellungen definiert und nicht umgekehrt. Trotzdem hatte Marx grundsätzlich recht, als er im Herzen der modernen Gesellschaftsordung Konflikt und nicht Konsens erblickte. Nicht nur, daß wir zu sehr in einer Vielzahl und Vielfalt zersplitterter Begriffe leben; sondern sie werden auch zur selben Zeit verwendet, um rivalisierende und unvereinbare gesellschaftliche Ideale und Politik auszudrücken *und* um uns mit einer pluralistischen politischen Rhetorik zu versehen, deren Aufgabe darin besteht, die Schwere unserer Konflikte zu verdecken.

Für die Verfassungstheorie ergeben sich bedeutsame Folgerungen. Liberale Autoren wie Ronald Dworkin fordern uns auf, die Aufgabe des Obersten Bundesgerichts der USA darin zu sehen, eine Reihe konsistenter Prinzipien von überwiegend oder vielleicht ausschließlich moralischer Bedeutung anzurufen, in deren Licht bestimmte Gesetze und Entscheidungen bewertet werden müssen. Diejenigen, die eine solche Ansicht vertreten, müssen im Lichte dieser angenommenen Prinzipien einige Entscheidungen des Obersten Bundesgerichts für inadäquat halten. Die Art von Entscheidung, an die ich denke wird durch den Fall Bakke exemplifiziert, in dem Mitglieder des Gerichts zwei auf den ersten Blick weitgehend unvereinbare Ansichten vertraten; und Richter Powell, der das Urteil verfaßte, war der Richter, der beide Ansichten vertrat. Aber wenn mein Argument richtig ist, muß eine Aufgabe des Obersten Bundesgerichts darin bestehen, den Frieden zwischen rivalisierenden sozialen Gruppen zu erhalten, die rivalisierenden und unvereinbaren Prinzipien der Gerechtigkeit anhängen, indem das Gericht eine Fairness zeigt, die in der Unparteilichkeit ihrer Entscheidungen liegt. So verbot das Oberste Bundesgericht im Fall Bakke exakte ethnische Zulassungsquoten für Colleges und Universitäten, gestattete aber Diskriminierung zugunsten zuvor benachteiligter Minderheitengruppen. Versucht man, eine Reihe konsistenter Prinzipien, die hinter einem solchen Urteil stehen, heraufzubeschwören, wird einen Scharfsinn in die Lage versetzen – oder auch nicht –, das Gericht nicht der formalen Inkonsistenz für schuldig zu befinden. Aber selbst das Ansinnen eines solchen Versuchs geht weit daneben. Das Oberste Bundesgericht spielte im Fall Bakke und gelegentlich auch in anderen Fällen die Rolle einer friedenstiftenden oder Waffenstillstand bewahrenden Körperschaft, indem es sich einen Weg durch eine Sackgasse aus Konflikten bahnte, nicht indem es unsere obersten gemeinsamen moralischen Prinzipien anrief. Denn unsere Gesellschaft als Ganzes hat keine.

Dies läßt erkennen, daß moderne Politik keine Sache mit wirklichem moralischem Konsens sein kann. Und das ist sie auch nicht. Moderne Politik ist Bürgerkrieg mit anderen Mitteln, und der Fall Bakke war ein Gefecht, dessen Vorgeschichte sich in Gettysburg und Shiloh ereignet hat. Die Wahrheit in dieser Sache sprach Adam Ferguson aus: »Wir sollten nicht erwarten, daß die Gesetze irgendeines Landes entworfen werden wie so viele moralische Lektionen ... Gesetze, ob zivil oder politisch, sind Hilfsmittel der Politik, um die Absichten der Parteien zu regeln und den gesellschaftlichen Frieden zu wahren. Dieses Hilfsmittel wird den besonderen Umständen angepaßt ...« *(Principles of Moral and*

Political Science II, S. 144) Das Wesen einer Gesellschaft kann daher nicht allein aus ihren Gesetzen abgelesen werden, sondern daraus, daß sie als Index ihrer Konflikte verstanden werden. Unsere Gesetze zeigen Umfang und Ausmaß, in dem der Konflikt unterdrückt werden muß.

Aber wenn dem so ist, dann wurde auch noch eine andere Tugend verdrängt. Patriotismus kann nicht das sein, was er einmal war, weil uns im weitesten Sinn eine *patria* fehlt. Das, worauf es mir ankommt, darf nicht verwechselt werden mit dem Allgemeinplatz der liberalen Ablehnung des Patriotismus. Liberale haben oft, nicht immer, eine negative oder sogar feindliche Haltung zum Patriotismus eingenommen, zum Teil, weil ihre Treue Werten gilt, die sie für universell und nicht für lokal oder speziell halten, zum Teil aufgrund wohlbegründeten Argwohns, daß der Patriotismus in der modernen Welt häufig eine Fassade ist, hinter der Chauvinismus und Imperialismus gepflegt werden. Aber es kommt mir hier nicht darauf an, ob der Patriotismus als Empfindung gut oder schlecht ist, sondern daß die Praxis des Patriotismus als Tugend in fortschrittlichen Gesellschaften nicht mehr in der Weise möglich ist wie früher. In jeder Gesellschaft, in der der Staat nicht die moralische Gemeinschaft der Bürger ausdrückt oder verkörpert, sondern eine Reihe institutioneller Vereinbarungen darstellt, um der Gesellschaft eine bürokratisierte Einheit aufzuzwingen, der ein wahrer moralischer Konsens fehlt, wird das Wesen politischer Verpflichtung systematisch unklar. Patriotismus ist oder war eine Tugend, die sich auf eine Bindung primär an eine politische und moralische Gemeinschaft, und nur sekundär an die Regierung jener Gemeinschaft, gründete; aber er wird typischerweise dadurch ausgeübt, daß Verantwortung auf einen und in einem solchen Staat abgeladen wird. Wenn allerdings das Verhältnis des Staates zur moralischen Gemeinschaft sowohl durch die veränderte Natur des Staates wie das Fehlen von moralischem Konsens in der Gesellschaft in Frage gestellt wird, wird es schwierig, weiterhin eine klare, einfache und lehrbare Vorstellung von Patriotismus zu haben. Die Treue zu meinem Land, zu meiner Gemeinschaft – die unverändert eine zentrale Tugend bleibt –, wird losgelöst vom Gehorsam gegenüber einer Regierung, die mich zufälligerweise regiert.

Ebenso wie dieses Verständnis der Verdrängung des Patriotismus nicht verwechselt werden darf mit der liberalen Kritik an der moralischen Partikularität, so darf auch die notwendige Distanzierung des moralischen Selbst von den Regierungen der modernen Staaten nicht verwechselt werden mit einer anarchistischen Kritik am Staat. Nichts in meiner Argumentation empfiehlt oder impliziert gar gute Gründe, abzulehnen, daß bestimmte Regierungsformen notwendig und legitim sind; aus der Argumentation folgt jedoch, daß der moderne Staat keine derartige Regierungsform ist. Aus früheren Teilen meiner Beweisführung müßte klar geworden sein, daß die Tradition der Tugenden im Gegensatz zu wesentlichen Merkmalen der modernen Wirtschaftsordnung und insbesondere ihrem Individualismus, ihrer Habsucht und ihrer Erhebung der Werte des Marktes in eine zentrale soziale Stellung steht. Jetzt wird klar, daß sie ebenso eine Ablehnung der modernen politischen Ordnung enthält. Das bedeutet nicht, daß es nicht viele Aufgaben gibt, die nur in der und durch die Regierung erledigt werden und die noch erledigt werden müssen: die Durchsetzung des Gesetzes muß, soweit das in einem modernen Staat möglich ist, gewährleistet werden, Ungerechtigkeit und ungerechtfertigtes Leid müssen ausgeglichen werden, Großzügigkeit muß ausgeübt und Freiheit verteidigt werden, auf eine Art und Weise, die manchmal nur durch den Einsatz regierender Institutionen möglich sind. Aber jede einzelne Aufgabe, jede einzelne Verantwortung muß nach ihren eigenen Verdiensten bewertet werden. Moderne systematische Politik, ob liberal, konservativ, radikal oder sozialistisch, muß von einem Standpunkt aus, der der Tradition der Tugenden echte Treue schuldet, einfach verworfen werden; denn die moderne Politik selbst drückt in ihren institutionellen Formen eine systematische Ablehnung dieser Tradition aus.

Kapitel 18
Nach der Tugend: Nietzsche *oder* Aristoteles, Trotzki *und* der heilige Benedikt

In Kapitel 9 habe ich eine sachliche Frage gestellt: Nietzsche *oder* Aristoteles? Das Argument, das zu dieser Frage führte, hatte zwei zentrale Prämissen. Die erste war, daß sich die Sprache – und daher in erheblichem Umfang auch die Ausübung – der Moral heute in einem Zustand schwerer Unordnung befindet. Diese Unordnung ergibt sich aus dem vorherrschenden kulturellen Einfluß einer Sprache, in der schlecht zusammenpassende begriffliche Bruchstücke aus verschiedenen Abschnitten unserer Vergangenheit in privaten und öffentlichen Debatten zusammen vorgebracht werden, die hauptsächlich aufgrund der Unlösbarkeit der damit geführten Kontroversen und aufgrund der offensichtlichen Willkür der streitenden Parteien bemerkenswert sind.

Die zweite Prämisse bestand darin, daß Moralphilosophen, seit der Glaube an die aristotelische Teleologie angezweifelt wurde, versucht haben, eine alternative rationale, weltliche Darstellung des Wesens und Status der Moral vorzulegen, daß jedoch all diese Versuche, so unterschiedlich und unterschiedlich beeindruckend sie waren, letztlich gescheitert sind, was besonders deutlich von Nietzsche erkannt wurde. Folglich besaß Nietzsches negatives Vorhaben, die Strukturen der ererbten moralischen Überzeugung und Beweisführung dem Erdboden gleichzumachen, ob wir uns nun auf die alltägliche moralische Überzeugung und Beweisführung beziehen oder statt dessen die Konstruktionen der Moralphilosophen betrachten, trotz seiner Ausweglosigkeit und Grandiosität eine gewisse Plausibilität – selbstverständlich nur, wenn sich die ursprüngliche Ablehnung der moralischen Tradition, in deren Mittelpunkt die aristotelische Lehre über die Tugenden steht, nicht als Mißverständnis und Irrtum erwies. Wenn diese Tradition nicht rational verteidigt werden könnte, bekäme Nietzsches Haltung eine furchtbare Plausibilität.

Nicht daß es leicht wäre, in der zeitgenössischen Welt ein intelligenter Anhänger Nietzsches zu sein. Die Stammrollen, die in den Dramen des modernen sozialen Lebens anerkannt werden, verkörpern nur zu gut die Vorstellungen und Formen der moralischen Überzeugungen und Argumente, in deren Ablehnung ein Aristoteliker und ein Nietzsche-Anhänger übereinstimmen müßten. Der bürokratische Manager, der konsumierende Ästhet, der Therapeut, der Protestierer und ihre zahlreichen Verwandten belegen fast alle verfügbaren kulturell erkennbaren Rollen; die Vorstellungen des Expertentums der wenigen und des moralischen Handelns aller sind die Voraussetzungen der Dramen, die diese Gestalten inszenieren. Der Ausruf, daß der Kaiser ja gar keine Kleider anhabe, bedeutete zumindest, einen Menschen zur Belustigung der übrigen herauszusuchen; zu erklären, daß fast alle in Lumpen herumlaufen, ist höchstwahrscheinlich weit weniger populär. Aber der Anhänger Nietzsches hätte wenigstens den Trost, unpopulärerweise *im Recht* zu sein – das heißt, wenn sich die Ablehnung der aristotelischen Tradition nicht als Irrtum herausstellt.

Die aristotelische Tradition nimmt in meinem Argument zwei gesonderte Plätze ein: erstens aufgrund der Annahme, daß ein beträchtlicher Teil der modernen Moral nur als Bündel fragmentarischer Reste jener Tradition verständlich ist, und daß die Unfähigkeit der modernen Moralphilosophen, ihre Analysen und Rechtfertigungen durchzuführen, eng mit der Tatsache zusammenhängt, daß die Begriffe, mit denen sie arbeiten, eine Kombination aus fragmentarischen Resten und nicht plausiblen modernen Erfindungen darstellen; aber darüber hinaus war die Ablehnung der aristotelischen Tradition die Ablehnung einer völlig anderen Art von Ethik, in der Regeln, die in modernen Moralvorstellungen beherrschend sind, ihren Platz in einem größeren System finden, in dem die Tugenden die zentrale Stellung einnehmen; die zwingende Kraft der Ablehnung und Widerlegung der modernen Ethik von Regeln durch Nietzsche, ob utilitaristisch oder kantisch, erstreckte sich nicht zwangsläufig auf die frühere aristotelische Tradition.

Es ist eines meiner wichtigsten Argumente, daß die Polemik Nietzsches gegen diese Tradition wirkungslos ist. Die Gründe für diese Behauptung lassen sich auf zwei Arten darlegen. Die erste habe ich bereits in Kapitel 9 angeführt; Nietzsche hat Erfolg, wenn all diejenigen, die er als Gegner annimmt, scheitern. Andere haben vielleicht Erfolg aufgrund der rationalen Kraft ihrer positiven Argumente; aber falls Nietzsche gewinnt, gewinnt er durch einen Mangel.

Er gewinnt nicht. Ich habe in den Kapiteln 14 und 15 den rationalen Fall umrissen, der für eine Tradition spricht, in der die aristotelische Moral und seine politischen Texte kanonisch sind. Damit Nietzsche oder die Nietzsche-Anhänger Erfolg haben, müßte dieser Fall widerlegt werden. Warum er so nicht widerlegt werden kann, wird am besten klar, wenn man eine zweite Möglichkeit betrachtet, wie die Ablehnung der Behauptungen Nietzsches begründet werden kann. Der *Übermensch* Nietzsches findet bis auf den heutigen Tag nirgendwo in der sozialen Welt sein Gut, sondern nur in der Welt in ihm selbst, die sein neues Gesetz und seine neue Aufstellung der Tugenden diktiert. Warum findet er bis zum heutigen Tag in der sozialen Welt kein objektives Gut, das Autorität über ihn hat? Die Antwort fällt nicht schwer: Nietzsches Schilderung macht deutlich, daß dem Übermenschen sowohl Beziehungen als auch Tätigkeiten fehlen. Betrachten wir eine Passage aus *Der Wille zur Macht*: »Ein großer Mensch, – ein Mensch, welchen die Natur in großem Stile aufgebaut und erfunden hat – was ist das? ... Kann er nicht *führen,* so geht er allein; es kommt dann vor, daß er manches, was ihm auf dem Wege begegnet, angrunzt. ... er will kein ›teilnehmendes‹ Herz, sondern Diener, Werkzeuge; er ist, im Verkehr mit Menschen, immer darauf aus, etwas aus ihnen zu *machen*. Er weiß sich unmitteilbar: er findet es geschmacklos, wenn er vertraulich wird; und er ist es gewöhnlich nicht, wenn man ihn dafür hält. Wenn er nicht zu sich redet, hat er seine Maske. Er lügt lieber, als daß er die Wahrheit redet: es kostet mehr Geist und *Willen*. Es ist eine Einsamkeit in ihm, als welche etwas Unerreichbares ist für Lob und Tadel, eine eigene Gerichtsbarkeit, welche keine Instanz über sich hat.«

Diese Beschreibung des »großen Menschen« wurzelt tief in Nietzsches Behauptung, daß die Moral der europäischen Gesellschaft seit dem Altertum in Griechenland nichts weiter als eine Reihe von Verschleierungen für den Willen zur Macht war und daß der Anspruch auf Objektivität für eine solche Moral rational nicht aufrechterhalten werden kann. Weil dem so ist, kann der große Mensch keine Beziehungen eingehen, die vermittelt werden durch Berufung auf gemeinsame Maßstäbe oder Tugenden oder Güter; er ist seine eigene und einzige Autorität, und seine Beziehungen zu anderen müssen Anwendungen dieser Autorität sein. Doch wir können jetzt deutlich erkennen, daß für den Fall, daß meine Darstellung der Tugenden aufrechterhalten werden kann, gerade Isolation und Selbst-Sucht dem »großen Menschen« die Last aufbürden, seine eigene, unabhängige moralische Autorität zu sein. Denn wenn die

Vorstellung eines Gutes durch Begriffe wie Praxis, narrative Einheit eines menschlichen Lebens und moralische Tradition erläutert werden muß, dann können Güter, und damit die einzige Begründung für die Autorität von Gesetzen und Tugenden, nur dadurch entdeckt werden, daß jene Beziehungen eingegangen werden, die Gemeinschaften konstituieren, deren zentrale Bindung in einem allgemein geteilten Verständnis von Gütern liegt. Sich von gemeinsamen Tätigkeiten auszuschließen, in denen anfänglich folgsam wie ein Lehrling gelernt werden muß, sich von den Gemeinschaften zu isolieren, die ihr Ziel und ihren Zweck in solchen Tätigkeiten finden, bedeutet den Ausschluß jeder Möglichkeit, ein Gut außerhalb seiner selbst zu finden. Es bedeutet eine Verurteilung zu jenem moralischen Solipsismus, der Größe im Sinne Nietzsches ausmacht. Wir müssen daher nicht nur folgern, daß Nietzsche die Argumentation eines Mangels der aristotelischen Tradition nicht gewinnt, sondern auch, und vielleicht noch wichtiger, daß wir aus der Sicht dieser Tradition die Fehler im Kern der Position Nietzsches am besten erkennen können.

Die Anziehungskraft der Position Nietzsches liegt in ihrer offensichtlichen Ehrlichkeit. Als ich Gründe für einen verbesserten und neuformulierten Emotivismus angeführt habe, erschien es als Folge der Annahme der Wahrheit des Emotivismus, daß ein ehrlicher Mensch zumindest den größten Teil der Sprache der vergangenen Moral aufgrund ihres irreführenden Charakters nicht länger würde benutzen wollen. Und Nietzsche war der einzige bedeutende Philosoph, der vor dieser Schlußfolgerung nicht zurückgeschreckt war. Da die Sprache der modernen Moral außerdem mit Pseudobegriffen wie Nützlichkeit oder Naturrechte überladen ist, hatte es den Anschein, als würde uns allein Nietzsches Entschlossenheit vor der Verstrickung in solche Begriffe bewahren; aber inzwischen ist deutlich geworden, daß der Preis, der für diese Befreiung bezahlt werden mußte, in der Verwicklung in andere Irrtümer bestand. Die Vorstellung Nietzsches vom »großen Menschen« ist ebenfalls ein Pseudobegriff, wenn auch vielleicht nicht immer – unglücklicherweise – das, was ich früher eine Fiktion genannt habe. Sie stellt den letzten Versuch des Individualismus dar, den eigenen Konsequenzen zu entfliehen. Und die Haltung Nietzsches erweist sich nicht als Flucht vor oder als Alternative zum Begriffssystem der liberalen, individualistischen Moderne, sondern eher als weiteres repräsentatives Moment in ihrer inneren Entfaltung. Und wir können deshalb damit rechnen, daß liberale, individualistische Gesellschaften von Zeit zu Zeit »große Menschen« hervorbringen. Leider!

So war es richtig, Nietzsche als den in mancher Hinsicht äußersten Gegner der aristotelischen Tradition zu sehen. Aber es zeigt sich jetzt, daß die Haltung Nietzsches letztendlich nur eine weitere Seite gerade jener moralischen Kultur ist, für deren unversöhnlichen Kritiker sich Nietzsche hielt. Es ist daher letztlich so, daß der entscheidende moralische Gegensatz zwischen dem liberalen Individualismus in der einen oder anderen Version und der aristotelischen Tradition in der einen oder anderen Version besteht.

Die Unterschiede zwischen den beiden sind beträchtlich. Sie reichen über Ethik und Moral hinaus bis zum Verständnis des menschlichen Handelns, so daß konkurrierende Vorstellungen von Sozialwissenschaft, ihren Grenzen und Möglichkeiten, aufs engste mit der antagonistischen Gegenüberstellung dieser beiden alternativen Sichtweisen der menschlichen Welt verknüpft sind. Aus diesem Grund mußte mein Argument auf Themen wie den Begriff der Tatsache, die Grenzen der Voraussagbarkeit von menschlichen Angelegenheiten und das Wesen der Ideologie ausgeweitet werden. Und es wird nun – wie ich hoffe – deutlich, daß ich in den Kapiteln, in denen es um diese Fragen ging, nicht nur Argumente *gegen* die sozialen Verkörperungen des liberalen Individualismus zusammengetragen habe, sondern auch das Fundament für Argumente zugunsten einer alternativen Sicht der Sozialwissenschaften und der Gesellschaft gelegt habe, einer Sicht, mit der die aristotelische Tradition durchaus leben kann.

Meine eigene Schlußfolgerung ist absolut klar. Auf der einen Seite fehlt uns trotz der Bemühungen von drei Jahrhunderten Moralphilosophie und einem Jahrhundert Soziologie noch immer jede einheitliche, rational vertretbare Darlegung eines liberalen, individualistischen Standpunktes; und andererseits kann die aristotelische Tradition auf eine Weise neu formuliert werden, die die Verständlichkeit und Rationalität unserer moralischen und sozialen Haltungen und Verpflichtungen wiederherstellt. Aber obwohl ich das Gewicht und die Richtung beider Argumentationsreihen für rational zwingend halte, wäre es doch unklug, nicht drei ganz unterschiedliche Einwände zur Kenntnis zu nehmen, die von drei ganz verschiedenen Seiten gegen diese Schlußfolgerung vorgebracht werden.

Argumente haben in der Philosophie selten die Form von Beweisen; und die erfolgreichsten Argumente über Fragen, die zentral für die Philosophie sind, beweisen nie. (Das Ideal des *Beweises* ist in der Philosophie relativ unergiebig.) Folglich sind diejenigen, die sich einer bestimmten

Schlußfolgerung widersetzen wollen, ebenso selten ohne Zuflucht. Ich möchte hier allerdings sofort hinzufügen, daß ich damit nicht sagen will, daß zentrale Fragen in der Philosophie nicht geklärt werden könnten; ganz im Gegenteil. Wir können die Wahrheit oft in Bereichen begründen, wo keine Beweise verfügbar sind. Aber wenn eine Frage gelöst werden konnte, dann häufig deshalb, weil die streitenden Parteien – oder jemand aus ihren Reihen – aus der Kontroverse zurückgetreten sind und systematisch gefragt haben, welches die geeigneten rationalen Methoden sind, speziell diese Art von Kontroverse beizulegen. Ich bin der Meinung, daß wieder einmal die Zeit gekommen ist, wo es dringend erforderlich ist, diese Aufgabe in der Moralphilosophie durchzuführen; aber ich gebe nicht vor, dies im vorliegenden Buch unternommen zu haben. Meine negativen und positiven Bewertungen bestimmter Argumente *setzen* in der Tat eine systematische, obgleich hier nicht ausgeführte Darstellung der Rationalität *voraus*.

Ich hoffe, diese Darstellung – die einem weiteren Buch vorbehalten sein soll – gegen diejenigen entfalten zu können, und ich werde sie wahrscheinlich entfalten müssen, deren Kritik an meiner zentralen These überwiegend oder vollständig auf einer anderen und unvereinbaren Bewertung der Argumente beruht. Eine buntgemischte Gruppe von Verteidigern des liberalen Individualismus wird wahrscheinlich Einwände dieser Art machen – einige von ihnen werden Utilitaristen sein, einige Kantianer, einige werden sich stolz zur Sache des liberalen Individualismus bekennen, wie ich ihn definiert habe, andere werden behaupten, es wäre eine falsche Auslegung, sie mit meiner Darstellung des liberalen Individualismus in Verbindung zu bringen, und sie alle werden untereinander uneins sein.

Eine zweite Gruppe von Einwänden wird sicher meiner Interpretation dessen gelten, was ich aristotelische oder klassische Tradition genannt habe. Denn es ist klar, daß die Darstellung, die ich gegeben habe, auf vielfältige, manchmal ziemlich radikale Art von anderen Aneignungen und Interpretationen einer aristotelischen moralischen Haltung abweicht. Und hier bin ich in einem gewissen Maß anderer Meinung als zumindest einige jener Philosophen, vor denen ich die größte Hochachtung und von denen ich am meisten gelernt habe (aber noch nicht annähernd genug, werden ihre Anhänger sagen): in der jüngsten Vergangenheit Jaques Maritain, in der Gegenwart Peter Geach. Doch wenn meine Darstellung des Wesens der moralischen Tradition richtig ist, wird eine Tradition durch die eigenen inneren Argumente und Konflikte aufrechterhalten und vorangetrieben. Und selbst wenn einige größere Teile meiner Interpretation der Kritik nicht standhalten könnten, würde die Demonstration dieses Sachverhalts selbst die Tradition stärken, die aufrechtzuerhalten und zu erweitern ich mich bemühe. Meine Haltung zu jener Kritik, die ich als der moralischen Tradition inhärent betrachte, die ich verteidige, unterscheidet sich doch ziemlich stark von meiner Haltung zur rein äußerlichen Kritik. Letztere ist nicht weniger wichtig, doch sie ist es auf eine andere Art.

Drittens wird es sicher noch eine ganz andere Reihe von Kritikern geben, die zunächst einmal substantiell dem zustimmen werden, was ich über den liberalen Individualismus zu sagen habe, die aber nicht nur leugnen werden, daß die aristotelische Tradition eine lebensfähige Alternative ist, sondern auch, daß die Probleme der Moderne mit Hilfe des Gegensatzes zwischen liberalem Individualismus und dieser Tradition angegangen werden sollten. Der zentrale intellektuelle Gegensatz unserer Zeit, so werden diese Kritiker erklären, ist der zwischen liberalem Individualismus und einiger Versionen des Marxismus oder des Neomarxismus. Die intellektuell überzeugendsten Vertreter dieser Sichtweise sind wahrscheinlich diejenigen, die eine Genealogie der Ideen von Kant und Hegel bis Marx abstecken und behaupten, daß der Begriff der menschlichen Autonomie mit Hilfe des Marxismus von seinen ursprünglich individualistischen Formulierungen befreit und im Kontext einer Berufung auf eine mögliche Form von Gemeinschaft wiederhergestellt werden kann, in der die Entfremdung überwunden ist, das falsche Bewußtsein abgeschafft und die Werte der Gleichheit und Brüderlichkeit verwirklicht sind. Meine Erwiderungen auf die beiden ersten Arten der Kritik sind implizit oder explizit weitgehend in dem enthalten, was ich bereits geschrieben habe. Meine Erwiderung auf die dritte Art der Kritik muß etwas eingehender entwickelt werden. Sie zerfällt in zwei Teile.

Der erste besteht darin, daß der Anspruch des Marxismus auf einen moralisch kennzeichnenden Standpunkt von der moralischen Geschichte des Marxismus selbst untergraben wird. In allen Krisen, in denen Marxisten explizit moralische Haltungen einnehmen mußten – zum Beispiel zu Bernsteins Revisionismus in der deutschen Sozialdemokratie an der Jahrhundertwende oder zu Chruschtschows Ablehnung von Stalin und des ungarischen Aufstandes 1956 –, sind sie stets in relativ einfache Formen des Kantianismus oder des Utilitarismus zurückgefallen. Und das ist nicht verwunderlich. Im Marxismus ist von Anfang an ein gewisser radikaler Individualismus verborgen. Im ersten Kapitel des *Kapital,* wo Marx beschreibt, wie es sein wird, wenn »die Verhältnisse des praktischen Werkeltagslebens den Menschen tagtäglich durchsichtig vernünftige Beziehungen zueinander und zur Natur darstellen«, schildert er »einen Verein freier Menschen«, die alle freiwillig einverstanden sind mit ihrem gemeinsamen Eigentum an den Produktionsmitteln und mit verschiedenen Maßstäben von Produktion und Verteilung. Dieses freie Individuum wird von Marx als sozialisierter Robinson Crusoe beschrieben; aber auf welcher Grundlage er in seine freien Beziehungen zu anderen tritt, sagt Marx uns nicht. An dieser Schlüsselstelle des Marxismus klafft eine Lücke, die kein späterer Marxist adäquat gefüllt hat. Es überrascht nicht, daß abstrakte moralische Prinzipien und Nützlichkeiten tatsächlich die Prinzipien der Vereinigung gewesen sind, auf die sich Marxisten berufen haben, und daß Marxisten in ihrer Praxis exakt die Art von moralischen Haltungen demonstriert haben, die sie bei anderen als ideologisch verurteilen.

Zweitens tendieren Marxisten, wie ich schon erwähnt habe, wenn sie sich auf die Macht zu bewegen, immer dazu, Weberianer zu werden. Hier habe ich natürlich Marxisten im besten Sinne wie in Jugoslawien oder Italien gemeint; der barbarische Despotismus des kollektiven Zarentums, das in Moskau herrscht, kann für die Frage der moralischen Substanz des Marxismus als ebenso irrelevant angesehen werden, wie es das Leben des Borgia-Papstes für die moralische Substanz des Christentums war. Dennoch hat sich der Marxismus gerade als Führer für die Praxis empfohlen, als Politik von besonders erhellender Art. Aber gerade hier ist er seit jetzt schon geraumer Zeit von bemerkenswert wenig Nutzen. Trotzki, der in den letzten Jahren seines Lebens mit der Frage konfrontiert war, ob die Sowjetunion in irgendeinem Sinn ein sozialistisches Land sei, stand implizit auch vor der Frage, ob die Kategorien des Marxismus Licht in die Zukunft bringen könnten. Er selbst bezog alles auf das Ergebnis einer Reihe hypothetischer Voraussagen über mögliche zukünftige Ereignisse in der Sowjetunion, Voraussagen, die erst nach Trotzkis Tod überprüfbar wurden. Die Antwort, die sie erbrachten, war klar: Trotzkis eigene Prämissen hatten zur Folge, daß die Sowjetunion nicht sozialistisch war und daß die Theorie, die den Weg zu Befreiung der Menschen hätte erleuchten sollen, in Wirklichkeit in die Dunkelheit geführt hatte.

Der marxistische Sozialismus ist im Kern zutiefst optimistisch. Denn wie kompromißlos seine Kritik an kapitalistischen und bürgerlichen Institutionen auch sein mag, er ist verpflichtet zu erklären, daß in der Gesellschaft, die durch diese Institutionen konstituiert wird, alle menschlichen und materiellen Voraussetzungen für eine bessere Zukunft akkumuliert werden. Doch wenn die moralische Verarmung des fortgeschrittenen Kapitalismus so ist, wie viele Marxisten übereinstimmend annehmen, daß sie ist, woher sollen diese Ressourcen für die Zukunft kommen? Es überrascht nicht, daß der Marxismus an diesem Punkt dazu neigt, eigene Versionen des *Übermenschen* zu produzieren: den idealen Proletarier Lukacs', den idealen Revolutionär des Leninismus. Wo der Marxismus nicht zur weberianischen Sozialdemokratie oder zur rohen Tyrannei wird, tendiert er dazu, eine Phantasie nach Art Nietzsches zu werden. Eine der bewundernswertesten Seiten der kalten Entschlossenheit Trotzkis war seine Ablehnung aller derartigen Phantasien.

Ein Marxist, der Trotzkis letzte Schriften sehr ernst nähme, würde zu einem Pessimismus gezwungen, der der marxistischen Tradition völlig fremd ist, und indem er zum Pessimisten würde, hätte er auf bedeutsame Weise aufgehört, Marxist zu sein. Denn er würde jetzt keinen tolerablen alternativen Bestand an politischen und wirtschaftlichen Strukturen mehr sehen, die die Strukturen des fortgeschrittenen Kapitalismus ersetzen könnten. Diese Schlußfolgerung stimmt natürlich mit meiner eigenen überein. Denn ich meine nicht nur, daß der Marxismus als *politische* Tradition erschöpft ist, eine Behauptung, die durch die beinahe unendlich vielen und widerstreitenden politischen Anhänger bestätigt wird, die ein marxistisches Banner tragen – das impliziert ganz und gar nicht, daß der Marxismus nicht noch immer eine der reichsten Quellen für Ideen über die moderne Gesellschaft ist –, sondern ich glaube auch, daß fast alle politischen Traditionen in unserer Kultur diese Erschöpfung teilen. Dies ist eine der Schlußfolgerungen, die aus den Überlegungen des vorigen Kapitels gezogen werden müssen. Folgt dann daraus im einzelnen, daß die moralischen Traditionen, die ich verteidige, jeder gegenwärtigen Politik von einiger Bedeutung fehlen, und daß, etwas allgemeiner, meine Beweisführung mich und jeden anderen, der sie akzeptiert, zu allgemeinem Sozialpessimismus zwingt? Nicht im mindesten.

Es ist immer gefährlich, zu enge Parallelen zwischen einer historischen Periode und einer anderen zu ziehen; und zu den irreführendsten dieser Parallelen gehören jene, die zwischen unserer eigenen Zeit in Europa und Nordamerika und der Epoche vom Niedergang des Römischen Reichs bis ins frühe Mittelalter gezogen worden sind. Dennoch gibt es gewisse Parallelen. Es stellte einen entscheidenden Wendepunkt in der älteren Geschichte dar, als Männer und Frauen mit guten Absichten Abstand davon nahmen, das Römische *Imperium* zu stützen und aufhörten, den Fortbestand der Zivilisation und der moralischen Gemeinschaft mit dem Fortbestand dieses Imperiums gleichzusetzen. Statt dessen machten sie sich daran, oft ohne genau zu erkennen, was sie taten, neue Formen von Gemeinschaft aufzubauen, in denen das moralische Leben aufrechterhalten werden konnte, so daß Moral und Zivilisation die heraufziehende Zeit der Barbarei und Finsternis überleben konnten. Wenn meine Darstellung unserer moralischen Lage richtig ist, sollten wir ebenfalls zu dem Schluß kommen, daß auch wir nun seit einiger Zeit ebenfalls diesen Wendepunkt erreicht haben. Was in diesem Stadium zählt, ist die Schaffung lokaler Formen von Gemeinschaft, in denen die Zivilisation und das intellektuelle und moralische Leben über das neue finstere Zeitalter hinaus aufrechterhalten werden können, das bereits über uns gekommen ist. Und da die Tradition der Tugenden die Schrecken der letzten Finsternis überstanden hat, sind wir nicht ganz ohne Grund zur Hoffnung. Diesmal warten die Barbaren allerdings nicht jenseits der Grenzen; sie beherrschen uns schon seit einer ganzen Weile. Und gerade das mangelnde Bewußtsein dessen macht einen Teil unserer mißlichen Lage aus. Wir warten nicht auf einen Godot, sondern auf einen anderen, zweifelsohne völlig anderen heiligen Benedikt.

Postskript zur zweiten Auflage

Die zahlreichen Kritiker der ersten Auflage dieses Buches haben mich auf mehr als eine Art in ihre Schuld gestellt. Einige haben auf Fehler hingewiesen – die von Namensverwechslungen bis zu einem sachlichen Irrtum über Giotto reichten; einige haben Unzulänglichkeiten in der historischen Erzählung aufgedeckt, die diesem Buch seine argumentative Kontinuität verleiht; einige haben meine Diagnose des Zustandes der modernen und insbesondere der gegenwärtigen Gesellschaft angezweifelt; und einige haben auf verschiedene Arten sowohl die Substanz als auch die Methode bestimmter Argumente in Frage gestellt.

Auf die kritischen Bemerkungen der ersten Art einzugehen war kein Problem: Alle bisher erkannten Fehler sind in der zweiten Auflage berichtigt worden. Besonders dankbar bin ich diesbezüglich Hugh Lloyd-Jones und Robert Wachbroit. Die Antwort auf die anderen Arten der Kritik ist nicht nur schwieriger, sondern fordert von mir auch eine Reihe langfristiger Projekte, ausgerichtet auf die verschiedenen disziplinären Bezüge meiner Kritiker. Denn es ist sowohl eine Stärke wie auch eine Schwäche, daß es mir beim Schreiben um zwei übergeordnete Dinge ging: *sowohl* darum, die Gesamtstruktur einer einzigen komplexen These über die Stellung der Tugenden im menschlichen Leben darzulegen, auch wenn das eher dazu führte, die untergeordneten Argumente dieser These nur zu skizzieren, anstatt ausführlich festzuhalten, *als auch* darum, dies in einer Weise zu tun, die deutlich macht, wie unvereinbar meine These mit den konventionellen akademischen Fachgrenzen war, Grenzen, die oft die Wirkung haben, das Denken auf eine Art aufzuteilen, die wesentliche Zusammenhänge zerstört oder verdunkelt, selbst wenn *das* zu erheblichen Unzulänglichkeiten aus der Sicht derjenigen führt, die in jeweils eine dieser akademisch autonomen Disziplinen verstrickt sind. Ich hoffe, daß zumindest etwas von dem, was gefordert wird, im bevorstehenden Meinungsaustausch mit einigen Kritikern in den Zeitschriften *Inquiry, Analyse und Kritik* und *Soundings* nachgeliefert wird, und daß sehr viel mehr in der Fortsetzung ausgeräumt wird, an der ich gerade arbeite – in *Justice and Practical Reasoning*. Aber einige Kritiker haben mich davon überzeugt, daß ein Teil der unmittelbaren Unzufriedenheit der Leser, wenn schon nicht behoben, so doch wenigstens abgeschwächt werden könnte durch eine adäquatere Neuformulierung von Positionen, die entweder von zentraler Bedeutung für die Gesamtstruktur der Argumentation sind oder von ihr vorausgesetzt werden. Es gibt vielleicht drei Bereiche, in denen dieses Bedürfnis am dringendsten ist.

1. Die Beziehung der Philosophie zur Geschichte

»Mich quält, daß nicht unterschieden wird [zwischen Geschichte und Philosophie]«, schrieb William K. Frankena (*Ethics,* 93, 1983: 500), »und daß der Eindruck erweckt wird, eine historische Untersuchung könne einen philosophischen Punkt begründen, so wie das MacIntyre zu tun scheint.« Frankena spricht sich hier für etwas aus, was noch immer wissenschaftliche Orthodoxie ist, wenngleich sie wie andere moderne Orthodoxien Anzeichen von Spannungen zeigt. Philosophie ist in dieser Sicht eine Sache, Geschichte eine ganz andere. Dem Historiker der Ideengeschichte wird die Aufgabe zugeteilt, Aufstieg und Niedergang von Ideen darzustellen, ebenso wie dem politischen Historiker zugeteilt wird, Aufstieg und Niedergang von Imperien darzustellen. Die dem Philosophen vorbehaltenen Aufgaben sind zweifacher Art. Wo ein anderer Gegenstand als die Philosophie selbst betroffen ist, etwa die Moral, ist es Aufgabe des Philosophen, zu bestimmen, welches die geeigneten Kriterien für Rationalität und Wahrheit in diesem speziellen Bereich sind. Wo die Philosophie ihr eigener Gegenstand geworden ist, fällt dem Philosophen die Aufgabe zu, mit Hilfe der besten rationalen Methoden zu bestimmen, was tatsächlich wahr ist. Diese Vorstellung der akademischen Arbeitsteilung scheint Frankena vorauszusetzen, wenn er vom Emotivismus als philosophischer Theorie sagt, daß »ich, wenn ich die richtige begriffliche Ausstattung habe, verstehen kann, *wie* die Ansicht ist, ohne sie als das Ergebnis einer historischen Entwicklung zu sehen; und soweit ich sehen kann, kann ich auch ihren Status als wahr oder falsch oder rational zu glauben bewerten, ohne ihn als solches Ergebnis zu sehen. Tatsächlich sind MacIntyres eigene Argumente gegen den Emotivismus der analytischen Philosophie entnommen; und seine Behauptung, daß moderne Versuche, die Moral zu rechtfertigen, *scheitern* und *scheitern mußten,* ist eine Behauptung, die nur von der analytischen Philosophie aufgestellt werden kann, nicht von einer Art von Geschichte.« (Ebd.)

Gegen diese Ansicht muß ich anführen, daß Argumente der Art, wie sie von der analytischen Philosophie bevorzugt werden, zwar eine unentbehrliche Kraft besitzen, daß aber solche Argumente nur im Kontext einer bestimmten Form von historischer Untersuchung den Typ von Behauptung über Wahrheit und Rationalität stützen können, den zu rechtfertigen Philosophen bezeichnenderweise anstreben. Wie Frankena bemerkt, bin ich nicht der erste, der so argumentiert; er nennt Hegel und Collingwood und hätte auch Vico nennen können. Denn es war Vico, der als erster die Behauptung der unleugbaren Tatsache hervorhob, die zu wiederholen allmählich ermüdend wird, daß die Gegenstände zumindest der Moralphilosophie – wertende und normative Begriffe, Maximen, Argumente und Urteile, mit denen sich der Moralphilosoph beschäftigt – nirgendwo zu finden sind außer in ihrer Verkörperung im historischen Leben bestimmter sozialer Gruppen und somit die typischen Merkmale historischer Existenz besitzen: sowohl Identität als auch Wandel in der Zeit, Ausdruck in der institutionalisierten Praxis wie im Diskurs, Interaktion und Wechselbeziehung mit vielfältigen Formen von Tätigkeit. Eine Moral, die nicht die Moral einer bestimmten Gesellschaft ist, findet sich nirgendwo. Es gab die Moral des Athens des vierten vorchristlichen Jahrhunderts, es gab die verschiedenen Moralvorstellungen im Westeuropa des 13. Jahrhunderts, es gibt zahlreiche derartige Moralvorstellungen, aber wo gab es jemals oder gibt es *die Moral an sich?*

Kant glaubte natürlich, diese Frage erfolgreich beantwortet zu haben. Und es ist bedeutsam, daß sowohl die analytische Moralphilosophie, die Frankena verteidigt, wie auch die Art des Historismus, den ich verteidige, in wesentlichen Teilen Reaktionen auf Kritik an Kants transzendentaler Antwort sind. Denn Kants These, die Natur der menschlichen Vernunft sei so, daß es Prinzipien und Vorstellungen gäbe, denen jedes rationale Wesen sowohl im Denken wie im Wollen zwangsläufig zustimmen müsse, stieß auf zwei verschiedene Arten von entscheidenden Einwänden. Die eine Art, der Hegel und spätere Anhänger des Historismus großes Gewicht beimaßen, bestand darin, daß sich die Prinzipien, die Kant als allgemeine und notwendige Prinzipien des menschlichen Geistes präsentierte, in Wirklichkeit als Prinzipien herausgestellt haben, die spezifisch für bestimmte Epochen, Orte und Stadien menschlichen Handelns und Erforschens waren. Ebenso erwies sich das, was Kant für die Prinzipien und Voraussetzungen von Naturwissenschaft an sich hielt, schließlich als Prinzipien und Voraussetzungen, die spezifisch für die Physik Newtons waren; und was Kant für die Prinzipien und Voraussetzungen der Moral an sich hielt, erwies sich als Prinzipien und Voraussetzungen einer ganz speziellen Moral, einer verweltlichten Version des Protestantismus, die dem modernen liberalen Individualismus zu einem seiner Grundgesetze verhalf. Damit stürzte der Anspruch auf Allgemeingültigkeit in sich zusammen.

Eine zweite Reihe von Einwänden hatte die Wirkung, daß die Vorstellungen der Notwendigkeit, des *a priori* und der Beziehung von Begriffen und Kategorien zur Erfahrung, die das transzendentale Projekt Kants erforderte, nicht aufrechterhalten werden konnten: und die Geschichte der anschließenden philosophischen Kritik an den ursprünglichen kantischen Positionen, ihrer Umformulierung zuerst durch die Neukantianer und später noch radikaler durch die logischen Empiristen und der Kritik an diesen Neuformulierungen ist ein Kernstück der Geschichte, wie die analytische Philosophie das wurde, was sie ist. Die letzte und jüngste Untergrabung der für das kantische Projekt und seine Nachfolger zentralen Unterscheidungen durch Quine, Sellars, Goodman und andere ist von Richard Rorty aufgezeichnet worden, der angemerkt hat, daß eine Auswirkung darin bestand, den Konsens in der analytischen Gemeinschaft darüber, welches die Hauptprobleme der Philosophie sind, in ziemlich großem Umfang zu verringern *(Consequences of Pragmatism,* Minneapolis 1982, S. 214-217). Aber dies war nicht die einzige oder gar wichtigste Folge.

Denn dem Fortschritt der analytischen Philosophie ist es gelungen zu begründen, daß es *keine* Gründe für den Glauben an allgemeingültige, notwendige Prinzipien gibt – außerhalb rein formaler Untersuchungen –, außer in bezug auf eine Reihe von Annahmen. Die kartesianischen Grundprinzipien, die apriorischen Wahrheiten Kants und sogar die Geister dieser Vorstellungen, die dem Empirismus so lange zugesetzt haben, sind alle aus der Philosophie vertrieben worden. Die Folge ist, daß die analytische Philosophie eine Disziplin – oder Unterdisziplin? – geworden ist, deren Zuständigkeit auf die Untersuchung von Schlußfolgerungen begrenzt worden ist. Rorty drückt das mit den Worten aus, daß

»das Ideal philosophischer Befähigung darin besteht, den gesamten Kosmos möglicher Erklärungen mit all ihren abgeleiteten Beziehungen zueinander zu erkennen, und damit in der Lage zu sein, ein Argument aufzubauen oder zu kritisieren« (ebd., S. 219). Und David Lewis schrieb: »Philosophische Theorien werden nie schlüssig widerlegt. (Oder kaum einmal; Gödel und Gettier haben es vielleicht getan.) Die Theorie überlebt ihre Widerlegung – zu einem Preis ... Unsere ›Intuitionen‹ sind nichts als Meinungen; unsere philosophischen Theorien sind das gleiche ... eine vernünftige Aufgabe für den Philosophen ist es, sie ins Gleichgewicht zu bringen. Unsere gemeinsame Aufgabe ist es herauszufinden, welche Gleichgewichte es gibt, die einer Überprüfung standhalten können, aber jedem von uns bleibt es, im einen oder anderen von ihnen zur Ruhe zu kommen ... Sobald uns das Programm gutausgearbeiteter Theorien einmal vorliegt, ist Philosophie eine Sache der Meinung ...« (*Philosophical Papers,* Band I, Oxford 1983, S. X-XI)

Analytische Philosophie kann sozusagen ganz beiläufig praktisch schlüssige Ergebnisse einer negativen Art hervorbringen. Sie kann in einigen Fällen zeigen, daß einfach zuviel Inkohärenz und Inkonsistenz in einer Position enthalten sind, als daß ein vernünftiger Mensch sie noch länger halten könnte. Aber sie kann niemals die *rationale Annehmbarkeit* einer bestimmten Position in Fällen begründen, in denen jede der alternativen, rivalisierenden Positionen, die verfügbar sind, über ausreichende Reichweite und ausreichenden Geltungsbereich verfügt, und die Anhänger jeder einzelnen bereit sind, den Preis zu zahlen, der zur Absicherung von Kohärenz und Konsistenz nötig ist. Daher die sonderbare Art so vieler zeitgenössischer analytischer Schriften – von Autoren, die philosophisch weniger selbstbewußt als Rorty oder Lewis sind –, in denen Passagen mit Argumenten, in denen die ausgeklügeltsten verfügbaren logischen und semantischen Techniken benutzt werden, damit maximale Schärfe gewährleistet ist, mit Passagen wechseln, die anscheinend nicht mehr tun als ein paar lose zusammenhängende, willkürliche Präferenzen miteinander zu verbinden; die zeitgenössische analytische Philosophie zeigt ein eigenartiges Zusammenwirken zwischen einer Sprache, die tief in der Schuld Freges und Carnaps steht, und einer Sprache, die aus eher einfältigen Formen des Existentialismus abgeleitet ist.

Dieses Ergebnis legt dem Anhänger des Historismus vor allem nahe, daß analytische Philosophen, wie sie von Rorty und Lewis und durchaus auch von Frankena verkörpert werden, offenbar entschlossen sind, Argumente auch weiterhin als Untersuchungsgegenstände in Abstraktion von den sozialen und historischen Kontexten von Tätigkeit und Forschung zu betrachten, in denen sie zu Hause sind oder waren, und von denen sie charakteristischerweise ihre besondere Bedeutung erhalten. Aber wenn der analytische Philosoph das tut, neigt er dazu, von seinen kantischen Vorgängern jene Mißverständnisse zu übernehmen, die sich aus dem ersten der beiden zentralen Einwände gegen Kants eigene Version des transzendentalen Projekts ergaben. Denn wenn wir beispielsweise die Prinzipien und Kategorien der Newtonschen Mechanik als Erfüllung der Anforderungen der Rationalität an sich betrachten, verschleiern wir an ihnen genau das, was sie im aktuellen Kontext der physikalischen Forschung im späten 17. und frühen 18. Jahrhundert ihren einzigen vorhandenen Konkurrenten rational überlegen machte.

Die Newtonsche Physik war deshalb ihren galileischen und aristotelischen Vorgängern und ihren kartesianischen Konkurrenten rational überlegen, weil sie deren Grenzen überschreiten konnte, indem sie Probleme in Bereichen löste, in denen diese Vorgänger und Konkurrenten aufgrund ihrer eigenen Maßstäbe für wissenschaftlichen Fortschritt keinen Fortschritt machen konnten. So können wir gar nicht beschreiben, worin die rationale Überlegenheit der Newtonschen Physik bestand, es sei denn historisch im Sinne ihrer Beziehung zu den Vorgängern und Konkurrenten, die sie herausforderte und ersetzte. Man löse die Newtonsche Physik aus ihrem Kontext und frage dann, worin die rationale Überlegenheit der einen über die andere besteht, und man wird vor unlösbaren Problemen der Inkommensurabilität stehen. Die Erkenntnis, wie Newton und seine Anhänger ihre Sichtweise erwarben und sie verteidigten, ist demnach wesentlich für die Erkenntnis, warum die Newtonsche Physik als rational überlegen gilt. Die Philosophie der physikalischen Wissenschaft hängt von der Geschichte der physikalischen Wissenschaft ab. Und im Fall der Moral gibt es da keinen Unterschied.

Moralphilosophie drückt stets die Moral eines besonderen sozialen und kulturellen Standpunktes aus, so sehr sie sich auch bemüht, mehr als das zu erreichen: Aristoteles ist der Wortführer einer Klasse von Athenern aus dem vierten vorchristlichen Jahrhundert; Kant liefert, wie ich schon erwähnt habe, den aufkommenden gesellschaftlichen Kräften des liberalen Individualismus eine rationale Stimme. Doch selbst diese Art, die Dinge zu sehen, ist inadäquat, da sie die Moral noch immer als eine Sache behandelt und die Moralphilosophie als eine andere. Aber jene Moral verfügt in ihrem Kern über Maßstäbe, mit denen Gründe zum Handeln als mehr oder weniger adäquat bewertet werden, Vorstellungen darüber, wie Eigenschaften des Charakters in Beziehung zu Eigenschaften von Handlungen stehen, Urteile, wie Regeln formuliert werden sollen, und so fort. Obwohl also an jeder Moral mehr ist als nur die in ihr implizierte Philosophie, gibt es keine Moral, zu der sich zu bekennen nicht explizit oder implizit eine philosophische Haltung einschließt. Moralphilosophien sind vor allem anderen explizite Artikulationen der Ansprüche spezieller moralischer Ansichten auf rationale Treue. Und deshalb sind die Geschichte der Moral und die Geschichte der Moralphilosophie eine einzige Geschichte. Wenn folglich rivalisierende moralische Ansichten konkurrierende und unvereinbare Ansprüche stellen, dann gibt es auf der Ebene der Moralphilosophie immer einen Punkt hinsichtlich der Fähigkeit einer von beiden, einen begründeten Anspruch auf rationale Überlegenheit gegenüber der anderen vorzubringen.

Wie sind diese Ansprüche zu beurteilen? Wie im Fall der Naturwissenschaft gibt es keine allgemeinen, zeitlosen Maßstäbe. Die rationale Überlegenheit einer bestimmten Moralphilosophie und einer bestimmten Moral zeigt sich in der Fähigkeit dieser bestimmten Moralphilosophie, die die Ansprüche einer bestimmten Moral ausdrückt, die Beschränkungen ihres oder ihrer Rivalen zu identifizieren und zu transzendieren, Beschränkungen, die identifiziert werden können – auch wenn sie vielleicht nicht identifiziert worden sind – mit Hilfe der rationalen Maßstäbe, denen die Protagonisten der rivalisierenden Moral durch ihre Treue zu ihr verpflichtet sind. Die Geschichte von Moral und Moralphilosophie ist die Geschichte fortlaufender Herausforderungen an irgendeine bereits bestehende moralische Ordnung, eine Geschichte, in der die Frage, welche Seite die andere im rationalen Streit besiegt hat, immer von der Frage unterschieden werden muß, welche Seite die soziale und politische Vorherrschaft behalten oder an sich gebracht hat. Und nur unter Bezug auf diese Geschichte können Fragen rationaler Überlegenheit beantwortet werden. Die Geschichte von Moral und Moralphilosophie, aus diesem Blickwinkel geschrieben, ist für das Vorhaben der zeitgenössischen Moralphilosophie ebenso unerläßlich wie die Geschichte der Wissenschaft für das Vorhaben der zeitgenössischen Philosophie der Wissenschaft.

Es ist jetzt, wie ich hoffe, verständlicher, warum Frankena und ich unterschiedlicher Meinung sind. Er meint offenbar, daß die Methoden der analytischen Philosophie ausreichen, um zu begründen, was richtig oder falsch ist, was in der Moralphilosophie zu glauben vernünftig ist, und daß historische Forschung irrelevant ist. Ich dagegen meine nicht nur, daß historische Forschung notwendig ist, um zu begründen, was ein bestimmter Standpunkt ist, sondern auch, daß jeder Standpunkt in der historischen Gegenüberstellung seine rationale Überlegenheit gegenüber seinen einzelnen Rivalen in einem spezifischen Kontext begründet oder dabei scheitert. Dabei werden viele Fertigkeiten und Techniken der analytischen Philosophie entfaltet; und in einigen seltenen Fällen könnten diese Techniken genügen, um eine Ansicht in Frage zu stellen. Wenn Frankena daher richtig erklärt, daß ich gelegentlich Argumente aus der analytischen Philosophie heranziehe, um zu begründen, daß eine bestimmte Theorie oder Reihe von Theorien scheitert, lastet er mir nichts an, was sich inkonsistent zu meinem Historismus oder meiner Ablehnung der Sicht verhielte, daß die analytische Philosophie niemals genügend Gründe für das Geltendmachen eines positiven Standpunkts in der Moralphilosophie liefern kann.

Wenn wir also den Emotivismus als Erwiderung auf eine bestimmte historische Verbindung von intuitionistischem moralischem Theoretisieren mit der Ausübung einer bestimmten Art von moralischem Urteil verstehen, sind wir in der Lage, seine Forderungen nicht nur als These über die zeitlose Bedeutung von Sätzen in moralischen Urteilen zu verstehen (eine These mit geringer Überzeugungskraft), sondern auch und vor allem als empirische These über Gebrauch und Funktion von moralischen Urteilen, die in einem weiteren oder engeren Rahmen historischer Situationen gelten könnte. Verständlich zu machen, wie und in welcher Situation die Theorie entwickelt wurde, ist demnach für das Verständnis und die Bewertung der Theorie in einer Weise bedeutsam, die durch Frankenas scharfe Unterscheidung zwischen philosophischer Untersuchung und Geschichte verschleiert wird.

Darauf ließe sich Folgendes erwidern. Falls wir in der Lage sind, die Art von philosophischer Geschichte zu schreiben, an die ich gedacht habe – und genau das habe ich in diesem Buch versucht –, müssen wir, die Chronisten, beim Aufzeichnen der Niederlagen einer Theorie oder der Siege einer anderen aufgrund der rationalen Überlegenheit Maßstäbe für diese Geschichte setzen, anhand derer die rationale Überlegenheit einer Theorie gegenüber einer anderen beurteilt werden kann. Diese Maßstäbe erfordern selbst rationale Rechtfertigung, und *diese* Rechtfertigung kann nicht von einer Geschichte geliefert werden, die erst geschrieben werden kann, nachdem eine Rechtfertigung für diese Maßstäbe geliefert worden ist. Der Anhänger des Historismus beruft sich also ganz offen auf unhistorische Maßstäbe, Maßstäbe, die vermutlich durch eine transzendentale oder analytische Rechtfertigung geliefert werden müßten, durch Rechtfertigungen also, die ich abgelehnt habe.

Dieser Einwand geht fehl. Denn unsere Situation in bezug auf Theorien darüber, warum eine Theorie der anderen rational überlegen ist, unterscheidet sich nicht von unserer Situation in Bezug auf wissenschaftliche Theorien oder Moral und Moralphilosophien. Im ersten wie im letzten Fall müssen wir nicht nach einer perfekten Theorie streben, der jedes rationale Wesen zwangsläufig zustimmen müßte, weil sie unantastbar oder fast unantastbar gegen Einwände ist, sondern eher nach der besten Theorie, die es bisher in der Geschichte dieser Klasse von Theorien gegeben hat. Wir sollten also danach streben, die bisher beste Theorie zu liefern, in der Art des Typs von Theorien, zu dem die bisher beste Theorie gehören muß: nicht mehr, aber auch nicht weniger.

Daraus folgt, daß das Schreiben dieser Art von philosophischer Geschichte nie vollendet werden kann. Es muß immer die Möglichkeit offengelassen werden, daß auf irgendeinem Gebiet, seien es die Naturwissenschaften oder Moral und Moralphilosophie oder die Theorie der Theorie, eine neue Herausforderung für die bisher beste bestehende Theorie aufkommt und an ihre Stellte tritt. Diese Art des Historismus enthält also, anders als bei Hegel, eine Form von Fallibilismus; es ist eine Art des Historismus, die alle Ansprüche auf absolute Erkenntnis ausschließt. Wenn dennoch ein bestimmtes Moralsystem erfolgreich die Beschränkungen seiner Vorgänger überschritten und dabei die bis dahin besten Mittel geliefert hat, die es gibt, um diese Vorgänger zu verstehen, *und* dann mehreren Herausforderungen durch eine Reihe rivalisierender Standpunkte gegenübergestanden hat, in jedem Fall aber in der Lage war, sich auf die Art zu verändern, die nötig ist, um die Stärken jener Standpunkte aufzunehmen und gleichzeitig ihre Schwächen und Beschränkungen zu vermeiden, *und* die bis dahin beste Erklärung jener Schwächen und Beschränkungen geliefert hat, dann haben wir den bestmöglichen Grund, darauf zu vertrauen, daß auch zukünftigen Herausforderungen erfolgreich begegnet wird und daß die Prinzipien, die den Kern eines Moralsystems definieren, dauerhafte Prinzipien sind. Und genau das ist die Leistung, die ich dem fundamentalen Moralsystem von Aristoteles im vorliegenden Buch zuschreibe.

Daß ich einen historistischen Anspruch dieser Art gestellt habe und stelle, ist nicht mit adäquater Deutlichkeit bemerkt worden; auch wurde die Form des Arguments, das ich zu seinen Gunsten entfaltet habe, nicht angemessen spezifiziert. Denn ich habe nicht nur von dem von mir so genannten Projekt der Aufklärung behauptet, daß es an seinen eigenen Maßstäben gescheitert ist, weil es seinen Protagonisten nie gelungen war, eine einheitlich zu rechtfertigende Reihe von Moralprinzipien zu spezifizieren, denen zuzustimmen sich kein vollkommen rational Handelnder entziehen konnte, oder von Nietzsches Moralphilosophie, daß auch sie an ihren eigenen Maßstäben scheiterte; ich habe vielmehr auch behauptet, daß die Gründe zum Verständnis dieses Scheiterns nur aus den Quellen geliefert werden konnten, die eine aristotelische Darstellung der Tugenden bot, die sich auf genau die Art, die ich beschrieben habe, in ihren spezifischen historischen Gegenüberstellungen als die bisher beste Theorie herausstellt. Aber man beachte, daß ich in diesem Buch nicht erklärt habe, ich hätte diesen Anspruch bis jetzt aufrechterhalten, noch behaupte ich das jetzt. Was kann noch mehr getan werden?

Annette Baier hat mich getadelt, ich hätte die Stärken der Position Humes nicht verstanden (in einem in *Analyse und Kritik* erschienenen Artikel); Onora O'Neill hat argumentiert, meine Darstellung Kants sei selektiv und vereinfachend (in einem Aufsatz in *Inquiry*). Ich habe für beide Klagen sehr viel Verständnis, denn gerade die beiden so unterschiedlichen Darstellungen des praktischen Urteilens von Hume und Kant bilden die zentrale Herausforderung für das aristotelische System und die darin enthaltene Darstellung des praktischen Urteilens. Und solange die Beziehung dieser drei Darstellungen nicht geklärt ist, ist die zentrale Behauptung dieses Buches nicht in der Art und Weise begründet, wie es die historistische Erkenntnistheorie erfordert, die von der argumentativen Erzählung dieses Buches vorausgesetzt wird.

Schließlich kann eine ganz andere Kritik an der Art, wie Philosophie und Geschichte im vorliegenden Buch miteinander verbunden werden, nicht einfach übergangen werden. Frankena meint, ich würdigte die analytische Philosophie nicht genügend: Abraham Edel meint, ich sei noch viel zu sehr Analytiker und beschuldigt mich, ich sei nichts weiter als »ein ketzerischer Analytiker, dessen Ketzerei gefesselt bleibt« durch die Stricke der analytischen Tradition (*Zygon,* 18, 1983: 344). Der Kernpunkt seiner Kritik ist erstens, daß ich meine Aufmerksamkeit zu sehr auf die Ebene des expliziten Theoretisierens lenke, auf artikulierte Vorstellungen und die Geschichten, die verschiedene Völker über deren Bedingung erzählen, und zu wenig auf das tatsächliche soziale und institutionelle Leben dieser Völker, und zweitens, daß mich meine Parteinahme dazu bringt, die tatsächliche komplexe Geschichte der Moral im Interesse meines eigenen aristotelischen Standpunkts zu entstellen. Wo Frankena mich als inadäquaten analytischen Philosophen mit zusätzlichem und nicht ganz relevantem Interesse für Geschichte sieht, sieht mich Edel als inadäquaten Sozialhistoriker, der unnötigerweise die analytische Philosophie mit hineinzieht. Edels Kritik ist somit das Spiegelbild der Kritik Frankenas, was nicht weiter überrascht.

Denn so wie die philosophische Geschichte, die ich schreiben möchte, an bestimmten Stellen mit den Grundsätzen der analytischen Philosophie bricht, verletzt sie an anderen Stellen diejenigen der akademischen Sozialgeschichte, und das vielleicht auf zwei Arten. Erstens sind von dem Standpunkt aus, den ich vertrete, theoretische und philosophische Vorhaben, ihre Erfolge und Mißerfolge in der Geschichte weit einflußreicher, als akademische Historiker im allgemeinen annahmen. Die Dinge, die in diesem Bereich geklärt werden müssen, sind Fragen, die kausale Einflüsse betreffen. Sie umfassen Fragen wie die nach der Art des Einflusses der Denker der schottischen Aufklärung auf soziale, moralische und politische Veränderungen in England, Frankreich und Amerika. Die Antworten auf solche Fragen hängen zum Beispiel von Untersuchungen über die soziale Rolle und die Wirksamkeit von Universitäten und Hochschulen als Ideenträger ab. Und es kann sein, daß die historische Untersuchung am Ende ergibt, daß meine Beachtung des expliziten Theoretisierens, der artikulierten Vorstellungen und des Erzählens von Geschichten fehl am Platz ist. Aber vorher lasse ich mich davon nicht überzeugen.

Zweitens sind die Erzählungen der akademischen Sozialgeschichte meistens in einer Weise geschrieben, die gerade die Art logischer Unterscheidungen zwischen Fragen nach Tatsachen und Fragen nach Werten voraussetzt, die zu leugnen mich die Darstellung der Erzählung im vorliegenden Buch zwingt. Und die philosophische Geschichte, die die zentrale Erzählung dieses Buches selbst ausmacht, ist vom Standpunkt der Schlußfolgerung aus geschrieben, zu der sie selbst kommt und die sie aufrechterhält oder vielmehr aufrechterhalten würde, wenn ihre Erzählung so erweitert wäre, wie ich sie in der Fortsetzung dieses Buches zu erweitern hoffe. Damit ist die Erzählung dieses Buches nicht durch Zufall oder Nachlässigkeit eine parteiische Erzählung mit der ihr eigenen bewußten Einseitigkeit.

Aber Edel hat natürlich mit seinen beiden Einwänden in einigen wesentlichen Punkten recht. Ein großer Teil der sozialen und institutionellen Geschichte, auf die dieses Buch bestenfalls am Rande hinweist, ist in der Tat sehr wichtig für die Art der Erzählung, auf die ich hier hingewiesen habe, die zu schreiben mir aber noch nicht gelungen ist; und die Geschichte der Wechselbeziehung zwischen der aristotelischen Darstellung der Tugenden und anderen Moralsystemen vom Platonismus bis zur Gegenwart ist natürlich viel komplexer, als ich bedacht habe. Damit haben Frankena und Edel begrüßenswerte Warnungen sowohl an meine Adresse wie an die des Lesers ausgesprochen, indem sie Punkte herausgriffen, denen ich zumindest nicht genug Aufmerksamkeit gewidmet habe. Durch ihre Kritik bin ich auf immer in ihrer Schuld.

2. Die Tugenden und die Frage des Relativismus

Samuel Scheffler hat gewichtige Zweifel an der Darstellung der Tugenden angemeldet, die ich vorgelegt habe (*Philosophical Review,* 92, Nr. 3, Juli 1983), und Stanley Hauerwas und Paul Wadell desgleichen (*The Thomist,* 46, Nr. 2, April 1982); Robert Wachbroit hat angeführt, daß eine Implikation dieser Darstellung darin besteht, daß eine Version des Relativismus unausweichlich ist (*Yale Law Journal,* 92, Nr. 3, Januar 1983). Da ich Wachbroits Argument nur dann adäquat erwidern kann, wenn ich mit Erfolg die Fragen von Scheffler, Hauerwas und Wadell beantworten kann, läßt sich ihre Skepsis gegenüber Kernpunkten meiner konstruktiven Argumentation sehr gut zusammen abhandeln.

Meine Darstellung der Tugenden durchläuft drei Stufen: eine erste, die sich auf Tugenden als Eigenschaften bezieht, die notwendig sind, die einer Praxis inhärenten Güter zu erreichen; eine zweite, die sie als Eigenschaften betrachtet, die zum Gut eines ganzen Lebens beitragen; und eine dritte, die sie mit dem Streben nach einem Gut für menschliche Wesen verbindet, dessen Vorstellung nur in einer lebendigen sozialen Tradition erarbeitet und besessen werden kann. Warum gehe ich von der Praxis aus? Andere Moralphilosophen haben schließlich mit einer Betrachtung der Leidenschaften oder Wünsche begonnen, oder mit der Erklärung von Vorstellungen von Pflicht oder Güte. In beiden Fällen neigt die Diskussion von da an zu sehr dazu, von einer Version der Unterscheidung zwischen Mittel und Zweck beherrscht zu werden, derzufolge alle menschlichen Tätigkeiten entweder als Mittel zu bereits bestehenden oder beschlossenen Zwecken durchgeführt werden oder einfach lohnend an sich sind oder vielleicht beides. Was dieser Rahmen dem Blick vorenthält, sind jene ständigen Formen menschlicher Tätigkeit, in denen

Zwecke und Ziele entdeckt und neuentdeckt und Mittel erdacht werden müssen, damit man die Ziele verfolgen kann; und er verschleiert dadurch die Bedeutung der Art und Weise, in der diese Formen von Tätigkeit neue Ziele und neue Vorstellungen von Zielen schaffen. Die verschiedenen Arten von Praxis sind nach meiner Definition eben diese Formen von Tätigkeit, und die kürzeste Antwort auf die Fragen von Hauerwas und Wadell, warum einige Dinge als Praxis betrachtet werden und andere nicht (warum, so fragten sie, ist die Architektur eine Praxis, aber nicht das Mauern?), lautet, daß die ausgeschlossenen Dinge keine derartigen Formen von Tätigkeit sind.

Die Bedeutung dessen, bei der Betrachtung der Tugenden mit der Praxis zu beginnen, liegt daher darin, daß sich die Ausübung der Tugenden nicht nur um ihrer selbst willen lohnt – es zeigt sich, daß man nicht wirklich tapfer oder gerecht oder sonst etwas sein kann, ohne sich um diese Tugenden um ihrer selbst willen zu bemühen –, sondern noch andere Zwecke und Ziele hat, und daß wir bezeichnenderweise tatsächlich zu einer ersten Bewertung der Tugenden kamen, indem wir diese Zwecke und Ziele erfaßt haben. Doch die Tugenden sind mit den Gütern, die ihnen darüber hinausgehende Zwecke und Ziele liefern, nicht in der Art und Weise verbunden, wie eine Fertigkeit mit den Zielen verbunden ist, die durch die Ausübung dieser Fertigkeit erreicht werden, oder in der Art und Weise, wie eine Fertigkeit mit den Gegenständen unserer Wünsche verbunden ist, die wir durch die erfolgreiche Ausübung der Fertigkeit erreichen können. Kant hatte durchaus recht mit seiner Annahme, daß moralische Imperative nach seiner Definition weder Imperative der Fertigkeit noch Imperative der Klugheit sind. Er irrte sich jedoch in der Annahme, die einzige verbleibende Möglichkeit wäre die, daß sie, in seinem Sinne, kategorische Imperative sein müßten. Doch das ist genau die Schlußfolgerung, zu der man ohne einen von Kants eigenen zusätzlichen Gründen, so zu handeln, kommen könnte, wenn man versuchen würde, die Tugenden außerhalb des Kontexts einer Praxis zu verstehen. Denn die der Praxis inhärenten Güter, die ohne die Ausübung der Tugenden nicht erreicht werden können, sind nicht das Ziel, das bestimmte Personen bei bestimmten Gelegenheiten verfolgen, sondern die dieser Praxis eigenen Vortrefflichkeiten, die man erreicht oder zu erreichen verfehlt, auf die man sich zubewegt oder zuzubewegen verfehlt auf seinem Weg, auf dem man die besonderen Ziele oder Zwecke bei bestimmten Gelegenheiten verfolgt – Vortrefflichkeiten, deren Vorstellung sich bei uns in dem Maß ändert, wie unsere Ziele verändert werden.

Dies zu verstehen bildet die notwendige Vorarbeit für die Erwiderung auf Schefflers Einwände gegen meine These über die Verbindung zwischen Tugenden und der jeweiligen Praxis. »Obwohl MacIntyre bestreitet, daß aus dieser Darstellung folgt, daß große Schachspieler nicht untugendhaft sein können, bin ich nicht völlig überzeugt davon, daß er berechtigt ist, dies zu bestreiten; auf jeden Fall scheint er glücklich, etwas zu sagen, was mir kaum plausibler vorkommt, daß nämlich ein großer Schachspieler, der untugendhaft ist, keines der inhärenten Güter des Schachspiels erreichen kann.« (S. 446) Scheffler hat mit den Ansichten, die er mir zuschreibt, durchaus recht, aber das selbstverständlich nur, wenn er mit »inhärenten Gütern« das gleiche meint wie ich. Aber wenn man das meint, was ich meine, ist die Antwort an Scheffler klar.

Stellen wir uns einen ungewöhnlich guten Schachspieler vor, dem es nur auf das Gewinnen ankommt, und das in ganz ausgeprägter Form. Seine Fähigkeiten machen ihn den Großmeistern ebenbürtig. Er ist also ein großer Schachspieler. Aber da das, worum es ihm geht, nur das Gewinnen ist – und vielleicht die zufällig mit dem Gewinnen verbundenen Güter wie Ruhm, Ansehen und Geld –, ist das Gut, auf das es ihm ankommt, in keiner Weise spezifisch für das Schachspiel oder Spiele ähnlicher Art, wie es ein Gut sein muß, das in dem Sinn, in dem ich den Ausdruck gebraucht habe, der Praxis des Schachspiels inhärent ist. Denn er hätte genau das gleiche Gut, nämlich das Gewinnen und dessen zufällige Belohnungen, auf jedem anderen Gebiet erreichen können, auf dem es Wettkämpfe und Sieger gibt, wäre er in der Lage gewesen, ein vergleichbares Niveau an Fähigkeiten auf diesen Gebieten zu entwickeln. Daher ist das, worum es ihm geht, und was er *als sein Gut* erreicht, nicht die Art von Vortrefflichkeit, die dem Schachspiel eigen ist, und nicht die Art von Freude, die sich zusätzlich zu einer solchen Vortrefflichkeit einstellt, ein Gut, das auch weit schlechtere Spieler auf ihrem Niveau erreichen können. Daher scheitert Schefflers Einwand; die Beziehung der Tugenden zur Praxis hat dann, wenn sie einmal deutlicher von der Beziehung der Fertigkeiten zur Praxis unterschieden wird, als es mir in meiner früheren Darstellung gelungen ist, nicht mehr die bedauerlichen Folgen, die Scheffler ihr zuzuschreiben geneigt ist.

Schefflers Einwand scheint auch etwas auf ein weiteres Versäumnis meinerseits zurückzugehen, mich mit adäquater Deutlichkeit auszudrücken. Denn er schreibt, daß nach meiner Ansicht »die Tugenden provisorisch unter Bezug auf den Begriff einer Praxis charakterisiert werden, und diese provisorische Darstellung dann in einem späteren Stadium abgeändert und ergänzt wird« (S. 446). Ich hätte deutlich machen sollen, daß ich *nicht* die Absicht hatte anzudeuten – wenngleich ich es ganz eindeutig getan habe –, daß uns die anfängliche Darstellung der Tugenden mit Hilfe der entsprechenden Praxis eine adäquate Vorstellung einer Tugend liefert, die dann einfach dadurch angereichert und ergänzt wird, daß sie mit den Begriffen des Gutes eines gesamten Menschenlebens und der lebendigen Tradition verknüpft wird. Es ist vielmehr so, daß keine menschliche Eigenschaft als Tugend bezeichnet werden sollte, bevor sie nicht die *in jedem der drei Stadien* spezifizierten Bedingungen erfüllt. Das ist wichtig, weil es Eigenschaften gibt, für die es zumindest plausibel erscheint, daß man sie als Erfüllung jener Bedingungen versteht, die aus dem Begriff einer Praxis abgeleitet sind, die aber keine Tugenden sind, Eigenschaften, die die Tests des ersten Stadiums bestehen, aber beim zweiten oder dritten durchfallen.

Betrachten wir zum Beispiel Eigenschaften wie Unbarmherzigkeit und Rücksichtslosigkeit, und trennen wir sie von der phronetischen Eigenschaft des Wissens darum, wann man unbarmherzig oder rücksichtslos ist. Natürlich gibt es Arten von Praxis – die Erforschung einer Wildnis ist ein Beispiel –, in denen die Fähigkeit, gegen sich selbst und andere unbarmherzig und rücksichtslos zu sein, eine Bedingung nicht nur für das Gelingen, sondern auch für das Überleben sein kann. Eine solche Fähigkeit verlangt als Bedingung für ihre Ausübung unter Umständen die Pflege einer gewissen Unempfänglichkeit für die Gefühle anderer; die Sorge um ihre Gefühle kann der Sorge um ihr Überleben im Weg sein. Man übertrage diesen Komplex von Eigenschaften auf die Teilnahme an der Praxis, eine Familie zu gründen und zu erhalten, und man hat ein Rezept für eine Katastrophe. Was im einen Kontext offenbar eine Tugend war, ist im anderen anscheinend zur Untugend geworden. Aber diese Eigenschaft ist in meiner Darstellung weder eine Tugend noch eine Untugend. Sie ist keine Tugend, weil sie nicht die Bedingungen erfüllen kann, die aus der Anforderung resultieren, daß eine Tugend zum Gut jener Art von ganzem menschlichen Leben beiträgt, in dem die Güter bestimmter Praxisarten in ein Gesamtmuster von Zielen integriert werden, das eine Antwort auf die Frage gibt: »Welche Art von Leben ist für ein menschliches Wesen wie mich die beste?« Es ist natürlich möglich, daß es bestimmte Eigenschaften gibt, die auch diesen zweiten Typ von Anforderung erfolgreich erfüllen würden, denen es aber nicht gelingt, die Anforderungen der dritten Stufe zu erfüllen, auf der die Güter bestimmter Lebensformen in das Gesamtmuster einer Tradition integriert werden müssen, die erfüllt ist von der Suche nach *dem* Guten und *dem* Besten.

Es ist teilweise die Art, wie ich diese dritte Stufe in meiner Darstellung der Tugenden beschrieben habe, die offenbar nicht nur einem Kritiker Gründe geliefert hat, mir Relativismus vorzuwerfen. Robert Wachbroit hat argumentiert, daß meine Charakterisierung des menschlichen Gutes mit Hilfe der Suche nach dem Guten trotz der Einschränkungen durch die beiden ersten Stadien meiner Darstellung kompatibel mit der Anerkennung der Existenz gesonderter, unvereinbarer und rivalisierender Traditionen der Tugenden sei. Und damit hat er recht. Danach versucht er, meine Position an einem Dilemma festzunageln. Nehmen wir an, zwei rivalisierende und unvereinbare moralische Traditionen treffen in einer bestimmten historischen Situation aufeinander, in der die Anerkennung der Forderungen der einen den Konflikt mit der anderen bedeutet. Dann ist es *entweder* möglich, sich auf rational begründete Prinzipien zu berufen, die von beiden Rivalen unabhängig sind, *oder* es ist keine rationale Lösung ihrer unterschiedlichen Ansichten möglich. Aber wenn ersteres möglich ist, dann gibt es tatsächlich einige Prinzipien, auf die man sich in fundamentalen moralischen Fragen berufen kann, deren rationale Grundlage unabhängig von den sozialen Besonderheiten der Traditionen ist; und im zweiten Fall gibt es keine moralische Rationalität, die nicht einer bestimmten Tradition innewohnt und auf sie bezogen ist. Aber in dem Fall können wir keinen guten Grund dafür anführen, daß wir unsere Treue eher einer ganz bestimmten Tradition geben und nicht einer anderen. Und da mich meine Ablehnung des Projekts der Aufklärung dazu zwingt, das zu verwerfen, was aus der ersten der beiden Alternativen folgt, kann ich offenbar nicht vermeiden, die Konsequenzen der letzteren Alternative anzuerkennen.

Die Kraft dieses Arguments beflügelt, ob nun diese trennende Darlegung von Alternativen erschöpfend ist oder nicht. Sie ist es nicht. Denn es ist manchmal wenigstens möglich, daß sich eine solche Tradition eventuell in einem Urteil zu ihren Gunsten und gegen ihren Rivalen auf Überlegungen beruft, die bereits in beiden konkurrierenden Traditionen Gewicht haben. Was für Überlegungen könnten das sein?

Wenn zwei moralische Traditionen erkennen können, daß sie rivalisierende Behauptungen über wichtige Fragen vorbringen, müssen sie notwendigerweise einige gemeinsame Merkmale teilen. Und da irgendeine Art von Beziehung zu Praxisformen, irgendeine besondere Vorstellung von menschlichen Gütern, irgendwelche Eigenarten, die sich aus dem eigentlichen Wesen einer Tradition ergeben, Merkmale beider sein werden, überrascht dies nicht weiter. Fragen, in denen sich die Anhänger der einen Tradition auf Maßstäbe berufen, die einfach nicht vergleichbar mit jenen sind, auf die sich die Anhänger der rivalisierenden Tradition berufen, würden und könnten nicht die einzigen Fragen sein, die in einer solchen Situation aufkommen. Es wird den Anhängern der beiden Traditionen daher zumindest manchmal möglich sein, mit ihren eigenen Maßstäben die Charakterisierungen ihrer Positionen zu verstehen und zu bewerten, die ihre Rivalen vorgebracht haben. Tatsächlich schließt nichts die Entdeckung aus, daß diese Charakterisierungen ihnen Merkmale ihrer eigenen Positionen offenbaren, die bisher unbeachtet geblieben sind, oder Überlegungen, die sie nach ihren eigenen Maßstäben hätten in Erwägung ziehen sollen, aber nicht getan haben. Tatsächlich schließt nichts die Entdeckung aus, daß die rivalisierende Tradition überzeugende Erklärungen für Schwächen, für Unfähigkeiten zur adäquaten Formulierung oder Lösung von Problemen, für vielfältige Inkonsistenzen in der eigenen Tradition bietet, für die die Ressourcen der eigenen Tradition keine zwingende Darstellung hatten anbieten können.

Traditionen gehen gelegentlich zugrunde – gemessen an ihren eigenen Maßstäben von Aufschwung und Niedergang –, und die Gegenüberstellung mit einer rivalisierenden Tradition kann auf diese Weise gute Gründe entweder für den Versuch liefern, die eigene Tradition auf radikale Art neu zu begründen oder sie fallenzulassen. Aber für den Fall – wie ich eben schon beschrieben habe –, daß sich eine bestimmte moralische Tradition in solchen fortgesetzten Gegenüberstellungen erfolgreich neu belebt hat, wenn rationale Überlegungen, die ihren Anhängern entweder aus der Tradition heraus oder von außen aufgedrängt wurden, dies erforderten, und daß diese Tradition im allgemeinen mehr zwingende Darstellungen der Mängel und Schwächen ihrer Rivalen wie ihrer eigenen geliefert hat, als diese Rivalen entweder in bezug auf sich oder andere bieten konnten – all das natürlich im Licht der dieser Tradition innewohnenden Maßstäbe, Maßstäbe, die vermutlich im Verlauf dieser Wechselfälle selbst auf viele Arten revidiert und erweitert werden –, dann werden die Anhänger dieser Tradition rational Anspruch auf ein großes Maß an Vertrauen darauf haben, daß die Tradition, in der sie leben und der sie das Wesen ihres moralischen Lebens verdanken, die Mittel finden wird, zukünftigen Herausforderungen mit Erfolg zu begegnen. Denn die Theorie der moralischen Wirklichkeit, die in ihrer Art zu denken und zu handeln verkörpert ist, hat sich in diesem Sinn, den ich diesem Ausdruck gegeben habe, als *die bisher beste Theorie* erwiesen.

Darauf könnte Wachbroit sehr wohl erwidern, ich wäre nicht auf seinen Einwand eingegangen. Denn nichts, was ich gesagt habe, deutet irgendwie an, daß nicht eine Situation entstehen könnte, in der es möglich wäre, daß kein rationaler Weg zu finden ist, die Meinungsverschiedenheiten zwischen zwei rivalisierenden moralischen und epistemologischen Traditionen beizulegen, so daß sich positive Gründe für eine relativistische These ergäben. Aber das zu leugnen habe ich kein Interesse. Denn meine Position bringt mit sich, daß es keine erfolgreichen Argumente *a priori* gibt, die im voraus garantieren, daß eine solche Situation nicht doch eintreten könnte. In der Tat könnte uns nichts eine solche Garantie geben, was nicht die erfolgreiche Wiederbelebung des transzendentalen Projekts von Kant enthielte.

Es muß eigentlich kaum wiederholt werden, daß es die zentrale These meines Buches ist, daß die aristotelische moralische Tradition das beste Beispiel für eine Tradition ist, deren Anhänger rational Anspruch auf ein hohes Maß an Vertrauen in ihre epistemologischen und moralischen Mittel haben. Aber eine historische Verteidigung von Aristoteles löst bestimmt die skeptische Kritik aus, ein paradoxes Unternehmen zu sein, und dazu ein Kampf gegen Windmühlen. Denn Aristoteles selbst war, wie ich in der Diskussion seiner Darstellung der Tugenden dargelegt habe, in keiner Weise historisch, wenngleich einige bekannte Historisten, einschließlich Vico und Hegel, in größerem oder kleinerem Umfang Aristoteliker waren. Der Nachweis, daß hier kein Paradoxon besteht, ist daher eine weitere notwendige Aufgabe; aber auch sie kann nur in dem größeren Rahmen eines Folgebandes zu diesem Buch bewältigt werden.

3. Die Beziehung der Moralphilosophie zur Theologie

Mehrere Kritiker haben auf Inadäquatheiten in der argumentativen Erzählung hingewiesen, die ein Kernstück dieses Buches ist. Die bemerkenswerteste darunter ist das Fehlen einer adäquaten Behandlung der Beziehung der aristotelischen Tradition der Tugenden zur Religion der Bibel und ihrer Theologie. Jeffrey Stout hat (in »Virtue among the Ruins«, in der *Neuen Zeitschrift für systematische Theologie und Religionsphilosophie*) einige bedauerliche Auswirkungen dieser Tatsache aufgespürt, wobei eine von überragender Bedeutung ist. Von dem Augenblick an, als die biblische Religion und der Aristotelismus einander gegenübergestellt wurden, verlangte die Frage der Beziehung von Behauptungen über die menschlichen Tugenden zu Behauptungen über das göttliche Gesetz und die göttlichen Gebote eine Antwort. Jede Versöhnung von biblischer Theologie und Aristotelismus müßte die These verteidigen, daß nur ein Leben, das im wesentlichen durch Gehorsam gegenüber dem Gesetz konstituiert wird, so sein könnte, daß es vollständig jene Tugenden zeigt, ohne die menschliche Wesen ihr Telos nicht erreichen können. Jede gerechtfertigte Zurückweisung einer solchen Versöhnung müßte Gründe für die Ablehnung dieser These anführen. Die klassische Darlegung und Verteidigung dieser These stammt selbstverständlich von Thomas von Aquin; und die zwingendste Aussage gegen sie findet sich in einem zu Unrecht wenig beachteten, untergeordneten modernen Klassiker, in Harry V. Jaffas Kommentar zu Thomas von Aquins Kommentar *Nicomachean Ethics, Thomism and Aristotelianism* (Chicago, 1952).

Indem ich den Fragen ausgewichen bin, die Thomas von Aquins Kombination aus theologischer Treue zur Thora und philosophischer Treue zu Aristoteles aufwarf, habe ich einen großen Teil dessen verschleiert oder entstellt, was im späteren Teil meiner Erzählung hätte zentral sein müssen: das komplexe und sich wandelnde Wesen der protestantischen und jansenistischen Reaktionen auf die aristotelische Tradition und, in einer späteren Fortsetzung, Kants Versuch, auf einer weltlichen, rationalen Basis eine Moral des Rechts zu begründen, die die Existenz Gottes voraussetzt, aber nicht nur die Ablehnung des Aristotelismus zur Folge hat, sondern auch seine Identifikation als eine Hauptquelle moralischen Irrtums. So erfordert meine Erzählung erneut Zusätze und Verbesserungen auf verschiedene Arten, wenn die zentralen Schlußfolgerungen, die ich aus ihr ziehe, ihren Anspruch auf rationale Rechtfertigung aufrechterhalten sollen.

Dieses Buch sollte daher in dieser und anderer Hinsicht als Arbeit gelesen werden, die sich noch im Fortschreiten befindet. Und wenn ich diese Arbeit jetzt fortführen kann, liegt das ganz wesentlich an der großzügigen und scharfsinnigen Art, in der so viele Philosophen – und Soziologen, Anthropologen, Historiker und Theologen – durch ihre Kritik zu dieser Arbeit beigetragen haben.

Bibliographie

Die Bibliographie führt nur Werke an, auf die im Text direkt Bezug genommen wird oder die zitiert werden, ausgenommen Klassiker der Philosophie und Sozialwissenschaft.

Ackrill, J. L.: *Aristotle on Eudaimonia,* 1974
Adkins, A. W. H.: *Merit and Responsibility,* 1960
Andreski, S.,: *Social Science as Sorcery,* 1973
Anscombe, G. E. M. in: Modern Moral Philosophy, *Philosophy,* 33, 1958
Aron, R. »Max Weber«, in: *Main Currents in Sociological Thought,* 1967
Austen, Jane. Emma. 1849 (dt.: Emma, Frankfurt a. M. und Hamburg 1961)
– Mansfield Park, 1867 (dt.: Mansfield Park, Zürich 1968)
– Persuasion, 1848 (dt.: Überredung, Stuttgart o. J.)
Berger, Peter/Brigitte Berger/Hansfried Kellner: *The Homeless Mind,* 1973 (dt.: Das Unbehagen in der Moderne. Frankfurt/M. 1975)
Bittner, Egon: The Concept of Organization in: *Social Research,* 32, 1965: S. 239-55
– *The Functions of the Police in Modern Society,* 1970
Brucker Gene: *The Civic World of Early Renaissance Florence,* 1977
Burns, Tom Industry in a New Age in: *New Society,* 31. Januar 1963
Burns, Tom und G. N.: Stalker: *The Management of Innovation,* 1968
Clark, Stephen R. L. Rezension von *The Aristotelian Ethics* von Anthony Kenny, in: *Philosophical Quarterly,* 1979: S. 352-55
Cobb, Richard: The Revolutionary Mentality in France, in: *A Second Identity,* 1969
Davies, James C.: Towards a Theory of Revolution, in: *American Sociological Review,* 27, 1962: S. 5-13
Donegan, Alan: *The Theory of Morality,* 1977
Dworkin, Ronald: *Taking Rights Seriously,* 1976
Feierabend, Rosalind und Ivo: Agressive Behavior Within Politics, 1948-1962: A Cross-National Study, in: *Journal of Conflict Resolution,* 10, 1966: S. 249-71
Finley, M.I.: *The World of Odysseus,* 1954 (dt.: Die Welt des Odysseus, München 1979)

Fränkel, Hermann: *Dichtung und Philosophie des frühen Griechentums*, München 1962
Gadd, David: *The Loving Friends*, 1976
Gardner, John: *The Life and Times of Chaucer*, 1977
Gass, William H.: *Fiction and The Figures of Life*, 1971
Geach, Peter: *The Virtues*, 1977
Gert, Bernard: *The Moral Rules: A New Rational Foundation for Morality*, 1970
Gewirth, Alan: *Reason and Morality*, 1978
Goffman, Erving: *The Presentation of Self in Everyday Life*, 1959 (dt.: Wir alle spielen Theater. Die Selbstdarstellung im Alltag, München 1969)
– *Encounters*, 1961 (dt.: Interaktion: Spaß am Spiel. Rollendistanz, München 1973)
– *Interaction Ritual*, 1967 (dt.: Interaktionsrituale, Frankfurt/M. 1971)
– *Strategic Interaction*, 1969 (dt.: Strategische Interaktion, München 1981)
Greig J. Y. T., (Hrsg.): *The Letters of David Hume*, Bd. 1, 1932
Guttenplan, Samuel: Moral Realism and Moral Dilemmas, *Proceedings of the Aristotelian Society*, 1979–80: S. 61–80
Hardy, Barbara: Towards a Poetics of Fiction: An Approach Through Narrative, in: *Novel*, 2, 1968: S. 5–14
Hare, R. M.: *The Language of Morals*, 1951 (dt.: Die Sprache der Moral, Frankfurt 1983)
Hobsbaum Philip, *A Reader's Guide to Charles Dickens*, 1973
Irwin, T.: Rezension von *The Aristotelian Ethics* und *Aristotle's Theory of the Will* von A. Kenny, in: *Journal oj Philosophy*, 77, 1980: S. 338–54
Kaufman, Herbert: *Administrative Feedback*, 1973
Kenny, Anthony: *The Aristotelian Ethics*, 1978
Laqueur, Walter: A Reflection on Violence, in: *Encounter*, 38, April 1972: S. 3–10
Levy, Michael E.: Constraining Inflation: Concerns, Complacencies an Evidence, in: *The Conference Board Record*, 12, Oktober 1975: S. 8–14
Likert, R.: *New Patterns of Management*, 1961
Lloyd-Jones, Hugh: *The Justice of Zeus*, 1971
Mackey, Louis: *Kierkegaard: A Kind of Poet*, 1971
Macrae, Donald G.: *Max Weber*, 1974
Malantschuk, Gregor: *Kierkegaard's Thought*, 1971
March, James G. und Herbert A. Simon: *Organizations*, 1958
Miller, James: *History and Human Existence*, 1979
Milstein, Jeffrey S./William Charles Mitchell, *Computer Simulation of International Processes: the Vietnam War and the Pre-World War I Naval Race*, 1968
Mink, Louis O.: History and Fiction as Modes of Comprehension, in: *New Literary History*, 1, 1970: S. 541–58
Newman, Oscar: *Defensible Space*, 1973
Nozick, Robert: *Anarchy, State and Utopia*, 1974 (dt.: Anarchie – Staat - Utopia, München 1976)
Passmore, J. A.: John Anderson and Twentieth-Century Philosophy, in: John Anderson, *Studies in Empirical Philosophy* 1962
Polanyi, K.: *The Great Transformation*, 1944 (dt.: The Great Transformation, Frankfurt/M. 1977)
Quine, W. V. O.: *Word and Object*, 1960 (dt.: Wort und Gegenstand, Stuttgart 1980)
Rawls, John B.: *A Theory of Justice*, 1971 (dt.: Eine Theorie der Gerechtigkeit, Frankfurt/M. 1979)
Richardson, Lewis F.: *Arms and Insecurity*, 1960
Rieff, P.: *The Triumph of the Therapeutic*, 1966
– *To My Fellow Teachers*, 1975
Righter, Anne: *Shakespeare and the Idea of the Play*, 1962
Rosenbaum S. P. (Hrsg.), *The Bloomsbury Group*, 1975

Smyth D.J.C./J.C.K. Ash,: Forecasting Gross National Product, the Rate of Inflation and the Balance of Trade: the O.E.C.D. Performance, in: *The Economic Journal*, 85,1975: S. 361-4
Solla Price, Derek J. de: *Little Science, Big Science*, 1963
Solomon Robert, (Hrsg.): *Nietzsche: a Collection of Critical Essays*, 1973
Stevenson, C.L. *Ethics and Language*, 1945
Van Fraasen, Bas C.: Values and the Heart's Command, in: *Journal of Philosophy*, 70, 1973: S. 5-19
Weil, S.: The Iliad or the Poem of Force, in: *Revisions*, hrsg. v. S. Hauerwas und A. MacIntyre, 1983

Personenregister

Sachregister